国家社科基金丛书
GUOJIA SHEKE JIJIN CONGSHU

国家社会科学基金重大招标项目成果
"高校创新创业教育研究"丛书
丛书主编：黄兆信

中国高校创新创业教育质量评价研究

Innovation and Entrepreneurship Education:
Quality Evaluation in Chinese Universities and Colleges

黄兆信　等著

人民出版社

《中国高校创新创业教育质量评价研究》
课题组成员

组　长：黄兆信

副组长：黄扬杰　王志强

成　员：卓泽林　严从根　赵　立　王　鹏　杜金宸

　　　　王淑涨　李炎炎　赵国靖　王占仁　徐小洲

　　　　黄蕾蕾　罗志敏　李雨蕙　郭丽莹　龙泽海

　　　　韩冠爽　祝成林　付八军　严毛新　徐玉艳

　　　　武　亮　贺　捷　刘明阳　谈　丹　刘丝雨

总　序

　　受邀为黄兆信教授团队的"高校创新创业教育研究"丛书作序,我十分高兴。这套丛书的出版对推进中国高校创新创业教育理论探索和实践尝试都具有关键价值。黄教授是创新创业教育领域的长江学者特聘教授,专攻创新创业教育的实践探索和理论研究,率先提出岗位创业教育新理念,曾为此荣获教育部人文社会科学优秀成果奖一等奖,并负责牵头起草制定了我国高校创新创业教育质量评价标准。回应全球发展的百年未有之大变局和新冠肺炎疫情对人类社会发展的系统性、复杂性影响,黄教授团队再出佳作,在此表示祝贺。

　　2002 年,我在一篇文章中针对高校毕业生就业难问题,提出高等学校要加强对大学生进行创业教育。我当时就认为,应该在学校里就向学生进行创业教育。所谓创业教育,就是教育学生不是消极地等待单位招聘就业,而是在没有就业机会的情况下勇于自己创业。后来,随着国际和国内整体形势的变化以及教育社会化程度的加深,我又提出学校不仅要对学生进行职业生涯教育,指导学生设计职业生涯,同时还要加强创业教育。在这里面,有一个关键点就是,学校应与社会各界联手,为学生创业创造一个良好的氛围。这样做的目的就是,为学生创造条件和环境,帮助他们创业。

　　2019 年,我在《创新创业教育:国际视角》一书中讨论了全球创新创业教育的发展,从国际比较视角分析了创新创业教育为回应和引领社会发展所做的贡献及可改善的空间。我当时就提出,教育的深化改革需要尽早开始培养学生的创新思维和创业能力,高校是创新创业的基地。创新创业教育的升级转型中,我们不仅要提高对创新创业的认识,以提高人才培养的质量为核心,以创新人才培养机制为重点;还要把理论研究和实际应用结合起来,推动创新和创业相结合。我们在关注创新创业实践发展的同时,还应当重视基础理论研究。

2020年,我国仅高校毕业生总数已近900万人,学生就业变成了时下民生的热点和急需解决的重点问题。与此同时,中国特色社会主义的建设及"脱贫攻坚"工作的开展,也激发我们对教育功能的思考。毫无疑问,疫情将对大学生就业创业产生持续性的影响,我们需要一段时间来适应新的发展形势。创新创业教育注重人才培养质量,关注社会问题的多样性、复杂性和变化性,直接回应了当前我国高等教育内涵式发展中对质量和效率的追求。然而我们也应该注意到,由于长期以来在我国教育领域中存在的唯分数、唯升学等观念障碍和行为弊病,导致创新创业教育的先进理念和模式虽然早就被黄教授等学者提出来并得到广泛认同,但在学校"培养具有创新创业意识和能力的人才"中却成效不彰。令我们感到振奋的是,2020年10月中共中央、国务院发布了《深化新时代教育评价改革总体方案》。这一方案的出台不仅是贯彻落实习近平总书记关于教育的重要论述和全国教育大会精神、深化教育综合改革以及释放教育系统深层活力的重大举措,也对新时代做好学校的创新创业教育具有十分重要的指导、牵引和规范作用。

我之所以这样讲,是因为这一总体方案对各级各类学校、教育教学工作,对学生、教师的评价都提出了不同要求。比如坚持把立德树人成效作为根本评价标准,不得向学校下达升学指标,要坚决改变以往简单以考分排名评价老师、以考试成绩评价学生、以升学率评价学校的导向和做法。这样做,显然有利于创新创业教育能真正融入到国民教育体系中,融入到各级各类学校的人才培养体系中,融入到课程体系和教师平时的教学工作实践中。在当前我国大力推进教育改革的今天,创新创业教育一定会在我国的学校教育中结出硕果,对此,我是满怀信心的。

　　黄兆信教授所开展的创新创业教育研究始终站在时代最前沿,不断探索解决社会发展问题的办法。这套丛书在岗位创业教育理念的基础上进一步深化,形成了系统性的成果,主题还扩展至创新创业教育的社会性与教育性,并尝试以质量评价引导高校创新创业教育的内涵式发展。这一系列研究既放眼全球发展新形势和创新创业教育国际实践,又立足于中国社会的实际和特色,立论基础扎实,调查全面,分析深入。他们所做的工作,不仅有利于创新创业教育研究的进一步深化,而且有助于我国学校创新创业活动的开展。

2020 年 11 月 30 日

目　　录

第一章　高校创新创业教育质量评价研究概述 ………………… 001

　　第一节　研究缘由 …………………………………………… 001

　　第二节　理论框架与研究设计 ……………………………… 004

第二章　创新创业教育质量整体评价：来自全国 1231 所

　　　　　高校的实证分析 ……………………………………… 023

　　第一节　问卷设计及调查开展 ……………………………… 023

　　第二节　教师群体及学生群体调查结果 …………………… 028

　　第三节　创新创业教育质量的整体评价 …………………… 035

第三章　高校创新创业教育的组织规划与创业政策研究 ……… 054

　　第一节　高校创新创业教育的组织规划与创业政策现状 ……… 055

　　第二节　高校创新创业教育的组织规划与创业政策比较研究 ……… 062

　　第三节　高校创新创业教育的组织规划与创业政策对策建议 ……… 081

　　第四节　高校创新创业教育的组织规划与创业政策的研究

　　　　　　结论 ……………………………………………… 083

第四章　高校创新创业教育的师资队伍建设与机制保障
　　　　研究 ·· 085

　第一节　高校创新创业教育师资队伍建设与机制保障现状 ······ 086

　第二节　高校创新创业教育师资队伍与机制保障存在的
　　　　　问题 ··· 115

　第三节　高校创新创业教育师资队伍与机制保障比较研究 ······ 117

　第四节　高校创新创业教育师资队伍建设与机制保障对策 ······ 122

第五章　高校创新创业教育教学体系与专创融合研究 ········· 127

　第一节　高校创新创业教育教学体系与专创融合现状及
　　　　　问题 ··· 130

　第二节　高校创新创业教育教学体系与专创融合比较研究 ······ 174

　第三节　高校创新创业教育教学体系与专创融合结论及
　　　　　对策 ··· 184

第六章　高校创新创业教育实践活动与创新创业竞赛研究 ······· 194

　第一节　高校创新创业教育实践活动与创新创业竞赛现状及
　　　　　问题 ··· 195

　第二节　高校创新创业教育创业实践与创新创业竞赛比较
　　　　　分析 ··· 240

　第三节　高校创新创业教育创业实践与创新创业竞赛对策
　　　　　建议 ··· 252

　第四节　高校创新创业教育实践活动与创新创业竞赛的
　　　　　研究结论 ··· 254

第七章　学生视野中高校创新创业教育质量满意度评价 …… 257

第一节　高校创新创业教育学生满意度评价现状与问题 ……… 257

第二节　高校创新创业教育学生满意度评价比较分析 ………… 268

第三节　高校创新创业教育学生满意度提升对策 ……………… 277

第四节　高校创新创业教育学生满意度评价的研究结论 ……… 291

第八章　不同视野中高校创新创业教育质量评价的多维

**　　　　比较研究** …………………………………………… 293

第一节　教师视野中高校创新创业教育质量多维比较研究 …… 294

第二节　学生视野中高校创新创业教育质量的多维比较研究 …… 311

第三节　师生双重视野中的创新创业教育满意度比较研究 …… 314

第四节　区域视野中创新创业教育质量评价比较与实证探索 …… 320

第九章　创新创业教育质量评价体系与监测体系构建及

**　　　　对策建议** …………………………………………… 391

第一节　我国创新创业教育质量评价体系构建 ………………… 391

第二节　中国创新创业教育质量监测体系规划与建设 ………… 400

第三节　完善高校创新创业教育质量评价指标体系的对策

　　　　建议 …………………………………………………… 403

第十章　创新创业教育发展的未来趋势:社会创业教育 ……… 412

第一节　社会创业:高校创新创业教育新发展的指向与行动 … 412

第二节　创业环境感知对社会创业教育的影响 ………………… 441

第三节　建构主义理论下的社会创业教育学习行为模型研究 … 459

参考文献 ……………………………………………………………… 473

附　录 ………………………………………………………………… 487

第一章　高校创新创业教育质量评价研究概述

在全面推进创新创业教育深化改革,大力培养创新创业人才的今天,高校创新创业教育开展得到底怎么样? 高校创新创业教育培养了哪些人? 又培养了人的什么技能? 提升了人的什么素质? 高校创新创业教育的过程是如何进行的? 创新创业教育在教学过程中应该怎样设计与编排才能实现被教育者有效的学习? 这种有效的学习又是如何得以观测与考核? 高校学生所养成的创新创业素养是否能在未来得以运用及迁移? 以上这些重要问题的回答,都离不开一个核心且又关键的问题的解决,那就是对创新创业教育质量的科学监测与评价。

第一节　研究缘由

一、研究背景

2015 年 5 月,国务院办公厅印发《关于深化高等学校创新创业教育改革的实施意见》(以下简称《意见》),提出了完善人才培养质量标准、创新人才培养机制、健全创新创业教育课程体系、改革教学方法和考核方式、强化创业实践等一整套目标任务体系,并着重指出,高校创新创业教育存在"与实践脱节、教学方式方法单一和创新创业教育体系亟待健全"等突出问题,并明确指出创新创业教育需要引入第三方评估机制。

如何在实践之中切实解决高校创新创业教育存在的突出问题,关键是能结合和围绕创新创业教育的规律、特点、方法和机制,形成科学的创新创业教育评价和监测指标体系。创新创业教育评价与监测形式的多样化,可以说是高等教育普及化背景下的本质特征。《意见》要求高等院校将"创新精神、创业意识和创新创业能力成为评价人才培养质量的重要指标",教育部部长陈宝生也着重提出:"教育部门要将创新创业教育质量作为衡量办学水平、考核领导班子的重要指标,纳入高校教育教学评估指标体系和学科评估指标体系"。可以看出,国家对提升高等院校创新创业教育质量的重视达到了前所未有的高度。因此,尽快建立起符合我国国情的高校创新创业教育质量监测体系也就势在必行,这也可以说是深化我国高等教育事业改革与发展的重要组成部分。

然而,从目前国内创新创业教育评价与监测的研究与实践情况来看,国内的相关研究成果和实践成果由于受限于我国创新创业教育实施的时间以及创新创业教育评价复杂性等制约因素,故多聚焦于创新创业教育评价和监测必要性的探讨,且对于创新创业教育的评价指标、评价方法的研究和实践探索仍然较少,缺乏衡量创新创业教育质量的科学评价体系和监测机制。总体来看,我国创新创业教育评价体系与监测机制主要存在三个问题:其一,当前研究未对高校创新创业教育的战略目标进行分解,忽视了宏观战略与微观行为模式之间的匹配性,缺乏战略高度的总体设计;其二,主要从学校、学生或社会某一类主体的视角对高校创新创业教育质量进行评估,对于多主体不同的价值诉求重视不足;其三,高校创新创业教育质量不仅受到创新创业课程、创新创业竞赛或创业实践等因素的影响,还受到师资队伍、创业经费、创业平台服务与信息共享等保障因素的制约,而多数研究只关注高校创新创业教育过程或结果中的某一方面,尚未建立起全方位、系统化的评价框架。因此,适时地在科学、客观、定性与定量相结合的基础之上,建立能充分反映我国高校创新创业教育实践过程中的成果与不足的创新创业教育评价与监测的分层多维指标体系,对不同地域、不同类型、不同层次的高校创新创业教育进行质量监测,必将为我国高校有效开展创新创业教育奠定必要的基础。

基于此,本书将以高校创新创业教育的各项工作是否能够唤醒和激发大学生的创新创业意识、是否能够有效培养大学生的创新创业理论基础和实践能力、是否能够营造鼓励创新创业的大学文化为最核心的评价标准,尝试构建分层多维的指标体系,并对四类高校的创新创业教育现状进行评估。与此同时,本书重在通过形成评估方案考察高校创新创业教育实施的效果,并尝试通过"计划—实施—反馈—改进"的质量控制循环系统持续推动高校创新创业教育工作的完善。

二、研究价值

其一,创新创业教育理论探索。本书将为构建具有中国本土特色的创新创业教育评价体系和监测机制奠定必要的理论基础。迄今为止,我国尚未有关于创新创业教育评价体系和监测方面的权威理论成果。尽管许多高校积极开展创新创业教育,但是并没有一套科学严谨的评价指标体系对其进行效果评价,并以此为依据持续改进创新创业教育的质量。就现有的高校创新创业教育评价来讲,其理念沿袭了"资源投入—制度保障—成果产出"的线性思维,过于看重创新创业课程开设数量、自主创业率、创新创业园区投入增长等量化考核指标,忽视了创新创业教育过程中的个体间协作、大学组织变革的能力、教师与学生群体的主体参与等隐性要素。本书从创新创业教育的本质内涵出发,以学习型组织理论、创造力开发理论、全面质量管理理论等为理论基础,尝试构建出高校创新创业教育评价体系与监测的理论模型及指标体系,最终形成以文化培育和能力提升为价值导向的创新创业教育评价新理论。

其二,高校创新创业教育实践。本书的开展是建立在高校创新创业教育的实践变革与大样本实证研究基础之上的,是建立在对创新创业教育评价多维指标体系的构建、多元评价方式的形成等关键性议题进行深入研究之上的。本书重点分析了高校创新创业教育实施过程中在发展理念、学习空间、课程体系、支持机制等维度的分级评价指标,构建起覆盖创新创业教育各个环节、符合创新创业教育相关利益群体需求的、科学合理的评价体系与监测机制。本书所建立的指标体系也将在普遍性意义上有效地指导不同层次、不同类型高校创新创业教育实施绩效的评估、反馈与改进。

其三,我国创新创业教育高质量健康发展。在创新创业教育快速发展和培养模式多样化的形势下,如果不在创新创业教育的质量评价方面进行引导和规范,就会严重影响我国创新创业教育实践的健康发展。创新创业教育评价体系与监测是创新创业教育的重要内容,它不仅是对"教育质量"必不可少的价值判断,也是对"创新创业教育资源投入与利用""创新创业教育服务流程与绩效""创新创业教育实施状况与效果"的重要检验。这三个层面共同反映了创新创业教育实践的发展质量,而社会需求则更关心的是"教育质量"。科学、准确地评价"教育质量",不仅可以全面回应社会关切,而且是对创新创业教育自身的一种衡量与诊断。同时,这样做对于加强创新创业教育评价体系与监测机制的规范性,培养既适应时代需要又具有较高创新创业精神和能力的高层次人才,都具有十分重要的意义。

第二节　理论框架与研究设计

一、研究综述

(一)国外创新创业教育评价体系研究的学术梳理

创新创业教育作为一个研究主题,起源于 1947 年美国哈佛大学开设的创新创业教育课程,至今已超过 70 年。半个多世纪以来,国外有关创新创业教育的理论与实践研究成果非常丰富。聚焦到创新创业教育评价与监测这一具体维度,早在 20 世纪 90 年代,美国的《商业周刊》《创业者》《成功》等杂志就开始对大学的创新创业教育项目进行一年一度的评估,从大学创新创业课程数量、大学生创业率、创办企业融资额度等方面评估大学创新创业教育的实施情况。纵观国外关于创新创业教育评价的研究,若单从评价场域来划分,大致分为社会中的创新创业评价和高校中的创新创业评价。前者大多反映的是显性的评价指标,如有的学者选择的指标是创业的经济贡献,如营业额①和营业税②;也有的学者选择的指标是创业的社会贡献,如岗位创造③、增岗成本④。

至于高校内的创新创业教育评价,则较多围绕课程展开,较常采用的是心理学和社会学的角度进行研究,主要可分为特质研究、人口学变量、行为研究。具体来说,研究者发现大学学历与主修专业对于创业意向、创业行为有正向促进作用。⑤ 课程对创业自我效能产生负面影响⑥,而对社会规范、知情合意性、感知可行性⑦产生积极影响,课程对创业意向的研究结论则不太一致,有

---

① Clark, B.W.& Davis, C.H.& Harnish, V.C. (1984), "Do Courses in Entrepreneurship Aid in New Venture Creation?", *Journal of Small Business Management*, 22, pp.26−31.

② Chrisman(1997), "Program Evaluation and the Ventore Development Program at the University of Calgary: A Research Note", *Entrepreneurship Theory and Practice*, Vol.22, No.1, pp.59−74.

③ Brown(1990), "Encouraging Enterprise: Britain's Graduate Enterprise Program", *Journal of Small Business Management*, Vol.28, No.4, pp.71−77.

④ Garavan, T.N. (1994), "Entrepreneurship Education and Training Programmes: A Review and Evaluation-Part 2", *Journal of European Industrial Training*, 18(8), pp.3−12.

⑤ Kolvereid, L., & Moen, (1997), "Entrepreneurship among Business Graduates: Does a Major in Entrepreneurship Make a Difference?", *Journal of European Industrial Training*, 21(4), pp.154−160.

⑥ Cox, L.W.& Mueller, Stephen & Moss, S.E. (2002), "The Impact of Entrepreneurship Education on Entrepreneurial Self-efficacy", *International Journal of Entrepreneurship Education*, 1, pp.229−245.

⑦ Peterman, N.E., & Kennedy, J. (2003), "Enterprise Education: Influencing Students' Perceptions of Entrepreneurship", *Entrepreneurship: Theory and Practice*, 28(2), pp.129−144.

研究者认为存在正向影响,也有研究者认为存在负向影响。①

由此可见,国外学者对创新创业教育评价的研究多注重从创新创业教育对经济、社会的直接影响和间接影响以及教育机构投资者和受教育者的时间成本与机会成本等维度展开研究。② 温卡姆(Wyckham)则指出,高校创新创业教育的一致性偏低,评价标准大部分是针对某一高校的创新创业教育,不存在通用的创新创业教育评价标准;威斯珀(Vesper)等研究者则通过对美国941所高校、加拿大42所高校及其他国家270所高校的调查发现,创新创业教育提供的课程、教师发表的论文和著作、对社会的影响力、毕业校友的成就、创新创业教育项目自身的质量、毕业校友创建新企业数量、外部学术联系等7个因素是影响大学生创新创业教育的关键。③ 阿兰·法约列(Alain Fayolle)则基于计划行为理论对创新创业教育课程实施效果进行了深入研究,该研究发现,创新创业教育的最重要结果并不是促使学生创办企业,而是从观念上改变了学生的态度和价值观,即使他们具备更强烈的创业意愿和创业精神。④这一研究发现对创新创业教育的评价理论产生了重大影响,学术界也开始关注创新创业教育对人的价值观和态度的塑造,并将之作为评价创新创业教育效果的重要指标。

随着创新创业教育的快速发展,关于创新创业教育评价体系的研究也越

---

① Souitaris,V.,Zerbinati,S.,& Al-Laham,A.(2007),"Do Entrepreneurship Programmes Raise Entrepreneurial Intention of Science and Engineering Students? the Effect of Learning, Inspiration and Resources",*Journal of Business Venturing*,22(4),pp.567−591.Oosterbeek,H.,Praag,M.V.,& Ijsselstein,A.(2010),"The Impact of Entrepreneurship Education on Entrepreneurship Skills and Motivation",*European Economic Review*,54(3),pp.442−454.

② 郑永森、张壬癸:《高校创新创业教育评价体系研究》,《深圳职业技术学院学报》2019年第4期。

③ 李玥、王宏起:《基于 BSC 的高校创业教育质量评估指标体系设计》,《科技与管理》2014年第2期。陈浩凯、徐平磊:《创业教育质量评价指标体系研究》,《大学:研究与评价》2007年第5期。

④ 黄兆信、黄扬杰:《创新创业教育质量评价探新——来自全国1231所高等学校的实证研究》,《教育研究》2019年第7期。

来越引起学界的重视,其评价体系的研究也突破了线性评价的传统模式,开始注重在评价体系构建和质量监测过程中考虑创新创业教育的各种非技术性、非显性要素。如一些学者认为由于绝大多数创新创业教育活动是一种缓慢的、自下而上的内生过程,因此创新创业教育的评价指标体系应该以渐进式创新的测度为主。也有学者从知识流理论出发,强调创新创业教育的评价体系不仅要关注前期的各项投入与最终产出,更要注重对创新创业教育过程中最复杂、最重要的变量要素——创新与创业之间的关联网络进行评价。还有研究者认为,创新创业教育评价体系应该重视创新创业教育过程中不同主体在信息共享与知识生产间的关联特征,并以此为中心构造创新创业教育的测度模型。

目前,国际上在创新测度领域的研究以《奥斯陆手册》第三版为代表,该手册在创新数据的采集和解释方面取得了突破性进展,但是也存在一些不足,如缺乏政府部门创新的数据、难以反映过程方法和组织的变化等,达维拉则从思维能力、组合创新、执行与效果、价值创造四个方面构建了分层次的创新测度模式图。当前,国际上一些研究机构也在进行创新评价项目的持续研究,其构建的创新指标体系主要针对全球范围内或多国范围内的创新测度,如国家创新能力指数、全球综合创新指数、世界知识竞争力指数等。

(二)国内创新创业教育评价体系研究的学术梳理

与国外相比,国内的创新创业教育研究和实践起步相对较晚,但近年来相关研究成果呈快速增长态势。根据相关统计,1999—2016 年间我国创新创业教育领域的论文发表总量达到了 20000 多篇,其中发表在 CSSCI 期刊的学术研究论文 1700 多篇。[①] 这些文献大多是从创新创业教育的必要性、实现路径、发展模式、国际与区域比较、实践方法等维度进行探讨,但是对于创新创业

---

① 黄兆信、黄扬杰:《创新创业教育质量评价探新——来自全国 1231 所高等学校的实证研究》,《教育研究》2019 年第 7 期。

教育评价体系与质量监测等方面的研究则十分匮乏,①只有极少数学者从理论阐述的角度讨论了此问题。

例如,郭必裕将主体性、实践性、技术先进性、创新性、团队整体性等五项原则作为大学生创业评价体系的构建原则;李景旺提出了高校创新创业教育绩效评价的基本原则与基本思路。也有研究者从不同角度构建了评价指标体系,如李国平等围绕教师的专利创新能力建立了创新创业教育评价指标体系;②刘帆、陆跃祥认为创新创业教育体系由创新创业教育组织支持、学科课程、课程教学、质量控制及延展活动五个维度构成;黄志纯、刘必千认为应该从组织领导、师资队伍、学生素质、环境建设、社会声誉等五个方面来构建创新创业教育评价体系;③席升阳则从学校、政府、社会等多主体视角构建我国创新创业教育评价模型;陶丹等从课程体系、课程教学、非课程教育等三个环节设计了创新创业教育质量评价指标体系;李明章等通过调查问卷分析发现,创业意向和创业胜任力可以有效衡量大学生创新创业教育效果;梅伟惠对应规划工具、监测工具和影响力评估工具三类不同目标,提出了宏观政策与发展现状评价、过程评价以及影响力评价等三种高校创新创业教育评价类型;刘海滨等利用 AHP 方法构建了由课程、教师、学生、环境组成的大学生就业创新创业教育评价指标体系;王华峰等提出创新创业教育评价指标体系包括创新创业课程、创新创业竞赛、创业实践和创业环境等方面。④

---

① 陶丹、陈德慧:《中国高校创业教育质量评价指标体系研究》,《科技管理研究》2010 年第 5 期。

② 陈浩凯、徐平磊:《创业教育质量评价指标体系研究》,《大学:研究与评价》2007 年第 5 期。

③ 陶丹、陈德慧:《中国高校创业教育质量评价指标体系研究》,《科技管理研究》2010 年第 5 期。

④ 李玥、王宏起:《基于 BSC 的高校创业教育质量评估指标体系设计》,《科技与管理》2014 年第 2 期。郑永森、张壬癸:《高校创新创业教育评价体系研究》,《深圳职业技术学院学报》2019 年第 4 期。

（三）国内外研究述评

总体来看,国内外创新创业教育评价体系的研究已经形成了一些优秀的研究成果,但同样也存在以下一些问题:

首先,创新创业教育评价与监测的研究和实践还很薄弱,尚没有形成科学合理的指标体系和具有代表性的研究和实践成果。创新创业教育评价指标体系的制定,要遵循科学性、导向性、整体优化、客观性、简易性、定量与定性相结合等基本原则。然而,我国创新创业教育评价指标体系则不尽然——评价指标体系设计盲目量化;评价内容的选择不够全面,尤其是末级指标(观测点)难以全面、准确地反映评价的目的、价值主体的需要、价值客体的特征与属性;指标权重不够公正和科学;指标尺度模糊,边界不清,不切实际。这些问题的存在,都严重影响着高校创新创业教育评价体系的构建。

其次,国内创新创业教育评价体系的研究和实践存在着研究者专业性不足、研究样本覆盖范围较小、研究结论缺乏说服力等问题。现有的研究成果大多以定性研究为主,缺乏基于大样本数据分析、综合利用多种模型分析方法的实证研究。相当数量的研究成果,其结论建立在研究者主观推断或经验总结的基础之上,既没有构建出科学合理的指标体系,也没有丰富的样本数据,由此造成了创新创业教育研究结论的苍白无力。类似"标语式""口号式"的研究成果屡见不鲜。此类研究一方面忽视了创新创业教育的本质、目的、特色与功能,导致了研究结论与研究主题之间的偏差;另一方面也使得创新创业教育的评价过程陷入了多个误区,如创新创业教育的评价指导理念过于强调服务外部社会组织的经济压力,以绝对量的变化作为评价的重要标准,强化了创新创业教育评价中的"数字倾向"等。

最后,创新创业教育评价体系的研究和实践缺乏理论深度,对创新创业教育评价体系的内涵、理论模型、指标体系、评价方法等关键性问题关注不足。定性与定量相结合是创新创业教育质量的主要考核方法,创新创业教育的办学条件、教师水平、教学工作、实习实践是评价的主要方面。其中,对办学条件的评价以定量考核为主;对教师水平以定性分析为主。作为创新创业教育的两个方面,教学任务和实践任务存在着明显的不对称性,目前的考评体系没有处理好教学与实践的考核评价权重以及相互换算等复杂问题,教学与实践的互馈作用没有得到更好地发挥。透过这些评价现象,其存在的主要问题是:当前的研究和实践对评价目的、评价用户需求不明晰,某种程度上存在着为了评价而评价,或者是为了功利,或者是为了制造轰动效应等;对评价对象到底包括哪些本质内涵,其外延到底体现在哪些方面等缺乏深入研究;简单处理质和量、显性和非显性的关系,片面量化;对创新创业教育本质及内在发展逻辑、创新创业教育评价规律等缺乏全面和准确的认识与把握。

以上表明,关于创新创业教育评价和监测的相关研究,仍有不小的进步空间,本书也由此尝试对该领域研究存在的三个方面主要问题进行补充和完善。

二、理论框架

(一)研究框架及研究结构

1.总体研究框架

本书的主要内容包含三个议题:第一个议题为评价体系的理论基础建构,这一议题主要分析我国"创新驱动"战略对创新创业教育实施效果评价体系与质量监测的重大战略要求以及国际视野下创新创业教育测度与评价的共同趋势,并引入质量扩展功能理论和创造力开发理论、创新测度理论,建构起针对创新创业教育评价与监测的理论模型和初始指标体系,为其后续部分研究的开展奠定重要的理论基础;第二个议题为基于大样本数据的全国创新创业教育综合评价,本议题的内容主要是在实证研究和数理模型统计的基础上对全国创新创业教育进行了现状调研和评价;第三个议题为评价与监测制度的设计与实施,本部分基于全国创新创业教育的调研数据,对创新创业教育的初始指标体系进行了动态调整,并尝试探索创新创业教育评价与监测在实施过程中所需要的资源支持、制度保障、合作机制。本书的研究框架如图 1-1所示。

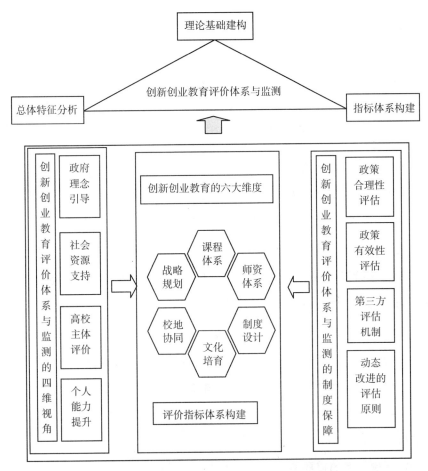

图 1-1 创新创业教育评价体系与监测体系研究框架

2.研究结构

本书共分为十章。其中第一章高校创新创业教育质量评价研究概述部分主要介绍了研究的源起、创新创业教育评价研究的现状,初步构建创新创业教育评价的理论模型和初始评价指标体系。第二章是全国高校创新创业教育问卷调研的数据概况和整体评价。第三至七章则基于大样本调研数据分别对高校创新创业教育的组织规划和创业政策、师资队伍和机制保障、教学体系和专创融合、实践活动和创新创业竞赛以及创新创业教育质量满意度情况进行了系统评价。第八章基于比较视角,对不同视野中高校创新创业教育质量进行了多维的对比分析。第九章是创新创业教育质量评价体系和监测体系的构建及对策建议。第十章则以专题的形式,围绕创新创业教育未来发展的最重要议题——社会创业教育,进行了系统化的专题研究和讨论。

(二)创新创业教育评价的 SPR 结构模型

创新创业教育评价基础理论的探索以及评价模型的确定是创新创业教育评价开展的重要基础。因此,首先有必要确立本书整体的理论立场以及基本的评价模型。基于此,本书基于国内外研究现状,采用多种研究方法,提出 SPR 三维创新创业教育评价的理论结构模型。SPR 评价模型是由 3 个一级维度、9 个二级维度构成的多维度、多阶层模型。3 个一级维度主要包括现状评价(Status)、过程评价(Process)和结果评价(Result),9 个二级维度是全面"体检"、组织领导、师资建设、教学管理、机制保障、课程体系、创业实践、创新创业教育与专业融合和师生综合评价结果。该评价模型强调发展性评价与绩效性评价相结合、短期评价与长期评价相结合,具有多维、多层、多元的特征,这将丰富创新创业教育评价的内涵和内容,对创新创业教育评价实践也具有重要的指导意义。

1. 评价模型的重要性

随着我国创新创业教育的蓬勃发展,如何提高创新创业教育质量被提上议事日程。作为衡量创新创业教育质量重要方法的创新创业教育评价也开始得到学界的关注和重视。在理论建构层面,国外的评价研究已形成了一些前期探索。如伦德斯特罗姆(Lundstrm, A.)、查尼(Charney, A.H.)等学者及欧盟等组织基于评价的规划、监测和影响力评估等目标,先后进行创新创业教育的宏观政策评价和发展现状评价、高等学校创新创业教育项目的过程评价以及高等学校创新创业教育的有效性评价。① 威斯珀(Vesper, K. H.)和格特纳(Gartner, W. B.)则通过对全球范围内商学院专家的访谈调研,提出高等学校创新创业教育评价的"七因素评价法",包括高等学校提供的创新创业类课程情况、教师出版创业类教材或专著情况、学校的社会影响力、校友参与创新创业教育情况、校友选择自主创业情况、校友创业项目的创新情况、高等学校学者的创业类外延拓展活动。② 也有学者从不同的理论视角出发,提出了创新创业教育/课程评价的不同范式,主要包括过程要素评价(Process Factors Evaluation)和影响评价(Impact Evaluation)两种范式。③ 过程要素评价主要包括对创新创业课程的开设数量、创新创业环境(创业平台、创业氛围)、创新创业教育投入(教师数与创业导师数、受益学生数、经费投入与学生活动等)、创新创业教材开发数量等进行的评价。④ 此外,过程要素评价还包括学生对创新创业课程的满意程度评价;⑤影响评价则是从其给受教育者带来的变化进行检验,这种变化既有认知变化,也有情绪情感变化和行为变化。评价可以从

---

① Lundstrm, A. & Stevenson, L., *Entrepreneurship Policy: Theory and Practice*, Springer: New York, 2005.

Charney, A.H.& Libecap, G.D., "The Impact of Entrepreneurship Education: An Evaluation of the Berger Entrepreneurship Program at the University of Arizona 1985—1999", Kauffman Center for Entepreneurial, Kansas, 2000, http://www. ebr. eller. arizona. edu/ research/entrepreneurship. pdf. EU, "Survey of Entrepreneurship in Higher Education in Europe", 2008, http://www. ec. europa. eu/ enterprise/policies/sme/files/support_measures/trainingeducation/highedsurvey_en.pdf.

② Vesper, K.& Gartner, W., "Measuring the Progress in Entrepreneurship Education", *Journal of Business Venturing*, 1997, (5).

③ Fayolle, A, et al., "Assessing the Impact of Entrepreneurship Education Programmes: A New Methodology", *Journal of European Industrial Training*, 2006, (9).

④ Entrepreneurship Education at Universities-a Benchmark Study, National Agency for Enterprise and Construction, http://www. ebst. dk/file/3053/Entrepreneurship 2004. pdf. 2004. Twaalfhoven B., "EFER and Entrepreneurship in Higher Education", http://www. efer. eu/ 2013/pdf/EFER Presentation for March 16 FINAL version.pdf.2007 .

⑤ Henry, C., "The Effectiveness of Training for New Business Creation: A Longitudinal Study", *International Small Journal*, 2004, (3).

创新创业教育给受教育者带来的较为直接的、显性的变化进行检验。[1] 比如，可以考察创新创业教育引起学生的创业认知、创业情绪情感、创业知识能力和创业行为等方面的变化，也可以考察创新创业教育直接带动创业实践的成效。变化可能是显性的，也可能是隐性的。在国内，一些学者在研究中也主要遵循过程评价和影响评价的范式进行。[2] 如有的学者将 CIPP 教育评价模型引入创新创业教育能力评价研究，从背景评价（Context Evaluation）、输入评价（Input Evaluation）、过程评价（Process Evaluation）、结果评价（Product Evaluation）四个方面构建高等学校创新创业教育质量效果评价指标体系。[3]

在实践操作层面，对创新创业教育的评价更多依据比较直观化的创业率、竞赛得奖数、教育投入指标等进行。目前，政府、高校及第三方机构都开展了创业率评价，将创业率作为衡量创新创业水平和效果的重要方面。[4] 然而，无论是政府部门或第三方部门出具的创业率评价，还是各类创新创业竞赛，以及各类创新创业典型高校评选，评价的都仅仅是少数人的创新创业教育活动，而对于"将创新创业融入人才培养全过程""将创新创业教育作为高等教育改革'牵一发而动全身'的突破口""促进创新创业教育分层分类发展"等目标的契合度则意义有限，也尚未真正发挥评价机制的整体作用。可以这样说，目前的创新创业教育评价研究整体上相对薄弱，评价的系统性、科学性、针对性也有

---

[1]　Pedrini, M, et al., "Do Entrepreneurial Education Programs Impact the Antecedents of Entrepreneurial Intention? An Analysis of an Entrepreneurship MBA in Ghana", *Journal of Enterprising Communities People & Places in the Global Economy*, 2017, (3).

[2]　徐小洲、叶映华：《创业教育课程设计及其有效性评价——以浙江大学〈创业教育基础〉MOOC 课程为样本》，《华东师范大学学报》2018 年第 1 期。

[3]　葛莉、刘则渊：《基于 CIPP 的高校创业教育能力评价指标 体系研究》，《东北大学学报》2014 年第 4 期。高桂娟、李丽红：《高校创业教育实效性的评价与提升策略研究》，《华东师范大学学报》2016 年第 2 期。

[4]　教育部高等教育司：《教育部关于大力推进高等学校创新创业教育和大学生自主创业工作的意见》，2010 年 5 月 13 号，见 http://www.moe.gov.cn/srcsite/A08/s5672/201005/t20100513_120174.html。浙江省教育厅：《我省 2013 届高校毕业生职业发展状况跟踪》，2017 年 7 月 8 号，见 http://www.zjedu.gov.cn/news/1436341568376576 55.html。麦可思研究院：《2017 中国大学生就业报告》，社科文献出版社 2017 年版。

待加强。随着创新创业教育项目的普遍开展,建立创新创业评价理论模型、制定科学合理的整体性评价体系、规范我国创新创业教育评价实践,既为优化创新创业教育政策提供依据,也有利于更好地激发学校、教师和学生参与创新创业教育的积极性。

因此,本书试图运用扎根理论方法(Grounded Theory)①、比较研究方法和专家咨询法,立足于中国创新创业教育开展的实践,扎根于广泛社会相关人群的调查访谈,通过严格规范的定量与定性分析相结合的步骤,建构创新创业教育评价的结构模型。本书也希望该结构模型可适应当前创新创业教育评价的理论需求,也可作为创新创业教育评价的实践参考。

2. 评价模型阐释

根据扎根理论、前人研究成果、对中国创新创业教育实践考察与理论构思,本书提出以现状(Status)—过程(Process)—结果(Result)为核心的是 SPR 三维三级创新创业教育评价结构模型:

现状评价(Status Evaluation)。创新创业教育质量发展现状评价是指被评价对象要做好自身"体检",通过与标杆、示范性高校以及全国平均情况的内外部比较,把握总体情况,明确自身机遇与挑战、优势与劣势。

过程评价(Process Evaluation)。创新创业教育实施过程评价也称监测评价。以评促建,以评促改,这对提升创新创业教育质量有着重要意义。同时,创新创业教育的结果评价存在时滞效应,因此需要通过适时地监测过程对创新创业教育实施过程进行评价。过程评价主要包括组织领导、师资建设、教学管理、机制保障、课程体系、创业实践、创新创业教育与专业融合等 7 个维度,各个维度的侧重点各不相同,共同构成了创新创业教育的过程评价体系。

结果评价(Result Evaluation)。结果评价也称为影响力评价或总结性评价,是对创新创业教育的绩效和成果产出进行评定,本书认为结果评价应既包

---

① 陈向明:《扎根理论的思路和方法》,《教育研究与实验》1999 年第 4 期。

括荣誉奖项、教学科研成果、创业人才、初创企业等客观性评价指标,也包括师生满意度、学生创业精神、创业技能、创业意愿等主观性评价指标。

3. SPR 三维三级评价模型的特征与原则

SPR 三维三级评价指标体系力图适应我国创新创业教育发展的现实需求,体现创新创业教育多层、多元、多方法的评价特征。

首先,构建了多层次结构模型。创新创业教育是一个复杂系统,单一范式或维度的评价难以满足评价的需要。SPR 多维多级的评价体系试图构建多层次的评价模型。这种多层次特征主要体现在两个方面:一方面,评价维度多层性。在评价取向(一级维度)上,SPR 指标体系吸纳与完善了国内外创新创业评价理论中过程性评价和结果性评价范式,并增加了现状评价;另一方面,评价维度内部结构和体系的多层性。在 SPR 模型中,现状评价、过程评价和结果评价既相互独立,又相互影响,从而体现了创新创业评价 SPR 模型的完整性。

其次,SPR 模型注重发展性评价和绩效性评价相结合。在 SPR 评价体系中,过程性评价是一种形成性评价和发展性评价,主要对创新创业教育过程的整体监测和评价。而结果性评价则是一种关注结果的最终的绩效评价,在 SPR 模型中做这样的设计,使得模型既包含形成性评价的内容,又包含了最终绩效评价的内容,充分体现了发展性与绩效性评价的有机结合。

最后,SPR 模型兼顾了短期评价与长期评价。在创新创业教育评价中,短期评价与长期评价各有特点、各有所长。短期评价是一种即时、现时评价,能反映创新创业教育当前的状况和特征。长期评价属于展望性、长时段评价,也可以是回顾性评价,反映创新创业教育的长期发展状况和特征。当前,高等学校创新创业教育的评价往往以高等学校自主创业大学生的数量、大学生选择自主创业的意愿度等作为体现创新创业教育效果的重要指标,这种评价具有短期评价的特征。然而,创新创业教育是一个长期的、常态化过程,教育效果的呈现具有滞后性的特点,创业行为本身也具有动态持续的特征。短期性的评价指标不能完全体现创新创业教育的整体效果,必须和长期性评价相结合。如企业存活期、创新示范作用和发展潜能、创业维持率、毕业后绩效等,是评估创新创业教育长效性的重要指标,竞赛获奖、创业率等属于短期指标。而有时短期评价指标也可以作为长期评价操作,如以 5 年为一个评价时段进行回顾性评价,通过该校衍生的优秀企业数量、持续创业者数量、毕业生创业比率等指标,评估其创新创业教育的长期成效,SPR 模型的设计将综合考虑短期指标,同时也将兼顾长期指标,做到短期评价和长期评价的有机统一。

至于该评价模型的操作原则:一是要把握正确导向。创新创业教育评价要通过正确的目标导向,引导学生创新创业教育活动,提升学生创新创业素质,推动社会创新创业发展。为此,要重视以下三个基本要求:把握政策方向,评价指标和标准符合政策要求;具有先进性和超前性,引导创新创业教育和大学生创业发展需求;以学生全面发展为中心,促进学生创业心理和行为的和谐发展。二是要明晰多层评价要求和具体指标。SPR 创新创业教育评价属于多维度多层次评价。本书建构的 SPR 评价模型提供了评价的结构框架和思路,但在具体评价实施中,需要进一步明晰相关指标内涵和操作要求。三是坚持多元多方法评价。创新创业教育质量是多方面、多维度的。因此,创新创业教育评价应该采用多样化、多维度的评估体系,既要重视学生创业意识、创业能力等基础层面的发展评价,也要重视学生创业的实践评价和表现性评价。为此,实施创新创业教育评价要坚持多元多方法评价,通过多元多方法评价,促进创新创业教育高质量、可持续发展。

此外,建构针对创新创业活动的评价模型,还需符合三个方面的要求:首先,创新创业教育要以测评评价为基础,同时重视实践结果评价。其次,多种评价方式相结合。评价过程中既要注意过程性评价和结果性评价相结合,也要注意短期评价与长期评价相结合,还要注意即时评价、展望性评价和回顾性评价相结合。多种评价方式,全方位地对学生创新创业教育实施综合评价。最后,实施评价要重视创业教学反馈双向评价。反馈评价是在创业教学过程中和结束后的师生评价,包括学生评价教师和教师评价学生两个方面。通过双向评价,及时了解教学问题、调整课程方案、教学设计和师资安排,掌握学生的学习情况,有针对性地开展学习指导,有效提高创新创业教育教学质量。

三、研究设计及方法

翔实的文献支撑及理论依据为本书奠定了良好的理论基础和研究出发点,作为本书的重要贡献——创新创业教育信息数据及精炼价值将能更好地凸显研究的现实价值和意义,而研究结论的可推广性、可靠程度又有赖于广泛的选样、有效的数据采集、严谨的分析。

(一)研究思路

本书围绕三个核心议题,遵循"研究目标分解→研究方案核定→研究内容明确→理论框架分析→实证研究→模式建构→反思改进→政策建议"的基本研究思路,提出创新创业教育评价体系与监测的核心理念,构建具有普遍性、多维角度的创新创业教育评价指标体系,探讨创新创业教育评价体系与监测的机制与结构框架,评估全国高校创新创业教育的现状,探索高校创新创业教育评价体系与监测的实践路径,提供各级政府推进创新创业教育质量保障与提升的政策建议。

(二)研究视角

本书依据创新创业的非线性理论、学习型组织理论、教育评价理论,对高校创新创业教育组织、实施、保障、反馈、改进等动态过程进行评价与监测。创新创业的非线性理论能够很好地解释创新创业过程中的不确定性与动态自适应性,改变了以往对创新创业过程单向度、机械思维的传统认知,强化了对影响创新创业各种非显性要素间复杂关系的解释。

本书将创新创业的非线性理论分析视角引入创新创业教育领域具有充分的可行性:(1)创新创业教育本身是一种自下而上、自发演进的协同组织活动,其外显的成功经验具有较强的独特性,因此难以复制,需要深度挖掘其潜在要素间的关系并进行权重设计和建立有效评估体系,才可以科学客观地对创新创业教育进行评价;(2)创新创业教育的推进需要依托具体的创业环境。创新创业教育生态系统是不可以复制和直接移用的,必须从各个国家的具体情况出发,根据该国国情建立政策和相关规范措施,使这些因素能真正融入并产生作用。

(三)研究方法

围绕以上三个核心议题,本书在借鉴创新创业教育质量评价体系传统方法的基础上,将现代质量管理理念嫁接到创新创业教育评价领域中,以构建面向社会需求的"顾客满意度"创新创业教育质量评价体系。具体研究方法如下:

1. 文献分析法

在相关研究议题的开展过程中,本书对创新创业教育的相关文献进行了系统梳理,选取了国内(CNKI、CSSCI)及国外权威数据库(WOS、Scopus)进行文献综述。立足创新创业教育的发展历史及我国创新创业教育的发展历程,剖析了国内外的创新创业教育研究现状,进一步的研究还借鉴并采用了知识图谱可视化方法,绘制了系列知识图谱,展示"创新创业教育""质量管理""指标体系""评价体系""监测机制"等相关主题的文献信息,从而在一定程度上反映该领域研究的全貌。

2. 比较研究法

比较法是根据一定的标准,对不同国家或地区的教育制度或实践进行比较研究,找出各国教育的特殊规律和普遍规律的方法。本书剖析了美国、欧盟、英国、日本、东南亚国家在创新创业教育评价体系与监测机制形成过程中的经验与不足,对具有代表性的创新创业教育评价案例进行了深度分析,挖掘国际创新创业教育评价体系与监测机制的前沿趋势,为中国构建符合自身国情特色的创新创业教育评价指标框架提供借鉴。

3. 案例研究法

案例研究对于揭示创新创业教育的机理和模式及其背后的环境因素具有至关重要的意义。本书注重案例研究的单案例历史分析和多案例比较分析,杜绝简单的"现状描述",从多维视角剖析案例本身,选取国内外开展创新创业教育较为成熟的地区和高校,通过实地考察、问卷调查、深度访谈等多种形式分析案例院校在创新创业教育评价领域所取得的经验,以此为基础完善创新创业教育评价的多维指标体系。

4. 问卷调查与专家访谈

为了解不同利益相关者对高校创新创业教育评价和监测的认识、中国创新创业教育的客观现状、识别创新创业教育评价体系的核心要素,采用大样本数据的问卷调查和深度访谈的研究方法。问卷发放对象为高等教育政策制定者、大学管理者、企业代表、一线教师以及大学生等,并对其中关键对象进行深度访谈。对调研所得数据资料采用了描述统计、推论统计、质性研究等多种研究方法,具体来说包含但不限于以下方法:

在创新创业教育现状描述中运用了描述统计。具体采用了百分比分析、组合分析、问题嵌套分析。比如:被研究者对创新创业教育不同内容的倾向、评价的联合考察,为后续推论分析进行统计铺垫;然后,通过对被调研者的社会学信息进行考察,嵌套其关于创新创业教育评价、创新创业教育满意度、创新创业教育期望进行现状剖析;最后,简单直观地呈现了被调研者对于创新创业教育发展的关键要素与核心问题的意向及评价。为进一步揭示所调研现状与内在规律的关联机制提供了数据支撑。

在深度解析及机制探索的过程中运用了推论统计。具体来说运用SPSS25.0,对于创新创业教育的评价维度的挖掘采用了主成分分析法。借由AHP(层次分析法)、QFA(探索性因子分析)所挖掘的评价要素,通过调研组讨论、专家评定进行了定名与升维。基于所得维度(结果维度),采用相关分析、回归分析等分析方法考察现状指标与结果维度的关联联系及强度,由此构建出创新创业教育评价与监测的关联框架;然后,运用 AMOS22.0,采用结构方程模型探索并确定出从监测到评价的内在路径及作用机制;最后,使用 NVivo8 进行质性研究,结合其分析结果进一步完善评价机制、监测及评价维度。

(四)研究手段

围绕核心研究议题,本书在研究手段上主要有三个特点,即定量分析与定性分析的有机结合、理论推导与实证研究相结合、多学科方法的集成与创新。这一策略,既充分体现了本书的特色与现实价值,也为本书有效完成提供了方法论的保障。

1. 定量分析与定性分析的有机结合

本书依赖的研究队伍是来自于多所高校的教授以及青年学者,他们都是国内高校创新创业教育研究一流专职人员,具备扎实的理论基础,从而保证了本书相关内容开展的科学性与合理性。同时,本书依赖的研究队伍又是具备定量分析和定性分析能力的专业人员,分别从现代统计分析方法、田野调查等多种方法与技术介入,各自发挥其学科优势,在研究方法和研究视角上体现了较强的创新性与综合性。

2. 理论推导与实证研究相结合

本书依赖的研究队伍都受过系统的理论知识训练,具有较强的专业背景与理论支撑;同时,研究队伍的多数成员具备较强的实地调查能力,通过对不同类型高校创新创业教育的调查,结合专业知识对现状进行分析,然后有针对性地提出对策与方案,是本书的研究队伍在具体研究过程中一直保持的研究风格。本书研究团队早前已从事此领域的多项研究,通过理论联系实际,把理论推导与实证研究有机融合,体现了方法上的创新性。

3. 多学科方法的集成与创新

本书在理论创新、可行性方案设计、数据挖掘、文本写作等各个阶段充分发挥了研究团队的多学科知识优势。队伍研究人员之间的高效合作解决了不同学科与领域的专业人士之间的沟通障碍,从而在成果的有机性与完整性方面具备十分明显的优势。

（五）技术路线

基于上述研究思路和手段,按照以上三个核心议题所呈现的主要内容和要达成的研究目标,本书的技术路线如图1-2所示。

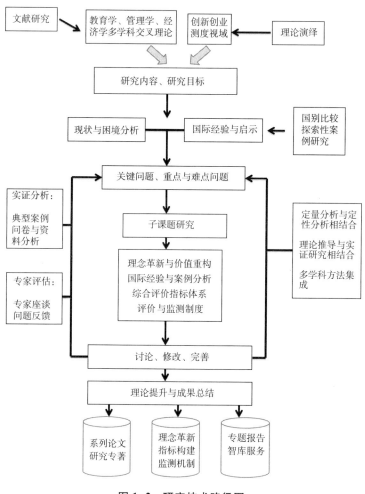

图1-2 研究技术路径图

第二章 创新创业教育质量整体评价：来自全国 1231 所高校的实证分析

第一节 问卷设计及调查开展

一、问卷设计

在 SPR 理论的指导下，本书参照现有创新创业教育评价的相关研究，在经过多轮专家讨论后，设计了面向全国的创新创业教育现状的调研问卷（学生卷和教师卷），并对全国 1231 所高校进行了问卷调研。

二、调查员培训

为确保调研的顺利开展，本书通过多种方式面向全国招募了问卷调研员。考虑到调研员对不同问题的认知可能存在差异，因此本书首先对调研员进行了培训。对调研员的培训过程主要包括两个阶段：静态培训和动态跟踪反馈。静态培训阶段主要对调研对象、调研方式、调研工具以及调研时限、调研目标等进行邮件逐项确认，在双方合意且调研组方确定调研员具备完成调研工作的能力及资源后，正式发送调研聘请书（电子版加盖单位红章），调研员工作正式启动。具体的培训涉及的调研内容如下：

（一）《学生问卷》调查和访谈时间：2019 年 1 月 18 日前完成

1.调查对象及要求

本、专科在校生（2018 级新生除外）和近五年毕业的本、专科毕业生（不包括硕士研究生和博士研究生）。

本、专科在校生（2018 级新生除外）：

（1）参加过创新创业课程（选修或必修）班级的学生；

（2）参加过创新创业类辅修专业、创新创业类双专业之类的创业班级学生；

（3）参加过各级各类创新创业竞赛的学生；

（4）参加过创业园创业实践的学生、其他自主创业的学生；

（5）参与过各类创新创业教育研究的学生（做课题、写论文），参与老师的课题做创新实验研究、发明专利、发表学术论文、研究开发项目、实践项目运作运营等的学生；只要与创新创业教育经历相关的在校本、专科学生（2018 级新生除外）都属于调查对象。

调查对象的专业学科分布要求：每校调查的对象至少涉及上面 5 类对象中的 3 类，并要求涉及 5 个专业的学科领域（专业学科领域越多越好），单科性学校至少要涉及 5 个二级学院的学生。

调查对象数量的要求：一般每校调查 200—600 名学生（为了保证问卷答题质量，不调查与创新创业教育无关的学生。如果调查对象确实很多，拟调查600 名以上的，需事先与调研组联络员沟通好）。

有独立学院的学校，如在您负责调查的学校名称中没有特地备注不含独立学院的，请把您校的独立学院也一起调查，并且可以增加 200 名左右学生的调查人数。

近五年本、专科毕业生：

指在校期间接受过创新创业教育的以上 5 类调查对象，毕业后不管是就业还是自主创业的毕业生都可以调查,并且这些毕业生群体调查人数尽量不少于 50 人。

调查建议:如有条件,最好直接进入班级调查,或将学生分类集中进行调查,以保证效率和质量。调查即将结束时,请告诉一下调研组联络员,以便向您提供调查进展的大致人数等信息。

问卷内容:问卷以"问卷星"链接形式进行发送,该问卷限一台设备(手机、电脑等)作答一次。

2. 访谈对象范围及要求

访谈对象:从 3 类学生群体(省级及以上的各类创新创业竞赛获奖者、成功的自主创业团队合伙人和创业班级中最优秀的在校本、专科学生,如有从事自主创业的优秀毕业生更好)中选出具有典型代表的访谈对象进行面对面的深入访谈和交流,每校访谈学生总数不超过 3 名(找不到合适的访谈对象,可以选择不做)。

访谈内容:调研组设计好访谈提纲和访谈记录的模板,可对访谈题目做适当增减或调整。

提交访谈材料的形式:访谈后,如实将访谈材料按访谈记录的模板整理成文字稿(Word 版)电子版反馈至本书调研的联络员处。

(二)《教师问卷》调查和访谈时间:2019 年 1 月 18 日前完成

1. 调查对象范围及要求

(1)各类创新创业课的任课教师(选修和必修课);

(2)学生各类创新创业竞赛的指导教师,创业园、科技园等学生创业项目的指导教师,指导学生创新创业科研项目、创新实验、发表论文等指导教师;

(3)校内各级创新创业管理人员(含校领导、学院部门领导及其他创新创业管理人员);

（4）学校和二级学院的教学管理人员、思政工作者（学工、团委、辅导员等），以及人事处、后勤管理人员等；

（5）从事创新创业教育科研的教师；

（6）自己从事自主创业的教师。

备注：只要与创新创业教育相关的领导干部、行政人员和专业老师都属于调查对象。

调查对象群体的分布要求：每校调查对象至少涉及以上6个教师群体中的3类，也可以涉及与创新创业教育相关的其他教师群体。

调查对象数量的要求：一般每校调查50—100名教师（为了保证问卷答题质量，不调查与创新创业教育无关的教师。如果调查对象确实很多，想调查100名以上的，需事先与联系您的调研组老师沟通好）。

有独立学院的学校，如在您负责调查的学校名称中没有特地备注不含独立学院的，请把您校的独立学院也一起调查，并且可以增加50名左右老师的调查人数。

问卷内容：问卷以"问卷星"链接形式进行发送。该问卷限一台设备（手机、电脑等）作答一次。

2. 访谈对象范围及要求

访谈对象：从3类教师群体（专门负责创业管理的人员、优秀的创新创业课教师和指导创新创业竞赛获省级二等奖及以上的第一指导教师）中选出具有典型代表的对象进行面对面的深入访谈和交流，每校访谈教师总数不超过3名（找不到合适的访谈对象，可以选择不做）。

访谈内容：调研组设计好访谈提纲和访谈记录的模板，可对访谈题目做适当增减或调整。

提交访谈材料的形式：访谈后，如实将访谈材料按访谈记录的模板整理成文字稿（Word版）电子版反馈至本书调研的联络员处。

（三）其他说明

1. 调查准备及实施过程中出现的意外事故、人身安全问题、社会资源损失和经济损失等情况,本调研组概不负责。

2. 如有特殊情况不能按时完成的,请在 2019 年 1 月 18 日前及时沟通。

3. 本调研组继续接受未报名的高校再报名,仍通过课题调查员招募链接（问卷星）进行。

已经报名的老师如想再负责其他学校的调查工作,也可以,但要先与调研组联络员确认您所要调查的学校还没有人在做才行。

4. 调查工作的相关事宜最终解释权归本调研组所有。

如有其他建议,请向调研组联络员提出来,以最后双方通过商量达成一致意见的书面形式（电子稿）或电子邮件或微信中的记录为准。

动态跟踪培训:主要包含两方面。一方面是信息的再确认,调研过程中对于调研目标、调研要求、调研时限的再次确认。调研组采用邮件、微信回访的方式在收到消息后 12 小时（日间）内回复调研员在调研过程中产生的疑惑。另一方面是意外情况的处理,包含但不限于调查工具崩溃、调研任务无法完成、调研工作变动（退出或变动调研负责的区域）等。针对此类情况,调研组采取了自收到其消息后 2 小时内给予电话或微信回复,并给出解答。

三、调研开展

本调研共分三个阶段。

第一阶段:调查题项及访谈提纲编制（时段:2018 年 5 月 10 日—2018 年 7 月 9 日）。本调研组在近 20 年的创新创业教育实践探索和理论研究基础上,结合文献梳理、借鉴现有与创新创业教育评价相关的调查问卷及访谈样本,初步拟制问卷题项及访谈提纲,并通过科学手段论证题目提纲及所涉及变量维度、结构、指向、内涵的学理性,寻求文献依据进行逐一讨论和修改,同步邀请创新创业教育领域的 20 余位专家学者对问卷题项的内容效度及文字表述等进行评议,并依据其所提的建议和问题进行再次修改,于 2019 年 7 月 8 日形成试测的《学生卷》和《教师卷》的调查问卷和访谈问卷。

第二阶段:试测及修改(时段:2018 年 7 月 10 日—2018 年 9 月 9 日)。为了使调查问卷和访谈问卷的内容更加严谨,获得我国创新创业教育当前进展情况最真实的调查结果,2018 年 7 月调研组针对全国 98 所高校进行试测,根据反馈意见进一步讨论和修改,于 2018 年 9 月 12 日形成由《学生卷》和《教师卷》构成的调查问卷和访谈问卷正式投放版本。

第三阶段:正式开展调研及数据回收(时段:2018 年 9 月 15 日—2019 年 1 月 18 日)。

第二节　教师群体及学生群体调查结果

本书团队于 2018 年 9 月 15 日至 2019 年 1 月 18 日期间,通过问卷星与访谈的形式面向全国 31 个省(自治区、直辖市)1231 所高校的创新创业教育相关老师和接受过创新创业教育的在校本、专科学生和毕业生展开调研,共回收调查问卷 201034 份(见表 2-1),此外还整理访谈记录 283 份 50 万余字。具体情况如下:

《学生卷》调查问卷共调研高校 1231 所,涉及 31 个省(自治区、直辖市),共回收问卷 187914 份,剔除因答卷时长过短、填写无效校名等原因造成的无效问卷 17150 份后,获得有效问卷 170764 份,占比 90.87%;《教师卷》调查问卷共调研高校 596 所,涉及除宁夏外的 30 个省(自治区、直辖市),共回收问卷 13120 份,剔除因答卷时长过短、填写无效校名等原因造成的无效问卷 524 份,获得有效问卷 12596 份,占比 96.01%。

表 2-1 全国调研情况一览表

问卷类型	省份 (个)	高校(所)	问卷数量 (份)	无效问卷 (份)	有效问卷 (份)	有效问卷 占比(%)
学生问卷	31	1231	187914	17150	170764	90.87
教师问卷	30	596	13120	524	12596	96.01
合计			201034	17674	183360	

一、教师群体调查结果

本次调研对象为教师的范围涵盖"双一流"建设高校、普通本科院校、民办高校、独立学院以及高职院校等共计 596 所高校。调查显示(见表 2-2),普通本科院校涉及 265 所高校,占比最高(44.46%),几乎占到一半的调研量。其次是高职院校,占比 28.19%。民办高校、独立学院和"双一流"建设高校分别占比 15.1% 和 12.25%。

表 2-2 调研创新创业教师的高校类型分布

学校类别	学校数	学校数占比(%)
"双一流"建设高校	73	12.25
普通本科院校	265	44.46
民办高校、独立学院	90	15.10
高职院校	168	28.19
合计	596	100.00

本次调研的教师范围涉及除宁夏外的 30 个省(自治区、直辖市)。调查显示(见表 2-3),浙江占比最高,达到 11.08%,涉及 66 所高校。福建、山东、山西、江苏、河南、广东等地区所涉及高校也超过 30 所。而甘肃、贵州、青海、西藏、新疆、内蒙古等地区涉及学校较少。

表 2-3　调研创新创业教师的区域分布

调研学校数排名	地区	学校数	学校数占比(%)	调研学校数排名	地区	学校数	学校数占比(%)
1	浙江	66	11.08	17	北京	14	2.35
2	福建	50	8.39	18	辽宁	13	2.18
3	山东	48	8.05	19	海南	13	2.18
4	山西	40	6.71	20	黑龙江	12	2.01
5	江苏	31	5.20	21	上海	12	2.01
6	河南	30	5.03	22	吉林	11	1.85
7	广东	30	5.03	23	云南	10	1.68
8	四川	27	4.53	24	湖南	10	1.68
9	陕西	27	4.53	25	甘肃	8	1.34
10	河北	25	4.19	26	贵州	4	0.67
11	安徽	23	3.86	27	青海	2	0.34
12	江西	18	3.02	28	西藏	2	0.34
13	天津	18	3.02	29	新疆	2	0.34
14	湖北	17	2.85	30	内蒙古	1	0.17
15	重庆	17	2.85	31	宁夏	0	0
16	广西	15	2.52				
合计		596		累计占比		100.00	

调查显示(见图 2-1),我国创新创业教师在学位上的比例分布是以硕士学位(53.99%)为主体;其次是学士学位,占到 19.43%;而拥有博士学位(含博士后)的教师只有 14.63%。

调查显示(见图 2-2),我国创新创业教师在学科分布上涵盖 13 个学科门类,其中以工学(19.69%)、管理学(15.59%)、教育学(10.29%)、经济学(9.14%)这 4 个学科为主体,占到一半以上。

调查显示(见图 2-3),我国创新创业教师在职称分布上以中级职称(36.85%)和未定级(21.30%)为主体。高级职称含副高级(18.35%)和正高级(7.76%)占比为 26.11%,仅为 1/4 的比例。这说明创新创业教育师资力量还是以年轻的教师为主体。

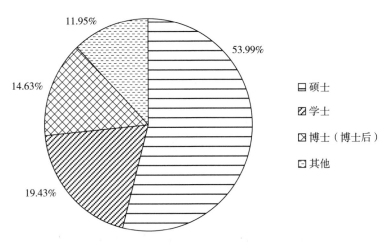

图 2-1 调研高校创新创业教师的学位分布

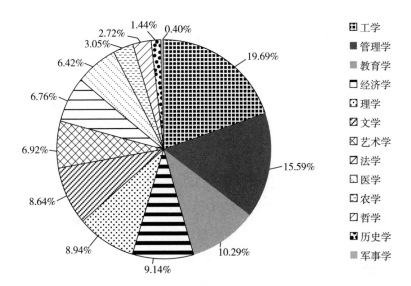

图 2-2 调研高校创新创业教师的学科分布

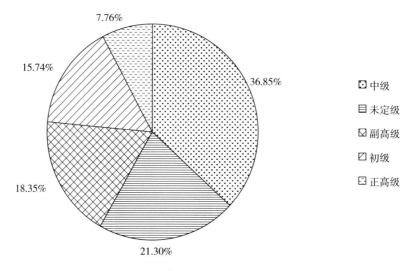

图 2-3 调研高校创新创业教师的职称分布

二、学生群体调查结果

本次调研的学生范围涵盖"双一流"建设高校、普通本科院校、民办高校、独立学院以及高职院校等合计 1231 所高校。调查显示(见表 2-4),普通本科院校涉及 527 所高校,占比最高(42.81%),几乎占到一半的调研量;其次是高职院校,占比 30.71%;民办高校、独立学院和"双一流"建设高校分别占比 16.41% 和 10.07%。

表 2-4 调研学生的高校类型分布

学校类别	学校数	学校数占比(%)
"双一流"建设高校	124	10.07
普通本科院校	527	42.81
民办高校、独立学院	202	16.41
高职院校	378	30.71
合计	1231	100.00

本次调研的学生范围涉及全国 31 个省(自治区、直辖市)。调查显示(见表 2-5),山东占比最高,达到 8.20%,涉及 101 所高校。浙江、江苏两省紧随其后,占比 7% 以上。山东、浙江、江苏三省合计 23.63%,占到近 1/4 的调研量。福建、河南、广东、四川、山西等地区所涉及高校也超过 60 所。而海南、青海、西藏、新疆、宁夏等地区涉及学校较少。

表 2-5 调研学生的区域分布

调研学校数排名	地区	学校数	学校数占比(%)	调研学校数排名	地区	学校数	学校数占比
1	山东	101	8.20	17	黑龙江	32	2.60
2	浙江	97	7.88	18	云南	29	2.36
3	江苏	93	7.55	19	湖南	29	2.36
4	福建	71	5.77	20	重庆	24	1.95
5	河南	68	5.52	21	广西	22	1.79
6	广东	66	5.36	22	上海	22	1.79
7	四川	66	5.36	23	吉林	18	1.46
8	山西	65	5.28	24	甘肃	14	1.14
9	湖北	56	4.55	25	贵州	13	1.06
10	陕西	52	4.23	26	内蒙古	10	0.81
11	河北	50	4.06	27	海南	8	0.65
12	江西	47	3.82	28	青海	6	0.49
13	辽宁	45	3.66	29	西藏	4	0.32
14	安徽	43	3.49	30	新疆	4	0.32
15	北京	42	3.41	31	宁夏	1	0.08
16	天津	33	2.68				
合计		1231		占比		100.00	

调查显示(见图 2-4),调研学生中在校本科生占比 61.67%,为调研的主体对象;其次是在校专科生,占到 31.91%;本、专科毕业生仅占 6.42%。

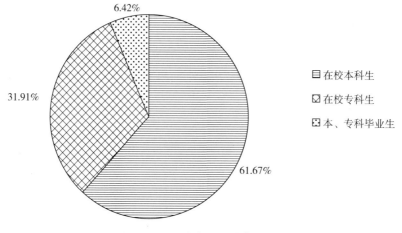

图 2-4 调研本专科生的类别分布

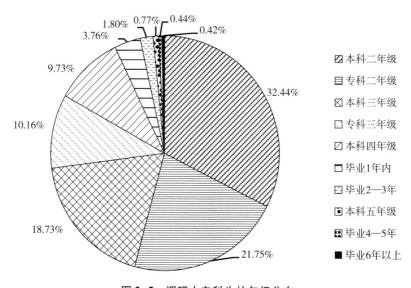

图 2-5 调研本专科生的年级分布

本次调研不接受本、专科的一年级新生参与。调查显示（见图 2-5），在校本科生二年级（32.44%）、三年级（18.73）占比达到一半。专科二年级（21.75%）、三年级（10.16%）占比接近 1/3。本专科毕业生中毕业一年以内的占 3.76%，为毕业生的主要分布。

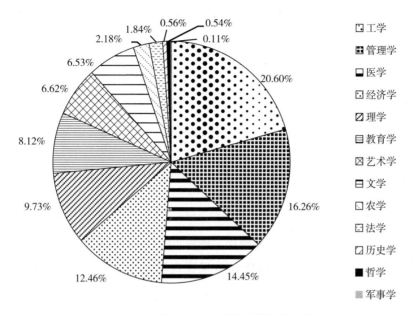

图 2-6　调研本专科生的学科门类分布

　　调查显示(见图 2-6),学生的学科分布涵盖 13 个学科门类,其中以工学(20.60%)、管理学(16.26%)、医学(14.45%)、经济学(12.46%)这 4 个学科为主体,占到 63.77%。

第三节　创新创业教育质量的整体评价

　　创新创业教育质量评价的根本目的,就是科学有效地反映我国创新创业教育实施的现状,提升高校创新创业教育的质量,最终促进高校创新创业教育的深化改革与完善。基于对全国 1231 所高校 201034 份学生和教师问卷调查,综合运用方差分析、因子分析、回归分析等方法对我国创新创业教育质量的现状、过程以及结果进行了多维评价。

一、我国高校创新创业教育质量发展现状评价

对创新创业教育质量发展现状评价,是指被评价对象要做好自身"体检",通过与标杆、示范性高校以及全国平均情况的内外部比较,把握总体情况,明确自身机遇与挑战、优势与劣势。本书通过对全国 1231 所高校的调查,主要分析了创业政策、创新创业教育师资、创新创业课程、创新创业竞赛的基本情况。

(一)创业政策对学生有切实帮助并提升个人创业意愿

20 年来,中国高校创新创业教育先后经历了自发探索阶段、政策驱动下多渠道探索阶段、政策引导下的高校全面推进阶段、宏观指导为基础的个性化深入推进阶段。[①] 其中,创业政策的效果究竟如何,是政府、高校以及师生最为关心的问题。受访学生认为我国创业政策对学生开展创业有切实的帮助,并有助于提升学生个人的创业意愿,两者平均值均为 3.74,众数为 4(5 指非常同意,4 指比较同意,3 指一般,2 指比较不同意,1 指非常不同意,下同),即表示大部分学生对创业政策和对其有切实帮助并提升个人创业意愿持比较同意态度(见表 2-6)。对于不同主体提供的政策扶持,学生评价为"地方政府简化大学生企业注册申请流程(3.65 分)""学校提供创业启动基金(无息贷款)(3.62 分)""社会提供指导创业的免费培训(3.60 分)"。相对于地方政府和学校,对"社会提供指导创业的免费培训"方面,学生对其评价最低。

表 2-6 创业政策描述统计(学生卷,N=170764)

创业政策 统计项	地方政府简化 大学生企业 注册申请流程	学校提供创业 启动基金 (无息贷款)	社会提供指导 创业的 免费培训	创业政策有助 于提升个人 创业意愿	创业政策对 开展创业有 切实的帮助
平均值	3.65	3.62	3.60	3.74	3.74

① 黄兆信、李炎炎:《中国创业教育研究 20 年:热点、趋势与演化路径——基于 37 种教育学 CSSCI 来源期刊的文献计量分析》,《教育研究》2018 年第 1 期。

创业政策 统计项	地方政府简化 大学生企业 注册申请流程	学校提供创业 启动基金 (无息贷款)	社会提供指导 创业的 免费培训	创业政策有助 于提升个人 创业意愿	创业政策对 开展创业有 切实的帮助
众数	3	3	3	4	4
标准差	0.911	0.938	0.950	0.887	0.885
最小值	1	1	1	1	1
最大值	5	5	5	5	5

2019 年 3 月 10 日,习近平总书记在参加福建代表团审议时提出"要营造有利于创新创业创造的良好发展环境"。研究团队设置的教师卷选项"您所在省创业政策和环境良好",最高值 5 分代表非常同意,1 分代表非常不同意,结果显示均值由高到低的前十位省份(直辖市)依次是上海(4.07 分)、浙江(3.96 分)、北京(3.85 分)、江苏(3.84 分)、湖南(3.83 分)、四川(3.71 分)、福建(3.67 分)、广东(3.65 分)、山东(3.65 分)、重庆(3.53 分)。均值倒数五位的省份是新疆(2.33 分)、黑龙江(2.94 分)、内蒙古(3.03 分)、吉林(3.07 分)、云南(3.08 分)。

(二)创新创业教育进一步普及落实,师资短缺仍是主要短板

本书通过对 596 所高校的 12596 名创新创业教育相关教师现状调查显示:受访教师对所在学校的创新创业教育现状评价均值最高五项如表 2-7 所示。"面向全体学生""学校重视并成立领导小组""师生合作创新创业"等得到较高评价。这说明我国创新创业教育在政府强力推动下已经得到进一步的普及和落实。

缺乏专业的创新创业教育师资,是学校在创新创业教育开展过程中所遇到的主要障碍。[1] 调查显示,我国创新创业教育教师在性别上比例分布为男

---

[1]　黄扬杰、吕一军:《高校创业教育的问题与对策》,《教育研究》2018 年第 8 期。

教师(43.6%)、女教师(56.4%);年龄上以"30 周岁及以下"(39.1%)、"31—35 周岁"(23.4%)的青年教师为主体;学位上以硕士学位(54%)为主体,博士学位的教师只有 14.6%;在从事创新创业教育工作年限上,39.5%的教师是"2 年及以内",26.2%的教师是"3—5 年",两者累计 65.7%,说明大部分创新创业教育教师还是新手;在"您属于创新创业课教师中的哪种类型"选项中,辅导员等学生工作的教师占比 35.3%,其次依次是非创业领域的专业教师(24%)、创业领域的专业教师(16%)。

受访教师对所在学校的创新创业教育现状评价均值最低的五个选项如表 2-7 所示。师资的数量、专兼结合、科学的绩效考核、职称评聘机制都亟待改善。因此,总的来说,我国创新创业教育教师中专任教师太少,对兼任教师的培养和重视程度又不够,专业性太弱。让创新创业教育教师有归属感或者在致力于创业转型的各类学科组织①、学院中设置专门的创新创业教育教职、专门的职称晋升序列,都是当前创新创业教育教师进一步发展的关键保障。

表 2-7　创新创业教育发展现状评价均值最高和最低五项(教师卷,N=12596)

评价均值最高五项	最小值	最大值	均值	标准差
创新创业教育面向全体学生	1	5	3.94	0.921
学校很重视创新创业教育,成立相关工作领导小组	1	5	3.93	0.902
面向全体学生开设创新创业教育课程	1	5	3.92	0.920
鼓励师生合作开展创新实验、发表论文、获得专利和自主创业等活动	1	5	3.90	0.898
鼓励教师带领学生进行创新创业	1	5	3.89	0.910
评价均值最低五项	最小值	最大值	均值	标准差
师资的数量充足、专兼结合	1	5	3.71	0.985
将个人创新创业教育业绩纳入教师绩效考核标准	1	5	3.70	1.004
编有满足学生多样化学习需求的创业教材	1	5	3.68	0.998
将个人创新创业教育业绩纳入教师职称评聘条件	1	5	3.68	1.028

① 黄扬杰、邹晓东:《学科组织学术创业力与组织绩效关系研究》,《教育研究》2015 年第 11 期。

续表

评价均值最低五项	最小值	最大值	均值	标准差
有相对独立的针对创新创业教师的职称晋升机制	1	5	3.59	1.060

(三)创新创业课程类型有待丰富,与专业融合还不够紧密

国外相关学者一般都重视对创新创业课程的评价,如阿兰·法约列 (Alain Fayolle)基于计划行为理论,评价创新创业教育课程和创业意向间的关系。德国学者理查德·韦伯的著作《创业教育评价》基于双重差分法选择了实验组和对照组,主要也是围绕着创新创业课程展开评价。[①] 调研显示,学生对高校创新创业教育实践、课程和竞赛各题项评价均值介于 3.32—3.62 分之间(见表 2-8)。样本中 63.7% 的学生选修过 1—2 门创新创业课程,27.7% 的学生选修过 3 门及以上创新创业课程。表 2-8 中最高均值题项为"创业实践有校内外指导教师",最低均值题项为"创新创业课程内容与自身专业知识结合紧密"。再看表 2-8 的倒数第三项"创新创业教育课程类型多样"和表 2-7 的倒数第三项"编有满足学生多样化学习需求的创业教材",说明创新创业课程在数量、多样性以及和专业融合性上都有待提高。我国高校创新创业教育应该改变"千人一面"的现状,要基于自身特色或优势,制定面向全校、立足长远的创新创业教育发展战略,[②]特别是要进一步加强创新创业教育与专业教育之间的融合,逐步形成各具特色的创新创业教育体系。

表 2-8　创新创业教育实践、课程和竞赛描述统计(学生卷,N=170764)

题项(15 个)	最小值	最大值	均值	标准差
创业实践有校内外指导教师	1	5	3.62	0.933
创业实践有独立的大学生创业园	1	5	3.58	0.981
创业实践有专项创业基金支持	1	5	3.55	0.958

---

① 理查德·韦伯:《创业教育评价》,常飒飒、武晓哲译,商务印书馆 2017 年版,第 55—57 页。
② 黄兆信、王志强:《论高校创业教育与专业教育的融合》,《教育研究》2013 年第 12 期。

续表

题项(15个)	最小值	最大值	均值	标准差
教师具有丰富的创新创业教育教学经验	1	5	3.52	0.977
创新创业竞赛种类多样	1	5	3.52	0.956
学校提供一体化的创业实践服务	1	5	3.51	0.945
创业实践项目与专业学习结合度高	1	5	3.50	0.953
创新创业课程内容与时代前沿趋势结合紧密	1	5	3.49	0.956
教师授课方式多样	1	5	3.48	0.965
创业实践有专门的校外实践基地	1	5	3.48	0.976
创新创业竞赛项目与专业结合度较高	1	5	3.40	0.962
教师具有创业经历	1	5	3.39	0.985
创新创业教育课程类型多样	1	5	3.38	0.986
参加的创新创业竞赛项目较容易落地	1	5	3.35	0.958
创新创业课程内容与自身专业知识结合紧密	1	5	3.32	1.007

(四)创新创业竞赛成为学生全面发展的重要平台,竞赛项目落地率有待提高

教育部高教司吴岩司长指出,创业大赛已成为深化创新创业教育改革的载体、促进学生全面发展的重要平台、推动产学研用结合的关键纽带。[①] 胡瑞等人的研究发现,创新创业竞赛对大学生创业意向有显著正向影响。[②] 调查显示,学生对创新创业竞赛提升其团队合作能力(3.77 分)、人际关系网络(3.68 分)、真实创业帮助(3.66 分)、提升创业自信心(3.62 分)、提升创业能力(3.59 分)评价均较高。在"参加的创新创业竞赛项目较容易落地(3.35分)"选项上还有待提高。选项"学生认为哪些途径对其创业项目落地最有帮助?"结果显示,32.69%的学生选择大学生创业园实践为第一重要选项,

---

① 吴岩:《跟跑、并跑、领跑,跑出创新创业教育的"中国加速度"》,见 http://www.sohu.com/a/275769790_736655。

② 胡瑞等:《创业教育组织方式对大学生创业意向的作用机理——一个有中介的调节效应》,《教育发展研究》2018 年第 11 期。

31.30% 的学生选择创业课堂教学为第一重要选项，22.92% 的学生选择各类创新创业竞赛为第一重要选项，教师/学生科研项目、资本对接会选项的首选比例为 7.31% 和 4.12%。

二、我国高校创新创业教育实施过程评价

创新创业教育实施过程评价也称监测评价。上述分析了创新创业教育质量最终结果的基本情况，由于影响质量最终结果的因素有很多，那么有哪些因素是最为关键的？以评促建，以评促改，这对提升创新创业教育质量有着重要意义，同时创新创业教育的结果评价也存在时滞效应①的缺陷。如李旭辉就基于 G1 群组法，从创新创业环境、教育投入、创新创业教育产出三个方面出发构建了效果评价指标。② 哈佛大学教授罗伯特·卡普兰（Robert Kaplan）开发的著名绩效评价体系——平衡计分卡，其主要目的就是要建立"实现战略制导"的绩效管理系统，并提出了使战略成为连续的过程等原则，以保证战略得到有效的执行落实。③ 综上，也就很有必要对创新创业教育实施过程进行评价。

（一）教师对高校创新创业教育过程评价较高，组织领导是影响创新创业教育质量（结果维度）的最主要因素

教师对高校创新创业教育过程各题项的评价均值介于 3.59—3.94 分之间。最高均值的题项为"创新创业教育面向全体学生"，最低均值的题项为"有相对独立的针对创新创业教师的职称晋升机制"（见表 2-9）。各题项通

---

① 沈超红等：《创业教育"时滞效应"与创业教育效果评价分析》，《创新与创业教育》2010年第 4 期。

② 李旭辉等：《高校创新创业教育效果评价体系研究——基于群组 G1 法的分析》，《教育发展研究》2016 年第 21 期。

③ Kaplan R.S., Norton D.P., "Transforming the Balanced Scorecard from Performance Measurement to Strategic Management：Part II", *Accounting Horizons*, No.15, 2001.

过了 KMO 和 Bartlett 检验,KMO 为 0.991,Bartlett 球体检验的显著性概率为 0.000,表明数据具有相关性,适宜做因子分析。按因子分析最简约、最适宜的结构要求,因子分析后累计总方差为 77.984%。教师视野中高校创新创业教育质量过程维度可以命名为课程体系(公因子 1)、组织领导(公因子 2)、师资建设(公因子 3)、教学管理(公因子 4)、机制保障(公因子 5)共五个(见表 2-10)。

表 2-9　创新创业教育质量(过程维度)描述统计(教师卷,N=12596)

题项(38 个)	最小值	最大值	均值	标准差
创新创业教育面向全体学生	1	5	3.94	0.921
贵校很重视创新创业教育,成立相关工作领导小组	1	5	3.93	0.902
面向全体学生开设创新创业教育课程	1	5	3.92	0.920
鼓励师生合作开展创新实验、发表论文、获得专利和自主创业等活动	1	5	3.90	0.898
鼓励教师带领学生进行创新创业	1	5	3.89	0.910
结合学校的专业学科特色开展创新创业教育	1	5	3.87	0.912
成立专门的创业管理部门(如创业学院)	1	5	3.87	0.993
学校有鼓励师生共同开展科研创业项目的政策	1	5	3.86	0.922
加强教师创新创业教育教学能力建设	1	5	3.86	0.923
组织教师参加校外各类创业导师培育工程	1	5	3.85	0.927
贵校积极落实各级政府出台的创业支持政策	1	5	3.85	0.906
创业学院有专门办公、实践场地及软环境配备	1	5	3.84	0.982
配备创新创业教育师资和专职管理人员	1	5	3.84	0.956
有系统的创新创业教育发展专项规划	1	5	3.84	0.920
鼓励基于创新的创业或高端技术的创业	1	5	3.83	0.925
建立校企协同的创新创业教育机制	1	5	3.83	0.925
将创新创业教育与专业教育相融合	1	5	3.81	0.935
设有创新创业教育教学研究项目	1	5	3.81	0.948
大学生创业园或众创空间有良好运行机制	1	5	3.80	0.935
建有结合专业的创新创业教育专门课程群	1	5	3.79	0.959
强调跨学院或跨学科的创新创业教育合作机制	1	5	3.79	0.933

续表

题项(38 个)	最小值	最大值	均值	标准差
有专业教师参与创新创业教育教学的激励机制	1	5	3.78	0.945
有政府部门推动高校创新创业教育的激励机制	1	5	3.77	0.955
有先进的支撑创新创业教育的实验室、实训中心	1	5	3.76	0.967
建有创业类慕课、案例库等在线开放课程	1	5	3.76	0.981
建立了分层分类的创新创业教育课程体系	1	5	3.74	0.984
有相关教师到企业挂职锻炼制度	1	5	3.74	0.995
有合理的校内外师资聘任管理办法	1	5	3.74	0.969
有灵活的创业学分互认机制	1	5	3.74	0.983
设有充足的创新创业教育工作经费	1	5	3.73	0.979
有行业企业推动高校创新创业教育的激励机制	1	5	3.72	0.969
二级学院的考核包含创新创业教育业绩指标	1	5	3.72	0.996
师资的数量充足、专兼结合	1	5	3.71	0.985
学校有合理的师生共创的考核评价机制	1	5	3.71	0.972
将个人创新创业教育业绩纳入教师绩效考核标准	1	5	3.70	1.004
编有满足学生多样化学习需求的创业教材	1	5	3.68	0.998
将个人创新创业教育业绩纳入教师职称评聘条件	1	5	3.68	1.028
有相对独立的针对创新创业教师的职称晋升机制	1	5	3.59	1.060

表 2-10　创新创业教育质量(过程维度)探索性因子分析(教师卷,N=12596)

旋转后的成分矩阵[a]					
题项	成分				
	1	2	3	4	5
编有满足学生多样化学习需求的创业教材	0.645				
建立了分层分类的创新创业教育课程体系	0.638				
建有创业类慕课、案例库等在线开放课程	0.638				
有灵活的创业学分互认机制	0.626				
建有结合专业的创新创业教育专门课程群	0.620				

中国高校创新创业教育质量评价研究

续表

题项	成分				
	1	2	3	4	5
学校有合理的师生共创的考核评价机制	0.580				
有先进的支撑创新创业教育的实验室、实训中心等载体	0.578				
师资的数量充足、专兼结合	0.574				
将创新创业教育与专业教育相融合	0.560				
有合理的校内外师资聘任管理办法	0.531				
成立专门的创业管理部门(如创业学院)		0.796			
配备创新创业教育师资和专职管理人员		0.758			
创业学院有专门办公、实践场地及软环境配备		0.728			
贵校很重视创新创业教育,成立相关工作领导小组		0.703			
有系统的创新创业教育发展专项规划		0.667			
二级学院的考核包含创新创业教育业绩指标		0.590			
将个人创新创业教育业绩纳入教师绩效考核标准			0.708		
将个人创新创业教育业绩纳入教师职称评聘条件			0.702		
加强教师创新创业教育教学能力建设			0.658		
设有创新创业教育教学研究项目			0.653		
组织教师参加校外各类创业导师培育工程			0.644		
鼓励教师带领学生进行创新创业			0.605		
创新创业教育面向全体学生				0.645	
鼓励师生合作开展创新实验、发表论文、获得专利和自主创业等活动				0.608	
面向全体学生开设创新创业教育课程				0.597	
结合学校的专业学科特色开展创新创业教育				0.553	

旋转后的成分矩阵a

续表

旋转后的成分矩阵[a]					
题项	成分				
	1	2	3	4	5
学校有鼓励师生共同开展科研创业项目的政策				0.533	
建立校企协同的创新创业教育机制				0.505	
有相对独立的针对创新创业教师的职称晋升机制					0.595
设有充足的创新创业教育工作经费					0.590
有专业教师参与创新创业教育教学的激励机制					0.554
大学生创业园或众创空间有良好运行机制					0.539
鼓励基于创新的创业或高端技术的创业					0.529
强调跨学院或跨学科的创新创业教育合作机制					0.509
贵校积极落实各级政府出台的创业支持政策					0.499
提取方法:主成分分析法 旋转方法:凯撒正态化最大方差法					
a.旋转在 13 次迭代后已收敛					

表 2-11　研究变量的相关性分析结果(教师卷,N=12596)

		课程体系	组织领导	师资建设	教学管理	机制保障
教师结果 维度因子	皮尔逊相关性	0.377**	0.502**	0.319**	0.283**	0.372**
	Sig.	0.000	0.000	0.000	0.000	0.000

注:** 在 0.01 级别,相关性显著;* 在 0.05 级别,相关性显著。

　　进一步以五个公因子为自变量,以不同类型高校为控制变量,以表 2-10 中的指标构建的公因子为因变量,发现自变量和因变量均相关(见表 2-11), 且多元回归分析也通过了三大检验(DW=1.937,容差的取值范围介于

0.683—0.999,标准化残差的散点图无序)。最后回归分析显示,组织领导(β=0.501,p<0.01)是影响教师视野中创新创业教育质量(结果维度)的最主要因素,其次依次是课程体系、机制保障、师资建设、教学管理,且回归系数均显著。其中组织领导主要包括"成立专门的创业管理部门(如创业学院)""配备创新创业教育师资和专职管理人员""创业学院有专门办公、实践场地及软环境配备""贵校很重视创新创业教育,成立相关工作领导小组""有系统的创新创业教育发展专项规划""二级学院的考核包含创新创业教育业绩指标"等共六个题项。

(二)学生对高校创新创业教育过程评价较高,创业实践是影响培养学生创业意愿、技能知识等(结果维度)的最主要因素

同理,通过 KMO 和 Bartlett 检验后,对学生卷题项(描述统计见表 2-8)进行因子分析,累计总方差为 81.199%。学生视野中高校创新创业教育过程维度可以命名为创业实践(公因子 1)、创新创业课程(公因子 2)、创新创业教育与专业融合(公因子 3)三个因子(见表 2-12)。

表 2-12 创新创业教育质量(过程维度)探索性因子分析(学生卷,N=170764)

旋转后的成分矩阵[a]			
	成分		
	1	2	3
创业实践有独立的大学生创业园	0.816		
创业实践有专门的校外实践基地	0.805		
学校提供一体化的创业实践服务	0.775		
创业实践项目与专业学习结合度高	0.747		
创业实践有专项创业基金支持	0.743		
创业实践有校内外指导教师	0.702		
教师授课方式多样		0.779	
教师具有丰富的创新创业教育教学经验		0.774	

续表

旋转后的成分矩阵ª			
	成分		
	1	2	3
教师具有创业经历		0.773	
创新创业教育课程类型多样		0.733	
创新创业课程内容与自身专业知识结合紧密			0.722
创新创业竞赛项目与专业结合度较高			0.705
参加的创新创业竞赛项目较容易落地			0.698
创新创业课程内容与时代前沿趋势结合紧密			0.682
创新创业竞赛种类多样			0.655
提取方法:主成分分析法 旋转方法:凯撒正态化最大方差法			
a.旋转在 5 次迭代后已收敛			

表 2-13　研究变量的相关性分析结果(学生卷,N=170764)

		创业实践	创业课程	创新创业教育 与专业融合
学生结果 维度因子	皮尔逊相关性	0.609**	0.342**	0.357**
	Sig.	0.000	0.000	0.000

注:** 在 0.01 级别,相关性显著;* 在 0.05 级别,相关性显著。

　　同理,以不同类型高校为控制变量,以表 2-12 中的指标构建的学生结果维度公因子为因变量,发现自变量和因变量均相关(见表 2-13),且多元回归也通过了三大检验(DW=1.899,容差的取值范围介于 0.723—0.999,标准化残差的散点图无序)。最后回归分析显示创业实践($\beta=0.609$,p<0.01)是影响学生视野中创新创业教育质量(结果维度)的最主要因素,其次依次是创新创业教育与专业融合、创新创业课程,回归系数也均显著。其中创业实践主要包括"创业实践有独立的大学生创业园""创业实践有专门的校外实践基地"

"学校提供一体化的创业实践服务""创业实践项目与专业学习结合度高""创业实践有专项创业基金支持""创业实践有校内外指导教师"等六个题项。

另外,就单项选项"学生认为对其创业能力提升帮助最大的是?",结果显示频次从高到低依次是创业实践(54.6%)、创新创业教师(17.8%)、创新创业课程(15.0%)、创新创业竞赛(7.3%)。在单项选项"学生认为对其创业能力提升帮助最大的指导教师是?",结果显示频次从高到低依次是创新创业课程教师(29.7%)、辅导员等学生工作教师(20.3%)、企业家等校外创新创业教师(17.6%)、创业成功的学长(15.6%)、本专业教师(14.2%)。在多项选项"学生认为有效的创新创业课程授课方式是?",结果显示36.83%的学生选择课堂讲授为第一重要选项,24.15%的学生选择案例教学为第一重要选项。

三、我国高校创新创业教育质量结果评价

(一)高校创新创业教育质量结果维度的描述统计

创新创业教育质量结果评价也称为影响力评价或总结性评价,如比较典型的阿兰·法约列(Alain Fayolle)的创业意向评价、美国亚利桑那大学的伯杰创新创业教育项目评价。[①] 本书认为结果评价应包括荣誉奖项、教学科研成果、创业人才、初创企业等客观性评价指标,还应包括师生满意度、学生创业精神、创业技能、创业意愿等主观性评价指标(见表2-14、表2-15)。所有指标得分均大于3.5,说明当前师生对高校创新创业教育总体质量较好偏向于持"比较同意"。表2-9中各题项通过了 KMO 和 Bartlett 检验,KMO 为 0.953,Bartlett 球体检验的显著性概率为 0.000,提取出一个教师结果维度公因子,总方差解释为 78.271%。表2-10 中各题项也通过了 KMO 和 Bartlett 检验,

---

① Charney A., Libecap G.D., "The Impact of Entrepreneurship Education: An Evaluation of the Berger Entrepreneurship Program at the University of Arizona 1985-1999", *Ssrn Electronic Journal*, 2008.

KMO 为 0.912,Bartlett 球体检验的显著性概率为 0.000,提取出一个学生结果维度公因子,总方差解释为 86.895%。

表 2-14　创新创业教育质量(结果维度)描述统计(教师卷,N=12596)

题项(8 个)	最小值	最大值	均值	标准差
TY5 获得较多的省级以上荣誉和奖项	1	5	3.75	0.914
TY1 贵校的创新创业教育质量总体满意	1	5	3.71	0.899
TY3 贵校创新创业教育氛围浓厚	1	5	3.70	0.929
TY2 贵校创新创业教育社会声誉较高	1	5	3.69	0.926
TY4 贵校师生的创新创业意识强烈	1	5	3.66	0.928
TY7 创新创业教育培养了较多创业人才	1	5	3.65	0.929
TY6 创新创业教育产生了较多教学科研成果	1	5	3.65	0.926
TY8 创新创业教育衍生了较多初创企业	1	5	3.59	0.962

表 2-15　创新创业教育质量(结果维度)描述统计(学生卷,N=170764)

题项(5 个)	最小值	最大值	均值	标准差
SY2 创新创业教育有助于培养创新精神	1	5	3.78	0.886
SY4 创新创业教育有助于激发创业意愿	1	5	3.77	0.881
SY3 创新创业教育有助于提升创业技能	1	5	3.77	0.882
SY1 创新创业教育有助于丰富创业知识	1	5	3.77	0.882
SY5 对学校创新创业教育质量总体满意	1	5	3.67	0.906

(二)师生对学校创新创业教育质量的总体满意度分析

习近平总书记在全国教育大会强调,"要办好人民满意的教育"。而高校创新创业教育质量好不好,一个最直观有效的观测指标就是师生的满意度。因此,可以借用师生对学校创新创业教育质量的总体满意度"(TY1 和 SY5)"

这一指标分析师生的满意度。进一步研究发现：

1. 教师对学校创新创业教育质量的总体满意度均值高于学生

调查显示,创新创业教育教师对自身所在的学校创新创业教育质量评价均值在 3.65 到 3.75 分之间(最低分 1 分,满分 5 分),对质量的总体满意度均值为 3.71 分。接受创新创业教育的学生认为创新创业教育最有助于培养其创新精神,对学校创新创业教育质量总体满意度评价均值为 3.67 分。

2. 不同类型高校的师生对创新创业教育质量满意度存在显著差异

通过方差分析,在 0.05 显著性水平之下,数据显示:(1)"双一流"建设高校的教师、学生对创新创业教育质量满意度均值均要显著高于普通本科院校、高职高专院校、独立学院所有其他类型学校的教师、学生;(2)普通本科院校的教师、学生对创新创业教育质量满意度分别显著低于"双一流"建设高校和高职高专院校的教师、学生,和独立学院差距不明显;(3)高职高专院校的教师、学生对创新创业教育质量满意度还要分别显著高于独立学院的教师、学生。

3. 不同特征学生对学校创新创业教育质量的总体满意度存在差异

以性别、民族、家庭、专业等为变量,在 0.05 显著性水平之下方差分析显示:(1)男学生对创新创业教育质量满意度均值要显著高于女学生($F=14.183$,$p<0.01$);(2)汉族学生对创新创业教育质量满意度均值要显著高于少数民族学生($F=102.437$,$p<0.01$);(3)独生子女、父母有过创办企业经历的学生对满意度均值分别要显著高于非独生子女和父母没有创办企业经历的学生;(4)不同专业学生对创新创业教育质量满意度存在显著差异($F=32.541$,$p<0.01$)。农学学科学生满意度均值最高为 3.77 分,其次依次为工学(3.72 分)、艺术学(3.71 分)、经济学和法学(3.68 分)。教育学和历史学排在倒数两位,满意度均值分别为 3.58 分和 3.55 分。

四、完善我国高校创新创业教育质量评价体系的对策

(一)以人才培养的质量和效果为根本标准,建立高校创新创业教育质量发展现状、实施过程以及结果的全链条式评价体系,加强质量全面监管

高校创新创业教育质量评价的核心是使高校的创新创业教育战略能够转变落实为具体的行动。因此全面深化高校创新创业教育改革,必须全链条加强教育质量的全面监管。通过发展的现状评价做好自身"体检",尤其是做好与标杆示范性高校的比较,把握总体情况,明确自身机遇挑战、优势劣势;通过实施过程评价及时发现内部深层次问题与原因,尤其是对质量结果有关键影响的因素要全方位监测其落实情况,对存在问题及时预防与精准"治疗";通过结果评价,以人才培养的质量和效果为根本标准,检验创新创业教育的短期发展目标与长期发展目标是否有效落实。上述第一、二、三部分基于全国1231 所高校的调查分析,初步揭示了当前我国高校创新创业教育的发展现状、运作过程及结果情况。特别是要对当前我国创新创业教育质量发展中出现的师资问题、创业政策问题、创新创业课程类型、创新创业课程和专业融合性问题以及创新创业竞赛落地等问题重点监控。

(二)将创新创业教育贯穿于高校人才培养全过程,搭建过程与结果融合的评价指标核心框架

创新创业教育质量评价受到多种因素的影响,并且具有时滞性,因此构建一套统一的评价指标体系基本不现实。评价指标虽不能统一,但是否有一个核心框架?依据本书的全国调查分析,综合借鉴国内外学者的成果,我们认为在支持高校普遍追求创新创业教育结果的同时,应监测高校兼顾创新创业教育的过程,并通过相互间因果关系,使得高校把结果和结果的驱动因素串联起

来,以期达到高校创新创业教育短期与长期的目标之间、落后(时滞)与领先评价指标之间以及高校外部与内部质量之间的平衡。因此通过上面的因子、回归等分析,研究团队构建了评价指标的核心框架(见表2-16)。不同类型、不同发展阶段的高校可根据不同的评价需要,在此基本核心框架上进行增减和调整。

表2-16 创新创业教育质量评价指标的 SPR 概念框架

一级指标	二级指标
现状指标	全面"体检"
过程指标	组织领导
	师资建设
	教学管理
	机制保障
	课程体系
	创业实践
	创新创业教育与专业融合
结果指标	师生评价结果

(三)分层分类设计创新创业教育质量评价方案,以满足多主体不同价值诉求

创新创业教育质量评价具有多层次性,每层次有不同的战略目标,从全球(如 GEM 报告)、全国、各省份、各城市乃至各高校、学院均可进行横向或纵向不同维度的评价比较。创新创业教育质量评价还具有多主体性,政府、社会、高校、学生和教师等均是利益相关者,可根据需要选取不同的评价主体,满足多主体不同的价值诉求。

高校创新创业教育评价也必须分类。实证研究发现,以不同类型高校为控制变量对教师和学生的创新创业教育质量结果均有显著影响,如"双一流"

建设高校教师比高职院校教师对创新创业教育的质量结果评价要好($\beta =$ 0.036,p<0.01);"双一流"建设高校、普通本科院校、独立学院的学生比高职院校的学生对创新创业教育的质量结果评价要好。另外,根据上述师生大样本回归分析显示,组织领导和创业实践是两个最关键指标。在坚定落实立德树人根本任务前提下,各高校根据自身培养的目标导向,科学设置指标权重。如"双一流"建设高校,学生学习专业的科技含量高、学术性较强,要充分利用好专业特长创业与专业的结合,进行基于创新的创业。因此,在评价目标、评价对象、评价主体、评价指标、评价标准、评价方法等方面均需要科学的、系统的设计。

在问卷数据的推论统计分析结果的基础上,研究团队通过反复讨论和专家论证,形成了对创新创业教育质量评价与监测的指标框架。评价框架共分为:现状指标、过程指标、结果指标三个一级指标。其中,现状指标主要依据参评学校提供的规划文本及创新创业教育工作总结,包含创业政策响应、创业规划落实两个二级指标。过程指标具备监测功能主要来自成型的量表调研,包含核心二级指标:组织领导、创业实践;普通二级指标:机制保障、师资建设、创新创业课程、教学管理、专创融合。合计 7 个二级指标。结果指标采用满意度评价及校方创新创业教育显性成果进行评定。其中,师生满意度评价具备实时监控功能,评定结果主要采用问卷调查,学校创新创业教育显性成果评定主要来自主要赛事、奖项的学校成果汇总文件。

第三章 高校创新创业教育的组织规划与创业政策研究

　　创新创业的组织规划以及创新创业政策,是高校发展双创教育的顶层设计。学校受益于政府、教育部门的政策荫庇,师生受益于学校的政策荫庇,创新创业事业受益于双创政策的荫庇。在高校的治理环境中,政策指挥棒促成了学校、教师、学生的创新创业协作,而这种协作的根本问题可能是貌合神离的工作负荷,一时热闹,而非达成了自身发展的协同作用。因此,良好的双创环境要能实现的效果是:让教师步入双创课堂,让学生走入双创基地,让学校进入双创内生圈(双创教育内在的、自发性的发展)。要达到这一目标,就需要高校在制定相关政策措施时,能切身考虑教师的专业发展与专业学科发展的融合问题以及学生发展路径的可行性等关键问题。

　　本章的研究主题是组织规划及创业政策。考虑到师生群体的角色和自我感受不同,在研究双创教育组织规划的问题时选择的是教师群体,在研究双创教育创业政策问题时选择的是学生对象。具体来说采用的是对目标问题的自我报告式评价,采用的是李克特5点评分量表正向计分,从1到5分别是非常不同意(1分)、比较不同意(2分)、一般(3分)、比较同意(4分)、非常同意(5分),考查了师生对于关键问题的满意程度评价。

本书发现,对于表面上满意、不满意的反应,其背后反映了规划与落实存在差距,创业学习动机、毕业打算与创业意愿的潜在联系,自身发展压力与保障路径的错位等现实且重要的双创教育发展问题。本书将作为一个探索者抛砖引玉地揭开这些评价的表层面纱,展露出其背后的内在现状。希望研究结果能为学者们后续研究提供一些借鉴。

第一节　高校创新创业教育的组织规划与创业政策现状

一、组织规划现状分析

在组织规划研究分析中,团队选择了组织领导作为考察视角。具体包含两个维度,分别是战略支持、资源落实。具体来说,战略支持维度包含两个问题:成立工作领导小组;系统的发展专项规划。资源落实维度亦包含两个问题:成立专门的创业管理部门;配备创新创业教育师资和专职管理人员。针对教师群体在该维度上的调研与分析结果见表3-1。

表 3-1　组织规划的满意度调研结果

组织领导		满意度	非常 不同意	比较 不同意	一般	比较同意	非常同意
组织领导	战略支持	领导小组	153	468	3242	4931	3802
		专项规划	175	592	3686	4790	3353
	资源落实	专门 管理部门	280	723	3295	4368	3930
		专职 教职人员	225	674	3543	4581	3573

从表3-1可以看出,在组织领导两个方面(战略支持、资源落实)均为满

意的教师多于不满意的教师,但同时反映出两个问题,一是仍有少部分教师对组织领导不满意,不少教师并未对组织领导的规划和落实表达明确肯定或否定的意向。二是在组织领导的维度设计上,团队选择规划与执行两个角度,从时间逻辑上来说双创教育的系统开启,战略支持应早于资源落实。基于这一出发点,故采用对战略支持的评价作为一层分析,资源落实的分析作为二层嵌套。因此,我们合并抽取战略支持维度不同意(包含非常不同意、比较不同意)、同意(包含非常同意、比较同意)、一般三类教师群体占比进行直方图比较,见图3-1。

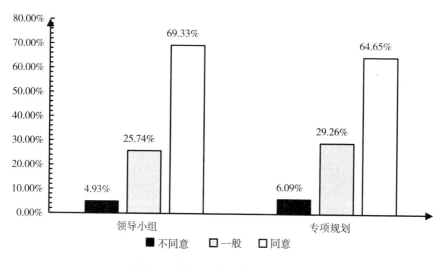

图3-1　战略支持满意度评价结果

从图3-1可以看出,领导小组与专线规划层面教师们均是满意的多于不满意的,这说明了高校在组织领导的规划上是有效果的。此外满意的占绝大多数,这也说明规划的效果很大。但是不满意的教师或者不置可否的教师对于规划的非积极评价的原因是什么? 是否是由于其并未享受到? 以下就对不满意的教师与中立教师关于资源落实状况的评价进一步推进分析,结果见表3-2。

表 3-2 对战略支持不满意或中立的教师关于资源落实的评价

资源落实 　战争支持		领导小组不满意	领导小组中立	专项规划不满意	专项规划中立
资源落实不满意	专门管理部门	64.41%	NA	62.97%	NA
	专职教职人员	65.38%		64.93%	
资源落实中立	专门管理部门	NA	68.82%	NA	62.53%
	专职教职人员		72.58%		69.32%

注:NA 代表的是不存在数据或与该表呈现的研究主题无关所进行的数据抹除。

从表 3-2 可以看出,对于组织规划(战略规划)不满意的教师大部分在组织落实(资源落实)方面也反映出不满意,这说明组织规划做得不好的高校会影响到其组织落实上的评价,也由此会受到不良评价。此外,对于组织规划持中立态度的教师在组织落实上大部分也持中立态度。由于本书选择的是对专门从事创新创业教育的教师进行调研,所以他们能确保接触并参与了创新创业教育,而从研究结果上来看,持中立态度的教师无论是组织规划,还是组织落实都未表明显态度。这存在两种可能:一是不少高校(该类中立态度教师占比 25%,见图 3-1)尚未将双创教育纳入到组织领导层面;二是部分高校的发展模式并非此自上而下的运作,所以无法对此进行评价。而对于后者这类高校,特别是取得双创教育杰出成果的高校,应该予以剖析总结,所得到的双创教育特色发展模式将有助于我国双创教育发展模式的完善。

为了进一步确认教师对于组织领导不同维度的评价是否存在一定的统计相关性,下面我们将对战略支持、资源落实进行相关分析,见表 3-3。

表 3-3 组织规划评价与组织落实评价相关分析(教师)

评价维度	领导小组	专项规划	专门管理部门	专职教职人员
领导小组	1			
专项规划	0.775[b]	1		

续表

评价维度	领导小组	专项规划	专门管理部门	专职教职人员
专门管理部门	0.698[b]	0.688[b]	1	
专职教职人员	0.726[b]	0.754[b]	0.770[b]	1

注:[b]:P<0.005。

从表3-3可以看出教师对组织规划评价与其组织落实的评价显著正相关,对组织规划持积极评价的教师,对其组织落实更可能存在积极评价。此外,从维度内部来看,对组织规划领导小组持积极评价的教师对其专项规划更有可能持积极评价;对专职管理部门设立持积极评价的教师更有可能对专职教职人员的落实持积极评价。再者,那些对领导小组或专项规划持积极评价的教师,相较于专设部门,对专职教职人员配备持有更高的积极态度。

二、创业政策现状分析

在创业政策的研究分析中,团队选择了政策保障、政策成效两个维度进行调研。具体来说,政策保障维度包含两个问题:国家减免企业税;政府简化注册流程。政策成效维度亦包含两个问题:提升创业意愿;对创业具有切实帮助。学生群体针对该维度的分析结果见表3-4。

表3-4　创业政策的满意度调研结果

创业政策		满意度	非常不同意	比较不同意	一般	比较同意	非常同意
创业政策	政策保障	减免企业税	2996	7132	68131	56452	36053
		简化注册流程	3022	7609	69644	55671	34818
	政策成效	提升创业意愿	2554	5891	62121	63039	37159
		带来创业帮助	2486	5760	62375	62852	37291

从表3-4可以看出,学生整体上对创业政策持积极评价,但也存在一些

学生并未对创业政策的保障及成效表达明显态度。从表达倾向性看法的学生群体中来看,对创业政策不满意的学生,在简化企业注册流程这一项不满意程度最大,其次是减免企业税。而从满意的学生中来看,学生对于政策成效的满意程度普遍高于政策保障,对创业带来切实帮助这一观点所持满意度最大。以上这些与学生所持观点是否存在内在关联,本书的考察项目是否关注到了学生创新创业过程中最重要的内容,下面将进一步对数据进行挖掘。

为了考查学生对创业政策的态度,我们采用的维度是按照途径和结果进行划分,因此,创业政策被划分为创业政策途径(政策保障)与创业政策成效(政策成效)。类似于对组织规划的分析方法,本书将以创业政策途径/政策保障作为一层数据,以创业政策成效作为二层数据,进行数据挖掘,探索评价背后的深层原因。

通过对三类评价的合并分组,我们得到学生对于政策保障的评价结果如图 3-2 所示。

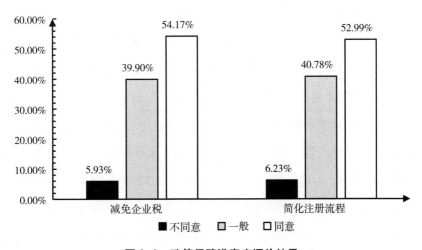

图 3-2　政策保障满意度评价结果

从图 3-2 可以看出,接受双创教育的学生对于政策保障上持满意的占大多数,而且对于减免企业税方面所持满意程度高于在简化注册流程的方面。此外,仍有少部分学生对政策保障存在消极评价,并且不少学生并未对政策保障作出倾向性的评价。学生们关于创业政策的途径认同程度是否会对其关于政策成效的评价产生影响?对政策保障未表明态度的学生对创业政策的作用又会产生怎样的评价?针对这些问题,以下将选择对政策保障不满意和中立的学生,考察其对创业政策成效方面的评价状况,见表3-5。

表3-5 对政策保障持不满意或中立的学生对政策成效的评价

政策成效	满意度	减免企业税不满意	减免企业税中立	简化注册流程不满意	简化注册流程中立
政策成效不满意	提升创业意愿	57.81%	NA	55.11%	NA
	带来创业帮助	55.13%		55.03%	
政策成效中立	提升创业意愿	NA	76.18%	NA	74.59%
	带来创业帮助		75.14%		75.21%

注:NA 代表的是不存在数据或与该表呈现的研究主题无关所进行的数据抹除。

从表3-5可以看出,对于创业政策途径(政策保障)不满意的学生,大部分对创业政策的实施成效也是持不满意态度,这说明学校在创业方面的保障未能到位,有可能影响了学生们创业意愿甚至开展创业的过程;其次,对于创业政策保障持中立态度的学生,在创业政策的成效上大部分亦持中立态度,这可能有两种原因:一是该部分学生处于创业准备期,未曾开启创业,因此对于有助于创业启动和创业运营的政策保障及其对创业学习的成效未能体会得到;二是该部分学生开启创业的途径并非通过学校的创业孵化,因此对于校方途径的创业支持的作用无法作出有效评价。无论是哪一种情况,都为本调研的后续研究提供了一些启发,对于前者考察创业政策的支持路径时,应该纳入用于考察创业准备期的学生指标,以使政策保障的调研更加全面;至于后者,应该对此类学生创业历程、创业经历进行访谈调研,探索并开发出有特色且可行的创业孵化新路径,以实现多样的创业孵化。

为了进一步确认学生对于创业政策不同维度的评价是否存在一定的统计相关性,以下将对政策保障、政策成效进行相关分析,如表3-6所示。

表3-6　创业政策保障评价与创业政策成效评价相关分析(学生)

创业政策	减免企业税	简化注册流程	提升创业意愿	带来创业帮助
减免企业税	1			
简化注册流程	0.868[b]	1		
提升创业意愿	0.767[b]	0.762[b]	1	
带来创业帮助	0.755[b]	0.767[b]	0.880[b]	1

注:[b]:$P<0.005$。

从表3-6可以看出,学生对于政策保障的评价与其政策成效的评价呈显著正相关。对创业企业税减免、简化注册流程的政策持积极评价的学生,其创业意愿更有可能提升,他们更能感受到创业政策对自身创业带来的切身帮助。此外,认为创业政策提升了自身创业意愿的学生,更有可能切实感受到创业政策带来的帮助。创业过程中享受到减免企业税的政策优惠的学生,亦会对注册流程政策的简化性持积极评价。再者,相较于减免企业税,更多的学生认为在简化企业注册流程上对自身带来的创业帮助更大。

由上可知,教师们对于学校双创教育组织规划的认同将有助于其在规划落实方面的积极认可。学生们对于政策保障上的认可,将最终有助于其创业素养的养成以及创业活动的开展。为此,本书将进一步考查学生、教师的创业相关信息,来细分不同类型的师生在组织规划、创业政策评价上的表现,并进一步考察其背后的成因。

第二节　高校创新创业教育的组织规划与创业政策比较研究

一、不同类型的教师对于组织规划的评价特征

高校在实现自身发展战略、调动双创师资积极性的过程中,职称可以说是最重要的指挥棒,但并非是唯一对双创教师具有吸引力的资源。双创师资类型多样,有辅导员等学生工作的教师、创业领域的专业教师、校外创新创业教师和未上过创业课的教师等等。不同的学位起点、职称阶段、收入构成和发展平台的差异,都会影响到各类双创教师对于自身双创教育职业发展的认知及投入。因此,本书将选择以上五类双创教师考察关于双创教育组织规划的评价,以期揭示其背后的认知状况及其差异。

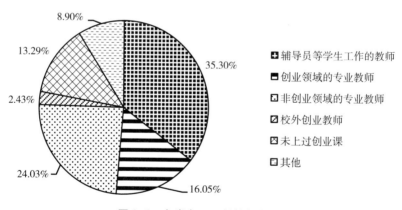

图 3-3　各类参研双创教师占比

首先从本次调研来看,各类师资参研的数量分布见图 3-3,图 3-3 反映了调研中响应研究的参研教师类型及数量分布。各类教师数量上的占比可能受到两方面因素的影响,该类教师参研积极性和该类教师的参研基数。考虑到本书在外校调研中优先其选择部门、学校领导作为其校调研员开展调研工作,

所以在参研合作上教师更有可能持配合态度。这也就是说图3-3的参研分布在一定程度上能更好地反映出当前双创师资队伍各类教师的基数占比。以下将逐一探索各类双创教师对组织规划评价的成因。

（一）辅导员等负责学生工作的教师

该类教师作为高校编内的特殊教师队伍，相较专业师资在录用时要求较低，同时工作任务上包含党建、团学、学生工作等多项内容，工作负荷较大，与学生接触较多，在推动学生创业学习、协同学生创业实践上具有先天的比较优势。他们同样身为教师队伍之一（不少高校将该类教师作为思政教师队伍），亦受职称调节棒的牵引。而获得高级职称将能实现他们在专业转岗中的流动或岗位保留，而从相对繁重的工作内容中得以解脱。所以，职称对于该类教师具有比编内专业教师更大的吸引力。而回到学校对双创教育组织规划的问题上，能够实现其具体的晋升途径，其最初的出发点和参照点来自于学校层面的重视与红头文件的设置。故此，本书选择战略规划问题作为观测点，考察各类职称教师对其的评价。由于本假设的考察依据是高级职称对辅导员师资的吸引力，所以我们考察的职称类型包含未定级、初级、中级、副高级，见图3-4。

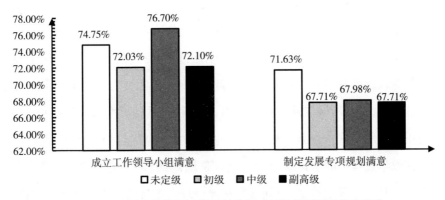

图3-4　不同职称的辅导员类双创教师对组织规划的满意度评价

根据上文高级职称对辅导员双创教师具有吸引力的假设，随着职称越接近正高级,则对双创工作所持的满意度将更大。从图 3-4 可以看出,辅导员类教师无论对双创战略规划的领导小组设置还是专项规划制定都出现了两个波峰(未定级、中级)的转变。对于第一个波峰,未定级的辅导员双创教师对学校双创教育战略规划持更高的满意评价,这可能是来源于学校对双创教育的重视,并且将双创师资队伍的评聘机制纳入了校级层面。其后随着职称的晋升,辅导员教师对于学校双创教育战略规划所持满意度逐渐上升,直至中级职称出现了"骤降"。这可能说明了,当今对于辅导员教师的双创师资晋升机制并未纳入高级职称,所以出现了辅导员教师满意度的"跌停"。而且相较于专线规划,工作领导小组的成立出现了更严重的"跌停",由此可见,现今学校领导在考虑辅导员双创师资的晋升问题上还存在"画饼充饥,望梅止渴"的现状。因此,不仅需要反思双创教育的职称晋升机制是否应该真正实现"同工同酬",而且需要反思其与专业学科的职称晋升是否实现并轨同行。

(二)创业领域的专业教师与非创业领域的专业教师

作为专业教师,相较于辅导员教师队伍更直接受到职称晋升机制的调动指引,双创教育发展过程中纳入教师职称晋升,将直接促进专业教师参与双创教育,推动双创教育。因此,以双创教育专业教师职称晋升机制并轨为前提,本书选取双创教育组织战略落实(资源落实)作为考察专业类师资满意度及成因的途径。对照前文,本书分析的主题是:成立专门的创业管理部门,配备创新创业教育师资和专职管理人员。此外,专业教师受自身专业特长和学科知识的影响,对其所属专业学科的问题、机遇往往具备更高的敏感性和信息加工的正规程度。这一方面有利于其对专业相关信息的过滤与加工,同时也有助于其教学过程中的表达与传授。也就是说,与创业强相关的专业背景是否将有助于其对于双创教学、双创落实状况呈现出更高的环境感知和敏锐把控,从而呈现出更具倾向性的评价。因此,以下将在考察师资专业背景的基础上,考察创业领域的专业教师与非创业领域的专业教师对学校落实组织战略时的倾向性评价及成因。见图 3-5、图 3-6。

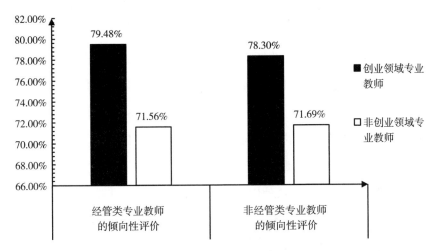

图 3-5　不同专业背景的专业教师对成立专门部门的倾向性评价

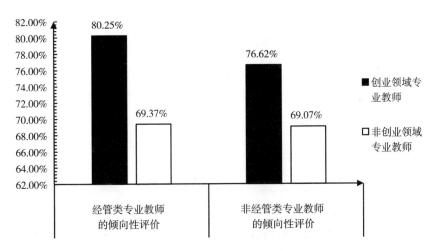

图 3-6　不同专业背景的专业教师对配备专职人员的倾向性评价

从图 3-5 和图 3-6 可看出,教师的专业背景以及教师的从业经验对双创教育推行中资源落实的事宜更为敏感。具体来说,从组内比较来看,从事创业学科教学的专业教师相较于非创业学科的专业教师对双创教育成立专门部门、配备专职人员的问题更为关注,也更主动地表达出肯定或否定的倾向。而且相较于部门设立,专业教师们更为关注的是攸关自身的专职教职人员的配备。能否被纳入专任双创教师队伍,纳入其考评机制内,将是专业类创新创业教师密切关注的问题。再者,从组间比较的结果来看,具有创业相关专业背景的教师相较于非创业相关专业背景的教师在对双创教育组织落实的问题上呈现出更高的敏感度。这有可能证实了双创师资在对双创问题的关注和敏感程度上存在专业背景的优势。此外,相对于机构设置的落实,不同专业背景的教师对其关注的差异在人员的落实问题上更大。以上可能证实了专业类教师对双创教育组织落实问题的敏感度上与其专业背景有着正向关联。最后,对于非创业学科的任课教师来说,他们对于机构设置和人员设置上与其专业背景存在着一定的交互影响。这类任课教师中具有创业相关专业背景的更为关注人员的配备,而不具有创业相关专业背景的则更为关注机构的设置。这可能与学校组建创业学院时人员选拔的优先性有关。对于调任学校优势专业的部门领导至新建的创业学院任职管理岗位,将有助于新建创业学院获得资源上的支持和学院间合作,而对于新建的创业学院师资配备上,具有创业相关专业背景的教师更有利于快速上手和构建本校的双创教学体系。因此,人员选拔的针对性和优先性,将有助于揭示专业师资对双创资源落实过程中的关注差异。

(三)校外创新创业教师

作为编制外的双创教师群体,此时不能仅以职称的角度去看待校外创新创业教师对于创新创业教育过程的积极性,对于企业家或社会人士来说,来到学校开展创业培训或举办创业讲座,本身便是提升自己美誉度、宣传自身企业的一种行为。通常来说,企业家甚至创业家适合采用这样的方式来包装与打造其公众形象,校方授予的名誉讲师、特聘专家等头衔,将一定程度上弥补其学位上的不足。因此研究提出的假设是学位越低的校外创新创业教师在对双创教育的落实上响应度越高。不仅如此,高校作为知识技术与创新密集聚集地,具有丰富的创新项目和商业潜力,这将有利于校外创业讲师寻找合适的创业项目进行投资或合作,所以本书提出的又一假设是,随着校外创新创业教师从事创新创业教育的工作年限上升,其对于学校双创教育资源落实上所呈现的满意度更高。因此本书将通过对校外创新创业教师对于双创教育组织落实情况的评价考察,进一步探索其背后的认知成因,见图3-7。

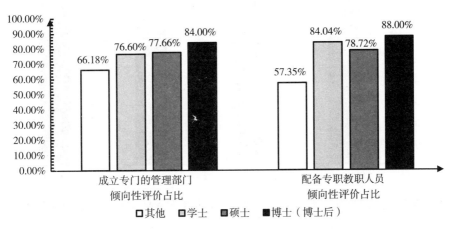

图3-7　不同学位的校外创新创业教师对双创教育组织落实的评价差异

从图3-7可以发现,随着校外创新创业教师的学位提升,其对学校创新创业教育的组织落实的关注度同向增加。这一发现与之前的研究假设相悖:即学位越低,校外教师的关注度越高。这就足以引起我们的思考,校外创新创业教师所需要的并不仅仅是参与学校的创新创业教育以获得一些证书或表彰,可能他们更希望得到高级职称。如果要进入校内的登塔(职称晋升的攀登),亦会要求他们具备一定的学位,并且随着职称上升,其学位要求也同样会提升。这也就是说,校外教师更高的学位将会对其获得职称更具帮助。故此可以得出校外创新创业教师同样希望获得校内职称,校外教师对校内职称的关注会使其更积极地参与校内创新创业教育的部门发展和师资队伍的组建。再者,从配备专职教职人员这个问题来看,学士学位的校外创新创业教师倾向性呈现出"波峰"。这在前述的解释推论下不能很好地揭示,这是否与先前的第二个假设有所关联,从业的年限影响了其参与双创教育的积极性,从而表达出对人员落实上的更高关注？因此,我们选取学士学位的创新创业教师,考察其不同从业年限下对学校双创教育教职人员配备上的响应,见图3-8。

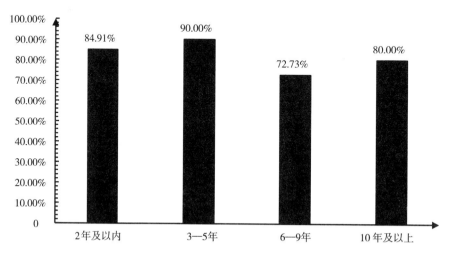

图3-8　校外创新创业教师(学士学位)对配备专职教职人员的倾向性评价占比

从图3-8可以看出,具有本科学位的校外创新创业教师对于双创教育教职人员落实的关注并非线性的,随着创新创业教育从业年限的增加,以3—5年为分水岭,关注程度两边逐渐降低,具有3—5年创新创业教育从业经验的校外创新创业教师对双创教育的人员落实最为关注。这可能说明了校外创新创业教师对校内创业的合作关注随着时间推移也会出现变化,通常执教年限达到3—5年的校外创业教师最有可能与校内的创新创业开展合作。

(四)未上过创业课的教师

未上过创业课的教师指的是没参与创业类必修、选修课程的教学,通常采用自建团队,或作为指导老师直接加入学生的创新创业项目的教师,这类教师中专业课老师居多,编制上属于其学科所在学院。这类教师同时也是编内教师,受到职称指挥棒的强牵引。学校层面在顶层设计上,能否足够重视(校长、分管教学副校长等牵头），是否发布红头文件推行创新创业成果在职称晋升中的考核互认，都将直接影响着此类任课教师在学生创业实践和创新创业竞赛环节中参与的积极性。因此，在考察未上过创业课的教师对组织规划的评价时，我们选择考察其对于组织战略支持上的评价。此外，还考虑高校层次的不同会带来专业平台的优势，同等职称下较高层次的高校将能提供自身更高的学术发展资源和空间，因此本书的又一假设是，随着学校层次越高，教师对高校双创战略支持的响应度越高。并且如前文所提到的，部分高校存在双创考评机制并轨未能覆盖高级职称，所以我们考察的职称等级为初级、中级。因此得到图 3-9、图 3-10。

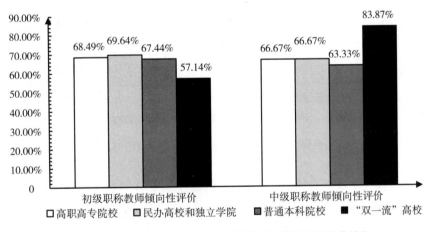

图 3-9　各类高校中教师对于成立领导小组的倾向性评价特征

从图 3-9 可以看出，不同职称的教师对于学校层面建立双创领导小组事件的敏感程度是有差异的。在初级职称的教师中，随着学校层次的提升其对于校方成立双创领导小组的关注程度和意愿表达总体呈下降趋势（负向关联），这与前文假设的正向关联相悖。对此，本书的解释是，由于处于职业生涯初期，学校的层次越高对教师职称考核任务越重，初级职称的教师在忙于本专业学术创造的过程中缺少足够精力顾及双创教育这类旁学科（非就业专业）的职业发展路径。此外，从中级职称评定上来看，大体呈现出与初级职称教师类似的特征。

但不同的是,"双一流"建设高校中中级职称的教师对学校双创战略关键事件上呈现出较高的敏感性。这一方面可能说明了,达到中级职称的教师具有空余的精力投入到双创教育中,另一方面也可能说明了,相对其他类型的高校,"双一流"建设高校在双创教育的顶层设计上切实关注到了教师的成长发展,在构建教师多样成长路径上比较好地融合了双创教育的力量。

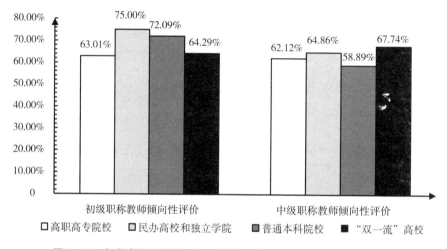

图3-10　各类高校中教师对于系统发展专项规划的倾向性评价特征

从图3-10可以看出,初级职称教师及中级职称教师对于专项规划的敏感性随着高校层次的上升并未出现明显的线性变化趋势。值得指出的是,在初级职称的任课教师中,民办高校的教师对专项规划的反应最为强烈,这可能源自民办高校对双创教育发展的重视,而且这一发展切实地调动了任课教师的关注和积极性。这可能是源于民办高校产学结合工作的蓬勃发展,提升了年轻教师的岗位胜任力、缩短了岗位适应期。进一步来看,这得益于产学结合所创造的师资专长和双创教育的协同发展机遇。同时,民办高校具有特色的师资建设路径和考核办法,这值得其他类型的院校学习。此外,在中级职称的任课老师中,独立学院在双创教育的专项发展过程中积极调动了任课教师的参与,其教师群体对学校双创规划表现出了极高的积极性和关注度。由此,民办高校在调动中级职称的任课教师参与双创教育实践的做法以及机制架设，同样值得其他院校学习和推广。由以上可知，在建设双创教育的过程中对于任课教师积极性的调动，民办高校对初级职称教师的积极性调动具有良好实践经验，"双一流"建设高校、独立学院在对中级职称教师的积极性调动方面具有宝贵经验。我们应该有针对性地学习和推广，这将有助于进一步推进我国双创教育的发展。

（五）各类教师在各类高校中的组织规划评价特征

本书对于教师在组织规划上的评价，主要考察的出发点是教师的外在动机对教师参与双创教育、关注双创教育问题以及关注学校的双创组织规划的表现。当然这既是研究的特色（双创教师的细分与外在动机的剖析），也是研究上的不足，即没有考虑内在动机（以发展双创教育本身为执教目的）以及外在动机的内化（外部诱因在强化双创教师参与过程中，教师关于刺激强化物的内化）。希望研究者们后续能结合两类动机进一步开展双创教师在双创教育中的工作投入、组织承诺等一系列组织行为学上的研究。这样做，将有利于更有针对性地设计双创教师队伍的薪酬考核，以及缓解甚至避免其陷入职业倦怠等发展困境。

研究中对于教师评价的成因，本书主要讨论的是职称，此外还提及高校教师光环、合作机遇等诱因。而这三类强化物的次级水平差异，一定程度上直接或间接地通过团体层面在学校层次中可以体现出来。也就是说，高校能为教师提供的来自职称的待遇（工作流动、学术成长空间）、来自学校的待遇（客座专家、特聘讲师）、来自知识的机遇（科研项目、合作企业的水平）都或多或少受制/受益于其所处的学校层次。故此，本书为进一步考察教师类型对其双创评价的影响，将其纳入所处学校类型，进行主效应、交互检验。

本书在数据准备方面，首先，考察原始数据在高校层次上存在反向计分，故在研究中对学校层次进行了计分转换，并且对于无法确定高校层次的数据不纳入考察（"10"表示无法确定学校类型）；其次，对于"其他类"的双创教师类型没有探讨,对于专业教师类双创教师仍按照是否属于创业领域分开探讨,因此,没有纳入双创教师类型为"6"(其他)的数据进行考察,对于"2"创业领域的专业教师、"3"非创业领域的专业教师的数据则分开考察,保留两者的原先划分;最后,研究考察其对组织规划维度的评价主效应及交互效应,求和战略规划和资源落实两个维度的得分,获得组织规划总得分。

从表3-7可以看出,无论是学校层次,还是双创教师类型,其对于双创教师在组织规划上的评价都存在显著影响。而且,双创教师本身所处的高校层次,也会进一步影响其对双创教育组织规划上的评价和判断,即存在交互作用,这说明了"双一流"建设高校的辅导员类双创教师与高职院校的辅导员类教师对于学校双创教育组织规划的满意度评价是存在差异的。具体差异我们将稍后分析。最后,从主效应及交互效应的效应量来看,效应量均较小,仅能揭示评价差异的3%—4%。这反映出影响双创教育对组织评价的主要因素尚未被发掘,作为本书的不足,后续研究借由访谈,深入挖掘值得考察的影响评价的因素。交互效应的结果见图3-11。

表3-7 各类双创教师在不同类型高校中对双创教育组织规划评价特征

因子	df	均方	F	Sig	η^2
截距	1	747300.64	68421.31	0.000	0.857
学校层次	4	79.27	7.26	0.000	0.003
双创教师类型	4	412.84	37.80	0.000	0.013
学校层次×双创教师类型	16	21.34	1.95	0.013	0.003

从图3-11可以看出,随着高校层次的上升,双创教师对于学校组织规划的评价整体呈下降趋势。从不同创新创业师资来看,随着学校层次上升,辅导员双创教师、任课教师、校外创新创业教师、创业领域专业教师都出现了"拐点现象",从拐折方向来看,独立学院在这四类教师中获得的组织规划评价较

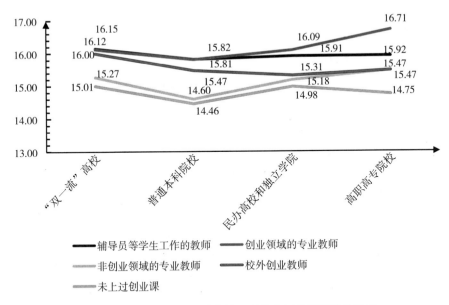

图3-11　各类双创教师对高校双创教育组织规划评价特征

差,这个问题值得重视。这可能是由于独立学院在双创教育发展上从属或依从于学校本部的发展规划,缺少一定的独立性与积极性。作为研究实力较弱但在项目合作限制上更少的独立学院,在实现双创教育的产学结合上具备天然的外联优势。寻求更多的校外合作机会,实现学生及教师成果的良好包装,将有利于其实现双创教育带动的人才培养以及由此带来的双创教育特色发展。希望独立学院的高层领导能够更加重视和挖掘双创教育在学校发展中的潜力,并促进实现全校性的双创教育。

二、不同类型的学生对于创业政策的评价特征

双创教育作为培养学生创新精神、传授创业知识技能、帮助意向学生开启创业的重要途径,也对学生创新能力养成、实现良好的社会适应等方面具有重要意义。双创教育的根本在于培养学生的核心竞争力,即创造力与创造力的商业化能力。该核心能力并非仅对创业或科研创新具有帮助,还能直接影响

到学生适应环境的能力以及在环境中成长的潜力。

如前文所谈到的，双创教育目的并非狭隘的追求学生创业、毕业创业率等围绕创办企业相关的指标。学生如何看待创新创业学习以及创业政策，其根本的出发点来自于学生认为双创学习能为他的发展带来什么。这既非校方宣传抑或短期荣誉所能左右，而是取决于学生对自己未来的规划。具体来说，一方面，学生不同的未来去向会影响其看待创业资源的方式。真正想要自主创业、未来打算找好单位就业以及想要升入好学校进行学历或学位深造的三类学生在看待创业学习及其相关资源（包含政策资源时）上可能是存在差异的。另一方面，处于不同的创业阶段的学生，其创业成熟度不同，面对同类创业资源重要性与价值的看法亦会存在差异。因此，本书在考查学生对创业政策的评价中，将学生的毕业去向纳入了考量范围。本书选择三类取向的学生作为考察对象：毕业后就业、毕业后升学、毕业后自主创业。此外，由于学生所处的创业阶段不尽相同，所以在考察题项上设置了创业政策途径、创业政策成效两个维度。下面我们将分别探索三类学生对创业政策认知以及其背后的成因。三类去向的学生数量分布如图 3-12 所示。

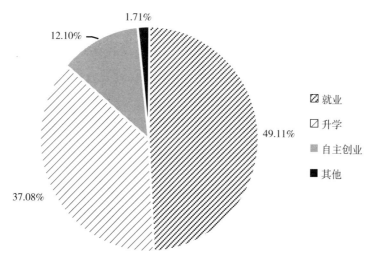

图 3-12　不同毕业去向学生参研人数分布

从图 3-12 可以看出,在接受高校双创学习的学生群体中,选择就业仍是去向主流,其次是升学。相较于早年千分之几的毕业创业率来说,此次在 2018 年开展的调研发现,有意向毕业创业的学生规模有显著扩大,甚至超过了百分之十。这反映出近年来通过高校双创教育的发展和持续宣传,学生的创业意愿得到了显著提升,双创教育取得了一定的成效。

(一)毕业去向为就业的学生

对于毕业后打算就业的学生来说,他们希望毕业后找到自己满意的工作。所以其在校期间会围绕企业眼中"合格的员工"来规划自己的能力发展。而人力资源经理眼中合格的员工应具备两大能力:过硬的专业能力、良好的综合能力。前者在历史履历上较为直观的体现便是学业成绩,后者则源于学生在社会实践、人际沟通、团队协作中积累的综合素养。对于该类学生来说,这两者均为其关注重点,也会寻求学校提供的资源以培养自身相应的能力。在培养综合素养的过程中,班团干部、创新研发、创业项目、社会实践均可作为提升自身综合能力的途径。而对于选择创新创业途径的学生来说,他们将希望通过参与创业过程或创业准备,来提升自己与他人的沟通能力、创新能力、应急管理能力、环境适应和情绪管理的能力。而这些综合能力的提升,将会提升其自信心(在创业学习的过程中表现为创业自我效能),从而表现出良好的创业意愿和创业准备状态。故此,本书提出假设,对于参加了双创学习且毕业后打算就业的学生,其学业成绩越优秀,其对于学校创业政策在提升自己创业意愿的成效评价方面就越积极,结果见图 3-13。

从图 3-13 可以看出,对于毕业后打算就业的学生来说,随着其学业成绩的提升,其对创业政策成效的满意度也随之提升,其认为创业政策对提升创业意愿的作用更加显著。这一方面证实了前文对于毕业就业学生看待创业学习过程的假设,同时其创业意愿的提升揭示了创业学习在综合能力培养上的促进作用。

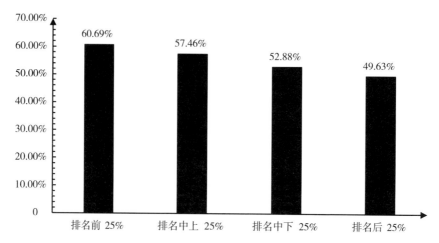

图 3-13　各类学业表现的学生对创业政策成效的满意度评价特征

注:此处的创业政策成效指的是提升创业意愿;此处选取的样本为毕业后打算就业的学生。

(二)毕业去向为升学的学生

对于毕业后打算继续学业深造,进入更高层次的学校学习的在校生来说,他们能否被更好的学校录取,除了个人努力与学业表现外,还受制于原生高校的层次。这具体包含两个方面的影响:一是专业上的影响,在尽量保持自身专业的继承性上,升学院校会考查考生是否处于原生院校的优势专业,以及原生院校的层级。(在低层升高层院校中)这相对同层次其他学校考生在面试竞争中具有相对劣势。二是随着双创教育的发展,双创成果与保研要求的互认,使得创新创业也成为打算升学的学生可以选择的升学途径,但可保研的合作高校选择范围通常也受制于原生院校所处层次(存在地缘优先和学术派别关联网络)。这一定程度上也限制了学生在确定升学院校时的选择范围。所以本书作出假设,对于参与了双创教育毕业后打算升学的学生来说,其所处学校层次越高,其对学校创业政策内容就越满意。结果见图 3-14。

从图 3-14 可以看出,整体上随着学生所处的学校层次提高,其对学校推行的创业政策(贷款政策)越满意。但普通本科院校及独立学院并未呈现出

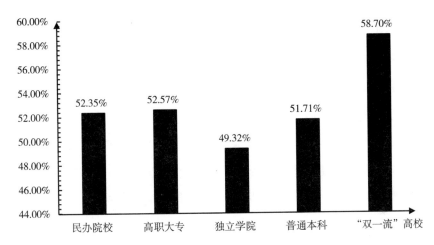

图 3-14　不同高校学生对创业政策支持的满意度评价特征

注:此处的选取的样本是毕业后打算升学的学生;此处考察的创业政策支持指的是学校提供创业的启
动基金(无息贷款)。

一致规律,独立学院中打算毕业后升学的学生在创业政策上并未呈现相应的满意程度,这可能是由于独立学院与学校本部关联紧密,通常其学生会获得升学校本部(常为高层次院校)的绿色通道,由此也就可能降低了其对创业政策和双创教育的关注。此外,普通本科院校同样存在学生满意度不一致的状况,这可能是由于双创成果互认保研资格的政策在普通本科院校中尚未普及。

（三）毕业去向为创业的学生

对于毕业后打算创业的学生来说,他们真正关注的是如何创业、如何运营、如何存活。无论是知识技能还是成果荣誉,他们始终具有围绕创业的目的性,即办活一个企业。相较于前两类学生,此类学生更希望进入到创业学习的深层阶段,完成准备期,进入萌芽期,甚至突破发展期。故十分关注学校及社会资源为其营造的创业机会。因此,在创业准备阶段他们会尽可能真实地去接触创业,例如创业实践、创业模拟、参与创业项目,在萌芽阶段他们会尽可能地确保资金、审批、资质认证、技术竞争力等创业要素,因此他们对于来自国家、地方政府、学校的创业政策都存在密切关注和适用的态度。这有助于其开启企业,所以他们对试营孵化的政策支持和服务支持都持有较高的积极性与满意度。尽管如此,学生对创业支持、创业政策的评价还是有可能受到自身创业成熟度的影响。确实经历过创业过程和只是书本知识层面经历的学生,在创业认知上还是可能存在着较大差异。所以本书选取毕业后打算创业的学生,考查该类学生群体中是否具备创业经历,对其自身关于创业政策满意度的评价是否有影响。对此,该部分的研究假设是,具有创业实践经历的学生对初创阶段的创业政策持有更高的满意度,结果见图3-15。

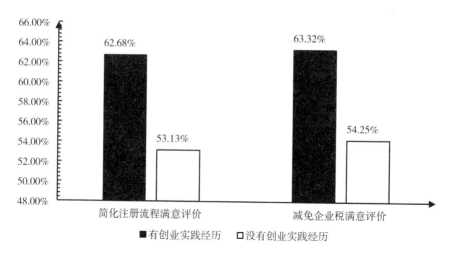

图3-15　不同创业实践经历学生对创业政策内容的满意度评价特征

注:研究中选取的学生为毕业去向为创业的学生。

从图3-15可以看出,前文关于毕业创业类学生创业认知的假设得以证实,切身经历过创业实践的学生,更加能认识到创业政策的重要性和价值,对其的积极评价也更高。此外,无论学生是否具备创业实践经历,均认为在税收方面的政策相对于注册流程方面的政策更为重要,也对其更加感兴趣。

由以上三类不同职业生涯规划的学生看待创业政策的结果来看,我们在为他们提供双创教育时,侧重点应有所不同。对于打算毕业后就业的学生,应该更多地使其参与创业项目并担任要职,或设计创业困境进行体验式学习,以培养学生的综合素养;而对于打算毕业升学的学生来说,应该推动其加入师生的科研团队,并帮助其对科研成果进行专利化、产品化,增加其在校期间的专创融合的实践机会和科研荣誉;对于打算毕业创业的学生来说,应该多对其提供入园孵化的机会,营造创客空间,使其在同辈学习和资源扶持的氛围下,逐步提升自己的创业实力。

(四)不同高校中各类去向的学生对其创业政策的评价特征

在考察不同高校中学生对于双创教育创业政策评价时,与考察教师群体类似,研究解读的出发点仍是行为主义理论中的外在动机;但与此不同的是,对于毕业创业类学生,创业本身即为其参与双创学习的目的。故此,探讨双创教育对其评价的影响即探讨的是内在动机对其的影响。

再者,对于以上三类学生,高校层次与其参与双创学习的积极性是存在一定联系的,而这也将影响其对创业政策的评价。比如,名牌大学的毕业生会在毕业面试和简历筛选中具有相对优势;较好层次的学校具有更加充足的科研经费和学科专家,这将有利于毕业升学的学生实现科研突破,获得创新成果。知名的大学将更有可能对接实力雄厚的企业并享有优质的校友资源,而这对于毕业创业的学生来说无异于具有更好的创业平台。因此,考查学生对于学校创业政策的评价时,将学校层次纳入考虑是具有一定参考价值的。以下将考察学校层次及学生毕业去向在其创业政策评价中是否存在差异,以及是否存在一定的交互影响。

对于不确定类型的数据不予以考察,具体来说就是,去除了无法确定高校类型的数据(问卷代号为"10"),无法确定毕业去向的数据(问卷代号为"4");此外,高校类型采用的反向计分,故此进行了计分转换,例如:"双一流"建设高校原记为"1"现转变为"5",民办高校原记为"5"现转变为"1"。主效应检验后的结果见表3-8。

表 3-8　不同高校中各类毕业去向的学生对双创政策的评价特征

因子	df	均方	F	Sig	η^2
截距	1	12752423-22	1169833-77	0.000	0.875
学校层次	4	1301.46	119.39	0.000	0.001
毕业去向	2	242.39	22.24	0.000	0.001
学校层次× 毕业去向	8	16.86	1.55	0.135	0.000

由表3-8可以看出,学校层次和不同的毕业打算确实会影响到学生对校内创业政策的评价(具体影响后文分析)。但是,同类毕业去向的学生在不同高校中关于双创评价状况并未体现出差异,这值得让人反思。这是否意味着,不同类型的高校所开展的双创教育在政策影响上,其实并未实现独有的特色发展(至少未凸显同层级高校双创教育的发展重心),抑或是政策并未照顾到学生的需求?对这一问题的深入探讨,将有助于促进双创教育的发展从量到质的转型。最后,无论是毕业去向还是学校层次,在影响受益者关于双创政策的评价上的作用都十分微弱,这说明了,影响学生对创业政策态度的主要因素尚有待发现,希望后续研究能结合本书分析结果,进一步纳入潜在的影响因素进行研究。以下将呈现学校层次和毕业打算在创业评价上的差异分析结果,见表3-9。

表 3-9　不同高校中各类毕业去向的学生对创业政策的评价

因素	水平	M	SD	Sig
高校类别	高职高专院校	14.845	3.29	0.001
	民办高校和独立学院	17.288	2.11	
	普通本科院校	14.759	3.33	
	"双一流"建设高校	15.171	3.31	

续表

因素	水平	M	SD	*Sig*
毕业去向	毕业后打算就业	14.681	3.25	0.001
	毕业后打算升学	14.869	3.31	
	毕业后打算创业	15.193	3.49	

由表3-9可得,高校类型对学生关于创业政策的评价趋势呈现"山谷现象",居于层次最低和最高的高校,其学生对双创政策的评价高于中间层次的高校。此外,同样存在"拐点现象",高职院校的学生对其学校创业政策的评价高于临近层次的高校。这一方面反映出不同层次的高校在创业政策引导上应该结合自身特色,酌情选择不同的双创发展路径。例如,技术密集型的"双一流"建设高校可以选择以学校创新为主的创新创业教育发展路径,产业密集型的高职高专院校可以选择以学生创业为主的创新创业教育发展路径。学校在为双创教育设置政策引导时,应结合自身特色制定针对性的创业政策。此外,从毕业去向来说,随着学生对创业素养关注度的提高,学生对创业政策的关注也会更加积极。这可以给我们的启示是,创业政策在荫庇学生双创学习的过程中,应该关注教学形式和教育目标的实现形式,结合学生时间与空间上的可接受性偏好、目标上的可接受性以及成果上的认可度,设计出学生能够参加、愿意参加并能及时反馈的双创学习体系,从而实现学生从接受学习到主动学习的学习模式转变。

第三节　高校创新创业教育的组织规划与创业政策对策建议

一、组织规划的设计应落脚于参与者而非组织

高屋建瓴的设计与大鹏展翅的宏愿均有赖且仅赖于框架内参与者的付出

与劳动,当所设计的机制、制定的规划让教师们感觉不是做大而是夺走"蛋糕"时,此时人与规则就不再是协同而是拮抗而行,再过精巧的规划亦终成泡影。

如前研究所述,职称对于当今双创教师队伍的编内教师具有重要的调动作用,对于编外教师也同样存在吸引力。然而宏观层面院校所处层次,个体层面参与教师的诉求类型、职业生涯阶段、工作困境等因素共同作用于机制的实施过程及实施成效。我们不应以"一劳(职称)"得"永逸(人心凝聚)",而应该对无意于职称的教师给予经济补助,对无暇双创教育的教师给予职务再设计,再就竭力职称晋升的教师给予专创融合所带来的新机遇。落脚于参与者,围绕参与者进行规划和设计,让参与者感觉到运作舒适,有助于解决其面临的现实职业困境。如此,才能真正使得双创教育的机制规划成为蹊径而非负荷。

二、创业政策的推行应以学生为中心

双创教育作为学生实现职业界定和职业规划的一种途径,它的目的是为实现学生更好的发展,使学生对自身未来有更好的认识、计划和执行。其本意并非为学校留下什么,而是为学生留下一种带来改变、经久不衰、良好适应的生存素养。因此,标准化的孵化模式与竞技模式,将会使不适合此类培养方式的学生产生学习耗损和学习低效的不良后果。因此,重新设计的不应仅仅是现行的双创孵化模式,而应围绕不同创业阶段和学习目的,将创业政策、教学形式、考核形式在质的方面更加细化,量的方面更加铺展。这样双创教育的发展才能回归到学生的发展,而非学校的竞技。也同样如此,学校才会受益于学生的发展,真正实现学校的竞争优势。

因此,对于有意毕业后就业的学生来说,应为其提供锻炼综合素养的机会,结合志愿者班团活动,开展创业主题的模拟经营、案例研究和商业竞赛。创业类的政策对此类学生应该围绕创业准备阶段展开。再者,对于有意升学的学生来说,学校应该提供其实现专业研究、科研创造的机会,使其加入教师或同学的研究团队,在提升自身专业实力的同时,创业政策应侧重其产品、技术的专利化、成果化,为其毕业后升学积累资源。最后,对于有意创业的学生来说,获得更多创业机会,在创业过程中能得到来自政府、学校、企业等多方的资源资助,获得更多的社会资本对接机会、同行创业交流时将有助于提升其创业能力。创业政策则应更多地落脚在创业萌芽期和创业成长期,跟踪创业学生所遇到的创业问题,梳理创业失败或创业困境,以提升学生创业的危机管理能力。

第四节 高校创新创业教育的组织规划与创业政策的研究结论

一、编内师资的建设在于并轨和人岗有效组合

研究结果发现,首先,双创师资在职业晋升上存在"中级瓶颈",其晋升机制未能覆盖高级职称,其中普通本科院校问题较为突出;其次,在双创部门建设方面,具有创业专业背景的师资更关注部门人才队伍的搭建,具有创业学科从业经历的师资则更关注部门的专项规划。这对本书带来的启示是,搭建双创师资队伍,应结合其专业背景、执教学科、原生层级、招聘职级来综合选拔,做到岗位上能力胜任、组织上资源互补。

二、职称对编外师资亦具有吸引力,产学结合的活跃期在其执教前5年

研究结果发现,校外师资的学位越高,其对高校双创部门的组织规划就越感兴趣,具体来说是部门专设与人员专配。这反映出校外师资对高校职业领域寻求认可,具体反映出其对职称及荣誉的需求。这也符合其自身所在企业自我包装的目的。此外,随着执教年限的推移,编外师资对校方双创教育组织

规划问题的关注呈现"山坡式"变化,产学结合的关注度在执教 5 年后将会逐渐下降。

三、毕业去向影响着学生双创教育投入程度,进而影响其对双创教育评价和看待政策的态度

　　研究分析发现,首先,毕业后打算就业的学生可能将双创教育看作是提升自己综合实力的途径,而这一过程通常仅涉及双创教育的课程和初级实践,并且学业表现越优秀的学生对双创学习的积极性越高,这类学生通常止步于创业启动。其次,毕业后打算升学的学生,学生所处学校层次越高,其对双创教育的评价就越积极。这可能是受现今双创竞赛成果在保研资格上的互认影响,从而在这个角度上双创教育借由学历、学位晋升路径的并轨实现了更广更深的教育覆盖,这类学生止步于创新成果产出。最后,从毕业后打算创业的学生来看,其对创业政策的关注度及评价更为积极,迈过准备期进入初创期甚至发展期的这类学生无论是在相关孵化政策响应,还是政策成效上都反映出较高的参与关注度。他们将这类政策视为完善自身企业、实现创业持续的重要资源,并且很关注资金类扶助等孵化器政策。

第四章　高校创新创业教育的师资队伍建设与机制保障研究

随着新时代的到来,我国正在步入改革开放的攻坚期,传统的经济形态已经不足以跟进国家的快速发展,创新创业型经济将会是未来发展的主要方向。为了适应新经济形态的变化,国家当前对于创新创业人才的重视达到前所未有的高度。作为人才培养重要基地的高等院校,其创新创业教育备受关注。国务院办公厅印发的《关于深化高等学校创新创业教育改革的实施意见》明确要求高校加强"双创"教育。党的十九大报告,也对创新创业人才培养作出了新的重要部署。在国家以及全社会的关注下,高校必须承担起发展创新创业教育、培养创新创业型人才的重担,为国家新经济形态的发展输送优质人才。

为此,高校在国家创新创业政策的指引下正如火如荼地开展创新创业教育。如积极完善高校的创新创业组织领导,提升创新创业教育在高校教育总体工作中的重要性等。同时,这也为高校创新创业教育的开展打下良好的基础,做好了前景规划。高校在宏观层面的设计完成之后,要贯彻执行教学计划,让学生享受到国家创新创业政策带来的福利,就必须依靠教师这一桥梁和纽带。

在高校创新创业教育开展过程中,教师扮演着无比重要的角色,作为学生的直接教育者、引导者,无数理论和实践都证明,创新创业教师的素质对学生的创业意愿有着直接的关键影响。但与国外的创新创业教师相比,我国的双创师资存在着数量不足、质量不高、专业化程度不够等诸多问题。未来几年,高质量创新创业师资短缺将成为阻碍我国高校创新创业教育发展的主要瓶颈。如何提高国内双创教师的创新创业教育能力,提升高校整体双创师资水平,将决定未来高校创新创业教育的发展高度。

深入推进创新创业教育工作的中坚力量是奋斗在一线的创新创业教师,他们更是培养学生创业能力、激发学生创业热情的重要保障,其本身创新创业教育教学能力的强弱将直接影响到人才培养的质量。

因此,本章将在调研数据的基础上,对当前高校创新创业教师的总体情况进行分析和研究,对比不同类型高校之间教师的创新创业教育能力差异,并根据对比研究寻找适合当前教师创新创业教育能力发展的途径,提高教师的创新创业教育能力,助力学生创新创业活动的开展,激发国家的创新创业教育活力。

第一节 高校创新创业教育师资队伍建设与机制保障现状

一、我国高校创新创业教育师资队伍建设总体状况

(一)全国高校创新创业教育师资队伍个人基本信息

1.全国高校创新创业教师性别分布

由表4-1可知,全国高校样本教师男性占比为43.6%,女性教师人数比例为56.4%,可见全国高校中女性创新创业教师比男性教师略多。

表4-1　全国高校创新创业教师性别分布

性别	人数	百分比（%）
男性	5498	43.6
女性	7098	56.4

2.全国高校创新创业教师年龄分布

由表4-2可知,本次全国高校样本绝大部分教师的年龄在40周岁及以下,其中以30周岁及以下的新手创新创业教师最多,占比达到39.1%。可见当前高校的创新创业师资从总体上看,趋向年轻化。这与创新创业教育的要求不无关系,由于创新创业教育需要教师具备较好的对新生事物的适应能力,因此年轻教师成为当前创新创业教师的主力军。

表4-2　全国高校创新创业教师年龄分布

年龄	人数	百分比（%）
30周岁及以下	4927	39.1
31—35周岁	2953	23.4
36—40周岁	2643	21.0
41周岁及以上	2073	16.5

（二）全国高校创新创业教育师资队伍教育背景

1.全国高校创新创业教师学位分布

由表4-3可知,当前全国高校教师中创新创业教师的学历层次主要集中在硕士及以上学位,占比68.6%,学士学位占比19.4%,可见在全国高校中,创新创业教师的学位普遍较高,但仍然存在部分教师的学位不足等情况,创新创业教师学位有待提升。

表4-3 全国高校创新创业教师学位分布

教师学位	人数	百分比（%）
学士	2447	19.4
硕士	6800	54.0
博士（博士后）	1843	14.6
其他	1506	12.0

2.全国高校创新创业教师职称分布

由表4-4可知全国高校中,创新创业教师的职称以中级职称为主,占比36.9%,同时也有较大一部分的教师拥有副高及以上职称,占比26.1%。创新创业教师普遍较为年轻,所以在职称方面,以副高及以下的职称为主,同时也在一定程度上可以看出,当前创新创业教师中专业研究型人才较少,更多在课程讲授方面,这也导致了当前国内创新创业教师的研究能力有限,无法较好地开展创新创业研究。

表4-4 全国高校创新创业教师职称分布

教师职称	人数	百分比（%）
正高级	977	7.8
副高级	2311	18.3
中级	4642	36.9
初级	1983	15.7
未定级	2683	21.3

3.全国高校创新创业教师学科分布

由表4-5可知,全国高校样本中教师的专业门类分布主要以理工类教师为主,另外还有管理学、经济学和法学等专业的教师占比较大。总体看来,文科类教师比较少,理工类和经管类教师比较多,可见由于专业本身性质的限制,文科类教师对于创新创业的积极性较低,一方面是因为社会科学与创新创业活动相距较远,另外一方面也呈现出当前创新创业重科技轻文化的取向。

表 4-5　全国高校创新创业教师学科门类分布

教师学科分布	人数	百分比(%)
哲学	342	2.72
经济学	1151	9.14
法学	872	6.92
教育学	1296	10.29
文学	1088	8.64
历史学	182	1.44
理学	1126	8.94
工学	2480	19.69
农学	384	3.05
医学	809	6.42
军事学	50	0.40
管理学	1964	15.59
艺术学	852	6.76

(三)全国高校创新创业教育师资队伍创新创业教育经历

1.全国高校创新创业教师从业年限分布

由表 4-6 可知,全国高校中样本教师创新创业教育从业年限均较短,较多的创新创业教师的从教时限在 2 年以内,由于创新创业教育近几年的迅速发展,越来越多的教师加入到创新创业行列当中,所以教师群体呈现年轻化,创新创业教育年限较短等特点。随着时间的推移,创新创业教师的这一现状将会得到改善。

表 4-6　全国高校教师创新创业教育从业年限分布

教师从业年限	人数	百分比(%)
2 年以内	4979	39.5
3—5 年	3296	26.2
6—9 年	1746	13.9

续表

教师从业年限	人数	百分比（%）
10 年及以上	2575	20.4

2.全国高校创新创业教师类型分布

从表4-7可以看到，当前创新创业教师的构成较为复杂，其中辅导员等学生工作的教师占35.31%，创业领域的专业教师仅占16.04%，而非创业领域的专业教师也占比24.03%。这从一个侧面体现了专职创新创业教师的紧缺，由于创新创业教育的迅速开展，很多高校的专业创新创业师资难以承担起如此繁重的创新创业教育任务，所以部分高校将辅导员等学生工作岗位上的教师纳入到创新创业的师资队伍之中，以图满足学生对于创新创业教师的需求。另外，从调查结果来看，甚至有一部分教师还未上过创新创业课程。

表4-7　全国高校创新创业课教师类型分布

教师类型	人数	百分比（%）
辅导员等学生工作的教师	4447	35.31
创业领域的专业教师	2021	16.04
非创业领域的专业教师	3027	24.03
校外创新创业教师	306	2.43
未上过创业课	1674	13.29
其他	1121	8.90

二、不同类型院校创新创业教育师资队伍建设基本情况

（一）"双一流"建设高校创新创业教育师资队伍建设基本情况

1."双一流"建设高校创新创业教育师资队伍个人基本信息

（1）"双一流"建设高校创新创业教师性别分布

由表4-8可知"双一流"建设高校样本教师男性占比为53.18%，女性教

师人数比例为 46.28%,可见"双一流"建设高校中男性创新创业教师比女性教师略多。

表4-8 "双一流"建设高校教师性别分布

性别	人数	百分比(%)
男性	660	53.18
女性	581	46.82

(2)"双一流"建设高校创新创业教师年龄分布

由表4-9可知,本次"双一流"建设高校样本绝大部分教师的年龄在40周岁及以下,其中以30周岁及以下的新手创新创业教师最多,占比达到三分之一。可见当前高校的创新创业师资趋向年轻化。这与创新创业教育的要求不无关系,由于创新创业需要教师具备较好的对新生事物的适应能力,因此年轻教师成为当前创新创业教师的主力军。

表4-9 "双一流"建设高校教师年龄分布

年龄	人数	百分比(%)
30周岁及以下	410	33.04
31—35周岁	319	25.71
36—40周岁	333	26.83
41周岁及以上	179	14.42

2."双一流"建设高校创新创业教育师资队伍教育背景

(1)"双一流"建设高校创新创业教师学位分布

由图4-1可知,当前"双一流"建设高校教师中创新创业教师的学位层次主要集中在硕士及以上学位,占比82.43%,学士学位占比仅15.15%,可见在"双一流"建设高校中,创新创业教师的学位普遍较高,这与"双一流"建设高

中国高校创新创业教育质量评价研究

校的准入学位有关。"双一流"建设高校的人才引进对于学位的要求本身较高,所以其创新创业工作板块的教师学位也水涨船高。

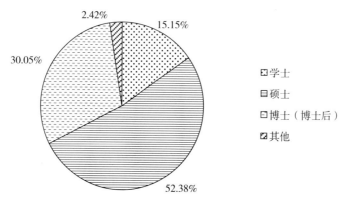

图 4-1 "双一流"建设高校教师学位分布

（2）"双一流"建设高校创新创业教师职称分布

由图4-2可知,在"双一流"建设高校中,创新创业教师的职称以中级职称为主,占比37.47%,同时也有较大一部分的教师拥有副高及以上职称,占比约30%。一方面,创新创业教师的普遍较为年轻,所以在职称方面,以副高及以下的职称为主。另一方面,在一定程度上可以看出,当前创新创业教师中专业研究型人才较少,更多为课堂教学型人材。

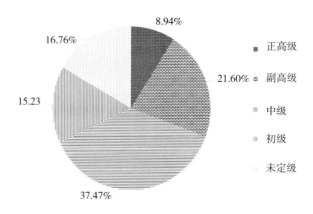

图 4-2 "双一流"建设高校教师职称分布

（3）"双一流"建设高校创新创业教师学科分布

由图4-3可知，"双一流"建设高校样本中教师的专业门类分布主要以理工类教师为主，另外还有管理学、经济学和法学等专业的教师占比较大。总体看来，文科类教师比较少，理工类和经管类教师比较多。

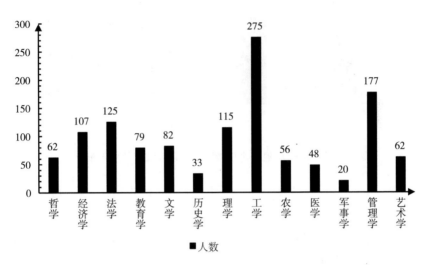

图4-3 "双一流"建设高校教师学科门类分布

3. "双一流"建设高校创新创业教育师资队伍创新创业教育经历

（1）"双一流"建设高校创新创业教师从业年限分布

由图4-4可知，"双一流"建设高校中样本教师创新创业教育从业年限呈均衡分布状态，但较多的创新创业教师的从教时限在2年以内。由于创新创业教育近几年的迅速发展，越来越多的教师加入到创新创业行列当中，所以教师群体呈现年轻化，创新创业教育年限较短等特点。随着时间的推移，创新创业教师的这一特点将会得到改善。

（2）"双一流"建设高校创新创业教师类型分布

从图4-5可以看到，当前创新创业教师的构成较为复杂，其中辅导员等学生工作的教师占43.83%。创业领域的专业教师仅占19.02%。而非创业领域的专业教师也占比20.23%左右。这从一个侧面体现了专职创新创业教

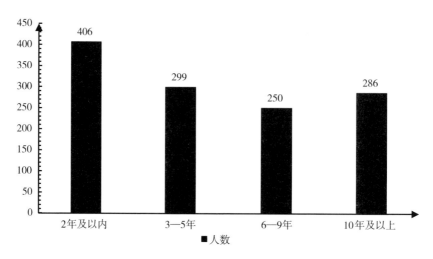

图 4-4 "双一流"建设高校教师创新创业教育从业年限分布

师的紧缺,由于创新创业教育的迅速开展,很多高校的专业创新创业师资难以承担起如此巨大的创新创业教育任务,所以部分高校将辅导员等学生工作的教师纳入创新创业的师资队伍之中,试图满足学生对创新创业教师的需求。另外从调查结果看来,尚有一部分教师还未上过创新创业课程。

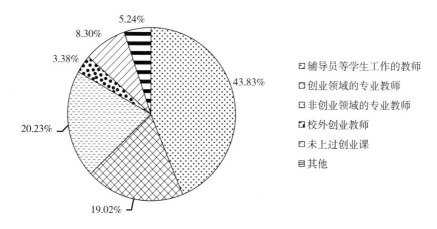

图 4-5 "双一流"建设高校创新创业课教师类型分布

(二)普通本科院校创新创业教育师资队伍建设基本情况

1.普通本科院校创新创业教育师资队伍个人基本信息

(1)普通本科院校创新创业教师性别分布

由表4-10可知普通本科院校样本教师男性占比为43.51%,女性教师人数比例为56.49%,可见普通本科院校中女性创新创业教师比男性教师更多。

表4-10　普通本科院校教师性别分布

性别	人数	百分比(%)
男性	2640	43.51
女性	3427	56.49

(2)普通本科院校创新创业教师年龄分布

由表4-11可知,本次普通本科院校样本超过80%的教师的年龄在40周岁及以下,其中以30周岁及以下的新手创新创业教师最多,占比达到36.62%。可见当前高校的创新创业师资趋向年轻化。这与创新创业教育的要求不无关系,由于创新创业需要教师具备较好的对新生事物的适应能力,因此年轻教师是当前创新创业教师的主力军。同时普通本科院校中,40周岁以上的创新创业教师也占有相当大的比重。

表4-11　普通本科院校教师年龄分布

年龄	人数	百分比(%)
30周岁及以下	2222	36.62
31—35周岁	1291	21.28
36—40周岁	1346	22.19
41周岁及以上	1208	19.91

2.创新创业教育师资队伍教育背景

（1）普通本科院校创新创业教师学位分布

由图4-6可知,当前普通本科院校教师中创新创业教师的学位层次主要集中在硕士及以上学位,占比73.74%,学士学位占比为16.40%,可见在普通本科院校中,创新创业教师的学位相对较高,这与普通本科院校的准入学位有关。普通本科院校的人才引进对于学位的要求本身较高,所以其创新创业工作板块的教师学历也水涨船高。

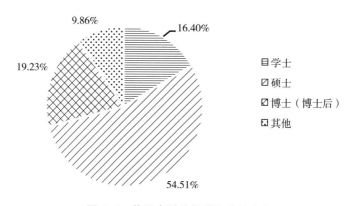

图 4-6　普通本科院校教师学位分布

（2）普通本科院校创新创业教师职称分布

由图4-7可知普通本科院校中,创新创业教师的职称以中级职称为主,占比37.5%,同时也有较大一部分的教师拥有副高及以上职称,占比约30%。一方面,创新创业教师普遍较为年轻,所以在职称方面,以副高及以下的职称为主。另一方面,当前普通本科院校中尚有将近20%的教师没有职级,这也在一定程度上反映了当前师资队伍紧缺的现状。

（3）普通本科院校创新创业教师学科分布

由图4-8可知,普通本科院校样本中教师的专业门类分布主要以理工类教师为主,另外还有管理学、经济学和法学等专业的教师占比较大。总体看来,文科类教师比较少,理工类和经管类教师比较多。这在一定程度上反映了

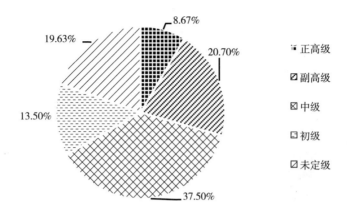

图 4-7 普通本科院校教师职称分布

当前创新创业师资队伍中,经管类和理工类教师比较吃香,文科类教师由于长期未能得到有效转化,导致在创新创业方面的贡献率不高,参与的积极性也较低。

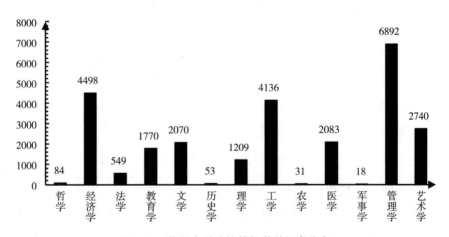

图 4-8 普通本科院校教师学科门类分布

3.普通本科院校创新创业教育师资队伍创新创业教育经历

(1)普通本科院校创新创业教师从业年限分布

由图 4-9 可知,普通本科院校中样本教师创新创业教育从业年限呈均衡分布状态,但较多的创新创业教师的从教时限在 2 年以内。由于创新创业教育近几年的迅速发展,越来越多的教师加入到创新创业行列当中,所以教师群体呈现年轻化,创新创业教育年限较短等特点。随着时间的推移,创新创业教师的这一特点将会得到改善。

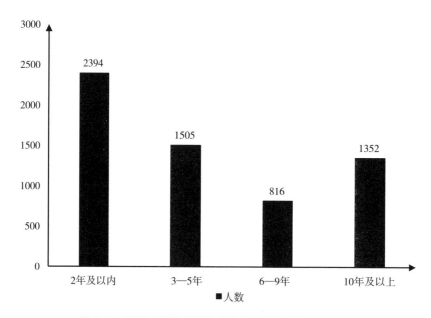

图 4-9　普通本科院校教师创新创业教育从业年限分布

(2)普通本科院校创新创业教师类型分布

从图 4-10 可以看到,当前创新创业教师的构成较为复杂,其中辅导员等学生工作的教师占 35.96%。创业领域的专业教师仅占 14.37%。而非创业领域的专业教师占比 25.12%。这从一个侧面体现了专职创新创业教师的紧缺,由于创新创业教育的迅速开展,很多高校的专业创新创业师资难以承担起如此繁重的创新创业教育任务,所以部分高校将辅导员等学生工作岗位上的教师纳入创新创业的师资队伍之中,以图满足学生对于创新创业教师的需求。另外从调查结果看来,未上过创新创业课程的教师也比较多。

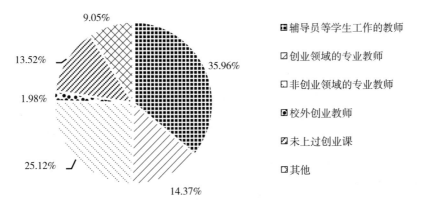

图 4-10　普通本科院校创新创业课教师类型分布

（三）民办高校和独立学院创新创业教育师资队伍建设基本情况

1. 民办高校、独立学院创新创业教育师资队伍个人基本信息

（1）民办高校、独立院校创新创业教师性别分布

由表 4-12 可知,民办高校、独立院校样本教师男性占比为 39.14%,女性教师人数比例为 60.86%,可见民办高校、独立学院中女性创新创业教师远高于男性创新创业教师。

表 4-12　民办高校、独立学院教师性别分布

性别	人数	百分比（%）
男性	759	39.14
女性	1180	60.86

（2）民办高校、独立学院创新创业教师年龄分布

由表 4-13 可知,本次民办高校、独立学院样本绝大部分教师的年龄在 40 周岁及以下,占比超过 90%,其中以 30 周岁及以下的新手创新创业教师最多,占比达到 44.61%,将近一半。可见当前民办高校和独立学院的创新创业师

资趋向年轻化。这与创新创业教育的要求不无关系,由于创新创业需要教师具备较好的对新生事物的适应能力,因此年轻教师是当前创新创业教师的主力军。

表4-13　民办高校、独立学院教师年龄分布

年龄	人数	百分比(%)
30周岁及以下	865	44.61
31—35周岁	542	27.95
36—40周岁	362	18.67
41周岁及以上	170	8.77

2.民办高校、独立学院创新创业教育师资队伍教育背景

(1)民办高校、独立学院创新创业教师学历分布

由图4-11可知,当前民办高校、独立学院教师中创新创业教师的学位层次主要集中在硕士及以下学历,占比83.65%,博士(博士后)学位教师仅占5.83%。可见在民办高校、独立学院中,创新创业教师的学位普遍低,由于民办高校、独立学院的整体师资水平较弱,所以在创新创业教师的师资力量上也呈现出学位较低的问题。

(2)民办高校、独立学院创新创业教师职称分布

由图4-12可知,民办高校、独立学院中,创新创业教师的职称以中级职称为主,占比37.75%,更多的教师处于初级或者未定职称的阶段,这在一定层面上反映出民办高校、独立学院的师资薄弱,创新创业教师的专业性有待提升,研究能力需要补足。

(3)民办高校、独立学院创新创业教师学科分布

由图4-13可知,民办高校、独立学院样本中教师的专业门类分布主要以理工类教师为主,另外还有管理学、经济学等专业的教师占比较大。与其他类型的高校相比,民办高校、独立学院的教育学、文学和艺术学专业出身的教师也占有一定的

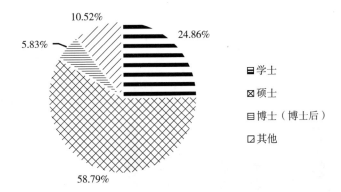

图 4-11 民办高校、独立学院教师学位分布

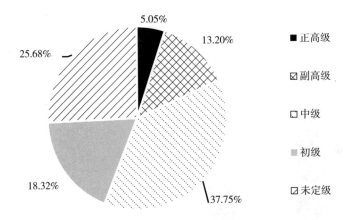

图 4-12 民办高校、独立学院教师职称分布

比重。总体来看,文科类教师比较少,理工类和经管类教师比较多。

3. 民办高校、独立学院创新创业教育师资队伍创新创业教育经历

(1)民办高校、独立学院创新创业教师从业年限分布

由图 4-14 可知,民办高校、独立学院中样本教师创新创业教育从业年限呈现随年龄增长而递减的状态,从业两年以内的教师最多,6 年及以上的教师则相对较少,由于创新创业教育近几年的迅速发展,越来越多的教师加入到创新创业行列当中,所以教师群体呈现随年龄递减,创新创业教育年限较短等特点。随着时间的推移,创新创业教师的这一特点将会得到改善,越来越多的创

新创业教师将会涌现出来。

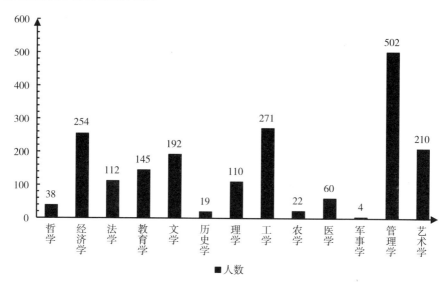

图 4-13　民办高校、独立学院教师学科门类分布

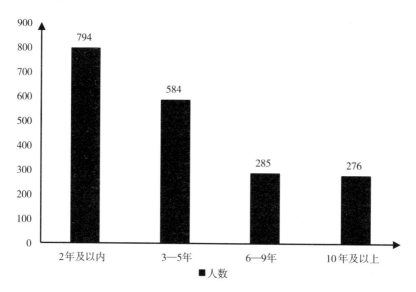

图 4-14　民办高校、独立学院教师创新创业教育从业年限分布

(2)民办高校、独立学院创新创业教师类型分布

由图 4-15 可知,民办高校、独立学院创新创业课教师类型属于辅导员等

学生工作岗位上的教师占比为 31.25%,属于创业领域的专业教师占比为 15.52%,属于非创业领域的专业教师占比为 24.60%,属于校外创新创业教师的占比为 2.68%,属于未上过创业课的教师占比为 16.45%,属于其他类型的教师占比为 9.50%。由此可以看出学校创新创业教育体系中创新创业课教师主要由辅导员等学生工作的教师和非创业领域的专业教师组成,未上过创业课的教师也占了一定比例,而创业领域的专业教师比例较少。这从一个侧面体现了专职创新创业教师的紧缺。由于创新创业教育的迅速开展,很多高校的专业创新创业师资难以承担起如此繁重的创新创业教育任务,所以部分高校将辅导员等学生工作岗位的教师纳入创新创业的师资队伍之中,以满足学生对于创新创业教师的需求。

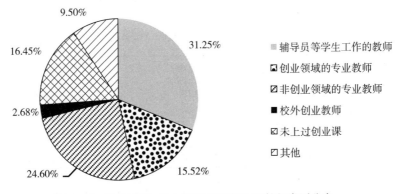

图 4-15　民办高校、独立学院创新创业课教师类型分布

（四）高职高专院校创新创业教育师资队伍建设基本情况

1. 高职院校创新创业教育师资队伍个人基本信息

（1）高职院校创新创业教师性别分布

由表 4-14 可知高职院校样本教师男性占比为 43.04%,女性教师人数比例为 56.96%,可见高职院校中女性创新创业教师比男性教师占比更大。

表 4-14　高职院校教师性别分布

性别	人数	百分比（%）
男性	1411	43.04
女性	1867	56.96

（2）高职院校创新创业教师年龄分布

由表 4-15 可知,本次高职院校样本绝大部分教师的年龄在 40 周岁及以下,其中以 30 周岁及以下的新手创新创业教师最多,占比达到 42.4%。可见当前高校的创新创业师资趋向年轻化。这与创新创业教育的要求不无关系,由于创新创业需要教师具备较好的对新生事物的适应能力,因此年轻教师是当前创新创业教师的主力军。

表 4-15　高职院校教师年龄分布

年龄	人数	百分比（%）
30 周岁及以下	1390	42.41
31—35 周岁	791	24.13
36—40 周岁	594	18.12
41 周岁及以上	503	15.34

2.高职院校创新创业教育师资队伍教育背景

（1）高职院校创新创业教师学位分布

由图 4-16 可知,当前高职院校教师中创新创业教师的学位层次主要集中在硕士学位,占比 51.13%,学士学位占比仅约四分之一,可见在高职院校中,创新创业教师的学位普遍以硕士及以下学位为主。相比“双一流”建设高校和普通本科院校,高职院校在创新创业教师的学位上总体水平较低。

（2）高职院校创新创业教师职称分布

由图 4-17 可知高职院校中,创新创业教师的职称以中级职称为主,占比

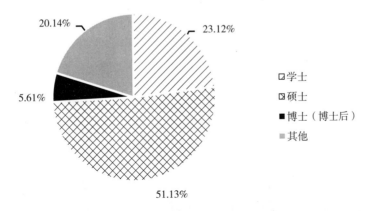

图 4-16　高职院校教师学位分布

35.05%,同时初级职称和未定职级的教师占比也较大,约占全部教师的三分之一,副高及以上职称的教师占比约 20% 左右。创新创业教师的普遍较为年轻,所以在职称方面,以副高及以下的职称为主,同时也可以在一定程度上看出,当前高职院校中创新创业教师中专业研究型人才较少,更多集中在年轻的讲师和未定职称的教学人员上。

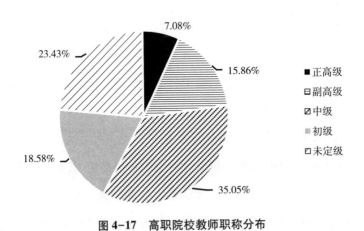

图 4-17　高职院校教师职称分布

(3)高职院校创新创业教师学科分布

由图 4-19 可知,高职院校样本中教师的专业门类分布主要以理工类教师为主,另外还有管理学和经济学专业的教师占比较大。总体看来,文科类教师比较少,理工类和经管类教师比较多。

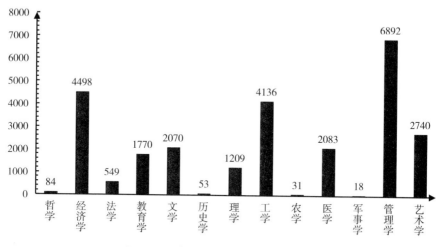

图 4-18　高职院校教师学科门类分布

3.高职院校创新创业教育师资队伍创新创业教育经历

(1)高职院校创新创业教师从业年限分布

由图 4-19 可知,高职院校中样本教师创新创业教育从业年限呈均衡分布状态,但较多的创新创业教师的从教时限在 2 年以内。由于创新创业教育近几年的迅速发展,越来越多的教师加入到创新创业行列当中,所以教师群体呈现年轻化,创新创业教育年限较短等特点。随着时间的推移,创新创业教师队伍的这一现状将会得到改善。

(2)高职院校创新创业教师类型分布

根据师资来源不同,将创新创业师资分为校内师资、校外师资和其他三大类型。其中,校内师资包括辅导员等学生工作的教师、创业领域的专业教师、非创业领域的专业教师 3 种,校外师资包括校外创新创业教师和未上过创业课的教师两种。图 4-20 调查结果显示,我国高职院校创新创业师资中的校内师资占绝大多数,占比 74.8%。其中,辅导员等学生工作的教师所占比例最高,占全部师资的 33.3%;非创业领域的专业教师所占比例排第二,为

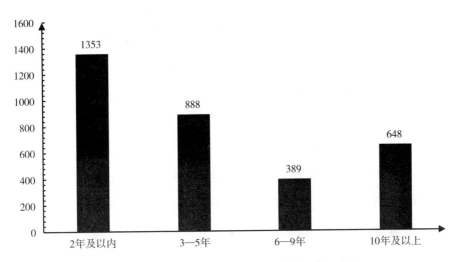

图 4-19　高职院校教师创新创业教育从业年限分布

23.5%;校外创业导师比例最低,占比 2.7%;创业领域的专业教师仅占 18.0%;这也在一定程度上反映出,我国高职院校创新创业师资队伍力量薄弱的困境,如校外兼职导师匮乏、有"创新创业"专业知识背景的教师较为紧缺等,从而难以保证"创新创业"教育全面有效地实施。

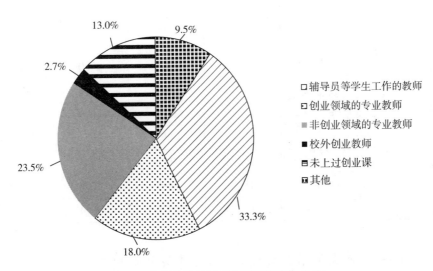

图 4-20　高职院校创新创业课教师类型分布

三、不同类型高校创新创业教育师资队伍建设基本情况对比分析

（一）不同类型高校创新创业教师性别分布差异

针对不同类型高校的创新创业教师的性别差异进行卡方检验，可以发现，皮尔森系数为62.673，$p<0.01$，因此，可以认为不同层次的高校教师在性别分布上存在显著的差异。再结合各个学校的教师性别分布表，可以看到除了"双一流"建设高校之外，其他高校的教师性别分布均是男性少于女性，只有"双一流"建设高校中创新创业教育的男性教师占比高于女性教师。

表4-16 不同类型高校创新创业教师性别分布

			性别		总计
			男	女	
学校类型	"双一流"建设高校	计数	660	581	1241
		百分比（%）	53.2	46.8	100
	普通本科院校	计数	2639	3428	6067
		百分比（%）	43.5	56.5	100
	高职高专院校	计数	1411	1867	3278
		百分比（%）	43.0	57.0	100
	民办高校、独立学院	计数	759	1180	1939
		百分比（%）	39.1	60.9	100
	其他	计数	29	42	71
		百分比（%）	40.8	59.2	100
总计		计数	5498	7098	12596
		百分比（%）	43.6	56.4	100

（二）不同类型高校创新创业教师年龄分布差异

针对不同类型高校的创新创业教师的年龄差异进行卡方检验，可以发现，

皮尔森系数为 264.572,p<0.01,因此,可以认为不同层次的高校教师在年龄分布上存在显著的差异。再结合各个学校的教师年龄分布表,可以发现,虽然各个层次的高校教师均以年轻教师为主,但是"双一流"建设高校、普通本科院校和高职高专院校的师资队伍中年长教师的分布多于民办高校、独立学院。可见对于民办高校、独立学院来说,创新创业教师的师资结构还有待改善,教师结构偏向年轻化,教学经验往往不足。

表4-17　不同类型高校创新创业教师年龄分布

			年龄				总计
			30周岁及以下	31—35周岁	36—40周岁	41周岁及以上	
学校类型	"双一流"建设高校	计数	410	319	333	179	1241
		百分比(%)	33.1	25.7	26.8	14.4	100
	普通本科院校	计数	2222	1291	1346	1208	6067
		百分比(%)	36.6	21.3	22.2	19.9	100
	高职高专院校	计数	1390	791	594	503	3278
		百分比(%)	42.4	24.1	18.1	15.4	100
	民办高校、独立学院	计数	865	542	362	170	1939
		百分比(%)	44.6	28.0	18.6	8.8	100
	其他	计数	40	10	8	13	71
		百分比(%)	56.3	14.1	11.3	18.3	100
总计		计数	4927	2953	2643	2073	12596
		百分比(%)	39.1	23.4	21.0	16.5	100

（三）不同类型高校创新创业教师学位分布差异

针对不同类型高校的创新创业教师的学位差异进行卡方检验,可以发现,皮尔森系数为1004.028,p<0.01,因此,可认为不同层次的高校教师在学位分布上存在显著的差异。再结合各个学校的教师学位分布表,可以发现,"双一

流"建设高校和普通本科院校的创新创业教师中硕士及以上学位的教师是主体,有一部分学士学位的教师,但是总量比较少。相比之下,高职院校、民办高校、独立学院的创新创业教师主体为硕士以及学士学位的教师,总体学位较本科高校低,这就可能导致高职院校和民办高校、独立学院的教师在创新创业研究方面较为薄弱,难以胜任创新创业研究的任务。

表 4-18　不同类型高校创新创业教师学位分布

			最高学位				总计
			学士	硕士	博士 (博士后)	其他	
学校 类型	"双一流" 建设高校	计数	188	650	373	30	1241
		百分比(%)	15.1	52.4	30.1	2.4	100
	普通 本科院校	计数	995	3307	1167	598	6067
		百分比(%)	16.4	54.5	19.2	9.9	100
	高职 高专院校	计数	758	1676	184	660	3278
		百分比(%)	23.1	51.1	5.6	20.2	100
	民办高校、 独立学院	计数	482	1140	113	204	1939
		百分比(%)	24.9	58.8	5.8	10.5	100
	其他	计数	24	27	6	14	71
		百分比(%)	33.8	38.0	8.5	19.7	100
总计		计数	2447	6800	1843	1506	12596
		百分比(%)	19.4	54.0	14.6	12.0	100

（四）不同类型高校创新创业教师职称分布差异

针对不同类型高校的创新创业教师的职称差异进行卡方检验,可以发现,皮尔森系数为205.902,$p<0.01$,因此,可认为不同层次的高校教师在职称分布上存在显著差异。再结合各个学校的教师职称分布表,可以发现,"双一流"建设高校和普通本科院校的创新创业教师中副高及以上级别的教师要多于其他

的高等院校,这与"双一流"建设高校和普通本科院校教师本身的准入门槛有关,一般而言,"双一流"建设高校以及普通本科院校对于教师的职称要求更高也更严,自然其创新创业师资团队的职称也随之较高。同时,我们可以看到,高职高专院校和民办高校、独立学院的教师在职称方面以中级职称为主,同时也存在较为大量的未定级教师。未定级教师可能是校外的创业人士作为特聘教师担任,这一批师资力量虽然具备较好的创新创业实践经验,但是对于教学方面了解有限,如何利用好、管理好这一批校外导师,将是每一所高校面临的重要议题。

表 4-19　不同类型高校创新创业教师职称分布

			职称				总计
			正高级	副高级	中级	初级	未定级	
学校类型	"双一流"建设高校	计数	111	268	465	189	208	1241
		百分比(%)	8.9	21.6	37.5	15.2	16.8	100
	普通本科院校	计数	526	1256	2275	819	1191	6067
		百分比(%)	8.7	20.7	37.5	13.5	19.6	100
	高职高专院校	计数	232	520	1149	609	768	3278
		百分比(%)	7.1	15.9	35.0	18.6	23.4	100
	民办高校、独立学院	计数	98	256	732	355	498	1939
		百分比(%)	5.1	13.2	37.7	18.3	25.7	100
	其他	计数	10	11	21	11	18	71
		百分比(%)	14.1	15.5	29.6	15.5	25.3	100
总计		计数	977	2311	4642	1983	2683	12596
		百分比(%)	7.8	18.3	36.9	15.7	21.3	100

（五）不同类型高校创新创业教师学科分布差异

针对不同类型高校的创新创业教师的学科差异进行卡方检验,可以发现,皮尔森系数为 273.893,p<0.01,因此可认为不同层次的高校教师在学科分布上存在显著的差异。再结合各个学校的教师学科分布表,可以发现,不论是在

哪一类型的高校中,经管类教师都作为创新创业教师的主力军,理工类教师紧随其后,而文科类教师所占的比例一般较少。这是由于经管类的教师与创新创业的关系最为密切,不管是创新创业研究还是实践,经管类教师都能找到立足之地,另外理工类教师的科研成果很大概率上可以转化为创新创业项目,故理工类教师也扮演着重要的角色。而文科类教师虽然涵盖的学科众多,但是比例都不大,以教育学为主。这种情况也掩藏着一定的问题,由于经管和理工类教师的教学技能有限,如何上好创新创业的课程就成为关键问题。另外,如何将创新创业教师的专业技能与教学技能相结合也是后期需要关注的重点。

表4-20　不同类型高校创新创业教师学科分布

			专业类别				总计
			文科	理工	经管	其他	
学校类型	"双一流"建设高校	计数	256	390	409	186	1241
		百分比(%)	20.6	31.4	33.0	15.0	100
	普通本科院校	计数	1513	1869	1638	1047	6067
		百分比(%)	24.9	30.8	27.0	17.3	100
	高职高专院校	计数	724	950	1050	554	3278
		百分比(%)	22.1	29.0	32.0	16.9	100
	民办高校、独立学院	计数	394	381	868	296	1939
		百分比(%)	20.3	19.6	44.8	15.3	100
	其他	计数	21	16	22	12	71
		百分比(%)	29.6	22.5	31.0	16.9	100
总计		计数	2908	3606	3987	2095	12596
		百分比(%)	23.1	28.6	31.7	16.6	100

(六)不同类型高校创新创业教师从业年限分布差异

针对不同类型高校的创新创业教师的从业年限差异进行卡方检验,可以发现,皮尔森系数为 157.315,p<0.01,因此,可认为不同层次的高校教师在从业年限分布上存在显著的差异。再结合各类院校的教师从业年限分布表,还可以看到不同层次的高校中占比最大的教师都是从业 2 年以内的新手年轻教师,值得注意的是,"双一流"建设高校和普通本科院校的创新创业教师的从业年限 10 年以上的比例要高于其他类型高校。这说明"双一流"建设高校和普通本科院校的创新创业师资结构上比其他高校更加合理,师资团队的整体实力更强。而高职院校和民办高校、独立学院的创新创业师资更加偏向年轻化,师资结构不够合理。

表 4-21　不同类型高校创新创业教师从业年限分布

			从事创新创业教育工作年限				总计
			2 年以内	3—5 年	6—9 年	10 年及以上	
学校类型	"双一流"建设高校	计数	406	299	250	286	1241
		百分比(%)	32.8	24.1	20.1	23.0	100
	普通本科院校	计数	2394	1505	816	1352	6067
		百分比(%)	39.5	24.8	13.4	22.3	100
	高职高专院校	计数	1353	888	389	648	3278
		百分比(%)	41.3	27.1	11.8	19.8	100
	民办高校、独立学院	计数	794	584	285	276	1939
		百分比(%)	40.9	30.1	14.7	14.3	100
	其他	计数	32	20	6	13	71
		百分比(%)	45.1	28.2	8.4	18.3	100
总计		计数	4979	3296	1746	2575	12596
		百分比(%)	39.5	26.2	13.9	20.4	100

（七）不同类型高校创新创业教师类型分布差异

针对不同类型高校的创新创业教师的教师类型差异进行卡方检验,可以发现,皮尔森系数为199.928,p<0.01,因此,可认为不同层次的高校教师在教师类型分布上存在显著的差异。再结合各类院校的创新创业教师类型分布表,可以看到在不同层次的高校中创新创业教师的主体均以辅导员等学生工作岗位上的教师为主,"双一流"建设高校中辅导员等学生工作岗位上教师充当创新创业导师的比例更是接近一半。同时,在其他类型院校的创新创业教育师资方面,我们可以看到创业领域的专业教师目前所占比重还不高,很多的创新创业教师甚至还未上过创新创业课程,这一数据也暴露了当前创新创业教师紧缺的问题。

表4-22 不同类型高校创新创业教师类型分布

			创新创业教师类型						
			辅导员等学生工作的教师	创业领域的专业教师	非创业领域的专业教师	校外创新创业教师	未上过创业课	其他	总计
学校类型	"双一流"建设高校	计数	544	236	251	42	103	65	1241
		百分比(%)	43.8	19.0	20.2	3.4	8.3	5.3	100
	普通本科院校	计数	2182	872	1524	120	820	549	6067
		百分比(%)	36.0	14.4	25.1	2.0	13.5	9.0	100
	高职高专院校	计数	1092	590	769	87	427	313	3278
		百分比(%)	33.3	18.0	23.5	2.7	13.0	9.5	100
	民办高校、独立学院	计数	606	301	477	52	319	184	1939
		百分比(%)	31.3	15.5	24.6	2.7	16.4	9.5	100
	其他	计数	23	22	6	5	5	10	71
		百分比(%)	32.4	31.0	8.5	7.0	7.0	14.1	100
总计		计数	4447	2021	3027	306	1674	1121	12596
		百分比(%)	35.3	16.1	24.0	2.4	13.3	8.9	100

第二节　高校创新创业教育师资队伍与机制保障存在的问题

一、创新创业师资偏年轻，学位和职称偏低

在本调研中,我们发现不论哪一类型的高校,创新创业教师的年龄都有年轻化的倾向,30 周岁及以下的教师占比均达到了 40% 左右,这也就意味着当前高校的创新创业师资队伍中,教师所具备的教学经验较少,数据显示,大多数教师的教学年限都在 2 年以内,甚至有些创新创业教师还未曾上过创新创业课程。另外,在学位方面,除了"双一流"建设高校和普通本科院校的创新创业教师具有博士学位的占比较大之外,其他的学校都是以硕士乃至学士学位的教师为主力军。从职称上来看也是如此,创新创业教师中具备副高及以上职称的教师占比仍然不高,这从一个侧面也反映了当前高校创新创业重实践、轻研究的取向。

二、创新创业师资以理工和经管学科教师为主

在当前创新创业教育师资构成中,理工类和经管类教师占据龙头地位,这与两种专业类型的教师在创新创业中的先天优势有关。理工类专业的研究成果具有较好的社会生产性,一旦能够找到与市场相接轨的地方,便可以促进创新创业的转化。至于经管类专业,其师生能较好地开展市场运营以及创业活动的其他工作,具有敏锐的市场洞察力和创业意识,能在创新创业活动的开展过程中发挥重要作用。反观文科类专业,与前两者对比都不具备显著的优势,所以当前文科类专业的创新创业参与度不够高。而教育学科对于创新创业教育的推进和健康发展具有重要作用,没有良好的创新创业教育体系,难以有效培养创新创业人才,因此,应该协调好各个专业在创新创业教育中的定位,各

司其职,形成一个高效运行的育人机制。

三、创新创业师资紧缺问题依旧突出

从创新创业教师的类别构成来看,比例最高的不是专业的创新创业教师,而是辅导员等学生工作岗位的教师,这一部分教师占据了将近2/5的比例。一部分原因是很多高校的专业创新创业师资难以承担起如此繁重的创新创业教育任务,所以部分高校将辅导员等学生工作岗位上的教师纳入创新创业的师资队伍之中,以图满足学生对于创新创业教师的需求。但是这一部分教师本身的学生工作任务就相当繁重,加之额外的创新创业工作,使得大部分的辅导员兼职创新创业教师"名存实亡",学生难以得到优质的创新创业师资,在创新创业活动中不具备积极性。

四、创新创业教师双创教育能力总体有待提升

将创新创业教师的双创教育能力进行界定之后,本书将其划分为双创精神、双创知识和双创教学三方面。在双创精神上,"双一流"建设高校和高职院校的双创教师成绩突出,显著优于其他类型的高校。而在双创知识的掌握方面,高职高专院校、"双一流"建设高校、普通本科院校明显优于其他类型的高校。最后在双创教学上,高职高专院校的教师独领风骚,显著高于其他高校。虽然"双一流"建设高校和普通本科院校的教师创业知识掌握较好,但是在创业精神和创业教学上,却不如高职院校的教师。其原因可能是由于高职院校的教师更多地接触创新创业实践,所以在创业精神上更加突出,另外也通过长时间的双创实践为其教学增添不少亮点。但是从总体上来看,各类高校的双创教师在创新创业教育能力的各个方面都有提升的空间。

五、双创教师的创新创业能力提升措施亟待加强

本书对当前高校创新创业教师能力提升的四种措施进行了满意度调研,

发现各个类型高校的总体满意度都比较高,其中高职院校的教师在双创师资培训、激励制度保障、双创氛围营造以及师生合作共创等方面都较其他类型的高校教师更加满意。可见,在对教师的双创能力提升方面,高职院校的做法值得其他高校的学习和借鉴。同时,各个类型高校也需要有针对性地从这几个方面入手,开展教师创新创业能力提升工作,让创新创业教师的双创教育能力得到有效的提升。

第三节　高校创新创业教育师资队伍与机制保障比较研究

为了更好地开展对高校创新创业教师的师资队伍建设研究,本书在已有问卷的基础上对教师的创新创业教育能力进行界定。

学术界对于创新创业教育、创新教育的界定有多种说法,对创新创业教育的界定也变动不居。但是从已有的文献中观察可以发现,这些界定都脱离不开对学生创新精神的培养以及创业意愿的提升,故在本书中我们将创新创业教育界定为一种为学生提供创新创业理论与知识、培养其创新创业精神、促进其创业意愿的教育活动(以下简称"双创教育")。由此可推知,双创教育能力可以界定为教师通过教育途径,在与学生开展双创教育活动的过程中,丰富学生创业知识,提高学生创业能力,培养学生创新精神,提升学生创业意愿的能力。可见,一名合格的专职双创教育教师,需要具备双创精神、双创知识和双创教学能力。[1]

双创精神:双创精神不仅限制于"创办企业"这一层面,应该从更加广阔的视角来进行解读。哈佛大学商学院的斯蒂芬斯(Stevenson)认为,创新创业精神是"不顾及现有资源限制追逐机会的精神",这一精神应该包括机会把握

---

[1]　Todd Finkle, "Entrepreneurship Education Trends", http//www. aabri. com/manuscripts/08034. pdf.

能力,快速适应能力以及团队合作能力等。① 库拉特寇(Kuratko)教授认为,创新创业精神除了寻求机会的能力和冒险精神之外,还要求具有承担风险、团队组建的能力以及对机会的识别和远见的能力。② 根据上述学者的研究,本书将教师的双创精神界定为一种对创新创业的追求与关注,对双创机会的识别与远见。双创精神是教师从事学术创业必须具备的基本素养,是教师从事双创教育的前提。创新创业教师自身对双创活动的认同,对高校双创教育质量提升起着关键作用。③

双创知识:双创知识是指创业者在创业过程中所需要掌握的有关创新创业活动的相关知识和经验。巧妇难为无米之炊,双创教师的创新创业知识是开展双创教育的基础。创新创业是一门综合学科,体系复杂、理论性强、知识面广,涉及政治学、经济学、社会学、管理学、法律等多个学科。因此,这就要求从事创新创业教育的教师必须具有较为完整的理论知识体系,才能胜任该学科的教育教学工作。

双创教学:有别于其他的创新创业者,双创教师作为"传道者"除了具备双创精神和双创知识以外,还需要具备丰富的教学经验和方法,以便进行创业知识的传授,指导学生开展创新创业活动。相较于传统学科和专业的教学方法,创新创业教育的实践性、创新性更强,需要教师在这一过程中不断通过新的形式来激发学生思维,通过更多的实践性课程让学生体会到双创活动的魅力。为此,教师必须掌握更多的双创教学能力。

因此,本书接下来将对不同层次学校的创新创业教师的双创精神、双创知识以及双创教学进行差异研究。

---

① L.A.Stevenson, *Entrepreneurship Policy: Theory and Practice*, Springer US, 2005.

② K.D.F., "Entrepreneurship Education: Emerging Trends and Challenges for the 21st Century", http:// www.usasbe.org/ pdf/ CWP-2003-kuratko.pdf.

③ 张英杰:《高校创业教育教师的学术创业能力评价及提升路径》,《高校教育管理》2018年第2期。

一、不同类型高校教师创新创业教育能力差异研究

(一)不同类型高校教师创新创业精神差异

对不同类型高校教师的创新创业精神进行单因素方差分析之后,方差齐性结果为 9.158,p>0.05,故方差齐性,继续进行单因素分析结果显示,F=7.728,p<0.01,故不同高校之间教师的创新创业精神存在显著的差异。根据后续的多重比较结果显示,在教师创新创业精神的得分上,"双一流"建设高校、高职高专院校>普通本科院校>民办高校、独立学院(p<0.05)。由此可见,在创业精神方面,"双一流"建设高校和高职院校的创新创业教师得分较高,这说明相比其他高校,这两类高校的创新创业教师具备更高的创新创业意识以及对创业机会的把握和创业远见,教师对于创新创业的积极性也更高。

(二)不同类型高校教师创新创业知识差异

对不同类型高校教师的创新创业教学进行单因素方差分析之后,方差齐性结果为 10.707,p>0.05,故方差齐性,继续进行单因素分析结果显示,F=5.074,p<0.01,故不同高校之间教师的创新创业教学存在显著的差异。根据后续的多重比较结果显示,在教师创新创业教学的得分上,高职高专院校、"双一流"建设高校、普通本科院校>民办高校、独立学院(p<0.05)。在创新创业知识的掌握上,"双一流"建设高校、高职高专院校、普通本科院校的创新创业教师水平更高,综合能力更强。有一部分原因是这三类院校的创新创业师资学位水平均高于其他院校,因此在创新创业知识和理论研究上具备更多的优势。

(三)不同类型高校教师创新创业教学差异

对不同类型高校教师的创新创业教学进行单因素方差分析之后,方差齐

性结果为 12. 397,p>0.05,故方差齐性,继续进行单因素分析结果显示,F = 6.832,p<0.01,故不同高校之间教师的创新创业教学存在显著的差异。根据后续的多重比较结果显示,在教师创新创业教学的得分上,高职高专院校>"双一流"建设高校、普通本科院校>民办高校、独立学院(p<0.05)。在创业教学上,高职高专院校的表现最优,高于其他类型的高校,说明高职院校对于学生的创新创业教学方面取得较好的成果,由于高职高专院校与生活生产的接触更加直接,因此,在对学生的创业转化上也有着更为成熟的经验,因此,可以更好地实行创新创业教学,同时为学生提供更多的创新创业实践机会,反观"双一流"建设高校和普通本科院校,在创新创业教学方面,较为薄弱,教师的学位和职称虽然较高,但缺乏创新创业实践和教学经验,所以在这一方面的得分较低。

二、不同类型高校教师创新创业能力提升满意度差异研究

(一)不同类型高校教师对创新创业师资培训满意度差异研究

对不同类型高校的教师对创新创业师资培训满意度进行单因素方差分析之后,方差齐性结果为 10. 872,p>0.05,故方差齐性,继续进行单因素分析结果显示,F=6. 217,p<0.01,故不同高校之间的教师对创新创业师资培训满意度存在显著的差异。根据后续的多重比较结果显示,在教师创新创业师资培训的满意度得分上,高职高专院校>"双一流"建设高校、普通本科院校、民办高校、独立学院(p<0.05)。高职高专院校在创新创业师资培训的满意度上独树一帜。高职院校的教师对于学校所提供的职前职后培训,企业挂职锻炼以及由此而积累的创新创业经验有着较高的评价。

(二)不同类型高校教师对创新创业激励保障制度的满意度差异研究

对不同类型高校的教师对创新创业激励保障制度满意度进行单因素方差

分析之后,方差齐性结果为 10.033,p>0.05,故方差齐性,继续进行单因素分析结果显示,F=4.956,p<0.01,故不同高校之间的教师对创新创业激励保障制度满意度存在显著的差异。根据后续的多重比较结果显示,在教师对创新创业激励保障制度的满意度得分上,高职高专院校、"双一流"建设高校>普通本科院校>民办高校、独立学院(p<0.05)。在对于创新创业导师的评聘机制、创新成果分配制度、创业绩效考核制度以及职称晋升机制等方面,"双一流"建设高校和高职高专院校的制度更加完善,有助于帮助教师激发创新创业的积极性,发挥主观能动性,提升创新创业教育的能力和绩效。

（三）不同类型高校教师对创新创业的氛围营造满意度差异研究

对不同类型高校的教师对创新创业氛围营造满意度进行单因素方差分析之后,方差齐性结果为 10.276,p>0.05,故方差齐性,继续进行单因素分析结果显示,F=4.219,p<0.01,故不同高校之间的教师对创新创业氛围营造满意度存在显著的差异。根据后续的多重比较结果显示,在创新创业氛围营造的满意度得分上,高职高专院校>"双一流"建设高校、普通本科院校、民办高校、独立学院(p<0.05)。可见高职院校对创业氛围营造的效果更为显著,包括挖掘树立创新创业典型,营造良好的双创文化氛围等方面都起到良好的效果。

（四）不同类型高校教师对创新创业的师生合作创新满意度差异研究

对不同类型高校的教师对创新创业师生合作满意度进行单因素方差分析之后,方差齐性结果为 10.276,p>0.05,故方差齐性,继续进行单因素分析结果显示,F=4.219,p<0.01,故不同高校之间的教师对创新创业师生合作满意度存在显著的差异。根据后续的多重比较结果显示,在创新创业师生合作的满意度得分上,"双一流"建设高校、普通本科院校、高职高专院校>民办高校、独立学院(p<0.05)。在这一个维度上,"双一流"建设高校、普通本科院校、高职高专院校的师生合作情况比其他类型的高校更好,其原因可能在于这几类高校能鼓励教师参与到各类学生创新创业活动之中,同时鼓励教师采用更贴近学生的教学和合作方式来与学生共同开展双创活动,因此可以取得更好的效果。

第四节　高校创新创业教育师资队伍建设与机制保障对策

一、重视"双创"教师的"双创"精神培养

双创精神是双创教师的重要品质之一。创新创业教育最核心的本质特征就是实践性:创新的核心在于探索新知识、在实践中验证新知识;创业的本质则是行动力,通过机会的识别、资源的整合、团队的组建、反复地试错等过程创造价值。二者的结合就在于在实践之中培养个体创造性地解决复杂问题的能力。但是从现有数据来看,几乎绝大多数高校创新创业教师都没有创业经历,严重缺乏创新创业的意识与精神。

因此,在创业精神的提升方面,要增加教师的创业实践机会,让教师能在实打实的创业实践活动当中锻炼自己对创新创业的敏感性,增强对创业风险的把握力度。不仅如此,还要引进校外专业的创新创业导师,利用其创新创业精神对学生加以引导,提升学生的创业精神和创业意识,同时也让学生体验到不同风格的创新创业教学,激发学生的双创热情和潜力。

二、提高"双创"教师的理论知识水平

高校创新创业教育能否具备持久的生命力,关键的因素在于教师,特别是具备教育理论基础和教学能力、具有创新创业精神和丰富经验的优秀专业化

教师,其是提升我国高校创新创业教育质量非常核心的指标。但从实际情况来看,被调查的 596 所高校的 10000 多名创新创业教师群体中,超过三分之一来自于辅导员或学生工作领域。教育学基本理论素养的欠缺、教学实践能力的缺乏、课程开发与满足学生多样化学习需求的学习资源获取能力的不足等现象,已成为当下创新创业教师队伍中普遍存在的问题。创新创业类专业化师资队伍的紧缺现象,并非某一类型高校独有,而是普遍存在于课题调研的各层次各类型高校之中。可以说,这是我国高校创新创业教育的最大痛点。

为此,高校必须依据创新创业教育的特点,设计科学系统的教师专业发展体系,通过鼓励教师学习共同体的营造、教育教学能力提升工作坊、创新创业教育师资专项培训、企业家等相关群体的专题报告与讲座等多样化形式,提升现有的创新创业教师的理论基础、学科素养。通过为非专业创新创业导师提供良好的进修条件,鼓励其加强自身的创新创业知识修养,提升创新创业知识水平,从而提高整体的双创师资水平。

三、增强教师"双创"教学和实践能力

目前,我国创新创业教师的入职条件并不高,仅仅是对学科背景和教育经历有一定的要求,但是教师的企业工作经验缺乏、创业经历几乎为零。在此基础上选拔的教师基本不具有指导大学生创业实践的能力,能力的同质性特征非常明显。同时由于当前在创新创业领域的教师中,非创新创业专业出身的教师占了大多数,而其中有教育学背景的教师则更少,多半是理工类和经管类的教师,这就使得其对学生的教学能力不足以胜任创新创业教学的需要。

因此,对于当前创新创业师资中教师缺乏创新创业教学能力的这一批教师,应该着重对其创新创业教学能力进行提升,通过建立创新创业课程观摩制度,鼓励教师积极探索新型创新创业教学模式,开展富有趣味、高效实用的创新创业教学形式。同时,还要加大对教师的创新创业实践支持力度,为教师提

供企业挂职实践的平台和机会,提升教师的创新创业实践经历,让教师能将创新创业教育真正带给学生。

四、合理化"双创"教师的师资结构

双创师资结构不合理也是当前高校双创教育面临的主要问题,师资紧缺带来的结构不合理应该从合理安排教师任务上进行突破。在现有的师资基础上,实施创新创业教师培养计划,着力于优化创新创业教师的智能结构,在创新创业教育的不同环节中挖掘出不同教师的差异化优势:对于那些具备一定研究能力的教师,可以重点承担创新创业教育的项目研究、案例研究、理论研究等工作;对于教学经验较为丰富的教师,则在常态化培训的基础上,鼓励其承担创新创业课程的设计开发与教学活动;与学生交流有沟通优势、性格亲和的教师,可以承担创新创业比赛的组织协调、创新创业宣传等环节的工作;那些具有一定创业经历、实践经验丰富的教师,则可以从事对学生创新创业项目的指导、孵化、科研成果转化等工作。上述具有不同能力优势的教师,可以采取团队化项目开发的形式,赋予其足够的自主性,独立设计创新创业课程群。这样的做法既避免了单个教师能力有限的劣势,也弥补了多名教师彼此之间合作机制不畅通的弊端。

此外,要充分利用高校的有利条件,吸引更多相关行业企业优秀经营管理人才、企业家到学校兼职或挂职任教。校外导师由具有丰富企业实践经验的创业者、企业家、企业管理者、企业技术骨干担任,能指导学生结合专业开展创业实践,注重学生创业项目孵化与创业实务能力的培养;建立校内外创新创业教师协同教学与互动交流机制,共助创新创业教师专业发展。

五、完善"双创"教师的激励保障制度

根据此次调研的情况来看,当前大部分创新创业教师存在着"无学科、无组织、无归属"的三无状态,这严重地影响了教师核心胜任力的持续发展。当

前高校对于双创教师的职级评定也较为模糊,存在大量未定职级的双创教师。不少双创教师对于自身的发展晋升存在较大的疑虑,容易滋生负面情绪,导致双创教师教学积极性不高,教学质量也不好的窘况。为应对这一状况,必须依靠恰当的激励制度重新点燃双创教师的热情。

针对创新创业教育的独特性,建立起有效的外在激励机制,包括以科研、教学、实践指导为基础的物质奖励制度和职称晋升制度,同时采取不断提升创新创业教师的职业声望与荣誉、学术地位、个人发展目标等内在的激励手段。只有不断提升教师对所从事领域的价值认同并建立起合理有效的激励机制,才能使从事创新创业教育的教师,真正地将之视为毕生从事的事业,产生强烈的认同感、归属感、成就感,最终不断地以自身胜任力的提升促进创新创业教育质量的改进。

六、营造良好的创新创业环境氛围

高校的双创氛围和榜样对于教师的专业能力的提升也有着重要的作用。良好的创新创业氛围能给教师带来更好的双创环境以及更高的职业认同感,而双创榜样的树立,则给双创教师树立学习和追赶的榜样,能让教师的积极性大大提高。

为此需要高校加大对双创教育的宣传投入,加强校园双创环境的创设,加强双创教育教学的宣传力度,建立双创空间及信息交流平台,举办双创相关的活动竞赛,提升双创教育在学校工作中的重要性。另外,树立双创榜样,为双创教师和学生创建展示自我的空间和平台,转变双创教师自身的意识,让更多的师生认识双创,投身双创。

七、鼓励教师开展师生合作的项目

教师的创新创业教学最终要落到对学生的创新创业发展之上。在后续的研究中,我们发现高职院校教师双创能力突出的一个重要原因就在于其双创教师与学生的共创表现突出。师生合作创新在一定程度上能摆脱传统的课堂授课形式的束缚,调动师生双方的积极性,同时也较好地发挥彼此的优势,能带来不一样的"化学反应"。

为此,高校在开展双创教育活动的过程中,要加大对师生合作创新的关注,主动为师生合作的双创项目提供有利条件,鼓励师生积极探寻合作项目和需求点。与此同时,高校也要建立双创信息平台,对接好教师和学生之间的需求,助力师生合作创新的发展。

第五章　高校创新创业教育教学体系与专创融合研究

开展创新创业教育是我国大学发展转型的一次重要挑战,也是提升高等教育整体实力的一次考验。高校推进创新创业教育改革重在推进创新创业教育融入专业人才培养体系。"专创融合"课程建设是高校创新创业教育深化改革的方向,是高校培养创新人才、服务国家发展战略的重要途径。如何才能通过课程改革提高人才培养质量? 如何才能通过课程教学培养学生的创新能力和综合素质? 这些问题成为高校教师面对课堂必须考虑的首要问题,而更新教师的教育教学理念、改革教学方法和考核方式成为当前高校教育改革的重要突破口。当前,高校在创新创业教育教学体系与专创融合方面存在以下三种困境:

第一,专创融合的教育教学理念尚未确立,课程体系建设滞后。

从思想认识层面讲,更新教师的教育教学理念是"专创融合"课程教学改革的首要问题。目前,高校创新创业教育师资力量严重缺乏,而且普遍存在创新创业师资与专业教师分离、教师的知识面不全、教学理念陈旧、教学方式传统、考核方式单一以及精力投入不足等问题,因此也就带来了"专创融合"课程建设的滞后。随着科学技术的高速发展,信息化、大数据、智能化时代的到来,以技术创新和应用为特征的新市场环境正在推动传统教育理念和模式的变革。这就要求创新创业教育工作者要能立足科学技术研究的前沿,在教育理念和实践模式上作出变革与创新,在风险和不确定日趋上升的全球化时代,注重发展和强化教师自身的创新创业思维、态度、能力和智慧。只有先培养一批理论素质高、实践能力强的创新创业师资队伍,更新教师的教育教学理念,才有可能实现专业教育与创新创业教育的深度有机融合。

从手段方法层面讲,教学活动中教学方法提升、考核方式改革是"专创融合"课程教学改革的根本。现在高校的课堂教学普遍还是采用的传统的满堂灌的方式,这主要是因为在培养计划改革过程中,专业课时不断被压缩,教师普遍的感觉就是"内容多,讲不完",而且授课班级人数较多,教师无法关注到每一个学生。而创新创业课程往往采用小班授课,参与式教学方法,看似涉及的知识点少,但是给学生留下深刻的印象,关键是可以提高学生参与课堂的兴趣。因此,只有采用启发式、讨论式、参与式教学,扩大小班化教学覆盖面,注重培养学生的批判性和创造性思维,激发创新创业灵感,才能推动教师把国际前沿学术发展、最新研究成果和实践经验融入课堂教学,同时,运用大数据技术,掌握不同学生学习需求和规律,为学生自主学习提供更加丰富多样的教育资源。

第二,以专创融合促进创新创业教育教学改进的师资队伍严重匮乏。

高校双创教育师资队伍专兼职并存,除少数专业课教师外,大部分是由行政人员、辅导员、校外企业家以及有创业经历的学生组成。双创教育中教师年轻化、学历学位偏低、职称结构不合理。专兼职并存的师资队伍,授课过程难免缺乏系统性,不能有效地为学生学习创造良好创业氛围,也难以保障培养优质的创业人才。专业教师教学模式传统,缺乏创业经验,在专业教学中,仍大多采用传统教学模式,教师授课,学生听讲,没有以学生为主体,开发学生的自主学习能力,不利于学生创新能力的培养。另外,专业教育教师大多数是从一个学校毕业到另一个学校工作,出校门又进校门,他们没有相关的创业经历,更没有创业经验,缺乏对双创教育的思考和研究。师资考核和激励标准不够系统性,因此他们在专业上能力强,但创业教学上较薄弱。

目前,高校大都没有设定双创教师的独立考核标准,双创教师考核标准跟一般教师考核标准一样。一些高校双创教师考核下沉到各系部,考核也并没有真正作为校内教师晋升依据,部分教师对双创教育的认同感也相对较低,把创新创业教育当业余工作做。而双创的教师也是由专业教师负责为主,晋升职称时教师也以自己专业为主,因此双创教育缺乏动力。

第三,专创融合的教师专业化队伍建设缺乏制度体系的支持。

高校教师对双创教育认识不够、角色定位不清晰。双创教育在我国起步晚,相当一部分教师仍认为教好专业课才是主业,大部分教师把时间和精力放在专业论文发表及课题申报上,教师们工作的目标就是上课和做课题,因为职称评审能加分,这导致教师没有更多的精力再去关注双创教育,师资工作难以落地。双创教师本身角色定位不清晰,理顺教师权责边界是确保双创教育实施的根本。在部分高校中,双创教师似乎是全能教育者,没有与双创教育实际对应起来,导致教师在双创教育中偏离教学目标。专创融合师资结构不合理,缺乏实践型教师。因而高校教师要先清晰角色定位,建立师资管理机制。国内高校大都没有创业这个专业,双创教育开展时间不长,因而双创教育的师资队伍也不是科班出身,大部分的教师在双创教学过程中不断探索教学模式和提高教学水平。

另一方面,双创教师数量不够,结构失衡,从事双创教学的一部分是由行政人员、辅导员组成,也有一部分是由有一定经济管理基础的专任教师组成,还有一些是由校内校外的兼职教师组成。双创教育教师教学能力不够,方法也较为单一。大部分教师缺乏实战经验,不能较好对学生进行全方位指导。双创教师大部分较年轻,精力也用于应付各种教学任务,缺少时间开展双创实践工作及提升双创教学能力。专创融合教师数量严重不足,很多教师都是来自各二级学院上课的专业教师,专业课教师行政权归属各系部,首要是完成各系部的教学任务后才会考虑双创教育工作,也就导致双创教育管理职能不强、不规范、不健全,教学效果也相应比较差。高校对教师的考核一般是按教学岗位及其工作量进行,但从事双创教育既要进行课堂教学又要进行创业指导,也要负责创业实战的开展,教师需要投入大量精力,但这些内容却不被纳入考核范围,所以现有的管理考核机制不利于双创教育的开展。

第一节 高校创新创业教育教学体系与专创融合现状及问题

一、高校创新创业教育教学体系与专创融合的基本现状

(一)教学体系的现状与问题

统计数据分析显示,对于"弹性创业学分互认机制"这个问题,选择"比较同意"的教师最多,共有 4511 人,占比 35.81%;其次是选择"一般"的教师,共有 3857 人,占比 30.62%;选择"非常同意"的教师共有 3102 人,占比 24.63%;选择"比较不同意"和"非常不同意"的教师分别有 809 人和 317 人,分别占比 6.42%和 2.52%。调查结果表明,超过一半的高校教师同意高校建立了弹性创业学分互认机制,超过三成的高校教师持中立态度(见表5-1)。

表 5-1 弹性创业学分互认机制

评价	人数	百分比(%)
非常同意	3102	24.63
比较同意	4511	35.81
一般	3857	30.62
比较不同意	809	6.42
非常不同意	317	2.52

统计数据分析显示,对于"建立了分层分类的创新创业教育课程体系"这个

问题,选择"比较同意"的教师最多,共有 4491 人,占比 35.65%;其次是选择"一般"的教师,共有 3827 人,占比 30.38%;选择"非常同意"的教师共有 3136 人,占比 24.90%;选择"比较不同意"和"非常不同意"的教师分别有 836 人和 306 人,分别占比 6.64%和 2.43%。调查结果表明,六成高校教师同意高校建立了分层分类的课程体系,超过三成的高校教师持中立态度(见表 5-2)。

表 5-2　建立了分层分类的创新创业教育课程体系

评价	人数	百分比(%)
非常同意	3136	24.90
比较同意	4491	35.65
一般	3827	30.38
比较不同意	836	6.64
非常不同意	306	2.43

统计数据分析显示,对于"面向全体学生开设创新创业教育课程"这个问题,选择"比较同意"的教师最多,共有 4833 人,占比 38.37%;其次是选择"非常同意"的教师,共有 3838 人,占比 30.47%;选择"一般"的教师共有 3211 人,占比 25.49%;选择"比较不同意"和"非常不同意"的教师分别有 547 人和 167 人,分别占比 4.34%和 1.33%。调查结果表明,近七成高校教师同意高校面向全体学生开设创新创业教育课程,超过两成的高校教师持中立态度(见表 5-3)。

表 5-3　面向全体学生开设创新创业教育课程

评价	人数	百分比(%)
非常同意	3838	30.47
比较同意	4833	38.37
一般	3211	25.49
比较不同意	547	4.34
非常不同意	167	1.33

统计数据分析显示,对于"设有在线开放课程"这个问题,选择"比较同意"的教师最多,共有 4549 人,占比 36.11%;其次是选择"一般"的教师,共有 3754 人,占比 29.80%;选择"非常同意"的教师共有 3186 人,占比 25.30%;选择"比较不同意"和"非常不同意"的教师分别有 807 人和 300 人,分别占比 6.41%和 2.38%。调查结果表明,超六成高校教师同意高校设有在线开放课程,近三成的高校教师持中立态度(见表 5-4)。

表 5-4　设有在线开放课程

评价	人数	百分比(%)
非常同意	3186	25.30
比较同意	4549	36.11
一般	3754	29.80
比较不同意	807	6.41
非常不同意	300	2.38

统计数据分析显示,对于"编有多样化创业教材"这个问题,选择"比较同意"的教师最多,共有 4405 人,占比 34.97%;其次是选择"一般"的教师,共有 4020 人,占比 31.91%;选择"非常同意"的教师共有 2890 人,占比 22.95%;选择"比较不同意"和"非常不同意"的教师分别有 916 人和 365 人,分别占比 7.27%和 2.90%(见表 5-5)。

表 5-5　编有多样化创业教材

评价	人数	百分比(%)
非常同意	2890	22.95
比较同意	4405	34.97
一般	4020	31.91
比较不同意	916	7.27

续表

评价	人数	百分比（%）
非常不同意	365	2.90

统计数据分析显示,对于"课程类型多样"这个问题,选择"一般"的学生最多,共有 77926 人,占比 45.64%;其次是选择"比较同意"的学生,共有44509 人,占比 26.06%;选择"非常同意"的学生共有 25491 人,占比14.93 %;选择"比较不同意"和"非常不同意"的学生分别有 15577 人和7261人,分别占比 9.12%和4.25%。调查结果表明,只有四成高校学生同意高校课程类型多样,近五成的高校学生持中立态度。可以看出,当前高校创新创业教育课程类型还需要进一步丰富和完善(见表5-6)。

表 5-6　课程类型多样

评价	人数	百分比（%）
非常同意	25491	14.93
比较同意	44509	26.06
一般	77926	45.64
比较不同意	15577	9.12
非常不同意	7261	4.25

统计数据分析显示,对于"授课方式多样"这个问题,选择"一般"的学生最多,共有 73021 人,占比 42.76%;其次是选择"非常同意"的学生,共有 27767 人,占比 16.26%;选择"比较同意"的学生有 51068 人,占比 29.90%;选择"比较不同意"的学生有 13176 人,占比 7.72 %;选择"非常不同意"的学生有 5732 人,占比 3.36%。调查结果表明,只有不到一半的学生同意高校授课方式多样,超四成的学生持中立态度。由此可见,高校课程授课方式的多样性虽然较授课类型的多样性有一定的改善,但同样存在较大的进步和完善空间(见表5-7)。

表5-7　授课方式多样

评价	人数	百分比（%）
非常同意	27767	16.26
比较同意	51068	29.90
一般	73021	42.76
比较不同意	13176	7.72
非常不同意	5732	3.36

　　统计数据分析显示,对于"创新创业课程内容与时代前沿结合紧密"这个问题,选择"一般"的学生最多,共有72476人,占比42.44%;其次是选择"比较同意"的学生,共有52576人,占比30.79%;选择"非常同意"的学生有27247人,占比15.96%;选择"比较不同意"和"非常不同意"的学生分别有12940人和5525人,分别占比7.58%和3.23%。调查结果表明,只有不到五成的学生同意高校创新创业课程内容与时代前沿结合紧密,超四成的学生持中立态度。由此可见,高校在课程内容设计上仍然需要进一步优化,课程设计应把握时代脉搏,立足时代和现实需求,不断完善创新创业教育课程的内容(见表5-8)。

表5-8　创新创业课程内容与时代前沿结合紧密

评价	人数	百分比（%）
非常同意	27247	15.96
比较同意	52576	30.79
一般	72476	42.44
比较不同意	12940	7.58
非常不同意	5525	3.23

（二）专创融合的现状与问题

统计数据分析显示，对于"鼓励教师把专业课程和创新创业教育深度融合"这个问题，选择"比较同意"的教师最多，共有5062人，占比40.19%；其次是选择"非常同意"的教师，共有4974人，占比39.49%；选择"一般"的教师共有2221人，占比17.63%；选择"比较不同意"和"非常不同意"的教师分别有259人和80人，分别占比2.06%和0.63%（见表5-9）。

表5-9　鼓励教师把专业课程和创新创业教育深度融合

评价	人数	百分比（%）
非常同意	4974	39.49
比较同意	5062	40.19
一般	2221	17.63
比较不同意	259	2.06
非常不同意	80	0.63

统计数据分析显示，对于"将创新创业教育与专业教育相融合"这个问题，选择"比较同意"的教师最多，共有4738人，占比37.61%；其次是选择"一般"的教师，共有3727人，占比29.59%；选择"非常同意"的教师共有3291人，占比26.13%；选择"比较不同意"和"非常不同意"的教师分别有625人和215人，分别占比4.97%和1.70%（见表5-10）。

表5-10　将创新创业教育与专业教育相融合

评价	人数	百分比（%）
非常同意	3291	26.13
比较同意	4738	37.61
一般	3727	29.59
比较不同意	625	4.97

评价	人数	百分比(%)
非常不同意	215	1.70

统计数据分析显示,对于"设有专业教师参与创新创业教育教学的激励机制"这个问题,选择"比较同意"的教师最多,共有4713人,占比37.42%;其次是选择"一般"的教师,共有3802人,占比30.18%;选择"非常同意"的教师共有3153人,占比25.03%;选择"比较不同意"和"非常不同意"的教师分别有691人和237人,分别占比5.49%和1.88%(见表5-11)。

表5-11 设有专业教师参与创新创业教育教学的激励机制

评价	人数	百分比(%)
非常同意	3153	25.03
比较同意	4713	37.42
一般	3802	30.18
比较不同意	691	5.49
非常不同意	237	1.88

统计数据分析显示,对于"强调跨学院或跨学科的创新创业教育合作机制"这个问题,选择"比较同意"的教师最多,共有4803人,占比38.13%;其次是选择"一般"的教师,共有3787人,占比30.07%;选择"非常同意"的教师共有3113人,占比24.71%;选择"比较不同意"和"非常不同意"的教师分别有682人和211人,分别占比5.41%和1.68%(见表5-12)。

表5-12 强调跨学院或跨学科的创新创业教育合作机制

评价	人数	百分比(%)
非常同意	3113	24.71

续表

评价	人数	百分比(%)
比较同意	4803	38.13
一般	3787	30.07
比较不同意	682	5.41
非常不同意	211	1.68

　　统计数据分析显示,对于"结合学校的专业学科特色开展创新创业教育"这个问题,选择"比较同意"的教师最多,共有 4921 人,占比 39.07%;其次是选择"一般"的教师,共有 3514 人,占比 27.90%;选择"非常同意"的教师共有 3459 人,占比 27.46%;选择"比较不同意"和"非常不同意"的教师分别有 519 人和 183 人,分别占比 4.12% 和 1.45%(见表 5-13)。

表 5-13　结合学校的专业学科特色开展创新创业教育

评价	人数	百分比(%)
非常同意	3459	27.46
比较同意	4921	39.07
一般	3514	27.90
比较不同意	519	4.12
非常不同意	183	1.45

　　统计数据分析显示,对于"课程内容与自身专业知识结合紧密"这个问题,选择"一般"的学生最多,共有 76735 人,占比 44.94%;其次是选择"比较同意"的学生,共有 42162 人,占比 24.69%;选择"非常同意"的学生有 23993 人,占比 14.05 %;选择"比较不同意"和"非常不同意"的学生分别有 19749 人和 8125 人,分别占比 11.56% 和 4.76%。调查结果表明,只有不到四成的学生同意高校课程内容与自身专业知识结合紧密,超四成的学生持中立态度。因此,高校必须要深入厘清创新创业课程和专业课程的关系,采用多种方式促

进课程融合(见表 5-14)。

表 5-14　课程内容与自身专业知识结合紧密

评价	人数	百分比(%)
非常同意	23993	14.05
比较同意	42162	24.69
一般	76735	44.94
比较不同意	19749	11.56
非常不同意	8125	4.76

统计数据分析显示,对于"竞赛项目与专业结合度较高"这个问题,选择"一般"的学生最多,共有 78226 人,占比 45.81%;其次是选择"比较同意"的学生,共有 45998 人,占比 26.94%;选择"非常同意"的学生有 24922 人,占比14.59%;选择"比较不同意"和"非常不同意"的学生分别有 15612 人和 6006人,分别占比 9.14% 和 3.52%。调查结果表明,只有四成左右的学生同意高校竞赛项目与专业结合度较高,超四成的学生持中立态度。因此,高校也需要深入厘清创新创业竞赛和专业课程的关系,采用多种方式引导和促进竞赛项目和专业课程的融合,从而为高质量的竞赛项目参与和落地提供基础(见表5-15)。

表 5-15　竞赛项目与专业结合度较高

评价	人数	百分比(%)
非常同意	24922	14.59
比较同意	45998	26.94
一般	78226	45.81
比较不同意	15612	9.14
非常不同意	6006	3.52

统计数据分析显示,对于"实践项目与专业学习结合度高"这个问题,选择"一般"的学生最多,共有74402人,占比43.57%;其次是选择"比较同意"的学生,共有50414人,占比29.52%;选择"非常同意"的学生有28534人,占比16.71%;选择"比较不同意"和"非常不同意"的学生分别有12251人和5163人,分别占比7.18%和3.02%。调查结果表明,只有四成左右的学生同意高校实践项目与专业学习结合度高,超四成的学生持中立态度。因此,必须采用多种措施不断提高创业竞赛、创业实践与专业学习的融合(见表5-16)。

表5-16　实践项目与专业学习结合度高

评价	人数	百分比(%)
非常同意	28534	16.71
比较同意	50414	29.52
一般	74402	43.57
比较不同意	12251	7.18
非常不同意	5163	3.02

二、不同类型高校创新创业教育教学体系与专创融合现状及问题

(一)"双一流"建设高校教学体系与专创融合的现状及问题

1.教学体系的现状与问题

统计数据分析显示,对于"弹性创业学分互认机制"这个问题,选择"比较同意"的教师最多,共有464人,占比37.39%;其次是选择"非常同意"的教师,共有343人,占比27.64%;选择"一般"的教师共有332人,占比26.75%;选择"比较不同意"和"非常不同意"的教师分别有75人和27人,分别占比6.04%和2.18%。调查结果表明,超过一半的"双一流"建设高校教师同意高校建立了弹性创业学分互认机制,近三成的"双一流"建设高校教师持中立态度(见表5-17)。

表 5-17　弹性创业学分互认机制

评价	人数	百分比（%）
非常同意	343	27.64
比较同意	464	37.39
一般	332	26.75
比较不同意	75	6.04
非常不同意	27	2.18

　　统计数据分析显示,对于"建立了分层分类的创新创业教育课程体系"这个问题,选择"比较同意"的教师最多,共有 485 人,占比 39.08%;其次是选择"非常同意"的教师,共有 341 人,占比 27.48%;选择"一般"的教师共有 298 人,占比 24.01%;选择"比较不同意"和"非常不同意"的教师分别有 83 人和 34 人,分别占比 6.69%和 2.74%（见表 5-18）。

表 5-18　建立了分层分类的创新创业教育课程体系

评价	人数	百分比（%）
非常同意	341	27.48
比较同意	485	39.08
一般	298	24.01
比较不同意	83	6.69
非常不同意	34	2.74

　　统计数据分析显示,对于"面向全体学生开设创新创业教育课程"这个问题,选择"比较同意"的教师最多,共有 500 人,占比 40.29%;其次是选择"非常同意"的教师,共有 408 人,占比 32.88%;选择"一般"的教师共有 264 人,占比 21.27%;选择"比较不同意"和"非常不同意"的教师分别有 52 人和 17 人,分别占比 4.19%和 1.37%（见表 5-19）。

表 5-19　面向全体学生开设创新创业教育课程

评价	人数	百分比（%）
非常同意	408	32.88
比较同意	500	40.29
一般	264	21.27
比较不同意	52	4.19
非常不同意	17	1.37

统计数据分析显示,对于"设有在线开放课程"这个问题,选择"比较同意"的教师最多,共有 492 人,占比 39.64%;其次是选择"非常同意"的教师,共有 343 人,占比 27.64%;选择"一般"的教师共有 308 人,占比 24.82%;选择"比较不同意"和"非常不同意"的教师分别有 70 人和 28 人,分别占比 5.64%和 2.26%(见表 5-20)。

表 5-20　设有在线开放课程

评价	人数	百分比（%）
非常同意	343	27.64
比较同意	492	39.64
一般	308	24.82
比较不同意	70	5.64
非常不同意	28	2.26

统计数据分析显示,对于"编有多样化创业教材"这个问题,选择"比较同意"的教师最多,共有 458 人,占比 36.91%;其次是选择"一般"的教师,共有 349 人,占比 28.12%;选择"非常同意"的教师共有 307 人,占比 24.74%;选择"比较不同意"和"非常不同意"的教师分别有 88 人和 39 人,分别占比 7.09%和 3.14%(见表 5-21)。

表5-21　编有多样化创业教材

评价	人数	百分比（%）
非常同意	307	24.74
比较同意	458	36.91
一般	349	28.12
比较不同意	88	7.09
非常不同意	39	3.14

在本次调查中，对"课程类型多样"的问题，16.60%的学生选择"非常同意"，30.29%的学生选择"比较同意"，38.86%的学生选择"一般"，9.98%的学生选择"比较不同意"，4.27%的学生选择"非常不同意"（见表5-22）。可以看出，当前"双一流"建设高校创新创业教育课程类型还需要进一步丰富和完善。

表5-22　课程类型多样

评价	人数	百分比（%）
非常同意	2037	16.60
比较同意	3716	30.29
一般	4768	38.86
比较不同意	1224	9.98
非常不同意	524	4.27

从"授课方式多样"角度来看，参与高校创新创业教育相关调查和监测的学生中，有17.66%的学生认为学校设置的创新创业教育相关课程的授课方式丰富且多样；有31.92%的学生认为学校设置的创新创业教育相关课程有较多的授课方式；有37.57%的学生认为学校设置的创新创业教育相关课程的授课方式有一定的多样性；有9.03%的学生认为学校设置的创新创业教育相关课程授课方式较为单一；有3.82%的学生认为学校设置的创新创业教育

相关课程授课方式单一(见表5-23)。

表5-23　授课方式多样

评价	人数	百分比(%)
非常同意	2167	17.66
比较同意	3916	31.92
一般	4610	37.57
比较不同意	1108	9.03
非常不同意	468	3.82

从"创新创业课程内容与时代前沿结合紧密"角度来看,参与高校创新创业教育相关调查和监测的学生中,有17.81%的学生认为学校创新创业教育相关课程的教学内容与时代前沿结合非常紧密;有33.95%的学生认为学校创新创业教育相关课程的教学内容与时代前沿结合比较紧密;有35.89%的学生认为学校创新创业教育相关课程的教学内容与时代前沿有一定的结合;有8.70%的学生认为学校创新创业教育相关课程的教学内容与时代前沿存在脱节情况;有3.65%的学生认为学校创新创业教育相关课程的教学内容与时代前沿严重脱节(见表5-24)。

表5-24　创新创业课程内容与时代前沿结合紧密

评价	人数	百分比(%)
非常同意	2185	17.81
比较同意	4166	33.95
一般	4403	35.89
比较不同意	1067	8.70
非常不同意	448	3.65

2.专创融合的现状与问题

统计数据分析显示,对于"鼓励教师把专业课程和创新创业教育深度融合"这个问题,选择"比较同意"的教师最多,共有 511 人,占比 41.18%;其次是选择"非常同意"的教师,共有 489 人,占比 39.40%;选择"一般"的教师共有 195 人,占比 15.71%;选择"比较不同意"和"非常不同意"的教师分别有 35 人和 11 人,分别占比 2.82% 和 0.89%(见表 5-25)。

表 5-25 鼓励教师把专业课程和创新创业教育深度融合

评价	人数	百分比(%)
非常同意	489	39.40
比较同意	511	41.18
一般	195	15.71
比较不同意	35	2.82
非常不同意	11	0.89

统计数据分析显示,对于"将创新创业教育与专业教育相融合"这个问题,选择"比较同意"的教师最多,共有 499 人,占比 40.21%;其次是选择"非常同意"的教师,共有 347 人,占比 27.96%;选择"一般"的教师共有 310 人,占比 24.98%;选择"比较不同意"和"非常不同意"的教师分别有 63 人和 22 人,分别占比 5.08% 和 1.77%(见表 5-26)。

表 5-26 将创新创业教育与专业教育相融合

评价	人数	百分比(%)
非常同意	347	27.96
比较同意	499	40.21
一般	310	24.98
比较不同意	63	5.08
非常不同意	22	1.77

统计数据分析显示,对于"设有专业教师参与创新创业教育教学的激励

机制"这个问题,选择"比较同意"的教师最多,共有 472 人,占比 38.03%;其次是选择"非常同意"的教师,共有 356 人,占比 28.69%;选择"一般"的教师共有 332 人,占比 26.75%;选择"比较不同意"和"非常不同意"的教师分别有 57 人和 24 人,分别占比 4.59% 和 1.94%(见表 5-27)。

表 5-27 设有专业教师参与创新创业教育教学的激励机制

评价	人数	百分比(%)
非常同意	356	28.69
比较同意	472	38.03
一般	332	26.75
比较不同意	57	4.59
非常不同意	24	1.94

统计数据分析显示,对于"强调跨学院或跨学科的创新创业教育合作机制"这个问题,选择"比较同意"的教师最多,共有 488 人,占比 39.33%;其次是选择"非常同意"的教师,共有 350 人,占比 28.20%;选择"一般"的教师共有 325 人,占比 26.19%;选择"比较不同意"和"非常不同意"的教师分别有 57 人和 21 人,分别占比 4.59% 和 1.69%(见表 5-28)。

表 5-28 强调跨学院或跨学科的创新创业教育合作机制

评价	人数	百分比(%)
非常同意	350	28.20
比较同意	488	39.33
一般	325	26.19
比较不同意	57	4.59
非常不同意	21	1.69

统计数据分析显示,对于"结合学校的专业学科特色开展创新创业教育"

这个问题,选择"比较同意"的教师最多,共有 522 人,占比 42.06%;其次是选择"非常同意"的教师,共有 366 人,占比 29.49%;选择"一般"的教师共有 292 人,占比 23.53%;选择"比较不同意"和"非常不同意"的教师分别有 44 人和 17 人,分别占比 3.55% 和 1.37%(见表 5-29)。

表 5-29　结合学校的专业学科特色开展创新创业教育

评价	人数	百分比(%)
非常同意	366	29. 49
比较同意	522	42. 06
一般	292	23. 53
比较不同意	44	3. 55
非常不同意	17	1. 37

从"课程内容与自身专业知识结合紧密"角度看,参与高校创新创业教育相关调查和监测的学生中,有 14.53% 的学生认为创新创业教育课程内容与自身专业知识结合非常紧密;有 25.60% 的学生认为创新创业教育课程内容与自身专业知识结合比较紧密;有 40.12% 的学生认为创新创业教育课程内容与自身专业知识有一定的结合;有 14.30% 的学生认为创新创业教育课程内容与自身专业知识基本没有结合;有 5.45% 的学生认为创新创业教育课程内容与自身专业知识没有结合(见表 5-30)。

表 5-30　课程内容与自身专业知识结合紧密

评价	人数	百分比(%)
非常同意	1783	14. 53
比较同意	3141	25. 60
一般	4922	40. 12
比较不同意	1754	14. 30
非常不同意	669	5. 45

对于"竞赛项目与专业结合度较高"这个问题,参与高校创新创业教育相关调查和监测的学生中,有16.42%的学生认为竞赛项目与专业结合度非常高;有30.62%的学生认为竞赛项目与专业结合度比较高;有38.74%的学生认为竞赛项目与专业有一定的结合;有10.45%的学生认为竞赛项目与专业基本没有结合;有3.77%的学生认为竞赛项目与专业没有结合(见表5-31)。

表5-31　竞赛项目与专业结合度较高

评价	人数	百分比(%)
非常同意	2015	16.42
比较同意	3757	30.62
一般	4753	38.74
比较不同意	1282	10.45
非常不同意	462	3.77

对于"实践项目与专业学习结合度高"这个问题,参与高校创新创业教育相关调查和监测的学生中,有18.47%的学生认为创业实践项目与专业结合度非常高;有32.97%的学生认为创业实践项目与专业结合度比较高;有37.24%的学生认为创业实践项目与专业有一定的结合;有7.94%的学生认为创业实践项目与专业基本没有结合;有3.38%的学生认为创业实践项目与专业没有结合(见表5-32)。

表5-32　实践项目与专业学习结合度高

评价	人数	百分比(%)
非常同意	2266	18.47
比较同意	4045	32.97
一般	4569	37.24
比较不同意	974	7.94
非常不同意	415	3.38

（二）"普通本科院校"教学体系与专创融合的现状与问题

1. 教学体系的现状与问题

统计数据分析显示,对于"弹性创业学分互认机制"这个问题,选择"比较同意"的教师最多,共有 2200 人,占比 36.26%;其次是选择"一般"的教师,共有 1930 人,占比 31.81%;选择"非常同意"的教师共有 1352 人,占比 22.29%;选择"比较不同意"和"非常不同意"的教师分别有 421 人和 164 人,分别占比 6.94% 和 2.70%。调查结果表明,六成的普通本科院校教师认为建立弹性创业学分互认机制,三成左右的普通本科院校教师持中立态度(见表 5-33)。

表 5-33　弹性创业学分互认机制

评价	人数	百分比（%）
非常同意	1352	22.29
比较同意	2200	36.26
一般	1930	31.81
比较不同意	421	6.94
非常不同意	164	2.70

统计数据分析显示,对于"建立了分层分类的创新创业教育课程体系"这个问题,选择"比较同意"的教师最多,共有 2172 人,占比 35.80%;其次是选择"一般"的教师,共有 1937 人,占比 31.93%;选择"非常同意"的教师共有 1366 人,占比 22.51%;选择"比较不同意"和"非常不同意"的教师分别有 438 人和 154 人,分别占比 7.22% 和 2.54%(见表 5-34)。

表 5-34　建立了分层分类的创新创业教育课程体系

评价	人数	百分比（%）
非常同意	1366	22.51

续表

评价	人数	百分比（%）
比较同意	2172	35.80
一般	1937	31.93
比较不同意	438	7.22
非常不同意	154	2.54

统计数据分析显示,对于"面向全体学生开设创新创业教育课程"这个问题,选择"比较同意"的教师最多,共有2393人,占比39.45%;其次是选择"非常同意"的教师,共有1659人,占比27.34%;选择"一般"的教师共有1626人,占比26.80%;选择"比较不同意"和"非常不同意"的教师分别有301人和88人,分别占比4.96%和1.45%(见表5-35)。

表5-35　面向全体学生开设创新创业教育课程

评价	人数	百分比（%）
非常同意	1659	27.34
比较同意	2393	39.45
一般	1626	26.80
比较不同意	301	4.96
非常不同意	88	1.45

统计数据分析显示,对于"设有在线开放课程"这个问题,选择"比较同意"的教师最多,共有2216人,占比36.52%;其次是选择"一般"的教师,共有1891人,占比31.17%;选择"非常同意"的教师共有1393人,占比22.96%;选择"比较不同意"和"非常不同意"的教师分别有413人和154人,分别占比6.81%和2.54%(见表5-36)。

表 5-36　设有在线开放课程

评价	人数	百分比（%）
非常同意	1393	22.96
比较同意	2216	36.52
一般	1891	31.17
比较不同意	413	6.81
非常不同意	154	2.54

　　统计数据分析显示,对于"编有多样化创业教材"这个问题,选择"比较同意"的教师最多,共有 2104 人,占比 34.68%;其次是选择"一般"的教师,共有 2021 人,占比 33.31%;选择"非常同意"的教师共有 1242 人,占比 20.47%;选择"比较不同意"和"非常不同意"的教师分别有 503 人和 197 人,分别占比 8.29%和 3.25%(见表 5-37)。

表 5-37　编有多样化创业教材

评价	人数	百分比（%）
非常同意	1242	20.47
比较同意	2104	34.68
一般	2021	33.31
比较不同意	503	8.29
非常不同意	197	3.25

　　大学生对创新创业教育的热情与已有的知识结构、性格特质和内在需求相关,创新创业教育课程设置应该满足学生当前需要和性格特征,设计非结构型课程,注重培养学生解决不确定性问题的能力。因此,高校需要拥有完善的创新创业教育课程体系,按照学生特点、年级差异、需求差异等,构建类型多样的创新创业教育课程体系。在本次调查中,对"课程类型多样"的回答,13.52%的学生选择"非常同意",24.93%的学生选择"比较同意",46.32%的

学生选择"一般",10.41%的学生选择"比较不同意",4.82%的学生选择"非常不同意"(见表5-38)。

表5-38 课程类型多样

评价	人数	百分比(%)
非常同意	11165	13.52
比较同意	20598	24.93
一般	38266	46.32
比较不同意	8596	10.41
非常不同意	3984	4.82

从"授课方式多样"角度来看,参与高校创新创业教育相关调查和监测的学生中,有14.68%的学生认为学校设置的创新创业教育相关课程的授课方式丰富且多样;有29.24%的学生认为学校设置的创新创业教育相关课程有较多的授课方式;有43.40%的学生认为学校设置的创新创业教育相关课程的授课方式有一定的多样性;有8.88%的学生认为学校设置的创新创业教育相关课程授课方式较为单一;有3.80%的学生认为学校设置的创新创业教育相关课程授课方式单一(见表5-39)。

表5-39 授课方式多样

评价	人数	百分比(%)
非常同意	12122	14.68
比较同意	24154	29.24
一般	35855	43.40
比较不同意	7337	8.88
非常不同意	3141	3.80

从"创新创业课程内容与时代前沿结合紧密"角度来看,参与高校创新创

业教育相关调查和监测的学生中,有14.72%的学生认为学校创新创业教育相关课程的教学内容与时代前沿结合非常紧密;有30.61%的学生认为学校创新创业教育相关课程的教学内容与时代前沿结合比较紧密;有42.40%的学生认为学校创新创业教育相关课程的教学内容与时代前沿有一定的结合;有8.61%的学生认为学校创新创业教育相关课程的教学内容与时代前沿存在脱节情况;有3.66%的学生认为学校创新创业教育相关课程的教学内容与时代前沿严重脱节(见表5-40)。

表5-40　创新创业课程内容与时代前沿结合紧密

评价	人数	百分比(%)
非常同意	12156	14.72
比较同意	25285	30.61
一般	35030	42.40
比较不同意	7112	8.61
非常不同意	3026	3.66

2.专创融合的现状与问题

统计数据分析显示,对于"鼓励教师把专业课程和创新创业教育深度融合"这个问题,选择"比较同意"的教师最多,共有2493人,占比41.09%;其次是选择"非常同意"的教师,共有2335人,占比38.49%;选择"一般"的教师共有1084人,占比17.87%;选择"比较不同意"和"非常不同意"的教师分别有116人和39人,分别占比1.91%和0.64%(见表5-41)。

表5-41　鼓励教师把专业课程和创新创业教育深度融合

评价	人数	百分比(%)
非常同意	2335	38.49
比较同意	2493	41.09
一般	1084	17.87

续表

评价	人数	百分比（%）
比较不同意	116	1.91
非常不同意	39	0.64

统计数据分析显示,对于"将创新创业教育与专业教育相融合"这个问题,选择"比较同意"的教师最多,共有2306人,占比38.01%;其次是选择"一般"的教师,共有1878人,占比30.95%;选择"非常同意"的教师共有1450人,占比23.90%;选择"比较不同意"和"非常不同意"的教师分别有325人和108人,分别占比5.36%和1.78%(见表5-42)。

表5-42　将创新创业教育与专业教育相融合

评价	人数	百分比（%）
非常同意	1450	23.90
比较同意	2306	38.01
一般	1878	30.95
比较不同意	325	5.36
非常不同意	108	1.78

统计数据分析显示,对于"设有专业教师参与创新创业教育教学的激励机制"这个问题,选择"比较同意"的教师最多,共有2297人,占比37.86%;其次是选择"一般"的教师,共有1932人,占比31.85%;选择"非常同意"的教师共有1342人,占比22.12%;选择"比较不同意"和"非常不同意"的教师分别有366人和130人,分别占比6.03%和2.14%(见表5-43)。

表5-43　设有专业教师参与创新创业教育教学的激励机制

评价	人数	百分比（%）
非常同意	1342	22.12

中国高校创新创业教育质量评价研究

续表

评价	人数	百分比（%）
比较同意	2297	37.86
一般	1932	31.85
比较不同意	366	6.03
非常不同意	130	2.14

统计数据分析显示,对于"强调跨学院或跨学科的创新创业教育合作机制"这个问题,选择"比较同意"的教师最多,共有 2353 人,占比 38.78%;其次是选择"一般"的教师,共有 1865 人,占比 30.74%;选择"非常同意"的教师共有 1372 人,占比 22.62%;选择"比较不同意"和"非常不同意"的教师分别有366 人和 111 人,分别占比 6.03% 和 1.83%(见表 5-44)。

表 5-44　强调跨学院或跨学科的创新创业教育合作机制

评价	人数	百分比（%）
非常同意	1372	22.62
比较同意	2353	38.78
一般	1865	30.74
比较不同意	366	6.03
非常不同意	111	1.83

统计数据分析显示,对于"结合学校的专业学科特色开展创新创业教育"这个问题,选择"比较同意"的教师最多,共有 2435 人,占比 40.13%;其次是选择"一般"的教师,共有 1757 人,占比 28.96%;选择"非常同意"的教师共有1510 人,占比 24.89%;选择"比较不同意"和"非常不同意"的教师分别有 271人和 94 人,分别占比 4.47% 和 1.55%(见表 5-45)。

154

表5-45 结合学校的专业学科特色开展创新创业教育

评价	人数	百分比(%)
非常同意	1510	24.89
比较同意	2435	40.13
一般	1757	28.96
比较不同意	271	4.47
非常不同意	94	1.55

从"课程内容与自身专业知识结合紧密"角度看,参与高校创新创业教育相关调查和监测的学生中,有12.61%的学生认为创新创业教育课程内容与自身专业知识结合非常紧密;有23.54%的学生认为创新创业教育课程内容与自身专业知识结合比较紧密;有45.10%的学生认为创新创业教育课程内容与自身专业知识有一定的结合;有13.30%的学生认为创新创业教育课程内容与自身专业知识基本没有结合;有5.45%的学生认为创新创业教育课程内容与自身专业知识没有结合(见表5-46)。

表5-46 课程内容与自身专业知识结合紧密

评价	人数	百分比(%)
非常同意	10417	12.61
比较同意	19451	23.54
一般	37256	45.10
比较不同意	10984	13.30
非常不同意	4501	5.45

对于"竞赛项目与专业结合度较高"这一问题,参与高校创新创业教育相关调查和监测的学生中,有13.40%的学生认为竞赛项目与专业结合度非常高;有26.49%的学生认为竞赛项目与专业结合度比较高;有45.76%的学生认为竞赛项目与专业有一定的结合;有10.44%的学生认为竞赛项目与专业

基本没有结合;有3.91%的学生认为竞赛项目与专业没有结合(见表5-47)。

表5-47　竞赛项目与专业结合度较高

评价	人数	百分比(%)
非常同意	11067	13.40
比较同意	21882	26.49
一般	37802	45.76
比较不同意	8629	10.44
非常不同意	3229	3.91

对于"实践项目与专业学习结合度高"这个问题,参与高校创新创业教育相关调查和监测的学生中,有15.48%的学生认为创业实践项目与专业结合度非常高;有29.35%的学生认为创业实践项目与专业结合度比较高;有43.87%的学生认为创业实践项目与专业有一定的结合;有8.05%的学生认为创业实践项目与专业基本没有结合;有3.25%的学生认为创业实践项目与专业没有结合(见表5-48)。

表5-48　实践项目与专业学习结合度高

评价	人数	百分比(%)
非常同意	12790	15.48
比较同意	24248	29.35
一般	36244	43.87
比较不同意	6646	8.05
非常不同意	2681	3.25

(三)民办高校和独立学院教学体系与专创融合的现状与问题

1.教学体系的现状与问题

统计数据分析显示,对于"弹性创业学分互认机制"这个问题,选择"比较同意"的教师最多,共有 735 人,占比 37.91%;其次是选择"一般"的教师,共有 587 人,占比 30.27%;选择"非常同意"的教师共有 467,占比 24.08%;选择"比较不同意"和"非常不同意"的教师分别有 107 人和 43 人,分别占比 5.52%和 2.22%。调查结果表明,超六成的民办高校和独立学院教师同意高校建立弹性创业学分互认机制(见表 5-49)。

表 5-49　弹性创业学分互认机制

评价	人数	百分比(%)
非常同意	467	24.08
比较同意	735	37.91
一般	587	30.27
比较不同意	107	5.52
非常不同意	43	2.22

统计数据分析显示,对于"建立了分层分类的创新创业教育课程体系"这个问题,选择"比较同意"的教师最多,共有 704 人,占比 36.31%;其次是选择"一般"的教师,共有 609 人,占比 31.41%;选择"非常同意"的教师共有 469 人,占比 24.19%;选择"比较不同意"和"非常不同意"的教师分别有 109 人和 48 人,分别占比 5.62%和 2.47%(见表 5-50)。

表 5-50　建立了分层分类的创新创业教育课程体系

评价	人数	百分比(%)
非常同意	469	24.19
比较同意	704	36.31
一般	609	31.41
比较不同意	109	5.62
非常不同意	48	2.47

统计数据分析显示,对于"面向全体学生开设创新创业教育课程"这个问题,选择"比较同意"的教师最多,共有 745 人,占比 38.42%;其次是选择"非常同意"的教师,共有 582 人,占比 30.02%;选择"一般"的教师共有 506 人,占比 26.10%;选择"比较不同意"和"非常不同意"的教师分别有 78 人和 28 人,分别占比 4.02% 和 1.44%(见表 5-51)。

表 5-51　面向全体学生开设创新创业教育课程

评价	人数	百分比(%)
非常同意	582	30.02
比较同意	745	38.42
一般	506	26.10
比较不同意	78	4.02
非常不同意	28	1.44

统计数据分析显示,对于"设有在线开放课程"这个问题,选择"比较同意"的教师最多,共有 703 人,占比 36.26%;其次是选择"一般"的教师,共有 587 人,占比 30.27%;选择"非常同意"的教师共有 481 人,占比 24.81%;选择"比较不同意"和"非常不同意"的教师分别有 123 人和 45 人,分别占比 6.34% 和 2.32%(见表 5-52)。

表 5-52　设有在线开放课程

评价	人数	百分比(%)
非常同意	481	24.81
比较同意	703	36.26
一般	587	30.27
比较不同意	123	6.34
非常不同意	45	2.32

统计数据分析显示,对于"编有多样化创业教材"这个问题,选择"比较同意"的教师最多,共有 682 人,占比 35.17%;其次是选择"一般"的教师,共有 632 人,占比 32.59%;选择"非常同意"的教师共有 449 人,占比 23.16%;选择"比较不同意"和"非常不同意"的教师分别有 130 人和 46 人,分别占比 6.71%和2.37%(见表 5-53)。

表 5-53　编有多样化创业教材

评价	人数	百分比(%)
非常同意	449	23.16
比较同意	682	35.17
一般	632	32.59
比较不同意	130	6.71
非常不同意	46	2.37

在本次调查中,对"课程类型多样"的问题,14.48%的学生选择"非常同意",25.93%的学生选择"比较同意",46.73%的学生选择"一般",8.77%的学生选择"比较不同意",4.09%的学生选择"非常不同意"(见表 5-54)。可以看出,当前民办高校和独立学院的创新创业教育课程类型还需要进一步丰富和完善。

表 5-54　课程类型多样

评价	人数	百分比(%)
非常同意	3784	14.48
比较同意	6777	25.93
一般	12213	46.73
比较不同意	2291	8.77
非常不同意	1068	4.09

从"授课方式多样"角度来看,参与高校创新创业教育相关调查和监测的

学生中,有15.68%的学生认为学校设置的创新创业教育相关课程的授课方式丰富且多样;有29.06%的学生认为学校设置的创新创业教育相关课程有较多的授课方式;有44.26%的学生认为学校设置的创新创业教育相关课程的授课方式有一定的多样性;有7.69%的学生认为学校设置的创新创业教育相关课程授课方式较为单一;有3.31%的学生认为学校设置的创新创业教育相关课程授课方式单一(见表5-55)。

表5-55　授课方式多样

评价	人数	百分比(%)
非常同意	4097	15.68
比较同意	7594	29.06
一般	11567	44.26
比较不同意	2009	7.69
非常不同意	866	3.31

从"创新创业课程内容与时代前沿结合紧密"角度来看,参与高校创新创业教育相关调查和监测的学生中,有15.82%的学生认为学校创新创业教育相关课程的教学内容与时代前沿结合非常紧密;有30.14%的学生认为学校创新创业教育相关课程的教学内容与时代前沿结合比较紧密;有43.82%的学生认为学校创新创业教育相关课程的教学内容与时代前沿有一定的结合;有7.14%的学生认为学校创新创业教育相关课程的教学内容与时代前沿存在脱节情况;有3.08%的学生认为学校创新创业教育相关课程的教学内容与时代前沿严重脱节(见表5-56)。

表5-56　创新创业课程内容与时代前沿结合紧密

评价	人数	百分比(%)
非常同意	4134	15.82

评价	人数	百分比(%)
比较同意	7875	30.14
一般	11452	43.82
比较不同意	1866	7.14
非常不同意	806	3.08

2.专创融合的现状与问题

统计数据分析显示,对于"鼓励教师把专业课程和创新创业教育深度融合"这个问题,选择"比较同意"的教师最多,共有792人,占比40.85%;其次是选择"非常同意"的教师,共有729人,占比37.60%;选择"一般"的教师共有359人,占比18.50%;选择"比较不同意"和"非常不同意"的教师分别有48人和11人,分别占比2.48%和0.57%(见表5-57)。

表5-57　鼓励教师把专业课程和创新创业教育深度融合

评价	人数	百分比(%)
非常同意	729	37.60
比较同意	792	40.85
一般	359	18.50
比较不同意	48	2.48
非常不同意	11	0.57

统计数据分析显示,对于"将创新创业教育与专业教育相融合"这个问题,选择"比较同意"的教师最多,共有742人,占比38.27%;其次是选择"一般"的教师,共有576人,占比29.71%;选择"非常同意"的教师共有493人,占比25.42%;选择"比较不同意"和"非常不同意"的教师分别有97人和31人,分别占比5.00%和1.60%(见表5-58)。

表 5-58　将创新创业教育与专业教育相融合

评价	人数	百分比（%）
非常同意	493	25.42
比较同意	742	38.27
一般	576	29.71
比较不同意	97	5.00
非常不同意	31	1.60

统计数据分析显示,对于"设有专业教师参与创新创业教育教学的激励机制"这个问题,选择"比较同意"的教师最多,共有 747 人,占比 38.52%;其次是选择"一般"的教师,共有 565 人,占比 29.14%;选择"非常同意"的教师共有 492 人,占比 25.37%;选择"比较不同意"和"非常不同意"的教师分别有 105 人和 30 人,分别占比 5.42% 和 1.55%（见表 5-59）。

表 5-59　设有专业教师参与创新创业教育教学的激励机制

评价	人数	百分比（%）
非常同意	492	25.37
比较同意	747	38.52
一般	565	29.14
比较不同意	105	5.42
非常不同意	30	1.55

统计数据分析显示,对于"强调跨学院或跨学科的创新创业教育合作机制"这个问题,选择"比较同意"的教师最多,共有 765 人,占比 39.45%;其次是选择"一般"的教师,共有 594 人,占比 30.64%;选择"非常同意"的教师共有 459 人,占比 23.67%;选择"比较不同意"和"非常不同意"的教师分别有 84 人和 37 人,分别占比 4.33% 和 1.91%（见表 5-60）。

表5-60　强调跨学院或跨学科的创新创业教育合作机制

评价	人数	百分比（%）
非常同意	459	23.67
比较同意	765	39.45
一般	594	30.64
比较不同意	84	4.33
非常不同意	37	1.91

　　统计数据分析显示,对于"结合学校的专业学科特色开展创新创业教育"这个问题,选择"比较同意"的教师最多,共有730人,占比37.65%;其次是选择"一般"的教师,共有563人,占比29.04%;选择"非常同意"的教师共有537人,占比27.69%;选择"比较不同意"和"非常不同意"的教师分别有79人和30人,分别占比4.07%和1.55%(见表5-61)。

表5-61　结合学校的专业学科特色开展创新创业教育

评价	人数	百分比（%）
非常同意	537	27.69
比较同意	730	37.65
一般	563	29.04
比较不同意	79	4.07
非常不同意	30	1.55

　　从"课程内容与自身专业知识结合紧密"角度看,参与高校创新创业教育相关调查和监测的学生中,有13.87%的学生认为创新创业教育课程内容与自身专业知识结合非常紧密;有25.06%的学生认为创新创业教育课程内容与自身专业知识结合比较紧密;有46.26%的学生认为创新创业教育课程内容与自身专业知识有一定的结合;有10.46%的学生认为创新创业教育课程内容与自身专业知识基本没有结合;有4.35%的学生认为创新创业教育课程

内容与自身专业知识没有结合(见表5-62)。

表5-62　课程内容与自身专业知识结合紧密

评价	人数	百分比(%)
非常同意	3624	13.87
比较同意	6549	25.06
一般	12088	46.26
比较不同意	2734	10.46
非常不同意	1138	4.35

　　对于"竞赛项目与专业结合度较高"这个问题,参与高校创新创业教育相关调查和监测的学生中,有14.23%的学生认为竞赛项目与专业结合度非常高;有26.48%的学生认为竞赛项目与专业结合度比较高;有47.19%的学生认为竞赛项目与专业有一定的结合;有8.65%的学生认为竞赛项目与专业基本没有结合;有3.45%的学生认为竞赛项目与专业没有结合(见表5-63)。因此,高校也需要深入厘清创新创业竞赛和专业课程的关系,采用多种方式引导和促进竞赛项目和专业课程的融合,从而为高质量的竞赛项目参与和落地提供基础。

表5-63　竞赛项目与专业结合度较高

评价	人数	百分比(%)
非常同意	3720	14.23
比较同意	6921	26.48
一般	12332	47.19
比较不同意	2259	8.65
非常不同意	901	3.45

　　对于"实践项目与专业学习结合度高"这个问题,参与高校创新创业教育

相关调查和监测的学生中,有 16.47% 的学生认为创业实践项目与专业结合度非常高;有 28.86% 的学生认为创业实践项目与专业结合度比较高;有 44.83% 的学生认为创业实践项目与专业有一定的结合;有 6.86% 的学生认为创业实践项目与专业基本没有结合;有 2.98% 的学生认为创业实践项目与专业没有结合(见表 5-64)。

表 5-64　实践项目与专业学习结合度高

评价	人数	百分比(%)
非常同意	4304	16.47
比较同意	7543	28.86
一般	11715	44.83
比较不同意	1793	6.86
非常不同意	778	2.98

(四)高职高专院校教学体系与专创融合的现状与问题

1.教学体系的现状与问题

统计数据分析显示,对于"弹性创业学分互认机制"这个问题,选择"比较同意"的教师最多,共有 1091 人,占比 33.28%;其次是选择"一般"的教师,共有 987 人,占比 30.11%;选择"非常同意"的教师共有 916 人,占比 27.95%;选择"比较不同意"和"非常不同意"的教师分别有 204 人和 80 人,分别占比 6.22% 和 2.44%。调查结果表明,超过六成的高职高专院校教师同意高校建立弹性创业学分互认机制,三成左右的高职高专院校教师持中立态度(见表 5-65)。

表 5-65　弹性创业学分互认机制

评价	人数	百分比(%)
非常同意	916	27.95

续表

评价	人数	百分比(%)
比较同意	1091	33.28
一般	987	30.11
比较不同意	204	6.22
非常不同意	80	2.44

统计数据分析显示,对于"建立了分层分类的创新创业教育课程体系"这个问题,选择"比较同意"的教师最多,共有1108人,占比33.80%;其次是选择"一般"的教师,共有960人,占比29.29%;选择"非常同意"的教师共有939人,占比28.65%;选择"比较不同意"和"非常不同意"的教师分别有203人和68人,分别占比6.19%和2.07%(见表5-66)。

表5-66　建立了分层分类的创新创业教育课程体系

评价	人数	百分比(%)
非常同意	939	28.65
比较同意	1108	33.80
一般	960	29.29
比较不同意	203	6.19
非常不同意	68	2.07

统计数据分析显示,对于"面向全体学生开设创新创业教育课程"这个问题,选择"比较同意"的教师最多,共有1170人,占比35.69%;其次是选择"非常同意"的教师,共有1169人,占比35.66%;选择"一般"的教师共有796人,占比24.28%;选择"比较不同意"和"非常不同意"的教师分别有111人和32人,分别占比3.39%和0.98%(见表5-67)。

表5-67　面向全体学生开设创新创业教育课程

评价	人数	百分比（%）
非常同意	1169	35.66
比较同意	1170	35.69
一般	796	24.28
比较不同意	111	3.39
非常不同意	32	0.98

统计数据分析显示,对于"设有在线开放课程"这个问题,选择"比较同意"的教师最多,共有1115人,占比34.01%;其次是选择"一般"的教师,共有949人,占比28.95%;选择"非常同意"的教师共有947人,占比28.89%;选择"比较不同意"和"非常不同意"的教师分别有197人和70人,分别占比6.01%和2.14%(见表5-68)。

表5-68　设有在线开放课程

评价	人数	百分比（%）
非常同意	947	28.89
比较同意	1115	34.01
一般	949	28.95
比较不同意	197	6.01
非常不同意	70	2.14

统计数据分析显示,对于"编有多样化创业教材"这个问题,选择"比较同意"的教师最多,共有1141人,占比34.81%;其次是选择"一般"的教师,共有990人,占比30.20%;选择"非常同意"的教师共有875人,占比26.69%;选择"比较不同意"和"非常不同意"的教师分别有193人和79人,分别占比5.89%和2.41%(见表5-69)。

表 5-69 编有多样化创业教材

评价	人数	百分比（%）
非常同意	875	26.69
比较同意	1141	34.81
一般	990	30.20
比较不同意	193	5.89
非常不同意	79	2.41

在本次调查中,对"课程类型多样"的问题,17.09%的学生选择"非常同意",26.97%的学生选择"比较同意",45.58%的学生选择"一般",6.97%的学生选择"比较不同意",3.39%的学生选择"非常不同意"(见表 5-70)。从中可以看出,当前高职院校创新创业教育课程类型还需要进一步丰富和完善。

表 5-70 课程类型多样

评价	人数	百分比（%）
非常同意	8505	17.09
比较同意	13418	26.97
一般	22679	45.58
比较不同意	3466	6.97
非常不同意	1685	3.39

从"授课方式多样"角度来看,参与高校创新创业教育相关调查和监测的学生中,有 18.85%的学生认为学校设置的创新创业教育相关课程的授课方式丰富且多样;有 30.96%的学生认为学校设置的创新创业教育相关课程有较多的授课方式;有 42.19%的学生认为学校设置的创新创业教育相关课程的授课方式有一定的多样性;有 5.47%的学生认为学校设置的创新创业教育相关课程授课方式较为单一;有 2.53%的学生认为学校设置的创新创业教育相关课程授课方式单一(见表 5-71)。

表5-71　授课方式多样

评价	人数	百分比（%）
非常同意	9381	18.85
比较同意	15404	30.96
一般	20989	42.19
比较不同意	2722	5.47
非常不同意	1257	2.53

从"创新创业课程内容与时代前沿结合紧密"角度来看，参与高校创新创业教育相关调查和监测的学生中，有17.63%的学生认为学校创新创业教育相关课程的教学内容与时代前沿结合非常紧密；有30.65%的学生认为学校创新创业教育相关课程的教学内容与时代前沿结合比较紧密；有43.40%的学生认为学校创新创业教育相关课程的教学内容与时代前沿有一定的结合；有5.82%的学生认为学校创新创业教育相关课程的教学内容与时代前沿存在脱节情况；有2.50%的学生认为学校创新创业教育相关课程的教学内容与时代前沿严重脱节（见表5-72）。

表5-72　创新创业课程内容与时代前沿结合紧密

评价	人数	百分比（%）
非常同意	8772	17.63
比较同意	15250	30.65
一般	21591	43.40
比较不同意	2895	5.82
非常不同意	1245	2.50

2.专创融合的现状与问题

统计数据分析显示，对于"鼓励教师把专业课程和创新创业教育深度融合"这个问题,选择"非常同意"的教师最多,共有 1392 人,占比 42.46%;其次是选择"比较同意"的教师,共有 1245 人,占比 37.98%;选择"一般"的教师共有 565 人,占比 17.24%;选择"比较不同意"和"非常不同意"的教师分别有 58 人和 18 人,分别占比 1.77% 和 0.55%(见表 5-73)。

表 5-73　鼓励教师把专业课程和创新创业教育深度融合

评价	人数	百分比(%)
非常同意	1392	42.46
比较同意	1245	37.98
一般	565	17.24
比较不同意	58	1.77
非常不同意	18	0.55

统计数据分析显示,对于"将创新创业教育与专业教育相融合"这个问题,选择"比较同意"的教师最多,共有 1172 人,占比 35.75%;其次是选择"非常同意"的教师,共有 980 人,占比 29.90%;选择"一般"的教师共有 939 人,占比 28.64%;选择"比较不同意"和"非常不同意"的教师分别有 136 人和 51 人,分别占比 4.15% 和 1.56%(见表 5-74)。

表 5-74　将创新创业教育与专业教育相融合

评价	人数	百分比(%)
非常同意	980	29.90
比较同意	1172	35.75
一般	939	28.64
比较不同意	136	4.15
非常不同意	51	1.56

统计数据分析显示,对于"设有专业教师参与创新创业教育教学的激励机制"这个问题,选择"比较同意"的教师最多,共有1171人,占比35.72%;其次是选择"一般"的教师,共有954人,占比29.10%;选择"非常同意"的教师共有943人,占比28.77%;选择"比较不同意"和"非常不同意"的教师分别有159人和51人,分别占比4.85%和1.56%(见表5-75)。

表5-75　设有专业教师参与创新创业教育教学的激励机制

评价	人数	百分比(%)
非常同意	943	28.77
比较同意	1171	35.72
一般	954	29.10
比较不同意	159	4.85
非常不同意	51	1.56

统计数据分析显示,对于"强调跨学院或跨学科的创新创业教育合作机制"这个问题,选择"比较同意"的教师最多,共有1178人,占比35.94%;其次是选择"一般"的教师,共有978人,占比29.83%;选择"非常同意"的教师共有911人,占比27.79%;选择"比较不同意"和"非常不同意"的教师分别有171人和40人,分别占比5.22%和1.22%(见表5-76)。

表5-76　强调跨学院或跨学科的创新创业教育合作机制

评价	人数	百分比(%)
非常同意	911	27.79
比较同意	1178	35.94
一般	978	29.83
比较不同意	171	5.22
非常不同意	40	1.22

统计数据分析显示,对于"结合学校的专业学科特色开展创新创业教育"这个问题,选择"比较同意"的教师最多,共有1210人,占比36.91%;其次是选择"非常同意"的教师,共有1022人,占比31.18%;选择"一般"的教师共有885人,占比27.00%;选择"比较不同意"和"非常不同意"的教师分别有121人和40人,分别占比3.69%和1.22%(见表5-77)。

表5-77　结合学校的专业学科特色开展创新创业教育

评价	人数	百分比(%)
非常同意	1022	31.18
比较同意	1210	36.91
一般	885	27.00
比较不同意	121	3.69
非常不同意	40	1.22

从"课程内容与自身专业知识结合紧密"角度看,参与高校创新创业教育相关调查和监测的学生中,有16.42%的学生认为创新创业教育课程内容与自身专业知识结合非常紧密;有26.17%的学生认为创新创业教育课程内容与自身专业知识结合比较紧密;有45.16%的学生认为创新创业教育课程内容与自身专业知识有一定的结合;有8.60%的学生认为创新创业教育课程内容与自身专业知识基本没有结合;有3.65%的学生认为创新创业教育课程内容与自身专业知识没有结合(见表5-78)。

表5-78　课程内容与自身专业知识结合紧密

评价	人数	百分比(%)
非常同意	8169	16.42
比较同意	13021	26.17
一般	22469	45.16
比较不同意	4277	8.60
非常不同意	1817	3.65

对于"竞赛项目与专业结合度较高"这个问题,参与高校创新创业教育相关调查和监测的学生中,有16.32%的学生认为竞赛项目与专业结合度非常高;有27.01%的学生认为竞赛项目与专业结合度比较高;有46.91%的学生认为竞赛项目与专业有一定的结合;有6.92%的学生认为竞赛项目与专业基本没有结合;有2.84%的学生认为竞赛项目与专业没有结合(见表5-79)。

表5-79　竞赛项目与专业结合度较高

评价	人数	百分比(%)
非常同意	8120	16.32
比较同意	13438	27.01
一般	23339	46.91
比较不同意	3442	6.92
非常不同意	1414	2.84

对于"实践项目与专业学习结合度高"这个问题,参与高校创新创业教育相关调查和监测的学生中,有18.44%的学生认为创业实践项目与专业结合度非常高;有29.30%的学生认为创业实践项目与专业结合度比较高;有43.97%的学生认为创业实践项目与专业有一定的结合;有5.70%的学生认为创业实践项目与专业基本没有结合;有2.59%的学生认为创业实践项目与专业没有结合(见表5-80)。

表5-80　实践项目与专业学习结合度高

评价	人数	百分比(%)
非常同意	9174	18.44
比较同意	14578	29.30
一般	21874	43.97

评价	人数	百分比（%）
比较不同意	2838	5.70
非常不同意	1289	2.59

第二节　高校创新创业教育教学体系与专创融合比较研究

一、不同类型高校的教师对教学体系评价的差异分析

（一）不同类型高校教师对"弹性创业学分互认机制"的差异分析

对不同类型高校教师关于"弹性创业学分互认机制"进行单因素方差分析后,方差齐性结果为 11.773,p>0.01,故方差齐性,继续进行单因素分析结果显示,F=5.703,p<0.01,故不同高校之间存在显著的差异。根据后续的多重比较结果显示,在"弹性创业学分互认机制"得分上,民办高校和独立学院>"双一流"建设高校>高职高专院校>普通本科院校(p<0.05)。可见在"弹性创业学分互认机制"方面,民办高校和独立学院得分较高,这说明相比其他高校,民办高校和独立学院的创新创业教师具备更高的创新创业教学管理意识,民办高校和独立学院教师对于创新创业教学管理改革的积极性也更高(见表5-81)。

表5-81　学校性质在"弹性创业学分互认机制"的单因素方差检验

教学管理	"双一流"建设高校	普通本科院校	民办高校和独立学院	高职高专院校
个案数	1241	6067	1939	3278
平均值	2.77	2.67	2.83	2.75
标准差	1.343	1.176	1.333	1.281

（二）不同类型高校教师对"分层分类的课程体系"的差异分析

对不同类型高校教师关于"分层分类的课程体系"进行单因素方差分析之后，方差齐性结果为 11.742，$p>0.01$，故方差齐性，继续进行单因素分析结果显示，$F=7.408$，$p<0.01$，故不同高校之间存在显著的差异。根据后续的多重比较结果显示，在"分层分类的课程体系"得分上，民办高校和独立学院>高职高专院校>"双一流"建设高校>普通本科院校（$p<0.05$）。可见在"分层分类的课程体系"方面，民办高校和独立学院得分较高，这说明相比其他高校，民办高校和独立学院的创新创业教师具备更高的意识以及对创业机会的把握和创业远见，教师对于创新创业的积极性也更高（见表5-82）。

表5-82　学校性质在"分层分类的课程体系"的单因素方差检验

教学管理	"双一流"建设高校	普通本科院校	民办高校和独立学院	高职高专院校
个案数	1241	6067	1939	3278
平均值	2.68	2.65	2.84	2.75
标准差	1.291	1.199	1.324	1.293

（三）不同类型高校教师对"创新创业课程面向全体学生"的差异分析

对不同类型高校教师关于"创新创业课程面向全体学生"进行单因素方差分析之后，方差齐性结果为 9.165，$p>0.01$，故方差齐性，继续进行单因素分析结果显示，$F=8.360$，$p<0.01$，故不同高校之间存在显著的差异。根据后续的多重比较结果显示，在"创新创业课程面向全体学生"得分上，民办高校和独立学院>高职高专院校>"双一流"建设高校>普通本科院校（$p<0.05$）。可见在"创新创业课程面向全体学生"方面，民办高校和独立学院得分较高，这说明相比其他高校，民办高校和独立学院在创新创业课程覆盖率方面表现最好，

这可能得益于民办高校和独立学院在管理体制上的灵活性(见表5-83)。

表5-83 学校性质在"创新创业课程面向全体学生"的单因素方差检验

教学管理	"双一流"建设高校	普通本科院校	民办高校和独立学院	高职高专院校
个案数	1241	6067	1939	3278
平均值	2.69	2.64	2.83	2.74
标准差	1.384	1.297	1.309	1.288

（四）不同类型高校教师对"设有在线开放课程"的差异分析

对不同类型高校教师关于"设有在线开放课程"进行单因素方差分析之后,方差齐性结果为8.332,$p>0.01$,故方差齐性,继续进行单因素分析结果显示,$F=4.987$,$p<0.01$,故不同高校之间存在显著的差异。根据后续的多重比较结果显示,在"设有在线开放课程"得分上,民办高校和独立学院>"双一流"建设高校>高职高专院校>普通本科院校($p<0.05$)。由此可见,在"设有在线开放课程"方面,民办高校和独立学院得分较高,普通本科院校得分最低(见表5-84)。

表5-84 学校性质在"设有在线开放课程"的单因素方差检验

教学管理	"双一流"建设高校	普通本科院校	民办高校和独立学院	高职高专院校
个案数	1241	6067	1939	3278
平均值	2.75	2.72	2.83	2.74
标准差	1.359	1.239	1.315	1.297

（五）不同类型高校教师对"编有多样化创业教材"的差异分析

对不同类型高校教师关于"编有多样化创业教材"进行单因素方差分析之后,方差齐性结果为12.608,$p>0.01$,故方差齐性,继续进行单因素分析结果显示,F=9.574,p<0.01,故不同高校之间存在显著的差异。根据后续的多重比较结果显示,在"编有多样化创业教材"得分上,民办高校和独立学院>高职高专院校>"双一流"建设高校>普通本科院校(p<0.05)。可见在"编有多样化创业教材"方面,民办高校和独立学院得分最高,普通本科院校得分最低(见表5-85)。

表5-85 学校性质在"编有多样化创业教材"的单因素方差检验

教学管理	"双一流"建设高校	普通本科院校	民办高校和独立学院	高职高专院校
个案数	1241	6067	1939	3278
平均值	2.65	2.62	2.84	2.76
标准差	1.350	1.172	1.332	1.280

(六)不同类型高校学生对"课程类型多样"的差异分析

对不同类型高校学生关于"课程类型多样"进行单因素方差分析之后,方差齐性结果为159.848,p>0.01,故方差齐性,继续进行单因素分析结果显示,F=133.753,p<0.01,故不同高校之间存在显著的差异。根据后续的多重比较结果显示,在"课程类型多样"得分上,民办高校和独立学院>高职高专院校>"双一流"建设高校>普通本科院校(p<0.05)。可见在"课程类型多样"方面,民办高校和独立学院得分较高,普通本科院校得分最低(见表5-86)。

表5-86 学校性质在"课程类型多样"的单因素方差检验

教学管理	"双一流"建设高校	普通本科院校	民办高校和独立学院	高职高专院校
个案数	12269	82609	26133	49753
平均值	2.70	2.67	2.89	2.85
标准差	1.136	1.137	1.181	1.196

（七）不同类型高校学生对"授课方式多样"的差异分析

对不同类型高校学生关于"授课方式多样"进行单因素方差分析之后，方差齐性结果为112.154,p>0.01,故方差齐性,继续进行单因素分析结果显示,F=143.444,p<0.01,故不同高校之间存在显著的差异。根据后续的多重比较结果显示,在"授课方式多样"得分上,民办高校和独立学院>高职高专院校>"双一流"建设高校>普通本科院校(p<0.05)。可见在"授课方式多样"方面,民办高校和独立学院得分较高,普通本科院校得分最低(见表5-87)。

表5-87 学校性质在"授课方式多样"的单因素方差检验

教学管理	"双一流"建设高校	普通本科院校	民办高校和独立学院	高职高专院校
个案数	12269	82609	26133	49753
平均值	2.68	2.65	2.88	2.84
标准差	1.151	1.147	1.173	1.180

（八）不同类型高校学生对"创新创业课程内容与时代前沿结合紧密"的差异分析

对不同类型高校学生关于"创新创业课程内容与时代前沿结合紧密"进行单因素方差分析之后,方差齐性结果为96.676,p>0.01,故方差齐性,继续进行单因素分析结果显示,F=124.146,p<0.01,故不同高校之间存在显著的差异。根据后续的多重比较结果显示,在"创新创业课程内容与时代前沿结合紧密"得分上,民办高校和独立学院>高职高专院校>"双一流"建设高校>普通本科院校(p<0.05)。可见在"创新创业课程内容与时代前沿结合紧密"方面,民办高校和独立学院得分较高,普通本科院校得分最低(见表5-88)。

表5-88　学校性质在"创新创业课程内容与时代前沿结合紧密"的单因素方差检验

教学管理	"双一流"建设高校	普通本科院校	民办高校和独立学院	高职高专院校
个案数	12269	82609	26133	49753
平均值	2.68	2.66	2.88	2.82
标准差	1.155	1.141	1.181	1.184

二、不同类型高校的教师对专创融合评价的差异分析

（一）不同类型高校教师对"鼓励教师把专业课程和创新创业教育深度融合"的差异分析

对不同类型高校教师关于"鼓励教师把专业课程和创新创业教育深度融合"进行单因素方差分析之后,方差齐性结果为 6.042, $p > 0.01$,故方差齐性,继续进行单因素分析结果显示, $F = 3.441$, $p < 0.01$,故不同高校之间存在显著的差异。根据后续的多重比较结果显示,在"鼓励教师把专业课程和创新创业教育深度融合"得分上,民办高校和独立学院>普通本科院校>"双一流"建设高校>高职高专院校($p < 0.05$)。可见在"鼓励教师把专业课程和创新创业教育深度融合"方面,民办高校和独立院校得分最高,高职高专院校得分最低(见表5-89)。

表5-89　学校性质在"鼓励教师把专业课程和创新创业
教育深度融合"的单因素方差检验

教学管理	"双一流"建设高校	普通本科院校	民办高校和独立学院	高职高专院校
个案数	1241	6067	1939	3278
平均值	2.75	2.78	2.83	2.74
标准差	1.497	1.414	1.335	1.260

（二）不同类型高校教师对"将创新创业教育与专业教育相融合"的差异分析

对不同类型高校教师关于"将创新创业教育与专业教育相融合"进行

单因素方差分析之后,方差齐性结果为 8.807,p>0.01,故方差齐性,继续进行单因素分析结果显示,F=6.345,p<0.01,故不同高校之间存在显著的差异。根据后续的多重比较结果显示,在"将创新创业教育与专业教育相融合"得分上,民办高校和独立学院>"双一流"建设高校>高职高专院校>普通本科院校(p<0.05)。可见在"将创新创业教育与专业教育相融合"方面,民办高校和独立学院得分最高,普通本科院校得分最低(见表5-90)。

表5-90 学校性质在"将创新创业教育与专业教育相融合"的单因素方差检验

教学管理	"双一流"建设高校	普通本科院校	民办高校和独立学院	高职高专院校
个案数	215	625	7018	4738
平均值	2.78	2.66	2.83	2.74
标准差	1.446	1.259	1.326	1.269

(三)不同类型高校教师对"设有专业教师参与创新创业教育教学的激励机制"的差异分析

对不同类型高校教师关于"设有专业教师参与创新创业教育教学的激励机制"进行单因素方差分析之后,方差齐性结果为 11.774,p>0.01,故方差齐性,继续进行单因素分析结果显示,F=6.191,p<0.01,故不同高校之间存在显著的差异。根据后续的多重比较结果显示,在"设有专业教师参与创新创业教育教学的激励机制"得分上,民办高校和独立学院>高职高专院校>普通本科院校>"双一流"建设高校(p<0.05)。可见在"设有专业教师参与创新创业教育教学的激励机制"方面,民办高校和独立学院得分最高,"双一流"建设高校得分最低(见表5-91)。

表 5-91　学校性质在"设有专业教师参与创新创业教育教学的
激励机制"的单因素方差检验

教学管理	"双一流"建设高校	普通本科院校	民办高校和独立学院	高职高专院校
个案数	1241	6067	1939	3278
平均值	2.63	2.70	2.83	2.76
标准差	1.294	1.242	1.318	1.295

（四）不同类型高校教师对"强调跨学院或跨学科的创新创业教育合作机制"的差异分析

对不同类型高校教师关于"强调跨学院或跨学科的创新创业教育合作机制"进行单因素方差分析之后，方差齐性结果为 10.323，$p > 0.01$，故方差齐性，继续进行单因素分析结果显示，$F = 4.677$，$p < 0.01$，故不同高校之间存在显著的差异。根据后续的多重比较结果显示，在"强调跨学院或跨学科的创新创业教育合作机制"得分上，民办高校和独立学院>高职高专院校>普通本科院校>"双一流"建设高校（$p < 0.05$）。可见在"强调跨学院或跨学科的创新创业教育合作机制"方面，民办高校和独立学院得分较高，"双一流"建设高校得分最低（见表 5-92）。

表 5-92　学校性质在"强调跨学院或跨学科的创新创业教育
合作机制"的单因素方差检验

教学管理	"双一流"建设高校	普通本科院校	民办高校和独立学院	高职高专院校
个案数	1241	6067	1939	3278
平均值	2.69	2.70	2.84	2.74
标准差	1.347	1.243	1.336	1.265

（五）不同类型高校教师对"结合学校的专业学科特色开展创新创业教育"的差异分析

对不同类型高校教师关于"结合学校的专业学科特色开展创新创业教

育"进行单因素方差分析之后,方差齐性结果为 11.039,p>0.01,故方差齐性,继续进行单因素分析结果显示,F=7.505,p<0.01,故不同高校之间存在显著的差异。根据后续的多重比较结果显示,在"结合学校的专业学科特色开展创新创业教育"得分上,民办高校和独立学院>"双一流"建设高校>高职高专院校>普通本科院校(p<0.05)。可见在"结合学校的专业学科特色开展创新创业教育"方面,民办高校和独立学院得分最高,普通本科院校得分最低(见表 5-93)。

表 5-93   学校性质在"结合学校的专业学科特色开展
创新创业教育"的单因素方差检验

教学管理	"双一流"建设高校	普通本科院校	民办高校和独立学院	高职高专院校
个案数 平均值 标准差	1241 2.76 1.386	6067 2.70 1.266	1939 2.84 1.316	3278 2.73 1.284

(六)不同类型高校学生对"课程内容与自身专业知识结合紧密"的差异分析

对不同类型高校学生关于"课程内容与自身专业知识结合紧密"进行单因素方差分析之后,方差齐性结果为 226.812,p>0.01,故方差齐性,继续进行单因素分析结果显示,F=265.737,p<0.01,故不同高校之间存在显著的差异。根据后续的多重比较结果显示,在"课程内容与自身专业知识结合紧密"得分上,民办高校和独立学院>高职高专院校>"双一流"建设高校>普通本科院校(p<0.05)。可见在"课程内容与自身专业知识结合紧密"方面,民办高校和独立学院得分最高,普通本科院校得分最低(见表 5-94)。

表5-94 学校性质在"课程内容与自身专业知识结合紧密"的单因素方差检验

教学管理	"双一流"建设高校	普通本科院校	民办高校和独立学院	高职高专院校
个案数	12269	82609	26133	49753
平均值	2.65	2.63	2.90	2.88
标准差	1.131	1.133	1.181	1.191

（七）不同类型高校学生对"竞赛项目与专业结合度较高"的差异分析

对不同类型高校学生关于"竞赛项目与专业结合度较高"进行单因素方差分析之后，方差齐性结果为133.691，$p > 0.01$，故方差齐性，继续进行单因素分析结果显示，$F = 144.106$，$p < 0.01$，故不同高校之间存在显著的差异。根据后续的多重比较结果显示，在"竞赛项目与专业结合度较高"得分上，民办高校和独立学院>高职高专院校>"双一流"建设高校>普通本科院校（$p < 0.05$）。可见在"竞赛项目与专业结合度较高"方面，民办高校和独立学院得分最高，普通本科院校得分最低（见表5-95）。

表5-95 学校性质在"竞赛项目与专业结合度较高"的单因素方差检验

教学管理	"双一流"建设高校	普通本科院校	民办高校和独立学院	高职高专院校
个案数	12269	82609	26133	49753
平均值	2.71	2.66	2.88	2.83
标准差	1.154	1.134	1.182	1.188

（八）不同类型高校学生对"实践项目与专业学习结合度高"的差异分析

对不同类型高校学生关于"实践项目与专业学习结合度高"进行单因素方差分析之后，方差齐性结果为92.895，$p > 0.01$，故方差齐性，继续进行单因素分析结果显示，$F = 90.883$，$p < 0.01$，故不同高校之间存在显著的差异。根据

后续的多重比较结果显示,在"实践项目与专业学习结合度高"得分上,民办高校和独立学院>高职高专院校>"双一流"建设高校>普通本科院校(p<0.05)。可见在"实践项目与专业学习结合度高"方面,民办高校和独立学院得分最高,普通本科院校得分最低(见表5-96)。

表5-96　学校性质在"实践项目与专业学习结合度高"的单因素方差检验

教学管理	"双一流"建设高校	普通本科院校	民办高校和独立学院	高职高专院校
个案数	12269	82609	26133	49753
平均值	2.73	2.68	2.88	2.82
标准差	1.155	1.138	1.182	1.185

第三节　高校创新创业教育教学体系与专创融合结论及对策

一、高校创新创业教育教学体系与专创融合的主要结论

（一）高校创新创业教育教学体系与专创融合整体上处于良性发展阶段

调查结果表明,高校创新创业教育教学体系与专创融合整体上处于良性发展阶段。在教学体系方面,绝大多数高校普及了创新创业教育课程,并将创新创业课程纳入了人才培养体系。六成左右的高校开设了丰富多彩的在线课程类型,同时出版了多样化的创业教材。但是在课程类型和授课类型多样性方面还不够理想,还存在较大的进步和完善空间。只有近四成左右的学生认为创新创业课程内容与时代前沿结合紧密,可见课程内容设计仍需进一步优化,课程设计应时刻把握时代脉搏,立足时代与现实需求,不断完善创新创业教育课程的内容。在专创融合方面,绝大多数高校鼓励教师把专业与创新创

业教育进行深度融合,特别是在创新创业教育课程与专业教育进行融合,有六成以上的高校设有专业教师参与创新创业教育教学的激励机制,强调跨学校或跨学科的创新创业教育合作机制,以及结合学校的专业学科特色开展创新创业教育。

但是,专业课程与创新创业课程的融合度相对较低,只有三成多的学生表示同意。这可能是因为专业课程和创新创业教育课程教学的侧重点不同,要想实现专业课程与创新课程的融合,其难度较大。同样,在竞赛项目和专业课程的融合及实践项目与专业课程的融合方面也相对较低,只有四成左右的学生表示同意。一方面,可能是因为部分大型竞赛项目多基于如"互联网+""大数据"等领域展开,部分社科类专业学生难以参与此类项目;另一方面,可能是因为创业实践项目很多是由参赛项目落地而生,参赛项目与专业课程的融合度低也是导致这种现象出现的重要原因。

(二)不同类型高校创新创业教育教学体系与专创融合存在显著差异

调查结果表明,不同类型高校创新创业教育教学体系与专创融合存在显著差异。在教学体系方面,总体而言,民办高校和独立学院在各个维度上的平均得分最高,普通本科院校得分最低。

在"弹性创业学分互认机制"维度的得分上,民办高校和独立学院>高职高专院校>"双一流"建设高校>普通本科院校(p<0.05),且四类高校存在显著差异;在"分层分类课程体系"维度的得分上,民办高校和独立学院>高职高专院校>"双一流"建设高校>普通本科院校(p<0.05),且四类高校存在显著差异;在"创新创业课程面向全体学生"维度的得分上,民办高校和独立学院>高职高专院校>"双一流"建设高校>普通本科院校(p<0.05),且四类高校存在显著差异;在"设有在线开放课程"维度的得分上,民办高校和独立学院>高职高专院校>"双一流"建设高校>普通本科院校(p<0.05),且四类高校存在显著

差异;在"编有多样化创新创业教育教材"维度的得分上,民办高校和独立学院>高职高专院校>"双一流"建设高校>普通本科院校($p<0.05$),且四类高校存在显著差异;在"课程类型多样"维度的得分上,民办高校和独立学院>高职高专院校>"双一流"建设高校>普通本科院校($p<0.05$),且四类高校存在显著差异;在"授课方式多样"维度的得分上,民办高校和独立学院>高职高专院校>"双一流"建设高校>普通本科院校($p<0.05$),且四类高校存在显著差异;在"创新创业课程内容与时代前沿结合紧密"维度的得分上,民办高校和独立学院>高职高专院校>"双一流"建设高校>普通本科院校($p<0.05$),且四类高校存在显著差异;在"鼓励教师把专业课程与创新创业课程深度融合"维度的得分上,民办高校和独立学院>普通本科院校>"双一流"建设高校>高职高专院校($p<0.05$),且四类高校存在显著差异;在"将创新创业教育与专业教育相融合"维度的得分上,民办高校和独立学院>"双一流"建设高校>高职高专院校>普通本科院校($p<0.05$),且四类高校存在显著差异;在"鼓励教师把专业课程与创新创业教育深度融合"维度的得分上,民办高校和独立学院>"双一流"建设高校>高职高专院校>普通本科院校($p<0.05$),且四类高校存在显著差异;在"设有专业教师参与创新创业教育教学的激励机制"维度的得分上,民办高校和独立学院>高职高专院校>普通本科院校>"双一流"建设高校($p<0.05$),且四类高校存在显著差异;在"强调跨学院或跨学科的创新创业教育合作机制"维度的得分上,民办高校和独立学院>高职高专院校>普通本科院校>"双一流"建设高校($p<0.05$),且四类高校存在显著差异;在"结合学校的专业学科特色开展创新创业教育"维度的得分上,民办高校和独立学院>"双一流"建设高校>高职高专院校>普通本科院校($p<0.05$),且四类高校存在显著差异;在"课程内容与自身专业知识结合紧密"维度的得分上,民办高校和独立学院>高职高专院校>"双一流"建设高校>普通本科院校($p<0.05$),且四类高校存在显著差异;在"竞赛项目与专业结合度较高"维度的得分上,民办高校和独立学院>高职高专院校>"双一流"建设高校>普通本科院校($p<$

0.05),且四类高校存在显著差异;在"实践项目与专业学习结合度较高"维度的得分上,民办高校和独立学院>高职高专院校>"双一流"建设高校>普通本科院校(p<0.05),且四类高校存在显著差异。

二、高校创新创业教育教学体系与专创融合的对策建议

(一)以分层分类为导向,建立创新创业教育与专业教育融合新体系

其一,构建创业人才培养的分层分类框架。根据创新创业教育的不同学习需求,实施分层分类的创业人才培养,实现创新创业教育的个性化与精细化。在分层方面,一是通过通识教育、创业文化传播培育全体学生的创业意识与创业精神;二是通过创业苗圃、众创空间等挖掘学生兴趣的创业潜能;三是通过创新创业课程、特色班级等发展意向学生的创业技能;四是通过孵化区、园区、实训营等提升创业学生的创业实务。在分类方面,以新兴产业创业为导向,针对不同专业行业类别、不同学生类别实施不同的创新创业课程与创业实践,形成设计、影像技术、"互联网+"、新媒体、文创、电商、公益、综合等多个类别的创业项目布局。

其二,探索创新创业教育与专业教育深度融合新机制。一是将创新创业教育深度融入专业人才培养全过程,实现人才培养目标的融合、培养模式的融合、课程内容体系的融合、实践实训体系的融合、学业发展评价体系的融合。二是创新创业教育要素融入学生学业发展体系,建立跨院系、跨学科、跨专业、跨行业交叉培养创业人才的新机制。创新创业教育课程融入专业人才培养体系。面向全体大学生开发开设研究方法、学科前沿、创业基础、就业创业指导等方面的必修课和选修课,建成依次递进、有机衔接、科学合理的创新创业教育专门课程群。三是构建专业创业工作室—学院创业中心—学校创业园区—社会创业平台四级孵化机制,形成贯通专业课内外、创业园内外、校内外的创

新创业教育生态链。四是建立健全有利于创新创业教育发展的教学管理制度,完善弹性学制,允许保留学籍休学创业。五是落实创新创业教育学分积累与转换制度,建立创业学分与专业学分、学生创业活动绩效与学分业绩之间的关联,促进学生科技项目、教师科研项目、学生创业训练、创业大赛与创业实践项目的对接。

(二)调整课程体系,针对性开发专业教育与创新创业教育深度融合的课程体系

理论性质的课程在创新创业教育开展过程中发挥着基础性和根本性作用,但过分注重理论化的课程导致许多学生难以在创业实践中真正开展创业,许多掌握了创业理论的学生却不知道该从哪一方面入手。从"双一流"建设高校学生创新创业教育接受情况和反馈的问题来看,将创新创业教育融入学生的专业教育,是解决问题有效的解决方法。可以说,创新创业教育与专业教育,合则双赢,离则两伤。将创新创业教育与专业教育相融合,专业教师在授课过程中向学生展示专业领域的创业前景,引导学生从创业者的角度思考身为创业者在基于专业知识进行创业时应该掌握哪些创业相关知识,不仅可以调动大学生的专业热情和创业激情,将创业有形化、具体化,而且可以突破高校之间创新创业教育课程体系同质化倾向,使学生从专业吸取营养,化专业为专长。换言之,创新创业教育与专业教育的融合需根据不同专业特点及人才培养目标定位,在专业平台上融入基于岗位创业意识、岗位创业知识、岗位创业能力为导向的创新创业教育。

(三)推进创新创业课程体系改革和教材质量建设

随着创新创业教育发展的不断深入,我国高校普遍存在着创新创业课程整体质量不高的瓶颈,具体表现在创新创业课程设计理念滞后、课程形态枯燥乏味、课程内容与学生个性化的教育需求相脱节、创新创业教育教材编写质量

不高并缺乏吸引力、课程整体设计的系统性较弱等诸多方面。因此,建议高校通过积极探索分层分类的创新创业课程教学改革途径,并开发多样化的本土创新创业教材等途径,进一步加强创新创业课程体系改革和教材质量建设。一是构建结构合理的分层分类课程体系。创新创业教育的本质是个性教育,其课程体系设计必须遵循个性化发展的教育原则,最大程度地满足学生差异化的心理与学习需求。在定位目标方面,可从共性目标和个性目标两方面着手。共性目标指的是创新创业教育课程体系要面向全体学生,以培养大学生的创业意识、创业精神和整体素质。个性目标指的是面向自身具有强烈创业欲望或实力的学生,提供个性课程,以培养这类学生群体的创业实践能力,包括经营能力、综合性能力和职业能力等。在课程内容方面,将三种课程形态有机整合。具体指的是将隐性课程与显性课程有机整合,将基础课与专业课有机整合,将理论课程与实践课程有机整合,从而最大程度地发挥各种课程类型的优势与活力,才能有效实现创新创业教育课程的实施效果。二是开发多样化的本土创新创业教材。英、美等国家已开发出一些符合国情的、具有较高参考价值和实用性的教材。但在我国,已开设创新创业教育课程的高校在选择教材上存在较大局限性。高校需要在引进和借鉴欧美国家创新创业教育教材开发理念和方法的基础上,根据中国创新创业教育的实施背景,研发并编写出融合中国特色、区域特色和高校特色的多样性创新创业教材,以适应我国创新创业教育发展趋势和高校学生发展特点。

(四)完善创新创业教育的教学管理与考核评价制度

教育教学管理方面的革新一直是高等教育改革的重要部分,高校创新创业教育的有效实施离不开高校的教学管理制度。然而,高校原先的教学管理与考核评价制度主要从方便管理者的角度出发,更多地考虑管理的成本和效率。对于进行创新创业的学生而言,在学习进度、课程安排、资源使用等方面容易出现因为创业而暂停学业或放慢学习进度的情况。创新创业教育要求高校的教学管理更多地从学生创新创业能力培养的需要出发,要求具有更多的弹性和灵活性。因此,建议高校进一步完善创新创业教育的教学管理与考核评价制度,规范创新创业教育的运行过程。一是建立创新创业学分与专业学分互认机制,创新创业教改项目与校级教改项目认同机制和创业帮扶制度等,为高校学生提供综合性、专业性的信息咨询服务,帮助高校学生了解相关政策,开展技能培训以及提高防范与规避风险的能力,促使更多的大学生走上成功创业之路。二是建立弹性学习制度和弹性评价制度,允许学生在规定时间范围内自主选择课程学习时间,允许有条件的学生申请创业,分阶段地完成学业。学生可以用创业成果代替部分课程学习,无须参加最后的考试考核,并能获得相应的课程成绩与学分,特别是对一些能产生经济效益和社会效果的创业项目更应支持与鼓励。

(五)以复合型应用人才培养为核心,完善创业文化平台、创业教学平台、创业实务平台

1. 构筑多样化的创业文化平台

一是构建多层次的创业通识教育体系。立足于培养具有创新精神、创业能力和社会责任感的高级应用型人才,把创新创业教育有效纳入专业教育和文化素质教育教学计划和学分体系,建立创新创业教育公共课、公选课、跨专业选修课等通识教育课程模块;结合创业教育与专业教育,构建创业宣讲、创业沙龙、创业论坛、创业大赛等通识教育活动模块,形成多层次的创业通识教育体系,在高校精心培育创客精神与创业文化,让学生创业创新蔚然成风。

二是搭建全媒体的学生创业信息服务体系。通过微信、微博、网站等媒体,及时发布创业项目信息;与学院共建创新创业教育信息反馈体系;构建创业人才培养跟踪调查机制,建立在校生和毕业生的创新创业教育档案;健全持续化信息服务制度,完善大学生创业信息化服务平台,实时提供国家政策、市场动向等信息,并做好创业项目对接、知识产权交易等服务;推动地方和行业

协会针对区域需求、行业发展,发布创业项目指南,引导大学生识别创业机会、捕捉创业商机。

三是构建全程化的学生创业帮扶体系。由创业学院、就业处、团委、二级学院共同参与,搭建持续帮扶、全程指导、一站式服务的创业帮扶体系,开展形式丰富的创业工作坊、小班化团体辅导等创业支持活动,采用专家讲解、案例分享、小组讨论、现场模拟等多种形式,帮助他们在短时间内获得自我提升。

四是推动自主化的创业社团发展。支持大学生成立创新创业协会、创业俱乐部等社团,自主举办创业学子论坛,开展创业诊断、创业咨询、创业交流、创业创意大赛、创业工作坊、模拟实训等形式多样、类型丰富的社团活动,传播创业精神,引领创业先锋,助推大学生自主创业。

2. 打造多层次的创业教学平台

一是推进深度融合的创业人才培养模式改革。对接创业热点做活创业先锋班,整合企业资源,办好各类满足学生需求、形式多样的创业先锋班;强化创业实务做强创业管理班,进一步优化课程体系,改革教学方法、推进班级导师制,采取小班化精英培养。在区域行业结合紧密、创业实践相关性较大、前期学生自主创业率较高的专业群中,开设创新创业教育实验班,探索创新创业教育与专业教育深度融合的创业人才培养新模式。

二是加强特色化的创新创业教育课程体系建设。建设具有地域元素的创新创业教育课程与教材、案例集;建设公共类创新创业课程群和专业类创新创业课程群,满足不同类型学生的学习需求;加快创新创业教育优质课程信息化建设,开设具有国内影响力的慕课;改进创新创业课程教学与评价方法,系统推进"创业孵化式教育"教学改革,注重参与式、体验式、项目化、讨论式、混合式的教学方法,注重考查学生运用知识分析、解决问题的能力,引导学生更加"接地气",寻找并发现身边的创业项目,并运用创业思维加以实践。

3. 做强实践导向的创业实务平台

一是精细化完善大学生创业园。积极争取地方政府、行业企业的支持,建好大学生创业园;优化运行机制,提高利用效率和孵化成功率;根据行业、专业类别分区块入驻创业园区;建立园区入驻与学生创业训练体系之间的关联,强调学生创业能力发展一体化;建立园区动态评估机制,精细化、滚动管理创业园区;建立入园退园优胜劣汰机制,通过整治和增扩,提升创业园区项目孵化容量。

二是落实学生创业项目孵化机制。多方筹集资金做大大学生创业基金,支持学生创业项目落地;鼓励有条件的学生创业团队申请《高校毕业生自主创业证》,并创办企业,将予以经费资助;鼓励学生项目团队入驻校外联盟园区平台;丰富学生创业团队构成,允许以本校学生为主,联合校外资源申报园区项目入驻;鼓励学生创业项目采用组织团队、招聘本校毕业生等方式入驻园区;为创业学生实施二对一的创业辅导,即校内外两位导师对一个创业团队。

三是鼓励师生共创。鼓励专业教师带领学生共同研发各类课题,在科研成果转化中培养学生的专业创业能力;完善学校科技成果处置和收益分配机制;支持教师以对外转让、合作转化、作价入股、自主创业等形式将科技成果产业化,并带领学生创新创业;在确保学生团队主体的前提下,支持教师以技术、项目、资金、经验、资源等多种形式与学生共同创业。

四是构建大学生创业训练体系。根据创业大学生的需求,有效组织和激活人才、技术、资本、市场等各种要素,打造创新与创业、线上与线下、孵化与投资相结合的开放式众创空间,为大学生创客提供创意孵化、创业培训、创业交流、工商注册、融资对接等一站式服务;举办以创意、创客、创业为主题的"创客学堂";支持各学院依托各级各类科技创新平台与重点实验室,建立一批具有创意发展、科技创新、创业孵化、技术转化等功能的特色化创客空间、创新创业小屋、创新基地等新型创新创业空间;建设大学生创业模拟实训平台,支持学生开展研究性学习、创新性实验、创业计划和创业模拟实训,培养学生对创业的兴趣和思辨力。

五是整合社会化创业资源。建立校校、校企、校地、校所以及国际合作的创业人才培养协同育人新机制。对接校外创业园、产业园、科技园,进行资源、师资、场地等共享;每年定期举办创业项目校内外对接活动,实现学生创业与企业对接、园区对接、人员对接、项目对接、资金对接;引入风险投资机构,构建大学生创新创业投融资机制,推动社会组织、公益团体、企事业单位和个人设立大学生创业风险基金,积极吸引风险投资基金和私募基金支持优秀大学生创业项目。

第六章　高校创新创业教育实践活动与创新创业竞赛研究

　　创新创业教育实践活动开展与创新创业竞赛开展既是检验创新创业教育成果的一种重要方式,又是创新创业教育自身的重要组成部分,通过良好的创新创业教育实践和创新创业竞赛,不仅可以使学生将掌握的创新创业知识融入到创新创业实践中,又可以通过创新创业教育实践活动和创新创业竞赛提高理论学习中难以培养的人际沟通能力、创新能力和团队合作等能力。因此,有必要对高校创新创业实践和创新创业竞赛的现实情况进行监测与评价,从而通过"以评促建"的方式,探索创新创业实践和创新创业竞赛的先进经验,并弥补相应的不足。

　　随着我国创新创业教育的深入开展,创新创业教育实践活动和创新创业竞赛已经成为促进创新创业教育效能发挥的重要路径。以国家大学生创新创业训练计划为例,仅2019年,就有118所部属学校、932所地方高校的3.84万个项目立项,参与学生人数共计16.1万人,项目经费达5.9亿元。而从中国"互联网+"大学生创新创业大赛方面来看,自2015年首届互联网大赛开展以来,历经5年,已经有累计230万个创新创业团队和947万名大学生参与这一国际化的创新创业教育实践与创新创业竞赛活动,参赛大学生覆盖了120多个国家和地区。受益于创新创业教育实践活动和创新创业竞赛的开展,中国的"双创"理念已经得到国际认可并写入联合国决议。与此同时,毕业生创业率已超过 3%,达到国际领先水平,仅 2019 年就有 35 万名大学生走向创业之路。

当然,在取得显著成绩的同时,在创新创业教育实践活动和创新创业竞赛开展的过程中也仍然存在一定的不足,如创业实践活动和创新创业竞赛活动中实践指导教师和实践专项资金支持不足;在已配置实践指导教师的高校中,仍有部分教师实践指导能力不足;大学生创业园建设和校外实践基地建设也不甚理想;一体化创业服务理念相对落后;创新创业竞赛难以落地以及创新创业教育实践活动和创新创业竞赛的实践育人功能仍有待加强等。基于此,本章将对我国高校创新创业教育实践活动和创新创业竞赛的情况进行全方位摸排。摸排采用调查问卷的方式进行,问卷针对高校学生和教师展开。调研对象分布于 31 个省区市、1231 所各类高校,历经近 1 年的时间,最终共收集 201034 份创新创业教育实践活动和创新创业竞赛开展相关情况的调研问卷。本章将基于本次调研的数据,形成我国创新创业教育实践活动和创新创业竞赛开展的情况分析报告。考虑到不同类型的高校在创新创业实践和创新创业竞赛上可能会存在差异,本章将基于分类视角,分别对"双一流"建设高校、普通本科院校、民办高校和独立学院以及高职院校的创新创业教育实践活动和创新创业竞赛情况进行分类梳理与对比分析,并以此为基础提出相应的对策和建议。

第一节　高校创新创业教育实践活动与创新创业竞赛现状及问题

一、高校创新创业教育实践活动现状与问题

(一)高校创新创业教育实践活动的整体情况

1.高校创新创业教育实践活动师资建设情况

高校教师的创新创业实践指导技能是关乎大学生创新创业实践成功与否

的重要因素,本书对 12596 名各类高校教师的"创新创业实践指导技能"进行调研,相关结果如表6-1所示。从中可以看出,在接受调查的 12596 名各类高校教师中,对"教师具备较强创业实践指导技能"表示"非常同意"的占37.56%,"比较同意"的占 40.84%,"一般"的占 18.38%,"比较不同意"的占2.51%,"非常不同意"的占 0.71%。调查显示,绝大多数高校教师都认为高校的创新创业教师具备较强的创业实践指导技能。

表6-1　教师具备较强创业实践指导技能

评价	人数	百分比(%)
非常同意	4731	37.56
比较同意	5144	40.84
一般	2315	18.38
比较不同意	316	2.51
非常不同意	90	0.71

从高校实践师资建设方面来看(见表 6-2),在接受调查的 12596 名高校教师中,对所属高校"重视教师的创新创业教育理论与实践研究"表示"非常同意"的占 35.34%,"比较同意"的占 43.24%,"一般"的占 18.92%,"比较不同意"的占 2.02%,"非常不同意"的占 0.48%。由此可以得知,绝大多数高校教师赞同自身所属高校重视教师的创新创业教育理论与实践研究,表示不同意的教师不足 3%。

表6-2　重视教师的创新创业教育理论与实践研究

评价	人数	百分比(%)
非常同意	4452	35.34
比较同意	5446	43.24
一般	2383	18.92
比较不同意	255	2.02

评价	人数	百分比(%)
非常不同意	60	0.48

从创新创业师资建设的另一方面来看(见表6-3),在接受调查的12596名高校教师中,对高校"设计政策为创业实践提供时间保障"表示"非常同意"的占37.91%,"比较同意"的占42.06%,"一般"的占17.68%,"比较不同意"的占1.82%,"非常不同意"的占0.53%。由此可以得知,绝大多数教师赞同对高校设计政策为创业实践提供时间保障,表示不同意的教师数量极少,不足3%。

表6-3　设计政策为创业实践提供时间保障

评价	人数	百分比(%)
非常同意	4775	37.91
比较同意	5298	42.06
一般	2227	17.68
比较不同意	229	1.82
非常不同意	67	0.53

2.高校创新创业教育实践实施情况

从表6-4中的数据可知,在170764名接受调查的学生中,53.68%的学生对学校所配备的校内外指导教师持满意态度,但是有7.87%的学生不认同这一观点,另外有38.45%的学生认为一般,可见在校内外导师资源的配备上部分学生仍然存在不满意的地方。因此,学校在引进师资力量时,除了注重指导教师的数量,更应该注重指导教师的专业素养和专业知识,提高指导教师的质量,推进协同育人,以培养优秀的创新创业人才为目标,让学生能够享受到高质量的创新创业教师指导和创新创业课程内容。

表6-4 实践有校内外指导教师

评价	人数	百分比（%）
非常同意	32525	19.05
比较同意	59128	34.63
一般	65662	38.45
比较不同意	9326	5.46
非常不同意	4123	2.41

从表6-5中数据可知，在高校"实践有专项创业基金支持"方面上，49.73%的学生对学校的创业实践有专项基金支持较为满意，但是有9.53%的学生不认同这一观点，另外有40.75%的学生认为"一般"，可见在创业实践基金的支持上，部分高校的做法不能让学生真正满意。创业基金作为学生创业的重要影响因素，学校应该做好基金的建立和运营工作，扩展多元化基金收入途径，注重对重点项目的培育和基金支持，让创业基金服务于真正的创业团队。

表6-5 实践有专项创业基金支持

评价	人数	百分比（%）
非常同意	30670	17.96
比较同意	54246	31.77
一般	69587	40.75
比较不同意	11094	6.50
非常不同意	5167	3.02

从表6-6中数据可知，在"学校提供一体化的创业实践服务"方面，46.76%的学生对"学校提供一体化的创业实践服务"持满意态度，但是有9.90%的学生不认同这一观点，另外有43.34%的学生认为"一般"，可见在学校提供的一体化实践服务中，仍然有值得改进的地方。在为学生提供的创业

实践服务中,应该注重学生所需,体现学生诉求,让创业服务助力于学生创业项目的发展。

表6-6　学校提供一体化的创业实践服务

评价	人数	百分比(%)
非常同意	28220	16.53
比较同意	51629	30.23
一般	74017	43.34
比较不同意	11982	7.02
非常不同意	4916	2.88

从表6-7中数据可知,在"实践有独立的大学生创业园"方面,50.99%的高校学生对学校所建立的大学生创业园持满意态度,但是有10.09%的学生不认同这一观点,另外有38.92%的学生认为"一般"。可见在对学校创业园区的建设上,仍有存在提升的空间,大学生创业园区,作为学校的创业实践基地,需要为学校的创新创业课程、学生的创业实践和创新创业竞赛组织提供有力的帮助。目前部分高校尚未建立完备的创业园区,也有部分高校的创业园区服务不能及时就位,导致许多学校的创业园区,未能发挥其真正的作用。在未来大学生创业园区发展中,要完善园区体制机制,以科学规范的管理创业团队为标准,建立完善的管理制度和服务团队,并创建能为大学生创业提供较完善的政策咨询、资金扶持、导师指导、法律咨询、人力资源等创业孵化服务为目标的创业园。

表6-7　实践有独立的大学生创业园

评价	人数	百分比(%)
非常同意	33761	19.77
比较同意	53303	31.22
一般	66457	38.92

评价	人数	百分比（%）
比较不同意	12062	7.06
非常不同意	5181	3.03

从表6-8中数据可知,在高校"专设校外实践基地"建设方面,45.94%的学生对学校专设的校外实践基地持满意态度,但是有11.54%的学生不认同这一观点,另外有42.52%的学生认为"一般",可见在对学校的实践基地设置上,有较多的学生不够满意。学校在设置实践基地的过程中,应该注重校企协同育人,以合作为源头做好筛选工作,积极寻求与优质企业合作,共同培养创新创业综合型人才。

表6-8　专设校外实践基地

评价	人数	百分比（%）
非常同意	28905	16.93
比较同意	49535	29.01
一般	72611	42.52
比较不同意	14017	8.21
非常不同意	5696	3.33

（二）"双一流"建设高校创新创业教育实践情况

1."双一流"建设高校创新创业教育实践活动的师资建设

从表6-9可以看出,在接受调查的1241名"双一流"建设高校教师中,对"教师具备较强创业实践指导技能"表示"非常同意"的占36.58%,"比较同意"的占44.08%,"一般同意"的占14.83%,"比较不同意"的占3.14%,"非常不同意"的占1.37%。调查显示,绝大多数"双一流"建设高校教师都认为"双一流"建设高校的创新创业教师具备较强的创业实践指导技能。因此,在创业实践指导教师建设方面,继续加强师资队伍的结构,鼓励高校招聘来自不同行业和领域的创新创业教育全职或兼职教师人才,并建立一个国家杰出人才创新和创业导师人才库,以便为创业实践指导打下坚实的基础。

表6-9　"双一流"建设高校教师具备较强创业实践指导技能

评价	人数	百分比(%)
非常同意	454	36.58
比较同意	547	44.08
一般	184	14.83
比较不同意	39	3.14
非常不同意	17	1.37

从"双一流"建设高校实践师资建设方面来看(见表6-10),在接受调查的1241名"双一流"建设高校教师中,对"重视教师的创新创业教育理论与实践研究"表示"非常同意"的占36.10%,"比较同意"的占46.01%,"一般"的占14.91%,"比较不同意"的占2.26%,"非常不同意"的占0.72%。由此可以得知,绝大多数"双一流"建设高校创新创业教师赞同"双一流"建设高校重视教师的创新创业教育理论与实践研究,表示不同意的教师不足3%。

表6-10　"双一流"建设高校重视教师的创新创业教育理论与实践研究

评价	人数	百分比(%)
非常同意	448	36.10
比较同意	571	46.01
一般	185	14.91
比较不同意	28	2.26
非常不同意	9	0.72

从"设计政策为创业实践提供时间保障"方面来看(见表6-11),在接受

调查的 1241 名"双一流"建设高校教师中,表示"非常同意"的占 37.63%,"比较同意"的占 45.37%,"一般"的占 13.86%,"比较不同意"的占 2.42%,"非常不同意"的占 0.72%,表示不同意的教师数量极少,不足 4%。由此可以得知,绝大多数教师赞同设计政策为创业实践提供时间保障,因为设计政策为实施创业实践发展提供重要的保障载体,是创业实践发展的活力之源。

表 6-11 "双一流"建设高校设计政策为创业实践提供时间保障

评价	人数	百分比(%)
非常同意	467	37.63
比较同意	563	45.37
一般	172	13.86
比较不同意	30	2.42
非常不同意	9	0.72

2. "双一流"建设高校创新创业教育实践活动实施情况

从表 6-12 中的数据可知,在"实践有校内外指导教师"方面,60.80%的"双一流"建设高校学生对学校所配备的校内外指导教师持满意态度,但是有 8.09%的学生不认同这一观点,另外有 31.11%的学生认为"一般"。可见在"双一流"建设高校中仍有一部分学生对校内外指导教师的配置上有不满意的地方,因此"双一流"建设高校要注重优质创新创业指导教师的培养,在指导教师的层次上、数量上、结构上和质量上给予更多的关注,让学生能够享受到高水平的指导内容和指导过程,以提高学生的创业素养为目标。

表 6-12 "双一流"建设高校实践有校内外指导教师

评价	人数	百分比(%)
非常同意	2720	22.17
比较同意	4740	38.63
一般	3817	31.11

评价	人数	百分比（%）
比较不同意	692	5.64
非常不同意	300	2.45

　　从表6-13中数据可知,在"'双一流'高校实践有专项创业基金支持"方面,58.73%的"双一流"建设高校学生对学校的创业实践专项基金支持较为满意,但是有8.92%的学生不认同这一观点,另外有32.35%的学生认为"一般"。可见在创业实践基金的支持上,一部分高校在创业基金支持方面并未得到学生的满意。创业基金是创新创业直接融资的渠道,对学生创业初期有重要的意义,因此学校应该完善创业基金支持和运营工作,以发展多元化基金收入为途径,如和科技型中小企业合作等,让学生真正能够从学校方面得到更多的创业融资支持。

表6-13　"双一流"建设高校实践有专项创业基金支持

评价	人数	百分比（%）
非常同意	2593	21.13
比较同意	4613	37.60
一般	3969	32.35
比较不同意	739	6.02
非常不同意	355	2.90

　　从表6-14中数据可知,在"'双一流'建设高校提供一体化的创业实践服务"方面,54.69%的"双一流"建设高校学生对学校提供的一体化创业实践服务持满意态度,但是有9.94%的学生不认同这一观点,另外有35.37%的学生认为"一般"。可见在学校提供的一体化实践服务中,仍然有值得改进的地方。学校要真正做到以学生为本,注重创业学生知识、融资、运营上等方面所

需,更好地为创新创业学生打下坚实的服务基础。

表6-14 "双一流"建设高校提供一体化的创业实践服务

评价	人数	百分比(%)
非常同意	2360	19.24
比较同意	4350	35.45
一般	4339	35.37
比较不同意	854	6.96
非常不同意	366	2.98

从表6-15中数据可知,在"'双一流'建设高校实践有独立的大学生创业园"方面,57.46%的"双一流"建设高校学生对学校所建立的大学生创业园,持满意态度,但是有10.48%的学生不认同这一观点,另外有32.06%的学生认为"一般"。大学生创业园区作为大学生的创业实践基地,应该依托自身优势,切实为大学生办实事、谋福利。在政策咨询、项目申报、创业贷款和工商注册等方面提供相应的服务,为大学生创业者解决相应的后顾之忧。目前,仍有部分高校尚未发挥创业园的优势,不能及时为学生提供服务,发挥其真正的作用。

表6-15 "双一流"建设高校实践有独立的大学生创业园

评价	人数	百分比(%)
非常同意	2837	23.12
比较同意	4213	34.34
一般	3933	32.06
比较不同意	919	7.49
非常不同意	367	2.99

从表6-16中数据可知,在"'双一流'建设高校专设校外实践基地"建设方面,52.32%的学生对学校专设的校外实践基地持满意态度,但是有11.63%

的学生不认同这一观点,另外有 36.05% 的学生认为"一般"。可见在对学校的实践基地设置上,有较多的学生不够满意。在校外基地建设方面,高校应该创造更多的机会,注重校企协同育人,积极寻找优秀的企业,以加快创新人才的发展为指导思想,努力打造功能齐备、环境优越的大学生校外基地。

表6-16　"双一流"建设高校专设校外实践基地

评价	人数	百分比（%）
非常同意	2370	19.32
比较同意	4049	33.00
一般	4423	36.05
比较不同意	1020	8.31
非常不同意	407	3.32

（三）普通本科院校创新创业教育实践活动情况

1.普通本科院校创新创业教育实践活动的师资建设

从"教师具备较强创业实践指导技能"上看,由表 6-17 可知,在接受调查的 6067 名普通本科院校教师中,表示"非常同意"的占 36.71%,"比较同意"的占 41.68%,"一般"的占 18.41%,"比较不同意"的占 2.65%,"非常不同意"的占 0.55%。调查显示,绝大多数教师不反对教师应具备较强创业实践指导技能,只有极少数教师反对。

表6-17　普通本科院校教师具备较强创业实践指导技能

评价	人数	百分比（%）
非常同意	2227	36.71
比较同意	2529	41.68
一般	1117	18.41
比较不同意	161	2.65
非常不同意	33	0.55

从学校对"教师的创新创业教育理论与实践研究"重视程度上看(见表6-18),在接受调查的6067名普通本科院校教师中,对重视教师的创新创业教育理论与实践研究表示"非常同意"的占34.22%,"比较同意"的占43.99%,"一般"的占19.25%,"比较不同意"的占2.14%,"非常不同意"的占0.40%。由此可以得知,绝大多数被调查者赞同重视教师的创新创业教育理论与实践研究,表示不同意的占比很小。

表6-18 普通本科院校重视教师的创新创业教育理论与实践研究

评价	人数	百分比(%)
非常同意	2076	34.22
比较同意	2669	43.99
一般	1168	19.25
比较不同意	130	2.14
非常不同意	24	0.40

从设计政策为创业实践提供时间保障角度看(见表6-19),在接受调查的6067名普通本科院校教师中,设计政策为创业实践提供时间保障表示"非常同意"的占37.32%,"比较同意"的占42.44%,"一般"的占17.92%,"比较不同意"的占1.89%,"非常不同意"的占0.43%。由此可以得知,绝大多数被调查者赞同设计政策为创业实践提供时间保障,表示不同意的占比极少。

表6-19 普通本科院校设计政策为创业实践提供时间保障

评价	人数	百分比(%)
非常同意	2264	37.32
比较同意	2575	42.44
一般	1087	17.92
比较不同意	115	1.89
非常不同意	26	0.43

2.普通本科院校创新创业教育实践活动实施情况

从"实践有校内外指导教师"角度来看,参与普通本科院校创新创业教育相关调查和监测的学生中,有18.71%的学生对学校相关创业实践安排的校内外指导教师安排情况表示"满意";有36.54%的学生对学校相关创业实践安排的校内外指导教师安排情况表示"比较满意";有37.42%的学生对学校相关创业实践安排的校内外指导教师安排情况表示满意度"一般";有7.33%的学生对学校相关创业实践安排的校内外指导教师安排情况表示并"不满意"(见表6-20)。从这一角度来看,普通本科院校实践有校内外指导教师安排情况的调查和监测数据表明,多数普通本科院校的学生认为学校安排了较为合适的校内外指导教师,但也有相当数量(>44%)的普通本科院校学生认为普通本科院校在创业指导教师方面仍然需要加强师资建设。因此,学校应积极选择优良的校内外师资,参与指导大学生的创业实践活动。

表6-20　普通本科院校实践有校内外指导教师

评价	人数	百分比(%)
非常同意	14867	18.71
比较同意	29173	36.54
一般	31419	37.42
比较不同意	5032	5.10
非常不同意	2118	2.23

从"实践有专项创业基金支持"角度来看,参与普通本科院校创新创业教育相关调查和监测的学生中,有16.93%的学生对学校的专项创业基金支持情况表示"满意";有32.62%的学生对学校的专项创业基金支持情况表示"比较满意";有40.42%的学生对学校的专项创业基金支持情况表示"一般";有10.03%的学生对学校的专项创业基金支持情况表示并"不满意"(见表6-21)。从这一角度来看,普通本科院校实践有专项创业基金支持情况的调查

和监测数据表明,只有少数普通本科院校的学生对学校专项创业基金支持情况表示满意(<50%)。由此可见,普通本科院校在专项创业基金支持力度和基金利用效率方面仍然需要加强。

表6-21　普通本科院校实践有专项创业基金支持

评价	人数	百分比(%)
非常同意	13986	16.93
比较同意	26950	32.62
一般	33390	40.42
比较不同意	5696	6.90
非常不同意	2587	3.13

从"学校提供一体化的创业实践服务"提供角度来看,参与普通本科院校创新创业教育相关调查和监测的学生中,有15.25%的学生对学校一体化的创业实践服务提供情况表示"满意";有30.12%的学生对学校的一体化的创业实践服务提供情况表示"比较满意";有43.66%的学生对学校的一体化的创业实践服务提供情况表示"一般";有10.97%的学生对学校的一体化的创业实践服务提供情况表示并"不满意"(见表6-22)。从这一角度来看,只有少数普通本科院校的学生对学校提供一体化的创业实践服务表示满意(<46%)。由此可见,普通本科院校在学校一体化的创业实践服务仍然需要加强。普通本科院校应该积极组建和优化创业服务的师资和行政人员队伍,转变工作理念,促进创业服务一体化的软硬件建设,积极促进服务效率和质量的提升。

表6-22　普通本科院校学校提供一体化的创业实践服务

评价	人数	百分比(%)
非常同意	12600	15.25

续表

评价	人数	百分比（%）
比较同意	24882	30.12
一般	36067	43.66
比较不同意	6524	7.90
非常不同意	2536	3.07

　　从"实践有独立的大学生创业园"角度看,参与普通本科院校创新创业教育相关调查的学生中,有 18.67% 的学生对学校提供的独立大学生创业园的建设和安排情况表示"非常满意";有 31.60% 的学生对学校提供的独立大学生创业园的建设和安排情况表示"比较满意";有 38.62% 的学生对学校提供的独立大学生创业园的建设和安排情况表示"一般";有 11.11% 的学生对学校提供的独立大学生创业园的建设和安排情况表示并"不满意"(见表6-23)。从这一角度来看,普通本科院校对独立大学生创业园的建设和安排情况的调查和监测数据表明,相对多数普通本科院校的学生对学校提供的独立大学生创业园的建设和安排情况表示满意(>50%)。但也有约为 50% 的学生表示学校独立大学生创业园的建设和安排情况仍然需要加强和完善。良好的独立大学生创业园是大学生创业项目落地的重要硬件保障,因此普通本科院校应充分认识到该问题的重要性,并积极促进独立大学生创业园的建设和合理的安排与使用。

表6-23　普通本科院校实践有独立的大学生创业园

评价	人数	百分比（%）
非常同意	15425	18.67
比较同意	26106	31.60
一般	31901	38.62
比较不同意	6473	7.84
非常不同意	2704	3.27

从"专设校外实践基地"角度看,参与普通本科院校创新创业教育相关调查的学生中,有15.56%的学生对学校专设校外实践基地的建设和安排情况表示"非常满意";有28.87%的学生对学校专设校外实践基地的建设和安排情况表示"比较满意";有42.74%的学生对学校专设校外实践基地的建设和安排情况表示"一般";有12.83%的学生对学校专设校外实践基地的建设和安排情况表示并"不满意"(见表6-24)。

表6-24　普通本科院校专设校外实践基地

评价	人数	百分比(%)
非常同意	12856	15.56
比较同意	23850	28.87
一般	35304	42.74
比较不同意	7634	9.24
非常不同意	2965	3.59

普通本科院校专设校外实践基地的调查和监测数据表明,只有少数普通本科院校的学生对专设校外实践基地的建设和安排情况表示满意(<45%)。由此可见,普通本科院校应该积极与社会力量开展合作,积极开展学校与政府、学校与企业之间的合作,不断促进专设校外实践基地的建设。

（四）民办高校、独立学院创新创业教育实践活动情况

1.民办高校、独立学院创新创业教育创业实践活动的师资建设

由表6-25可知,从"教师具备较强创业实践指导技能"上来看,接受调查的1939名民办高校、独立学院教师中,对教师具备较强创业实践指导技能"非常同意"的占35.74%,"比较同意"的占38.68%,"一般"的占22.07%,"比较不同意"的占2.63%,"非常不同意"的占0.88%。由此可以看出,极少的老师对教师应具备较强创业实践指导技能表示反对。

表 6-25　民办高校、独立学院教师具备较强创业实践指导技能

评价	人数	百分比（%）
非常同意	693	35.74
比较同意	750	38.68
一般	428	22.07
比较不同意	51	2.63
非常不同意	17	0.88

由表 6-26 可知,从"师资建设"上来看,接受调查的 1939 名民办高校、独立学院教师中,对重视教师的创新创业教育理论与实践研究"非常同意"的占34.40%,"比较同意"的占 42.91%,"一般"的占 19.91%,"比较不同意"的占2.16%,"非常不同意"的占 0.62%。由此可以看出,绝大多数教师对重视教师的创新创业教育理论与实践研究表示支持。

表 6-26　民办高校、独立学院重视教师的创新创业教育理论与实践研究

评价	人数	百分比（%）
非常同意	667	34.40
比较同意	832	42.91
一般	386	19.91
比较不同意	42	2.16
非常不同意	12	0.62

由表 6-27 可知,从"设计政策为创业实践提供时间保障"上看,接受调查的 1939 名民办高校、独立学院教师中,对设计政策为创业实践提供时间保障"非常同意"的占 35.43%,"比较同意"的占 43.01%,"一般"的占 19.18%,"比较不同意"的占 1.55%,"非常不同意"的占 0.83%。由此可以看出,接近八成教师对设计政策为创业实践提供时间保障表示支持,也有极少数教师表示不赞同。

表6-27　民办高校、独立学院设计政策为创业实践提供时间保障

评价	人数	百分比（%）
非常同意	687	35.43
比较同意	834	43.01
一般	372	19.18
比较不同意	30	1.55
非常不同意	16	0.83

2.民办高校、独立学院创新创业教育实践活动实施情况

从表6-28可以看出,在"实践有校内外指导教师"中,民办高校、独立学院的学生有4838人认为"非常同意",占比18.51%;8871人认为"比较同意",占比33.95%;10387人认为"一般",占比39.75%;1412人认为"比较不同意",占比5.40%;625人认为"非常不同意",占比2.39%。由此可见,大部分学校确实开始重视师资建设,然而多样性师资的引进能否真正有效地在教学实践中实现,还需要进一步配套课程体系进行设计和开拓。

表6-28　民办高校、独立学院实践有校内外指导教师

评价	人数	百分比（%）
非常同意	4838	18.51
比较同意	8871	33.95
一般	10387	39.75
比较不同意	1412	5.40
非常不同意	625	2.39

在表6-29中,我们可以看出民办高校、独立学院参与创新创业教育的学生在创业实践过程中,对于专项创业资金支持的态度如下:4468人确实感受到了专项创业基金扶持,占比17.10%;7877人认为存在创业资金支持,占比30.14%。11182人不知晓或没有关注创业基金支持,占比42.79%;1779人认

为不存在或没有受益到创业基金的支持,占比 6.81%;827 人明确认为没有创业基金支持创业,占比 3.16%。由此看出,源于各级政府部门主办的创业赛事确实对部分得奖团队提供到了创业资金支持,但受制于资金来源单一,一些具有潜力但缺少扶持的创业团队错失了发展资源。因此,合理考量并设计创新创业竞赛带来的资源分配,实现指标考核体系的软硬结合,将有助于进一步推动高校创新创业竞赛孵化路线的实施。

表 6-29　民办高校、独立学院实践有专项创业基金支持

评价	人数	百分比(%)
非常同意	4468	17.10
比较同意	7877	30.14
一般	11182	42.79
比较不同意	1779	6.81
非常不同意	827	3.16

从表 6-30 可以看出,在"民办高校、独立学院提供一体化的创业实践服务"这一题项中,学生对创业服务"非常满意"的有 4262 人,占比 16.31%;对创业服务"比较满意"的有 7700 人,占比 29.46%;"没有关注或没有明显好坏差别"的有 11650 人,占比 44.58%;对创业服务"不满意"的有 1788 人,占比 6.85%;对创业服务"非常不满意"的有 733 人,占比 2.80%。由此可见,对于入驻学校创业实践基地的学生来说对校方所提供的服务感到满意的仅占少数,因此在创业支持服务的种类和内容上还有较大改善空间。

表 6-30　民办高校、独立学院提供一体化的创业实践服务

评价	人数	百分比(%)
非常同意	4262	16.31
比较同意	7700	29.46
一般	11650	44.58

续表

评价	人数	百分比（%）
比较不同意	1788	6.85
非常不同意	733	2.80

从表6-31可以看出，在"民办高校、独立学院的学生认为创业实践是否具备独立的创业场地（创业园）"的态度上，认为学校提供了专门的独立场地有5225人，占比19.99%；认为学校提供了场地的有8186人，占比31.32%；未关注此问题的人有10277人，占比39.33%；认为学校没有提供专门的创业场地的有1711人，占比6.55%；认为学校没有提供独立的场地有734人，占比2.81%。由此可见在创业独立场地的设置上，半数学生认为学校提供了合适的场地，而且其中四分之一的学生十分受益于独立场地的设置，同时相对于校方提供的创业服务支持方面，学校在场地提供上做得更好，这一方面为创业支持服务提供了改进方向，另一方面也指出了两者协同建设的重要性。

表6-31 民办高校、独立学院实践有独立的大学生创业园

评价	人数	百分比（%）
非常同意	5225	19.99
比较同意	8186	31.32
一般	10277	39.33
比较不同意	1711	6.55
非常不同意	734	2.81

从表6-32可以看出，在"专设校外实践基地的建设"方面，民办高校、独立学院的学生有4417人认为校方有效提供了校外创业实践基地，占比16.90%；7400人认为校方提供了校外创业实践基地，占比28.32%；11367人没有关注校方是否提供了校外创业实践基地，占比43.50%；2102人认为学校

未能提供校外创业实践基地,占比8.04%;847人不仅认为学校没有提供有效的校外实践基地,而且十分需要校外的创业实践基地,占比3.24%。由此可见,基地设置上校外部分做的没有校内部分好,而且对于愿意接触社会环境的创业实践学生而言,校外创业实践基地受到其更高的关注。

表6-32 民办高校、独立学院专设校外实践基地

评价	人数	百分比(%)
非常同意	4417	16.90
比较同意	7400	28.32
一般	11367	43.50
比较不同意	2102	8.04
非常不同意	847	3.24

（五）高职院校创新创业教育实践活动情况

1. 高职院校创新创业教育实践活动的师资建设

统计数据分析显示(见表6-33),对于"教师具备较强创业实践指导技能"这一问题,高职院校教师中选择"非常同意"的教师最多,共有1331人,占比40.61%;其次是选择"比较同意"的教师,共有1291人,占比39.38%;选择"一般"的教师共有572人,占比17.45%;选择"比较不同意"和"非常不同意"的教师分别有62人和22人,分别占比1.89%和0.67%。

表6-33 高职院校教师具备较强创业实践指导技能

评价	人数	百分比(%)
非常同意	1331	40.61
比较同意	1291	39.38
一般	572	17.45
比较不同意	62	1.89
非常不同意	22	0.67

统计数据显示,对于"重视教师的创新创业教育理论与实践研究"这一问题,高职院校教师中选择"比较同意"的教师最多,共有 1347 人,占比 41.09%;其次是选择"非常同意"的教师,共有 1235 人,占比 37.67%;选择"一般"的教师共有 630 人,占比 19.22%;选择"比较不同意"和"非常不同意"的教师分别有 52 人和 14 人,分别占比 1.59% 和 0.43%(见表 6-34)。

表 6-34　高职院校重视教师的创新创业教育理论与实践研究

评价	人数	百分比(%)
非常同意	1235	37.67
比较同意	1347	41.09
一般	630	19.22
比较不同意	52	1.59
非常不同意	14	0.43

统计数据显示,对于"设计政策为创业实践提供时间保障"这一问题,受调研的高职院校教师中选择"非常同意"的教师最多,共有 1330 人,占比 40.57%;其次是选择"比较同意"的教师,共有 1302 人,占比 39.72%;选择"一般"的教师共有 581 人,占比 17.72%;选择"比较不同意"和"非常不同意"的教师分别有 51 人和 14 人,分别占比 1.56% 和 0.43%(见表 6-35)。

表 6-35　高职院校设计政策为创业实践提供时间保障

评价	人数	百分比(%)
非常同意	1330	40.57
比较同意	1302	39.72
一般	581	17.72
比较不同意	51	1.56
非常不同意	14	0.43

2. 高职院校创新创业教育实践活动实施情况

如何有效地开展创新创业教育依然是困扰高职院校改革与发展的一个重要问题。高职院校在创新创业教育中,正在逐渐改变重理论讲授轻经验指导、重专业实践轻创业实战的教学模式。如表6-36所示,对"实践有校内外指导教师"这一问题的回答,20.30%的学生选择"非常同意",32.85%的学生选择"比较同意",40.28%的学生选择"一般"。

表6-36　高职院校实践有校内外指导教师

评价	人数	百分比(%)
非常同意	10100	20.30
比较同意	16344	32.85
一般	20039	40.28
比较不同意	2190	4.40
非常不同意	1080	2.17

对"实践有专项创业基金支持"这一问题的回答,19.34%的学生选择"非常同意",29.76%的学生选择"比较同意",42.30%的学生选择"一般",见表6-37。

表6-37　高职院校实践有专项创业基金支持

评价	人数	百分比(%)
非常同意	9623	19.34
比较同意	14806	29.76
一般	21046	42.30
比较不同意	2880	5.79
非常不同意	1398	2.81

对"高职院校学校提供一体化的创业实践服务"这一问题的回答，18.09%的学生选择"非常同意"，29.54%的学生选择"比较同意"，44.14%的学生选择"一般"，见表6-38。

表6-38 高职院校学校提供一体化的创业实践服务

评价	人数	百分比（%）
非常同意	8998	18.09
比较同意	14697	29.54
一般	21961	44.14
比较不同意	2816	5.66
非常不同意	1281	2.57

对"高职院校实践有独立的大学生创业园"这一问题的回答，20.65%的学生选择"非常同意"，29.74%的学生选择"比较同意"，40.89%的学生选择"一般"，见表6-39。

表6-39 高职院校实践有独立的大学生创业园

评价	人数	百分比（%）
非常同意	10274	20.65
比较同意	14798	29.74
一般	20346	40.89
比较不同意	2959	5.95
非常不同意	1376	2.77

对"高职院校专设校外实践基地"这一问题的回答，18.62%的学生选择"非常同意"，28.61%的学生选择"比较同意"，43.25%的学生选择"一般"，见表6-40。

表6-40 高职院校专设校外实践基地

评价	人数	百分比(%)
非常同意	9262	18.62
比较同意	14236	28.61
一般	21517	43.25
比较不同意	3261	6.55
非常不同意	1477	2.97

从目前情况看,高职院校正在逐渐重视创新创业实践教育,不断投入各项资源,培养一批优秀的创业者。许多高职院校在创新创业教育的课程设置上,重视实践课程的建设,改善了学生"在书本上学创业,在视频中看创业"的局面。

二、高校创新创业教育创新创业竞赛现状与问题

(一)高校创新创业教育创新创业竞赛的整体情况

1.高校创新创业教育创新创业竞赛实施

从表6-41可知,在"竞赛种类多样性"方面,48.16%被调查学生认为当前的创新创业竞赛种类多样,但是有10.24%的学生不认同这一观点,另外有41.60%的学生认为"一般",可见许多的学生对于创新创业竞赛的种类多样性不够满意,学校在进行创新创业教育的过程中应该注意丰富学生的创新创业竞赛活动,组织学生参与含金量高的创新创业竞赛。

表6-41 竞赛种类多样性

评价	人数	百分比(%)
非常同意	28872	16.91
比较同意	53372	31.25
一般	71044	41.60

续表

评价	人数	百分比(%)
比较不同意	12302	7.21
非常不同意	5174	3.03

从表6-42可知,在"竞赛项目落地程度"方面,38.43%的学生认为创新创业竞赛的项目容易落地,但是有13.48%的学生不认同这一观点,另外有48.09%的学生认为"一般",可见许多的学生对于创新创业竞赛项目的落地性不够满意,部分创业项目的落地性较差,缺乏良好的孵化条件和创业支持。学校在培育创业项目的时候应该注意对创业项目的孵化引导,引进相关的创业孵化服务,协助并促进学生创业项目落地。

表6-42 竞赛项目较容易落地

评价	人数	百分比(%)
非常同意	23134	13.55
比较同意	42487	24.88
一般	82112	48.09
比较不同意	16638	9.74
非常不同意	6393	3.74

2.高校创新创业教育竞赛成效

从表6-43可知,在"竞赛与创业能力提升"方面,52.20%的学生认为创新创业竞赛提升了其创业能力,但是有8.12%的学生不认同这一观点,另外有39.68%的学生认为"一般",可见许多的学生对于创新创业竞赛对创业能力的提升作用不够满意。创新创业竞赛对学生创业能力有着提升作用,学校应该重视对学生创业能力的培养,在创新创业竞赛过程中逐步培养学生的创业技能和创新意识,让学生获得创业能力的提升。

表 6-43　竞赛提升了创业能力

评价	人数	百分比（%）
非常同意	30130	17.64
比较同意	59021	34.56
一般	67751	39.68
比较不同意	9645	5.65
非常不同意	4217	2.47

从表 6-44 可知,在"竞赛与创业自信心提升"方面,53.52%的学生认为创新创业竞赛提升了其创业自信心,但是有 7.64%的学生不认同这一观点,另外有 38.84%的学生认为"一般",可见许多学生对于创新创业竞赛对创业自信心的提升作用不够满意。创新创业竞赛对学生创业自信心有着提升作用,学校应该重视对学生创业自信心的培养,在创新创业竞赛过程中逐步培养及提升学生的创业自信心。

表 6-44　竞赛提升了创业自信心

评价	人数	百分比（%）
非常同意	31067	18.19
比较同意	60331	35.33
一般	66324	38.84
比较不同意	6288	3.68
非常不同意	6754	3.96

从表 6-45 可知,在"竞赛与人际关系网络拓展"方面,56.95%的学生认为创新创业竞赛拓展了人际关系网络,但是有 6.63%的学生不认同这一观点,另外有 36.42%的学生认为"一般",可见许多学生对于创新创业竞赛对拓展人际关系网络的作用不够满意。创新创业竞赛能有效拓展学生的人际关系网络,学校在创新创业竞赛的过程中应该注重拓展学生的人际网络,同时学生

应该利用好竞赛的平台,积极主动进行人力资本的积累。

表 6-45　竞赛拓展了人际关系网络

评价	人数	百分比(%)
非常同意	34414	20.15
比较同意	62849	36.80
一般	62185	36.42
比较不同意	7643	4.48
非常不同意	3673	2.15

从表 6-46 可知,在"竞赛与团队合作能力提升"方面,61.96%的学生认为创新创业竞赛提升了团队合作能力,但是有 5.20%的学生不认同这一观点,另外有 32.84%的学生认为"一般",可见许多学生对于创新创业竞赛对团队合作能力的提升作用不够满意。创新创业竞赛作为一个综合性极高的社会活动,需要学生在竞赛的过程中主动进行团队合作,利用好团队的合作力量。

表 6-46　竞赛提升了团队合作能力

评价	人数	百分比(%)
非常同意	38489	22.54
比较同意	67322	39.42
一般	56070	32.84
比较不同意	5801	3.40
非常不同意	3082	1.80

从表 6-47 可知,在"竞赛与真实创业帮助"方面,55.58%的学生认为创新创业竞赛对于真实创业"有较大的帮助",但是有 6.68%的学生不认同这一

观点,另外有 37.74%的学生认为"一般",可见尚有部分学生对于创新创业竞赛在实际创业方面的作用不够满意。创新创业竞赛能给学生带来创业前的演练,但是与真实创业相距较远,学生的创新创业竞赛往往计划性较强,但是可行性较低。如何克服创新创业竞赛转化率不高的问题,需要学校、政府和社会的共同努力来完成。

表 6-47 竞赛对于真实创业有较大帮助

评价	人数	百分比(%)
非常同意	33609	19.68
比较同意	61301	35.90
一般	64443	37.74
比较不同意	7834	4.59
非常不同意	3577	2.09

(二)"双一流"建设高校创新创业教育创新创业竞赛的情况

1."双一流"建设高校创新创业教育创新创业竞赛实施

从表 6-48 可知,在"'双一流'建设高校竞赛种类多样性"方面,57.64%的学生认为当前的创新创业竞赛种类多样,但是有 10.21%的学生不认同这一观点,另外有 32.15%的学生认为"一般"。由此可见超过半数的"双一流"建设高校学生认为"双一流"建设高校的创新创业活动种类较为多样,但持有相反观点的学生数量也超过 10%,未来"双一流"建设高校有必要更进一步拓展创新创业竞赛的多样性。

表 6-48 "双一流"建设高校竞赛种类多样性

评价	人数	百分比(%)
非常同意	2561	20.87
比较同意	4511	36.77
一般	3945	32.15

续表

评价	人数	百分比（%）
比较不同意	879	7.17
非常不同意	373	3.04

从表6-49可知,在"'双一流'建设高校竞赛与项目落地难度"方面, 44.43%的学生认为创新创业竞赛的项目容易落地,但是有14.86%的学生不认同这一观点,另外有40.71%的学生认为"一般"。通过数据分析可以发现,只有不超过半数的"双一流"建设高校学生认为创新创业竞赛落地较为容易。因此,如何引导创业项目顺利落地,是"双一流"建设高校未来创新创业教育的主要努力方向之一。

表6-49 "双一流"建设高校竞赛项目较容易落地

评价	人数	百分比（%）
非常同意	1872	15.26
比较同意	3579	29.17
一般	4995	40.71
比较不同意	1350	11.00
非常不同意	473	3.86

2.高校创新创业教育竞赛成效

从表6-50可知,在"'双一流'建设高校竞赛与创业能力提升"方面, 58.70%的学生认为创新创业竞赛提升了其创业能力,但是有9.52%的学生不认同这一观点,另外有31.78%的学生认为"一般"。通过表中数据可以发现,多数学生认可创新创业竞赛对创业能力提升的作用,这也为高校开展多样化的创新创业竞赛提供了经验数据支持。

表 6-50 "双一流"建设高校竞赛提升了创业能力

评价	人数	百分比（%）
非常同意	2474	20.16
比较同意	4728	38.54
一般	3899	31.78
比较不同意	813	6.63
非常不同意	355	2.89

从表 6-51 可知，在"'双一流'建设高校竞赛与创业自信心提升"方面，59.82%的学生认为创新创业竞赛提升了其创业自信心，但是有 8.99%的学生不认同这一观点，另外有 31.19%的学生认为"一般"。数据结果显示，创新创业教育对创业自信心的提升作用较为明显。因此，高校可以通过组织不同的创新创业竞赛，来促进创业自信心的提升。

表 6-51 "双一流"建设高校竞赛提升了创业自信心

评价	人数	百分比（%）
非常同意	2549	20.78
比较同意	4790	39.04
一般	3827	31.19
比较不同意	753	6.14
非常不同意	350	2.85

从表 6-52 可知，在"'双一流'建设高校竞赛与人际关系网络拓展"方面，65.03%的学生认为创新创业竞赛拓展了人际关系网络，但是有 7.04%的学生不认同这一观点，另外有 27.93%的学生认为"一般"。这在一定程度上肯定了创新创业竞赛对拓展人际关系网络的作用，也为想要拓展人际关系网络的学生，提供了一种重要且可行的路径。

表 6-52 "双一流"建设高校竞赛拓展了人际关系网络

评价	人数	百分比（%）
非常同意	2955	24.08
比较同意	5024	40.95
一般	3427	27.93
比较不同意	574	4.68
非常不同意	289	2.36

从表 6-53 可知，在"'双一流'建设高校竞赛与团队合作能力提升"方面，69.18%的学生认为创新创业竞赛提升了团队合作能力，但是有 5.87%的学生不认同这一观点，另外有 24.95%的学生认为"一般"。数据结果在一定程度上显示了创新创业竞赛与团队合作能力提升的关系，并为学生团队合作能力的培养提供了一种可能性。

表 6-53 "双一流"建设高校竞赛提升了团队合作能力

评价	人数	百分比（%）
非常同意	3254	26.52
比较同意	5234	42.66
一般	3061	24.95
比较不同意	461	3.76
非常不同意	259	2.11

从表 6-54 可知，在"'双一流'建设高校竞赛与真实创业帮助"方面，59.42%的学生认为创新创业竞赛对于真实创业有较大的帮助，但是有 8.49%的学生不认同这一观点，另外有 32.09%的学生认为"一般"，可见尚有部分"双一流"建设高校学生对于创新创业竞赛在实际创业方面的作用不够满意。

表 6-54　"双一流"建设高校竞赛对于真实创业有较大帮助

评价	人数	百分比（%）
非常同意	2591	21.12
比较同意	4699	38.30
一般	3937	32.09
比较不同意	704	5.74
非常不同意	338	2.75

（三）普通本科院校创新创业教育创新创业竞赛的情况

1. 普通本科院校创新创业教育创新创业竞赛实施

从"普通本科院校竞赛类型的多样性"这一问题来看,参与普通本科院校创新创业教育相关调查和监测的学生中,有 14.72% 的学生认为学校创办或组织学生参加了种类多样的创新创业竞赛;有 30.61% 的学生认为学校创办或组织学生参加了较多种类的创新创业竞赛;有 42.40% 的学生认为学校创办或组织学生参加了相对较少种类的创新创业竞赛;有 12.27% 的学生认为学校创办或组织学生参加的创新创业竞赛种类单一(见表 6-55)。从这一角度来看,普通本科院校竞赛种类多样性的调查和监测数据表明,相对多数(>54%)的普通本科院校的学生认为学校组织学生参与或开展的竞赛种类多样性欠佳。因此,普通本科院校需要采取有针对性的措施,积极创造条件,创办或是组织学生参加各类的创新创业竞赛,并以此为契机,促进学生创新创业精神和能力等方面的培养。

表 6-55　普通本科院校竞赛种类多样性

评价	人数	百分比（%）
非常同意	12985	14.72
比较同意	26031	30.61

评价	人数	百分比（%）
一般	34219	42.40
比较不同意	6638	8.61
非常不同意	2736	3.66

从"普通本科院校竞赛项目落地的难易程度"这一问题来看,参与普通本科院校创新创业教育相关调查和监测的学生中,有12.29%的学生认为参与的竞赛项目"非常容易"落地实施;有24.41%的学生认为参与的竞赛项目"较为容易"落地实施;有48.26%的学生认为参与的竞赛项目落地实施"有一定的难度";有15.04%的学生认为参与的竞赛项目落地"比较困难"(见表6-56)。

表6-56　普通本科院校竞赛项目较容易落地

评价	人数	百分比（%）
非常同意	10149	12.29
比较同意	20162	24.41
一般	39870	48.26
比较不同意	9016	10.91
非常不同意	3412	4.13

可以看出当前创新创业竞赛项目落地难仍然是制约大学生创业实践的一个重要因素,这就要求学校在遴选和培养创新创业竞赛项目时,要时刻将项目落地这一核心目标摆在首位,坚决杜绝为赛而赛。

2. 普通本科院校创新创业教育竞赛成效

从"创新创业竞赛对提升普通本科院校大学生创业能力的效果"这一问题来看,有16.65%的学生认为创新创业竞赛对提升普通本科院校大学生创业能力的作用明显;有35.25%的学生认为创新创业竞赛对提升普通本科院校大学生创业能力具有良好的推动作用;有 39.20% 的学生认为创新创业竞赛对提升普通本科院校大学生创业能力具有一定的推动作用;有 8.90% 的学生认为创新创业竞赛对提升普通本科院校大学生创业能力的作用十分有限(见表6-57)。从该角度来看,普通本科院校创新创业竞赛与大学生创业能力的监测数据表明,相对较大部分的普通本科院校学生认为创新创业竞赛对提升大学生的创业能力具有重要的推动作用。因此,普通本科院校需要积极组织学生参加创新创业竞赛,并通过创新创业竞赛这一手段,促进大学生创业能力的培养和提升。

表 6-57　普通本科院校竞赛提升了创业能力

评价	人数	百分比(%)
非常同意	13758	16.65
比较同意	29123	35.25
一般	32383	39.20
比较不同意	5168	6.26
非常不同意	2177	2.64

从"创新创业竞赛对提升普通本科院校大学生创业自信心的效果"这一问题来看,有 17.26% 的学生认为创新创业竞赛对提升普通本科院校大学生创业自信心的作用明显;有 36.08% 的学生认为创新创业竞赛对提升普通本科院校大学生创业自信心具有良好的推动作用;有 38.35% 的学生认为创新创业竞赛对提升普通本科院校大学生创业自信心具有一定的推动作用;有 8.31% 的学生认为创新创业竞赛对提升普通本科院校大学生创业自信心的作用十分有限(见表6-58)。从这一角度来看,普通本科院校创新创业竞赛与大学生创业自信心的监测数据表明,相对较大部分的普通本科院校学生认为创新创业竞赛对提升大学生的创业自信心具有重要的推动作用。因此,普通本科院校同样可以通过组织学生参加、观摩创新创业竞赛这些手段,以此促进大

学生创业自信心的提升。

表 6-58 普通本科院校竞赛提升了创业自信心

评价	人数	百分比(%)
非常同意	14259	17.26
比较同意	29809	36.08
一般	31680	38.35
比较不同意	2089	2.53
非常不同意	4772	5.78

从"创新创业竞赛对拓展普通本科院校大学生人际关系网络的效果"这一问题来看,有 19.34% 的学生认为创新创业竞赛对拓展普通本科院校大学生人际关系网络的作用明显;有 37.91% 的学生认为创新创业竞赛对拓展普通本科院校大学生人际关系网络具有良好的推动作用;有 35.65% 的学生认为创新创业竞赛对拓展普通本科院校大学生人际关系网络具有一定的推动作用;有 7.10% 的学生认为创新创业竞赛对拓展普通本科院校大学生人际关系网络的作用十分有限(见表 6-59)。从这一角度来看,普通本科院校创新创业竞赛与大学生人际关系网络的监测数据表明,相对较大部分普通本科院校学生(>57%)都认为创新创业竞赛对拓展大学生人际关系网络具有良好的促进作用。究其原因,主要是因为创新创业竞赛项目往往涉及多学科、多成员,需要多学科知识的交叉和多成员间的紧密合作才能取得成效。

表 6-59 普通本科院校竞赛拓展了人际关系网络

评价	人数	百分比(%)
非常同意	15976	19.34
比较同意	31314	37.91
一般	29451	35.65
比较不同意	4010	4.85

续表

评价	人数	百分比（%）
非常不同意	1858	2.25

从"创新创业竞赛对提升团队合作能力的效果"这一问题向度来看,有21.90%的学生认为创新创业竞赛对提升团队合作能力的作用明显;有40.82%的学生认为创新创业竞赛对提升团队合作能力具有良好的推动作用;有31.83%的学生认为创新创业竞赛对提升团队合作能力具有一定的推动作用;有5.45%的学生认为创新创业竞赛对提升团队合作能力的作用十分有限(见表6-60)。普通本科院校创新创业竞赛与团队合作能力的监测数据表明,创新创业竞赛对提升团队合作能力具有良好的促进作用,而良好团队能力的形成无疑对竞赛项目和后续项目落地的成功至关重要。

表6-60　普通本科院校竞赛提升了团队合作能力

评价	人数	百分比（%）
非常同意	18090	21.90
比较同意	33719	40.82
一般	26297	31.83
比较不同意	2959	3.58
非常不同意	1544	1.87

从"创新创业竞赛对真实创业活动的影响"这一问题来看,有18.71%的学生认为创新创业竞赛对真实创业活动的帮助非常明显;有36.54%的学生认为创新创业竞赛对真实创业活动有比较大的帮助;有37.42%的学生认为创新创业竞赛对真实创业活动有一定的帮助;有7.33%的学生认为创新创业竞赛对真实创业活动几乎没有帮助(见表6-61)。从该角度来看,调查和监测结果显示,普通本科院校创新创业竞赛对真实创业实践的重要作用不容忽视。

基于此,积极组织学生参加创新创业竞赛,可为学生未来的真实创业活动奠定重要基础。

表 6-61　普通本科院校竞赛对于真实创业有较大帮助

评价	人数	百分比(%)
非常同意	15454	18.71
比较同意	30185	36.54
一般	30914	37.42
比较不同意	4211	5.10
非常不同意	1845	2.23

(四)民办高校、独立学院创新创业教育创新创业竞赛的情况

1.民办高校、独立学院创新创业教育创新创业竞赛实施

从表 6-62 可以看出,民办高校、独立学院对创新创业竞赛类型"非常满意"的 4229 人,占比 16.18%,"比较满意"的 7916 人,占比 30.29%,持"中立态度"的 11387 人,占比 43.57%,"有点不满意"的 1815 人,占比 6.95%,"非常不满意"的 786 人,占比 3.01%。由此可见,46.47%的学生对现今创新创业竞赛类型多样性设置是较为满意的,有 9.96%的学生对现今创新创业竞赛类型多样性设置是非常不满意的。因此,民办高校、独立学院应该设置更多类型的创新创业竞赛,更要注重竞赛内容的丰富性,以满足学生自身的创业资源及创业阶段,并有助于学生进一步完善和打磨自身的创业项目。

表 6-62　民办高校、独立学院竞赛种类多样性

评价	人数	百分比(%)
非常同意	4229	16.18
比较同意	7916	30.29
一般	11387	43.57
比较不同意	1815	6.95

续表

评价	人数	百分比（%）
非常不同意	786	3.01

从表 6-63 可以看出,民办高校、独立学院对创新创业竞赛落地状况"非常满意"的有 3500 人,占比 13.39%;"比较满意"的有 6487 人,占比 24.82%;持"中立态度"的 12856 人,占比 49.20%;"有点不满意"的 2347 人,占比 8.98%;"非常不满意"的 943 人,占比 3.61。由此可见,创新创业竞赛在落地状况上仍然是少数,对于不少学生而言创新创业竞赛仅是其促进自身创业学习的一个环节,最终并未表现出创业行为,其中对其表示关注的学生超过半数。部分学生关注创新创业竞赛的后续落地,但在其落地成效上仍然持怀疑态度。

表 6-63　民办高校、独立学院竞赛项目较容易落地

评价	人数	百分比（%）
非常同意	3500	13.39
比较同意	6487	24.82
一般	12856	49.20
比较不同意	2347	8.98
非常不同意	943	3.61

2.民办高校、独立学院创新创业教育竞赛成效

从表 6-64 可以看出,被调查者对"民办高校、独立学院的学生认为创新创业竞赛在提升自我的创业能力"这一问题的态度呈现出一定分歧,十分认同其对创业能力的提升作用的有 4458 人,占比 17.06%;认为其对创业能力有提升的有 8809 人,占比 33.71%;认为竞赛对创业能力提升没有明显作用的有 10768 人,占比 41.20%;认为创新创业竞赛对自身创业能力提升没有帮助的有 1443 人,占比 5.52%;明确认为创新创业竞赛对自身创业能

力没有帮助的有 655 人,占比 2.51%。就此来看,学生比较认同创新创业竞赛在创业能力的培养上的作用,但大多数学生还未切实体会到创新创业竞赛的作用。因此,创新创业竞赛的教育功能设计在能力培养上还应该进一步深入细化。

表 6-64 民办高校、独立学院竞赛提升了创业能力

评价	人数	百分比(%)
非常同意	4458	17.06
比较同意	8809	33.71
一般	10768	41.20
比较不同意	1443	5.52
非常不同意	655	2.51

从表 6-65 可以看出,在"民办高校、独立学院参加创新创业教育的学生认为创新创业竞赛提升了创业自信心"这一问题上,4598 人认为创新创业竞赛确实提升了自我的创业自信心,占比 17.59%;9079 人认为创新创业竞赛对提升创业自信心有促进作用,占比 34.74%;10486 人认为创新创业竞赛对创业自信心的提升作用不明显,占比 40.13%;1334 人认为创新创业竞赛未能对创业自信心有提升作用,占比 5.10%;636 人明确认为创新创业竞赛对创业自信心不具有提升作用,占比 2.44%。因此,过半学生都认可了创新创业竞赛在提升学生创业自信心上的作用,然而对于尚未明确察觉创新创业竞赛对创业自信心的提升的学生群体,应该在今后的竞赛模拟活动中,增强其知识的迁移运用,并增强其创业自我效能。

表 6-65 民办高校、独立学院竞赛提升了创业自信心

评价	人数	百分比(%)
非常同意	4598	17.59

续表

评价	人数	百分比（%）
比较同意	9079	34.74
一般	10486	40.13
比较不同意	1334	5.10
非常不同意	636	2.44

从表6-66可以看出,对于"民办高校、独立学院的学生对创新创业竞赛在拓展人际关系网络的作用"这一问题,5076人十分认同创新创业竞赛在扩展人际资源的作用,占比19.42%;9454人比较认同创业竞赛在拓展人际关系上的效果,占比36.18%;9880人认为创新创业竞赛在扩大自己人脉网络上不具备明显效果,占比37.81%;1149人认为创新创业竞赛不能扩展个人的人际网络,占比4.40%;574人明确认为创新创业竞赛对人际关系网络的扩展不具备帮助,占比2.19%。相对于前两者创新创业竞赛在个人创业素养上的作用,更多的学生认为创新创业竞赛对其现实人际资源、人脉网络具有明显助益。实现学生创业素养、创业资本的有效整合,将是未来提升创新创业竞赛成效的重要组成部分。

表6-66 民办高校、独立学院竞赛拓展了人际关系网络

评价	人数	百分比（%）
非常同意	5076	19.42
比较同意	9454	36.18
一般	9880	37.81
比较不同意	1149	4.40
非常不同意	574	2.19

从表6-67可以看出,对于"民办高校、独立学院中学生认为创新创业竞赛对团队合作能力有帮助"这一问题,"非常认同"的有5609人,占比21.46%;"比较认同"的有10178人,占比38.95%;认为其"不具有显著影响"

的有8948人,占比34.24%;认为其"没有对团队合作能力有提升"的有912人,占比3.49%;明确认为其对团队合作能力"没有帮助"的有486人,占比1.86%。由此可见,大部分学生认同创新创业竞赛对团队协作能力的锻炼作用,而其中不少学生认为其对自身团队协作能力的提升有显著成效。而且相对于创业竞赛对人际网络的扩展,对其团队合作能力的提升作用认同的人数则更多。

表6-67 民办高校、独立学院竞赛提升了团队合作能力

评价	人数	百分比(%)
非常同意	5609	21.46
比较同意	10178	38.95
一般	8948	34.24
比较不同意	912	3.49
非常不同意	486	1.86

从表6-68可以看出,有5024人认为民办高校、独立学院创新创业竞赛对真实创业帮助作用显著,占比19.22%;9257人认为其对真实创业有帮助,占比35.42%;而10158人不确定其对真实创业是否有助益,占比38.87%;1162人则不认为创新创业竞赛能帮助到真正创业过程,占比4.45%;532人则"非常不认同"创新创业竞赛对创业过程的助益作用,占比2.04%。因此大部分学生仍然认同所参与的创新创业竞赛会对自己拟创业项目或在途项目有帮助,同时也有不少学生对创新创业竞赛与真正创业之间线性逻辑联系存在疑问。

表6-68 民办高校、独立学院竞赛对于真实创业有较大帮助

评价	人数	百分比(%)
非常同意	5024	19.22

评价	人数	百分比(%)
比较同意	9257	35.42
一般	10158	38.87
比较不同意	1162	4.45
非常不同意	532	2.04

(五)高职院校创新创业教育创新创业竞赛的情况

1.高职院校创新创业教育创新创业竞赛实施

目前,以创新创业竞赛整合校内外创业资源、推动创业项目社会化的做法已成为全球创新创业教育的一种新趋势。创新创业竞赛的根本目的在于引导和激励学生实事求是、刻苦钻研、勇于创新、多出成果,并培养学生创业精神和实践能力,并在此基础上促进高校创业活动的蓬勃开展,发现和培养一批在创业方面有作为、有潜力的优秀人才。近年来,大学生创新创业竞赛日趋风靡,尤其是"挑战杯"更是被誉为"奥林匹克竞赛"。对"竞赛种类多样性"的回答,18.28%的学生选择"非常同意",29.98%的学生选择"比较同意",43.20%的学生选择"一般",见表6-69。

表6-69　高职院校竞赛种类多样性

评价	人数	百分比(%)
非常同意	9097	18.28
比较同意	14914	29.98
一般	21493	43.20
比较不同意	2970	5.97
非常不同意	1279	2.57

对"竞赛项目较容易落地"的回答,15.30%的学生选择"非常同意",24.64%的学生选择"比较同意",49.02%的学生选择"一般",见表6-70。总

体上来看,当前高职院校学生认为创新创业竞赛的种类丰富多样,学生参加创新创业竞赛的机会较多;此外,创新创业竞赛项目比较容易落地,且具有较强的市场价值。

表6-70　高职院校竞赛项目较容易落地

评价	人数	百分比(%)
非常同意	7613	15. 30
比较同意	12259	24. 64
一般	24391	49. 02
比较不同意	3925	7. 89
非常不同意	1565	3. 15

2.高职院校创新创业教育竞赛成效

在创新创业竞赛成效上,对"竞赛提升了创业能力"的回答,18.97%的学生选择"非常同意",32.89%的学生选择"比较同意",见表6-71。超过一半的学生认可创新创业竞赛对提升创业能力的作用。

表6-71　高职院校竞赛提升了创业能力

评价	人数	百分比(%)
非常同意	9440	18. 97
比较同意	16361	32. 89
一般	20701	41. 61
比较不同意	2221	4. 46
非常不同意	1030	2. 07

对"竞赛提升了创业自信心"的回答,19.42%的学生选择"非常同意",33.47%的学生选择"比较同意",见表6-72。超过一半的学生认可创新创业竞赛对提升创业自信心的作用。

表 6-72　高职院校竞赛提升了创业自信心

评价	人数	百分比（%）
非常同意	9661	19.42
比较同意	16653	33.47
一般	20331	40.87
比较不同意	2112	4.24
非常不同意	996	2.00

3. 高职院校创新创业竞赛与人际关系网络拓展

对"竞赛拓展了人际关系网络"的回答,20.92%的学生选择"非常同意",34.28%的学生选择"比较同意",39.05%的学生选择"一般",见表 6-73。可以看出,绝大部分学生认可创新创业竞赛拓展了人际关系网络的作用。

表 6-73　高职院校竞赛拓展了人际关系网络

评价	人数	百分比（%）
非常同意	10407	20.92
比较同意	17057	34.28
一般	19427	39.05
比较不同意	1910	3.84
非常不同意	952	1.91

对"竞赛提升了团队合作能力"的回答,23.19%的学生选择"非常同意",36.56%的学生选择"比较同意",35.71%的学生选择"一般",见表 6-74。可以看出,绝大部分学生认可创新创业竞赛对提升了团队合作能力的作用。

表 6-74　高职院校竞赛提升了团队合作能力

评价	人数	百分比（%）
非常同意	11536	23.19

评价	人数	百分比（%）
比较同意	18191	36.56
一般	17764	35.71
比较不同意	1469	2.95
非常不同意	793	1.59

对"竞赛对于真实创业有较大帮助"的回答，21.18%的学生选择"非常同意"，34.49%的学生选择"比较同意"，39.06%的学生选择"一般"，见表6-75。在绝大部分学生看来，创新创业竞赛对于真实创业有较大帮助。

表6-75　高职院校竞赛对于真实创业有较大帮助

评价	人数	百分比（%）
非常同意	10540	21.18
比较同意	17160	34.49
一般	19434	39.06
比较不同意	1757	3.53
非常不同意	862	1.74

创新创业竞赛虽然不能等同于创新创业教育，但发挥其载体功能无疑能够促进高职院校创新创业教育生态系统的构建，并且对学生的创业能力、创业信心及社会网络关系拓展等方面，都具有积极意义。

第二节　高校创新创业教育创业实践与创新创业竞赛比较分析

在围绕创新创业教育所展开的创业实践和创新创业竞赛现状调研的基础上，为了更清晰地了解不同类型高校的创业实践和创新创业竞赛情况，明确不同高校创业实践和创新创业竞赛的特征并有针对性地构建不同高校的分类评价标准与监测指标,提出更具有针对性的政策与建议,本节将对"双一流"建设高校、普通本科院校、民办高校、独立学院和高职院校的创业实践和创新创业竞赛的各个维度进行对比分析。

一、高校创新创业教育创业实践比较分析

(一)高校创新创业教育实践活动师资建设比较分析

1.四类高校"教师创业实践指导技能"的比较分析

采用单因素方差分析方法对四类高校"教师具备较强创业实践指导技能"的调研结果进行比较分析。在进行方差分析之前首先需要进行方差齐性检验,结果显示 $p > 0.05$,故方差齐性,可以进行后续的单因素方差分析,结果如表 6-76 所示。单因素方差分析结果显示 $F = 6.229$,$p < 0.001$,因此,四类学校在"教师具备较强的创业实践指导技能"上存在显著的差异。进一步对比四类高校在该题项的得分情况可以发现,高职高专院校>"双一流"建设高校、普通本科院校>民办高校、独立学院。由此可见,高职高专院校的创新创业教育师资的实践技能最好,而民办高校、独立学院实践技能最差。因此,高职高专院校应继续采取多种措施,保持其师资方面的优势,而民办高校、独立学院则应该不断强化其师资的创业实践指导技能。

表 6-76　四类高校"教师具备较强创业实践指导技能"的对比结果

	维度	"双一流"建设高校	普通本科院校	民办高校、独立学院	高职高专院校
教师具备较强的创业实践指导技能	个案数	1241	6067	1939	3278
	平均值	4.114	4.114	4.058	4.174
	标准差	0.867	0.833	0.871	0.829

2. 四类高校"创新创业实践师资建设"的比较分析

师资建设主要分为重视教师的创新创业教育理论与实践研究、设计政策为创业实践提供时间保障两个维度。首先采用单因素方差分析方法对四类高校"重视教师的创新创业教育理论与实践研究"的调研结果进行比较分析。在进行方差分析之前首先需要进行方差齐性检验,结果显示 $p>0.05$,故方差齐性,可以进行后续的单因素方差分析,结果如表6-77所示。单因素方差分析结果显示 $F=2.900$,$p<0.05$,因此,四类学校在"重视教师的创新创业教育理论与实践研究"上存在一定的差异。进一步对比四类高校在该题项的得分情况可以发现,"双一流"建设高校>高职高专院校>普通本科院校>民办高校、独立学院。由此可见,"双一流"建设高校对教师的创新创业教育理论与实践研究最为重视,这与"双一流"建设高校的定位相匹配。高职院校排在第二位,这与传统认知中对高职院校的定位有一定偏差,究其原因,可能是高职院校的师资在实践方面较其他高校有更好的积累。普通本科院校排在第三位,而民办高校、独立学院则排在第四位。

表6-77　四类高校"重视教师的创新创业教育理论与实践研究"的对比结果

	维度	"双一流"建设高校	普通本科院校	民办高校、独立学院	高职高专院校
重视教师的创新创业教育理论与实践研究	个案数	1241	6067	1939	3278
	平均值	4.145	4.095	4.083	4.140
	标准差	0.803	0.804	0.824	0.807

本书仍然采用单因素方差分析方法,对四类高校"设计政策为创业实践提供时间保障"的调研结果进行比较分析。在进行方差分析之前首先需要进行方差齐性检验,结果显示 $p<0.05$,且呈现出轻微的方差不齐,仍然可以进行后续的单因素方差分析,结果如表6-78所示。单因素方差分析结果显示 $F=3.750$,$p<0.01$,因此,四类学校在"设计政策为创业实践提供时间保

障"上存在一定的差异。进一步对比四类高校在该题项的得分情况可以发现,高职高专院校>"双一流"建设高校>普通本科院校>民办高校、独立学院。由此可见,高职高专院校在设计政策为创业实践提供时间保障方面相较于其他高校,其具有更好的优势。未来各类高校要结合自身的特性,采取多种途径,促进创新创业实践师资的培养与建设。

表 6-78　四类高校"设计政策为创业实践提供时间保障"对比结果

	维度	"双一流"建设高校	普通本科院校	民办高校、独立学院	高职高专院校
设计政策为创业实践提供时间保障	个案数	1241	6067	1939	3278
	平均值	4.168	4.143	4.107	4.185
	标准差	0.806	0.804	0.819	1.014

(二)高校创新创业教育实践活动实施比较分析

1.四类高校"校内外实践指导教师"的比较分析

本书仍然采用单因素方差分析方法对四类高校"实践有校内外指导教师"的调研结果进行比较分析。在进行方差分析之前首先需要进行方差齐性检验,结果显示 $p > 0.05$,故方差齐性,可以进行后续的单因素方差分析,结果如表 6-79 所示。单因素方差分析结果显示 $F = 77.209$, $p < 0.001$,因此,四类高校在"实践有校内外指导教师"上存在一定的差异。进一步对比四类高校在该题项的得分情况可以发现,"双一流"建设高校>高职高专院校>普通本科院校>民办高校、独立学院。由此可见,"双一流"建设高校实践有校内外指导教师方面表现突出。整体来看,四类高校"实践有校内外指导教师"的调研结果显示仍有部分的高校在校内外实践导师这一维度有所欠缺,四类高校都需要采用多种措施促进校内外指导教师队伍的建设,通过校内外指导教师的指导,积极促进学生创新创业实践的成功。

表6-79 四类高校"实践有校内外指导教师"的对比结果

	维度	"双一流" 建设高校	普通 本科院校	民办高校、 独立学院	高职 高专院校
实践有校 内外 指导教师	个案数	12269	82609	26133	49753
	平均值	3.724	3.601	3.608	3.647
	标准差	0.950	0.936	0.928	0.923

2.四类高校"实践专项创业基金支持"的比较分析

本书仍然采用单因素方差分析方法对四类高校"实践有专项创业基金支持"的调研结果进行比较分析。在进行方差分析之前首先需要进行方差齐性检验,结果显示$p<0.05$,且呈现出轻微的方差不齐,仍然可以进行后续的单因素方差分析,结果如表6-80所示。单因素方差分析结果显示$F=105.610$,$p<0.001$,因此,四类高校在"实践有专项创业基金支持"上存在一定的差异。进一步对比四类高校在该题项的得分情况可以发现,"双一流"建设高校>高职高专院校>普通本科院校>民办高校、独立学院。由此可见,"双一流"建设高校受访对象认为其学校提供了较好的实践专项基金支持的比例最高,其他三类高校在实践专项创业基金建设方面,仍有较大的进步空间,学校需要充分认识专项创业基金的作用,并积极建立和完善实践专项创业基金。

表6-80 四类高校"实践有专项创业基金支持"对比结果

	维度	"双一流" 建设高校	普通 本科院校	民办高校、 独立学院	高职 高专院校
实践有专项创 业基金支持	个案数	12269	82609	26133	49753
	平均值	3.681	3.533	3.512	3.570
	标准差	0.967	0.956	0.958	0.957

3.四类高校"一体化创业实践服务"的比较分析

采用单因素方差分析方法,对四类高校"学校提供一体化的创业实践服务"

的调研结果进行比较分析。在进行方差分析之前,首先需要进行方差齐性检验,结果显示 p<0.05,且呈现出轻微的方差不齐,但仍可以进行后续的单因素方差分析,结果如表 6-81 所示。单因素方差分析结果 F=134.613,p<0.001,因此,四类高校在"学校提供一体化的创业实践服务"上存在一定的差异。进一步对比四类高校在该题项的得分情况可以发现,"双一流"建设高校>高职高专院校>民办高校、独立学院>普通本科院校。从平均值方面来看,四类高校的平均值都较低,因此,在提供较好的一体化实践服务方面,四类高校仍有较大的进步空间。

表 6-81　四类高校"学校提供一体化的创业实践服务"对比结果

	维度	"双一流"建设高校	普通本科院校	民办高校、独立学院	高职高专院校
学校提供一体化的创业实践服务	个案数	12269	82609	26133	49753
	平均值	3.610	3.466	3.496	3.549
	标准差	0.970	0.947	0.939	0.947

4.四类高校"实践有独立的大学生创业园"的比较分析

采用单因素方差分析方法对四类高校"实践有独立的大学生创业园"的调研结果进行比较分析。在进行方差分析之前,首先需要进行方差齐性检验,结果显示 p<0.05,且呈现出轻微的方差不齐,但可进行后续的单因素方差分析,结果如表 6-82 所示。单因素方差分析结果 F=73.685,p<0.001,因此,四类高校在"实践有独立的大学生创业园"上存在一定的差异。进一步对比四类高校在该题项的得分情况可以发现,"双一流"建设高校>高职高专院校>民办高校、独立学院>普通本科院校。若从平均值方面来看,四类高校的平均值都较低,因此,在提供独立大学生创业园方面,四类高校仍有较大的进步空间。这里需要强调的是,尽管民办高校、独立学院在师资建设、资金支持方面表现不甚理想,但其在大学生创业园建设方面,皆展现出了其民间资本的优势,取得了较为理想的结果。

表 6-82　四类高校"实践有独立的大学生创业园"对比结果

	维度	"双一流"建设高校	普通本科院校	民办高校、独立学院	高职高专院校
实践有独立的大学生创业园	个案数	12269	82609	26133	49753
	平均值	3.671	3.546	3.591	3.596
	标准差	1.006	0.987	0.970	0.969

5.四类高校"专设校外基地"的比较分析

本书采用单因素方差分析方法,对四类高校"实践专设校外基地"的调研结果进行比较分析。在进行方差分析之前,首先需要进行方差齐性检验,结果显示 $p < 0.05$,且呈现出轻微的方差不齐,但仍可以进行后续的单因素方差分析,结果如表 6-83 所示。单因素方差分析结果显示 $F = 139.374$,$p < 0.001$,因此,四类学校在"实践专设校外基地"上存在一定的差异。进一步对比四类高校在该题项的得分情况可以发现,"双一流"建设高校>高职高专院校>民办高校、独立学院>普通本科院校。若从平均值方面来看,四类高校的平均值也都较低,因此,从提供较好的实践专设校外基地方面,四类高校仍有较大的进步空间,未来四类高校必须要采取多种措施,积极拓展产学研合作的对象和方式,以学生为本,不断发挥校外专设实践基地的作用,促进实践育人功能的发挥。这里需要强调的是,尽管民办高校、独立学院在师资建设和资金支持方面表现不佳,但其在实践专设校外基地方面表现却相对较好,这与其办学性质呈现出了内在的一致性。

表 6-83　四类高校"实践专设校外基地"对比结果

	维度	"双一流"建设高校	普通本科院校	民办高校、独立学院	高职高专院校
实践专设校外基地	个案数	12269	82609	26133	49753
	平均值	3.567	3.436	3.476	3.534
	标准差	0.999	0.978	0.971	0.965

二、高校创新创业教育创新创业竞赛比较分析

(一)高校创新创业教育创新创业竞赛实施

1. 四类高校"竞赛种类多样性"的比较分析

本书采用单因素方差分析方法,对四类高校"竞赛种类多样"的调研结果进行比较分析。在进行方差分析之前,首先需要进行方差齐性检验,结果显示 $p < 0.05$,且呈现出轻微的方差不齐,但仍可以进行后续的单因素方差分析,结果如表 6-84 所示。单因素方差分析结果显示 $F = 146.930$,$p < 0.001$,因此,四类学校在"竞赛种类多样"上存在一定的差异。进一步对比四类高校在该题项的得分情况可以发现,"双一流"建设高校>高职高专院校>民办高校、独立学院>普通本科院校。据平均值可知,四类高校创新创业竞赛的多样性仍需不断完善,未来各类高校应积极结合自身发展的特点,组织各专业学生参与各类型的创新创业竞赛,做到既注重创业比赛的质量,又要注重创业比赛的数量。此外,从"竞赛种类多样性"题项得分的情况看,仅"双一流"建设高校有超过半数的学生认为其高校组织了种类多样的创新创业竞赛,而其他三类高校认同其学校组织了种类多样的创新创业比赛的比率不足50%,这也表明,各类学校在竞赛多样性方面仍有较大的进步空间。

表 6-84　四类高校"竞赛种类多样"对比结果

	维度	"双一流" 建设高校	普通 本科院校	民办高校、 独立学院	高职 高专院校
竞赛种类多样	个案数	12269	82609	26133	49753
	平均值	3.653	3.483	3.497	3.554
	标准差	0.985	0.961	0.945	0.942

2. 四类高校"竞赛项目落地程度"的比较分析

本书采用单因素方差分析方法,对四类高校"竞赛项目较容易落地"的调

研结果进行比较分析。在进行方差分析之前,首先需要进行方差齐性检验,结果显示 p<0.05,且呈现出轻微的方差不齐,但仍可以进行后续的单因素方差分析,结果如表 6-85 所示。单因素方差分析结果显示,F = 163.685,p<0.001,因此,四类学校在"竞赛项目较容易落地"方面存在一定的差异。进一步对比四类高校在该题项的得分情况可以发现,高职高专院校>"双一流"建设高校>民办高校、独立学院>普通本科院校。进一步结合均值和百分比来看,四类高校的受访学生都认为创新创业竞赛非常难以落地,这就为创新创业教育提出了一个新命题,高校应该如何提升创新创业竞赛项目的落地率,将是各类高校必须要解决的重要问题之一。

表6-85　四类高校"竞赛项目较容易落地"对比结果

	维度	"双一流"建设高校	普通本科院校	民办高校、独立学院	高职高专院校
竞赛项目较容易落地	个案数	12269	82609	26133	49753
	平均值	3.410	3.298	3.354	3.411
	标准差	0.999	0.960	0.945	0.946

（二）高校创新创业教育的创新创业竞赛实施成效

1.四类高校"创新创业竞赛对创业能力的提升"的比较分析

本书采用单因素方差分析方法,对四类高校"竞赛提升了创业能力"的调研结果进行比较分析。在进行方差分析之前,首先需要进行方差齐性检验,结果显示 p<0.05,且呈现出轻微的方差不齐,但仍然可以进行后续的单因素方差分析,结果如表 6-86 所示。单因素方差分析结果显示 F = 61.731,p<0.001,因此,四类学校在"竞赛提升了创业能力"上存在一定的差异。进一步对比四类高校在该题项的得分情况可以发现,"双一流"建设高校>高职高专院校>民办高校、独立学院>普通本科院校。若进一步结合均值和百分比来看,四类高校均有超过半数的受访者肯定了创新创业竞赛对创业能力的提升作用。此外,也有大量的学生在创新创业竞赛对创业能力的提升作用上表述为不确定或是一般,因此,如何发挥创新创业竞赛对创业能力的提升作用,积极促进大学生创业能力的培养,这也将是高校创新创业教育的重要方向之一。

表6-86 四类高校"竞赛提升了创业能力"对比结果

	维度	"双一流"建设高校	普通本科院校	民办高校、独立学院	高职高专院校
竞赛提升了创业能力	个案数	12269	82609	26133	49753
	平均值	3.665	3.570	3.573	3.622
	标准差	0.966	0.928	0.920	0.910

2. 四类高校"创新创业竞赛对创业自信心提升"的比较分析

本书采用单因素方差分析方法,对四类高校"竞赛提升了创业自信心"的调研结果进行比较分析。在进行方差分析之前,首先需要进行方差齐性检验,结果显示 $p < 0.05$,且呈现出轻微的方差不齐,仍然可以进行后续的单因素方差分析,结果如表6-87所示。单因素方差分析结果显示 $F = 50.063$, $p < 0.001$,因此,四类高校在"竞赛提升了创业自信心"上存在一定的差异。进一步对比四类高校在该题项的得分情况可以发现,"双一流"建设高校>高职高专院校>民办高校、独立学院>普通本科院校。由此可见,普通本科院校学生对创新创业竞赛对自信心提升维度的成效较差,因此,普通本科院校必须要科学合理的组织学生参与创新创业竞赛,并通过教师的跟踪辅导,建立通过创新创业竞赛提升创业自信心的道路,来实现学生创业自信心的提升。

表6-87 四类高校"竞赛提升了创业自信心"对比结果

	维度	"双一流"建设高校	普通本科院校	民办高校、独立学院	高职高专院校
竞赛提升了创业自信心	个案数	12269	82609	26133	49753
	平均值	3.688	3.598	3.600	3.641
	标准差	0.961	0.924	0.917	0.908

3. 四类高校"创新创业竞赛对人际关系网络拓展"的比较分析

本书采用单因素方差分析方法,对四类高校"竞赛拓展了人际关系网络"的调研结果进行比较分析。在进行方差分析之前,首先需要进行方差齐性检验,结果显示 $p<0.05$,且呈现出轻微的方差不齐,但仍可以进行后续的单因素方差分析,结果如表 6−88 所示。单因素方差分析结果显示 $F = 50.063$, $p<0.001$,因此,四类高校在"竞赛拓展了人际关系网络"上存在一定的差异。进一步对比四类高校在该题项的得分情况可以发现,"双一流"建设高校>高职高专院校>普通本科院校>民办高校、独立学院。从该维度上来看,民办高校、独立学院学生认为创新创业竞赛在人际关系网络层面的成效较差,因此,民办高校、独立学院在创新创业竞赛实施的过程中,必须要合理地涉及竞赛团队结构和制度,积极促进学生人际关系网络的拓展,从而促进学生之间的协作与相关能力的养成。

表6−88　四类高校"竞赛拓展了人际关系网络"对比结果

	维度	"双一流"建设高校	普通本科院校	民办高校、独立学院	高职高专院校
竞赛拓展了人际关系网络	个案数	12269	82609	26133	49753
	平均值	3.797	3.672	3.662	3.685
	标准差	0.937	0.916	0.912	0.909

4. 四类高校"创新创业竞赛对团队合作能力提升"的比较分析

本书采用单因素方差分析方法,对四类高校"竞赛提升了团队合作能力"的调研结果进行比较分析。在进行方差分析之前,首先需要进行方差齐性检验,结果显示 $p<0.05$,且呈现出轻微的方差不齐,但仍可以进行后续的单因素方差分析,结果如表 6−89 所示。单因素方差分析结果显示 $F = 63.337$,$p<0.001$,因此,四类高校在"竞赛提升了团队合作能力"上存在

一定的差异。进一步对比四类高校在该题项的得分情况可以发现,"双一流"建设高校>普通本科院校>高职高专院校>民办高校、独立学院。从该维度上来看,民办高校、独立学院在创新创业竞赛的团队合作能力提升方面的成效还需要加强,未来民办高校、独立学院需要采取多种措施和机制,积极加大提升学生团队合作能力的培养力度。

表6-89　四类高校"竞赛提升了团队合作能力"对比结果

	维度	"双一流"建设高校	普通本科院校	民办高校、独立学院	高职高专院校
竞赛提升了团队合作能力	个案数	12269	82609	26133	49753
	平均值	3.877	3.773	3.747	3.768
	标准差	0.917	0.893	0.894	0.893

5. 四类高校"创新创业竞赛对真实创业的帮助"的比较分析

本书采用单因素方差分析方法,对四类高校"竞赛对于真实创业有较大帮助"的调研结果进行比较分析。在进行方差分析之前,首先需要进行方差齐性检验,结果显示 $p < 0.05$,且呈现出轻微的方差不齐,但仍可以进行后续的单因素方差分析,结果如表 6-90 所示。单因素方差分析结果显示 $F = 42.408$,$p < 0.001$,这表明四类高校在"竞赛对于真实创业有较大帮助"上存在一定的差异。进一步对比四类高校在该题项的得分情况可以发现,高职高专院校>"双一流"建设高校>民办高校、独立学院>普通本科院校。从该维度上来看,高职高专院校的学生认为创新创业竞赛对真实创业有较大的帮助,这与高职院校的定位和学生培养路径相符。而从比例上来看,四类高校均有超过50%的学生肯定了竞赛对于真实创业的帮助作用,这一定程度上肯定了创新创业竞赛的重要作用。

表6-90　四类高校"竞赛对于真实创业有较大帮助"对比结果

	维度	"双一流"建设高校	普通本科院校	民办高校、独立学院	高职高专院校
竞赛对于真实创业有较大帮助	个案数	12269	82609	26133	49753
	平均值	3.693	3.644	3.654	3.699
	标准差	0.957	0.916	0.907	0.900

第三节　高校创新创业教育创业实践与创新创业竞赛对策建议

一、加强校内外实践指导教师队伍建设

四类高校创业实践开展情况的整体监测和调查情况表明,当前高校在创业实践的师资队伍建设层面仍有一些需要改善的地方。因此,高校应该采用多种措施,提高教师的实践指导能力、完善实践指导教师奖励机制并积极促进校内外实践指导教师队伍建设。具体而言,针对校内外实践指导教师建设,首先,高校应该合理优化现有的校内教师绩效考核体系,增加创业指导活动的绩效比重,积极引导优秀教师加入到创新创业师资队伍中;其次,高校要盘活现有存量教师,通过集中培训、在线学习等方式,提高创业导师的业务水平,不断促进教师实践指导能力的提升;最后,高校还要积极拓展校外教师资源,吸引具有创业经验的校外导师,参与创新创业的实践指导。

二、搭建多层次的校内外创业实践实体平台

创新创业教育的特点决定了高校必须重视实践教学。在创新创业教育中,如何让大学生的创新创业素质得到巩固和发展,创新创业实践是关键。创新创业教育实践平台是高职院校实施创新创业教育的重要支撑。成熟的创新创业教育平台,不能仅仅局限于校内的孵化基地,还需要若干个校外实践基地

的支持。在这种情况下,为学生搭建多层次的创业实践实体平台就显得非常重要。因此,建议各类高校把现有的校内硬件条件和社会互补性资源相结合,搭建多层次的创业实践实体平台。一是积极建设校内虚拟与实体创业实践基地,把学校已有的和正在建设的场地充分利用起来,建造创业实验室、创业园和创业孵化基地等,为学生提供能亲自体验创业、亲自创建管理和运作企业的机会。此外,还要通过制度体系建设,使得校内创业实践基地真正成为创新创业教育的实践教学场所。二是积极整合校外资源,让学校和企业合作,共同搭建创业实践实习基地,让学生有机会到企业中学习,了解企业的经营管理模式、运作模式、营销模式和产品研发模式等,以及在企业的大环境下如何去学会生存,增加社会经验。

三、完善创新创业实践的一体化服务体系

创新创业实践的一体化服务覆盖了大学生创业实践的全过程,是促进大学生创新创业实践开展的重要因素,从本次调研的情况上看,针对一体化服务体系方面还有众多需要完善的地方。其一,针对创业基金支持服务,学校应确保已经建立的基金能够专款专用,确保资金池的充足,尚未建立创业基金的学校应加快创业专项基金建设。其二,学校要积极提高资金的利用效率,加速资金流转。学校应该简化资金的申请与审批手续,避免手续的繁琐影响创业基金的使用。其三,针对创业实践基地(园区)使用方面,已经建设有独立园区的学校应该积极优化园区的功能和布局,积极引导学生进入园区,并为园区内创业项目提供良好的服务。其四,还应建立园区内创业项目的动态调整机制,实现有进有退。而尚未建立园区的高校,应积极协调软硬件资源,加快独立创业园区的建设。其五,针对一体化服务质量方面,学校应该转变理念,切实地将学生利益放在首位,为学生创业实践提供高质量的服务。其六,学校应该优化服务效率和服务水平,为学生的创业实践提供支持和支撑。

四、树立科学的创新创业竞赛观

高校创新创业竞赛的整体监测和调查情况表明,在创新创业竞赛实施方面,高校还存在竞赛的种类相对单一且竞赛项目落地难度较大这两个重要问题。因此,针对创新创业竞赛实施方面:首先,学校要转变创新创业教育的思想,避免以考核绩效为导向的创业比赛筛选标准,而是真正以学生为中心,从竞赛对学生培养的效能出发,实现竞赛项目的科学筛选与丰富;其次,学校要积极制定相关政策,从软件和硬件两个方面对创新创业竞赛项目进行引导,帮助创新创业竞赛项目成功落地。

针对创新创业竞赛的成效方面:首先,学校要清晰地认识到创新创业竞赛对提升创业能力、提升创业自信心、拓展人际关系网络、提升团队合作能力和帮助真实创业的重要作用,坚定不移地继续开展创新创业竞赛活动;其次,需要积极发挥引导和指导作用,使学生能在创新创业竞赛的参与过程中能切实获得创业能力和创业自信心的提升,拓展自身的人际关系网络;最后,学校要积极制定相关政策,促进创业团队的建设和培养。

第四节 高校创新创业教育实践活动与创新创业竞赛的研究结论

本书基于 201034 份调查问卷数据,对我国创新创业教育实践活动和创新创业竞赛的开展情况进行了分析和评价,并基于分类视角对"双一流"建设高校、普通本科院校、民办高校和独立学院以及高职高专院校四类高校进行了分类评价与对比分析,研究发现:

一、高校创业实践指导师资建设相对完善,但创业专项基金、创业一体化服务和专设校外基地建设迫切需要加强

调研数据显示,受访者对创业实践指导师资队伍建设的相关问题表现出

了较高的认可,但对于创业专项基金、创业一体化服务和专设校外基地建设的满意率分别为49.73%、46.78%和45.94%,满意率较低。今后,高校必须要积极设立并完善创业专项基金,提高一体化服务能力和服务质量,广泛开展产学研合作,积极设立校外实践基地,促使实践育人功能的发挥。

二、高校创新创业竞赛的育人功能显著,但创新创业竞赛的多样性不足和创新创业竞赛落地难问题仍是创新创业竞赛育人功能发挥的主要阻碍和制约因素

从创新创业竞赛开展的整体上看,多数受访者都在一定程度上认同创新创业竞赛对创业自信心、人际关系网络拓展、团队合作能力、真实创业以及创业能力提升的作用。同样也有多数受访者(>50%)认为高校在促进创新创业竞赛多样性和解决创新创业竞赛落地难这两个方面仍有较大的进步空间。因此,如何更好地组织创新创业竞赛,促进其育人功能的提升,并切实解决创新创业竞赛多样性不足和创新创业竞赛项目落地难的问题,将是高校在创新创业竞赛开展过程中不可回避的关键问题。

三、"双一流"建设高校在创新创业教育实践活动和创新创业竞赛中表现突出,但在教师创业实践指导技能、重视创新创业教育理论和实践研究、竞赛项目落地和创新创业竞赛对真实创业帮助等维度仍有较大进步空间

调研数据显示,"双一流"建设高校在创新创业教育实践活动和创新创业竞赛的多个维度都处于领先地位,起到了良好的示范引领作用,这符合人们的一般认知。但数据同时也显示,"双一流"建设高校在教师创业实践指导技能、重视创新创业教育理论和实践研究、竞赛项目落地和创新创业竞赛对真实创业帮助等维度上均落后于高职高专院校,未来这几方面将是"双一流"建设高校开展创新创业教育实践活动和创新创业竞赛等相关工作的重点。

四、高职高专院校在创新创业教育实践活动和创新创业竞赛方面表现良好，但在创新创业竞赛对团队合作能力提升维度上仍需要进一步加强

调研数据显示,高职高专院校在创新创业教育实践活动和创新创业竞赛方面表现良好,尤其是在教师创业实践指导技能、重视创新创业教育理论和实践研究、竞赛项目落地和创新创业竞赛对真实创业帮助等维度上,处于四类高校中的首位。而其他方面,除创新创业竞赛对团队合作能力的提升维度排在四类学校的第三位外,均处于第二位。今后,高职院校需要继续发挥其在领先维度上的引领作用,并积极弥补相应的不足,缩小相关维度与"双一流"建设高校的差距。而采取多样化措施,促进创新创业竞赛对团队合作能力的培养,将是高职高专院校未来开展创新创业教育实践活动和创新创业竞赛等相关工作的要点之一。

五、普通本科院校和民办高校、独立学院在创新创业教育实践活动和创新创业竞赛各维度上表现不尽相同，但整体上仍有较大的进步空间

调研数据显示,普通本科院校和民办高校、独立学院在创新创业实践和创新创业竞赛各维度上的表现各有特色,但多落后于"双一流"建设高校和高职高专院校。今后,普通本科院校和民办高校、独立学院必须要继续发挥自身的办学特色,积极完善创新创业教育实践师资建设,积极开展创新创业教育实践活动,引导学生参与创新创业竞赛,力争实现创新创业教育实践活动和创新创业竞赛方面的多维度提升。

第七章　学生视野中高校创新创业
教育质量满意度评价

第一节　高校创新创业教育学生满意度
评价现状与问题

创新创业教育的逻辑起点是培养人,创新创业教育和其他教育一样,要回归人的发展,而不仅仅局限于实现缓解就业压力、创造社会财富等目标。基于此,本书对高校创新创业教育满意度评价,将聚焦于学生对创业知识与技能、创业意愿与精神等方面的满意度评价方面。

一、高校创新创业教育学生满意度总体概况

从表7-1中数据可知,通过对全国170764名学生的调查,高校创新创业教育满意度总体评价良好。在"创新创业教育有助于丰富创业知识""创新创业教育有助于培养创新精神""创新创业教育有助于提升创业技能""创新创业教育有助于激发创业意愿"等具体项目评价方面,均有60%左右的学生选择"比较同意"或"非常同意",仅有1.4%的学生选择"非常不同意"。

表 7-1   高校创新创业教育满意度总体评价(N=170764)

评价维度 / 满意度	创新创业教育有助于丰富创业知识		创新创业教育有助于培养创新精神		创新创业教育有助于提升创业技能		创新创业教育有助于激发创业意愿		对学校创新创业教育质量总体满意	
	频率	百分比(%)	频率	百分比(%)	频率	百分比(%)	频率	百分比(%)	频率	百分比(%)
非常不同意	2403	1.4	2411	1.4	2380	1.4	2332	1.4	3183	1.9
比较不同意	5373	3.2	5272	3.1	5393	3.1	5374	3.1	7191	4.2
一般	60158	35.2	59457	34.8	59768	35.0	59748	35.0	67016	39.2
比较同意	64085	37.5	63779	37.4	64347	37.7	64421	37.7	58967	34.5
非常同意	38745	22.7	39845	23.3	38876	22.8	38889	22.8	34407	20.2

进一步对高校创新创业教育满意度总体评价进行描述性统计,具体数据如表 7-2 所示。调查数据表明,各维度平均得分都在 3.5 分以上,处于中等偏上水平,从高到低依次是培养创新精神(M=3.78)、激发创业意愿(M=3.77)、提升创业技能(M=3.77)、丰富创业知识(M=3.76)、质量总体满意(M=3.66),表明高校创新创业教育对培育学生创新精神、激发学生创业意愿、传授学生创业知识和培养学生创业技能发挥了重要作用。

表 7-2   高校创新创业教育总体评价描述性统计

评价维度 \ 统计项	N	极小值	极大值	均值	标准差
创新创业教育有助于丰富创业知识	170764	1.0	5.0	3.76	0.88
创新创业教育有助于培养创新精神	170764	1.0	5.0	3.78	0.88
创新创业教育有助于提升创业技能	170764	1.0	5.0	3.77	0.88
创新创业教育有助于激发创业意愿	170764	1.0	5.0	3.77	0.88
对学校创新创业教育质量总体满意	170764	1.0	5.0	3.66	0.90

续表

统计项 评价维度	N	极小值	极大值	均值	标准差
满意度总分	170764	1.0	5.0	3.74	0.82

二、"双一流"建设高校创新创业教育满意度评价现状与问题

表7-3 创新创业教育有助于丰富创业知识

评价	人数	百分比(%)
非常同意	3148	25.66
比较同意	5049	41.15
一般	3436	28.00
比较不同意	424	3.46
非常不同意	212	1.73

从表7-3可知,在"双一流"建设高校创新创业教育满意度评价方面,有66.81%的学生认为创新创业教育有助于丰富创业知识,有5.19%的学生不认同这一观点,另外有28.00%的学生认为一般。由此可见,在丰富创业知识方面,学生的总体满意度较高,学校开展的创新创业教育能有效提高学生的创业知识,从而为学生后续的创业行动奠定理论基础。

表7-4 创新创业教育有助于培养创新精神

评价	人数	百分比(%)
非常同意	3224	26.28
比较同意	5017	40.89
一般	3408	27.78
比较不同意	404	3.29
非常不同意	216	1.76

从表7-4可知,有67.17%的学生认为创新创业教育有助于培养创新精神,有5.05%的学生不认同这一观点,另外有27.78%的学生认为一般。可见在培养创新精神方面,学生的总体满意度较高,学校开展的创新创业教育能有效提高学生的创新精神,从而为学生后续的创业行动提供创新保障。

从表7-5可知,在结果评价方面,有66.48%的学生认为创新创业教育有助于提升创业技能,有5.49%的学生不认同这一观点,另外有28.03%的学生认为一般,可见在提升创业技能方面,学生的总体满意度较高。学校开展的创新创业教育能有效提高学生的创业技能,让学生掌握有助于创业实践的技能,有助于提升学生的创业意愿。

表7-5　创新创业教育有助于提升创业技能

评价	人数	百分比（%）
非常同意	3164	25.79
比较同意	4992	40.69
一般	3439	28.03
比较不同意	459	3.74
非常不同意	215	1.75

从表7-6可知,在结果评价方面,有66.94%的学生认为创新创业教育有助于激发创业意愿,有5.28%的学生不认同这一观点,另外有27.78%的学生认为一般,可见在激发创业意愿方面,学生的总体满意度较高。学校开展的创新创业教育能有效提高学生的创业意愿,让学生感受到创业的魅力。

表7-6　创新创业教育有助于激发创业意愿

评价	人数	百分比（%）
非常同意	3174	25.87
比较同意	5039	41.07
一般	3409	27.78

评价	人数	百分比(%)
比较不同意	445	3.63
非常不同意	202	1.65

三、普通本科院校创新创业教育满意度评价现状与问题

从创新创业教育对创业知识的丰富作用角度来看,来自普通本科院校的学生中,有21.99%的学生认为创新创业教育对丰富创业知识的作用明显;有38.76%的学生认为创新创业教育对丰富创业知识具有良好的推动作用;有34.45%的学生认为创新创业教育对丰富创业知识具有一定的推动作用;有4.80%的学生认为创新创业教育对丰富创业知识的作用十分有限(见表7-7)。相关监测数据表明,创新创业教育是丰富学生创业知识的重要手段之一。因此,普通本科院校需要继续加强创新创业教育课程的建设,并合理地设计课程内容,从而通过创新创业教育的实施过程,实现与普通本科院校学生创业知识的交互与共享,为学生真实的创业实践夯实知识基础。

表7-7 创新创业教育有助于丰富创业知识

评价	人数	百分比(%)
非常同意	18165	21.99
比较同意	32017	38.76
一般	28459	34.45
比较不同意	2771	3.35
非常不同意	1197	1.45

从创新创业教育对创新精神的培养角度来看,有22.66%的学生认为创

新创业教育对培养创新精神的作用明显;有38.58%的学生认为创新创业教育对培养创新精神具有良好的推动作用;有33.99%的学生认为创新创业教育对培养创新精神具有一定的推动作用;有4.77%的学生认为创新创业教育对培养创新精神的作用十分有限(见表7-8)。

表7-8　创新创业教育有助于培养创新精神

评价	人数	百分比(%)
非常同意	18716	22.66
比较同意	31869	38.58
一般	28081	33.99
比较不同意	2743	3.32
非常不同意	1200	1.45

从这一角度来看,相关监测数据同样肯定了学校开展创新创业教育对学生创新精神培养的作用。因此,普通本科院校应该继续坚持开展创新创业教育,并以创新创业教育为手段,实现对普通本科院校学生创新精神的培养和提升,进而促进学生创业意愿的提升和创业构思的生成。

从创新创业教育对创业技能的提升角度来看,有22.01%的学生认为创新创业教育对提升创业技能的作用明显;有38.99%的学生认为创新创业教育对提升创业技能具有良好的推动作用;有34.15%的学生认为创新创业教育对提升创业技能具有一定的推动作用;有4.85%的学生认为创新创业教育对提升创业技能的作用十分有限(见表7-9)。从这一角度来看,学校开展创新创业教育的必要性再次被普通本科院校的调查和监测数据所证实。基于此,普通本科院校有必要不断丰富创新创业教育相关课程的内容,有针对性地开展创业技能教育的相关课程,进而提升普通本科院校学生的创业技能,从而促进学生创业实践的顺利开展。

表 7-9　创新创业教育有助于提升创业技能

评价	人数	百分比(%)
非常同意	18185	22.01
比较同意	32207	38.99
一般	28208	34.15
比较不同意	2805	3.39
非常不同意	1204	1.46

从创新创业教育对创业意愿的激发角度来看,有 22.15% 的学生认为创新创业教育对激发创业意愿的作用明显;有 38.93% 的学生认为创新创业教育对激发创业意愿具有良好的推动作用;有 34.16% 的学生认为创新创业教育对激发创业意愿具有一定的推动作用;有 4.76% 的学生认为创新创业教育对激发创业意愿的作用十分有限(见表 7-10)。从这一角度来看,普通本科院校的调查和监测数据肯定了创新创业教育对激发创业意愿的重要作用,今后普通本科院校可以进一步强化学校的创新创业教育,并以此为契机,不断激发学生的创业意愿。

表 7-10　创新创业教育有助于激发创业意愿

评价	人数	百分比(%)
非常同意	18295	22.15
比较同意	32159	38.93
一般	28220	34.16
比较不同意	2775	3.36
非常不同意	1160	1.40

四、民办高校和独立学院创新创业教育满意度评价现状与问题

从表 7-11 可以看出,民办高校和独立学院中学生对创新创业教育在知

识习得方面的评价是:非常认同其知识学习作用的有 5838 人,占比 22.34%;比较同意其知识学习作用的有 9628 人,占比 36.85%;认为其与创业知识学习没有关联的有 9445 人,占比 36.14%;认为其未能实现创业知识学习的有 827 人,占比 3.16%;认为其十分缺乏有效的知识供应的有 395 人,占比 1.51%。总的来看,大部分学生认同创新创业教育对于创业基本知识、理论学习有所帮助。

表 7-11 创新创业教育有助于丰富创业知识

评价	人数	百分比(%)
非常同意	5838	22.34
比较同意	9628	36.85
一般	9445	36.14
比较不同意	827	3.16
非常不同意	395	1.51

从表 7-12 可以看出,民办高校和独立学院中学生对创新创业教育在培养创新精神上的态度如下,5963 人明确认为其培养了自身的创新精神,占比 22.82%;9567 人认为其对培养创新精神存在作用,占比 36.61%;9396 人没有关注其对创新精神的培养作用,占比 35.95%;813 人不认为创新创业教育培养了创新精神,占比 3.11%;394 人认为创新创业教育未能实现创新精神的提升。总体来说,学生们普遍认同创新创业教育对创新精神的培养功能。

表 7-12 创新创业教育有助于培养创新精神

评价	人数	百分比(%)
非常同意	5963	22.82
比较同意	9567	36.61
一般	9396	35.95
比较不同意	813	3.11

评价	人数	百分比（%）
非常不同意	394	1.51

从表7-13可以看出,有5838人认为创新创业教育有助于提升创业技能,占比22.34%;9651人认为创新创业教育对创业技能的提升有帮助,占比36.93%;9469人则对创新创业教育与创业技能的内在关联有所关注,占比36.23%;804人不认为创新创业教育能提升个体的实际创业能力,占比3.08%;有371人认为创新创业教育根本不能提供有效的创业技能学习。从中可以看出,大部分的学生认为创新创业教育对于外显类创业素养的培养具有明显成效。而且相比于知识学习,有更多的学生认同创新创业教育在技能培养上的助益作用。

表 7-13　创新创业教育有助于提升创业技能

评价	人数	百分比（%）
非常同意	5838	22.34
比较同意	9651	36.93
一般	9469	36.23
比较不同意	804	3.08
非常不同意	371	1.42

从表7-14可以看出,民办高校和独立学院中学生对创新创业教育激发创业意愿的功能的态度是:5791人十分认可创业学习对创业意向的激发作用,占比22.16%;9695人认为创新创业教育对激发创业意向、开启创业有一定作用,占比37.10%;9452人没有明显感觉出创新创业教育对创业意愿的激发功能,占比36.17%;818人不认同创新创业教育对创业意愿的激发作用,占比3.13%;377人非常不认可创新创业教育能激发个体的创业意愿,占比

1.44%。由上可知,在创业意愿激发方面,大部分学生是认同创新创业教育这一功能的。而且相较于对创业精神的培养,学生们更认同创新创业教育对创业意愿这一隐性创业素养的促进作用。

表 7-14　创新创业教育有助于激发创业意愿

评价	人数	百分比（%）
非常同意	5791	22.16
比较同意	9695	37.10
一般	9452	36.17
比较不同意	818	3.13
非常不同意	377	1.44

五、高职高专院校创新创业教育满意度评价现状与问题

对"创新创业教育有助于丰富创业知识"的回答,23.30%的学生选择"非常同意",34.95%的学生选择"比较同意",37.82%的学生选择"一般",见表 7-15。

表 7-15　创新创业教育有助于丰富创业知识

评价	人数	百分比（%）
非常同意	11594	23.30
比较同意	17391	34.95
一般	18818	37.82
比较不同意	1351	2.72
非常不同意	599	1.21

对"创新创业教育有助于培养创新精神"的回答,24.00%的学生选择"非常同意",34.82%的学生选择"比较同意",37.33%的学生选择"一般",见表 7-16。

表 7-16　创新创业教育有助于培养创新精神

评价	人数	百分比(%)
非常同意	11942	24.00
比较同意	17326	34.82
一般	18572	37.33
比较不同意	1312	2.64
非常不同意	601	1.21

对"创新创业教育有助于提升创业技能"的回答,23.49%的学生选择"非常同意",35.17%的学生选择"比较同意",37.49%的学生选择"一般",见表7-17。

表 7-17　创新创业教育有助于提升创业技能

评价	人数	百分比(%)
非常同意	11689	23.49
比较同意	17497	35.17
一般	18652	37.49
比较不同意	1325	2.66
非常不同意	590	1.19

对"创新创业教育有助于激发创业意愿"的回答,23.37%的学生选择"非常同意",35.23%的学生选择"比较同意",37.52%的学生选择"一般",见表7-18。

表 7-18　创新创业教育有助于激发创业意愿

评价	人数	百分比(%)
非常同意	11629	23.37
比较同意	17528	35.23

评价	人数	百分比(%)
一般	18667	37.52
比较不同意	1336	2.69
非常不同意	593	1.19

总体而言,创新创业教育对丰富高职高专院校学生的创业知识、培养学生的创业精神、提升学生的创业技能、激发学生的创业意愿等方面都发挥了积极的作用,这与职业教育促进学生就业、个人职业生涯全面发展具有高度的一致性。

第二节　高校创新创业教育学生满意度评价比较分析

本书进一步通过方差分析,比较不同类型高校创新创业教育质量学生满意度,将为接下来提出有关创新创业教育满意度提升的政策建议提供依据。

一、学生视野中高校对创新创业教育质量总体满意情况

从表7-19中数据可知,总体评价方面,在"双一流"建设高校中,有60.28%的学生对学校的创新创业教育质量总体满意,有7.46%的学生不认同这一观点,另外有32.26%的学生认为一般。可见,在创新创业教育质量方面,学生的态度不一,大部分的学生对学校的创新创业教育总体满意,但是仍有不少学生认为学校的创新创业教育存在改进的空间。在学校发展创新创业教育的过程中,应该注重收集学生的反馈,积极改进,争取为学生提供更优质的创新创业教育,助力学生的创新创业。

表7-19　"双一流"建设高校对学校创新创业教育质量总体满意

评价	人数	百分比（%）
非常同意	2796	22.79
比较同意	4600	37.49
一般	3958	32.26
比较不同意	641	5.22
非常不同意	274	2.24

从创新创业教育质量的总体满意度来看,参与普通本科院校创新创业教育相关调查和监测的学生中,有19.11%的学生对学校当前创新创业教育质量总体非常满意;有35.23%的学生对学校当前创新创业教育质量总体比较满意;有39.03%的学生对学校当前创新创业教育质量总体满意度一般;有6.63%的学生对学校当前创新创业教育质量总体不够满意(见表7-20)。

表7-20　普通本科院校对学校创新创业教育质量总体满意

评价	人数	百分比（%）
非常同意	15787	19.11
比较同意	29104	35.23
一般	32240	39.03
比较不同意	3839	4.65
非常不同意	1639	1.98

从整体满意度来看,调查和监测数据表明普通本科院校学生对创新创业教育的质量的总体满意度已经较高(>50%),这表明普通本科院校学生对学校创新创业教育质量的肯定,但仍有45.66%的学生认为创新创业教育质量仍待提高。当然,普通本科院校仍需要认真分析造成这部分学生满意度较低的原因,并采取针对性的措施,提升普通本科院校学生创新创业教育质量的总体满意度。

从表7-21可以看出,民办高校和独立学院学生对学校创新创业教育的满意度分布是:5176 人对学校创新创业教育非常满意,占比 19.81%;8796 人对学校创新创业教育感到满意,占比 33.66%;10636 人对学校创新创业教育没有感到满意或不满意,占比 40.70%;1040 人对学校创新创业教育感到不满意,占比 3.98%;485 人对学校创新创业教育感到非常不满意,占比 1.85%。由此可见,民办高校和独立学院虽然如今创新创业教育已全面推进,但在全校性创新创业教育背景下仍有较大一部分学生未能真正有效参与到创新创业教育中来。实现大学生创新创业的深度学习,促进其学习动机的形成,解决创新创业教育供求失衡的问题,仍将是影响创新创业教育发展的主要问题。

表 7-21   对学校创新创业教育质量总体满意

评价	人数	百分比(%)
非常同意	5176	19.81
比较同意	8796	33.66
一般	10636	40.70
比较不同意	1040	3.98
非常不同意	485	1.85

来自高职高专院校的学生对"学校创新创业教育质量总体满意"的回答,21.40%的学生选择"非常同意",33.10%的学生选择"比较同意",40.56%的学生选择"一般",见表 7-22。

表 7-22   高职高专院校对学校创新创业教育质量总体满意

评价	人数	百分比(%)
非常同意	10648	21.40
比较同意	16467	33.10
一般	20182	40.56
比较不同意	1671	3.36
非常不同意	785	1.58

二、不同类型高校创新创业教育质量学生满意度方差分析

本书采用单因素方差分析法,检验不同类型高校的学生对创新创业教育质量满意度的差异性。

表 7-23　创新创业教育有助于丰富创业知识描述统计

学校类型	N	均值	标准差	标准误	均值的 95%置信区间		极小值	极大值	F
					下限	上限			
1	12269	3.856	0.8998	0.0081	3.840	3.871	1.0	5.0	
2	82609	3.765	0.8796	0.0031	3.759	3.771	1.0	5.0	
3	26133	3.753	0.887	0.0078	3.738	3.769	1.0	5.0	32.46***
4	49753	3.764	0.8790	0.0039	3.757	3.772	1.0	5.0	
总数	170764	3.769	0.8823	0.0021	3.765	3.774	1.0	5.0	

注:* 表示 $p<0.05$;** 表示 $p<0.01$;*** 表示 $p<0.001$。

1. "双一流"建设高校;2.普通本科院校;3.民办高校和独立学院;4.高职高专院校。

由表 7-23 和表 7-24 可知,"双一流"建设高校的学生对"创新创业教育有助于丰富创业知识"评价的均值显著高于普通本科院校、民办高校和独立学院、高职高专院校的学生,而后三种类型高校在这方面并无显著差异。

表 7-24　创新创业教育有助于丰富创业知识多重比较

(I)您所就读的高校类型	(J)您所就读的高校类型	均值差(I-J)	标准误	显著性	95%置信区间	
					下限	上限
1	2	0.0907*	0.0085	0.000	0.074	0.107
	3	0.1022*	0.0097	0.000	0.083	0.121
	4	0.0912*	0.0089	0.000	0.074	0.109

（I）您所就读的高校类型	（J）您所就读的高校类型	均值差（I−J）	标准误	显著性	95%置信区间	
					下限	上限
2	1	−0.0907*	0.0085	0.000	−0.107	−0.074
	3	0.0115	0.0063	0.066	−0.001	0.024
	4	0.0005	0.0050	0.927	−0.009	0.010
3	1	−0.1022*	0.0097	0.000	−0.121	−0.083
	2	−0.0115	0.0063	0.066	−0.024	0.001
	4	−0.0110	0.0067	0.101	−0.024	0.002
4	1	−0.0912*	0.0089	0.000	−0.109	−0.074
	2	−0.0005	0.0050	0.927	−0.010	0.009
	3	0.0110	0.0067	0.101	−0.002	0.024

注：* 表示 $p<0.05$；** 表示 $p<0.01$；*** 表示 $p<0.001$。
1."双一流"建设高校；2.普通本科院校；3.民办高校和独立学院；4.高职高专院校。

表 7-25　创新创业教育有助于培养创新精神描述

学校类型	N	均值	标准差	标准误	均值的95%置信区间		极小值	极大值	F
					下限	上限			
1	12269	3.866	0.9016	0.0081	3.850	3.882	1.0	5.0	
2	82609	3.777	0.8833	0.0031	3.771	3.783	1.0	5.0	
3	26133	3.761	0.8889	0.0078	3.746	3.777	1.0	5.0	32.613***
4	49753	3.778	0.8821	0.0040	3.770	3.786	1.0	5.0	
总数	170764	3.781	0.8855	0.0021	3.777	3.785	1.0	5.0	

注：* 表示 $p<0.05$；** 表示 $p<0.01$；*** 表示 $p<0.001$。
1."双一流"建设高校；2.普通本科院校；3.民办高校和独立学院；4.高职高专院校。

由表 7-25 和表 7-26 可知，"双一流"建设高校的学生对"创新创业教育有助于培养创新精神"评价的均值显著高于普通本科院校、民办高校和独立学院、高职高专院校的学生；普通本科院校、高职高专院校的学生对"创新创业教育有助于培养创新精神"评价的均值显著高于民办高校和独立学院的学生。

表 7-26 创新创业教育有助于培养创新精神多重比较

(I)您所就读的高校类型	(J)您所就读的高校类型	均值差(I-J)	标准误	显著性	95%置信区间	
					下限	上限
1	2	0.0897*	0.0086	0.000	0.073	0.106
	3	0.1051*	0.0097	0.000	0.086	0.124
	4	0.0886*	0.0089	0.000	0.071	0.106
2	1	-0.0897*	0.0086	0.000	-0.106	-0.073
	3	0.0155*	0.0063	0.014	0.003	0.028
	4	-0.0011	0.0050	0.824	-0.011	0.009
3	1	-0.1051*	0.0097	0.000	-0.124	-0.086
	2	-0.0155*	0.0063	0.014	-0.028	-0.003
	4	-0.0166*	0.0068	0.014	-0.030	-0.003
4	1	-0.0886*	0.0089	0.000	-0.106	-0.071
	2	0.0011	0.0050	0.824	-0.009	0.011
	3	0.0166*	0.0068	0.014	0.003	0.030

注:* 表示 $p<0.05$;** 表示 $p<0.01$;*** 表示 $p<0.001$。
1."双一流"建设高校;2.普通本科院校;3.民办高校和独立学院;4.高职高专院校。

表 7-27 创新创业教育有助于提升创业技能描述

学校类型	N	均值	标准差	标准误	均值的95%置信区间		极小值	极大值	F
					下限	上限			
1	12269	3.850	0.9073	0.0082	3.834	3.866	1.0	5.0	
2	82609	3.767	0.8800	0.0031	3.761	3.773	1.0	5.0	
3	26133	3.758	0.8814	0.0077	3.743	3.773	1.0	5.0	27.094***
4	49753	3.771	0.8779	0.0039	3.763	3.779	1.0	5.0	
总数	170764	3.773	0.8819	0.0021	3.768	3.777	1.0	5.0	

注:* 表示 $p<0.05$;** 表示 $p<0.01$;*** 表示 $p<0.001$。
1."双一流"建设高校;2.普通本科院校;3.民办高校和独立学院;4.高职高专院校。

由表 7-27 和表 7-28 可知,"双一流"建设高校的学生对"创新创业教育有助于提升创业技能"评价的均值显著高于普通本科院校、民办高校和独立学院、高职高专院校的学生;高职高专院校的学生对"创新创业教育有助于提升创业技能"评价的均值显著高于民办高校和独立学院的学生。

表7-28　创新创业教育有助于提升创业技能多重比较

（I）您所就读的高校类型	（J）您所就读的高校类型	均值差（I-J）	标准误	显著性	95%置信区间	
					下限	上限
1	2	0.0832*	0.0085	0.000	0.066	0.100
	3	0.0933*	0.0096	0.000	0.074	0.112
	4	0.0790*	0.0089	0.000	0.062	0.096
2	1	−0.0832*	0.0085	0.000	−0.100	−0.066
	3	0.0101	0.0063	0.107	−0.002	0.022
	4	−0.0042	0.0050	0.404	−0.014	0.006
3	1	−0.0933*	0.0096	0.000	−0.112	−0.074
	2	−0.0101	0.0063	0.107	−0.022	0.002
	4	−0.0143*	0.0067	0.034	−0.027	−0.001
4	1	−0.0790*	0.0089	0.000	−0.096	−0.062
	2	0.0042	0.0050	0.404	−0.006	0.014
	3	0.0143*	0.0067	0.034	0.001	0.027

注:* 表示 $p < 0.05$;** 表示 $p < 0.01$;*** 表示 $p < 0.001$。
　　1."双一流"建设高校;2.普通本科院校;3.民办高校和独立学院;4.高职高专院校。

表7-29　创新创业教育有助于激发创业意愿描述

学校类型	N	均值	标准差	标准误	均值的95%置信区间		极小值	极大值	F
					下限	上限			
1	12269	3.859	0.9000	0.0081	3.843	3.875	1.0	5.0	
2	82609	3.771	0.8782	0.0031	3.765	3.777	1.0	5.0	
3	26133	3.754	0.8820	0.0055	3.743	3.765	1.0	5.0	32.702***
4	49753	3.769	0.8777	0.0039	3.761	3.777	1.0	5.0	
总数	170764	3.774	0.8805	0.0021	3.770	3.778	1.0	5.0	

注:* 表示 $p < 0.05$;** 表示 $p < 0.01$;*** 表示 $p < 0.001$。
　　1."双一流"建设高校;2.普通本科院校;3.民办高校和独立学院;4.高职高专院校。

　　由表7-29和表7-30可知,"双一流"建设高校的学生对"创新创业教育有助于激发创业意愿"评价的均值显著高于普通本科院校、民办高校和独立学院、高职高专院校的学生;普通本科院校的学生对"创新创业教育有助于激发创业意愿"评价的均值显著高于民办高校和独立学院的学生;高职高专院校的学生对"创新创业教育有助于激发创业意愿"评价的均值显著高于民办高校和独立学院的学生。

表7-30　创新创业教育有助于激发创业意愿多重比较

(I)您所就读的高校类型	(J)您所就读的高校类型	均值差(I-J)	标准误	显著性	95%置信区间	
					下限	上限
1	2	0.0884*	0.0085	0.000	0.072	0.105
	3	0.1049*	0.0096	0.000	0.086	0.124
	4	0.0898*	0.0089	0.000	0.072	0.107
2	1	−0.0884*	0.0085	0.000	−0.105	−0.072
	3	0.0165*	0.0062	0.008	0.004	0.029
	4	0.0015	0.0050	0.769	−0.008	0.011
3	1	−0.1049*	0.0096	0.000	−0.124	−0.086
	2	−0.0165*	0.0062	0.008	−0.029	−0.004
	4	−0.0151*	0.0067	0.025	−0.028	−0.002
4	1	−0.0898*	0.0089	0.000	−0.107	−0.072
	2	−0.0015	0.0050	0.769	−0.011	0.008
	3	0.0151*	0.0067	0.025	0.002	0.028

注:* 表示 $p<0.05$;** 表示 $p<0.01$;*** 表示 $p<0.001$。
1."双一流"建设高校;2.普通本科院校;3.民办高校和独立学院;4.高职高专院校。

表 7-31　对学校创新创业教育质量总体满意描述

学校类型	N	均值	标准差	标准误	均值的 95% 置信区间		极小值	极大值	F
					下限	上限			
1	12269	3.734	0.9432	0.0085	3.717	3.750	1.0	5.0	
2	82609	3.648	0.9067	0.0032	3.642	3.655	1.0	5.0	
3	26133	3.656	0.9016	0.0056	3.645	3.667	1.0	5.0	37.495***
4	49753	3.694	0.8957	0.0040	3.686	3.702	1.0	5.0	
总数	170764	3.669	0.9058	0.0022	3.665	3.673	1.0	5.0	

注：* 表示 $p<0.05$；** 表示 $p<0.01$；*** 表示 $p<0.001$。
1."双一流"建设高校；2.普通本科院校；3.民办高校和独立学院；4.高职高专院校。

由表 7-31 和表 7-32 可知，"双一流"建设高校的学生对"学校创新创业教育质量总体满意"评价的均值显著高于普通本科院校、民办高校和独立学院、高职高专院校的学生；高职高专院校的学生对"学校创新创业教育质量总体满意"评价的均值显著高于普通本科院校、民办高校和独立学院的学生。

表 7-32　对学校创新创业教育质量总体满意多重比较

(I)您所就读的高校类型	(J)您所就读的高校类型	均值差(I-J)	标准误	显著性	95%置信区间	
					下限	上限
1	2	0.0854*	0.0088	0.000	0.068	0.103
	3	0.0780*	0.0099	0.000	0.059	0.097
	4	0.0399*	0.0091	0.000	0.022	0.058
2	1	-0.0854*	0.0088	0.000	-0.103	-0.068
	3	-0.0074	0.0064	0.247	-0.020	0.005
	4	-0.0455*	0.0051	0.000	-0.056	-0.035

续表

（I）您所就读的高校类型	（J）您所就读的高校类型	均值差（I-J）	标准误	显著性	95%置信区间	
					下限	上限
3	1	-0.0780*	0.0099	0.000	-0.097	-0.059
	2	0.0074	0.0064	0.247	-0.005	0.020
	4	-0.0381*	0.0069	0.000	-0.052	-0.025
4	1	-0.0399*	0.0091	0.000	-0.058	-0.022
	2	0.0455*	0.0051	0.000	0.035	0.056
	3	0.0381*	0.0069	0.000	0.025	0.052

注：* 表示 $p<0.05$；** 表示 $p<0.01$；*** 表示 $p<0.001$。
1."双一流"建设高校；2.普通本科院校；3.民办高校和独立学院；4.高职高专院校。

第三节 高校创新创业教育学生满意度提升对策

一、"双一流"建设高校创新创业教育满意度提升对策

（一）加强"双一流"建设高校创新创业教育教师队伍建设

"双一流"建设高校应尽快创新人才政策,探索实施专业化的人力资源管理策略,包括建立创新创业教育师资队伍人力资源规划(外部引进内部培养等)、教职岗位分析(专职兼职等)、招聘甄选(合格的和优秀的创新创业教育教师标准是什么)、培训发展(真正有效的挂职锻炼等)、绩效考核、薪酬管理、职业生涯发展、离岗创业保障等系统的人力资源管理流程。

（二）鼓励基于专业的创业是提升学生的创新创业教育满意度的重要途径

当前,创业政策和创新创业竞赛得到"双一流"建设高校学生的一致好

评。学生最不满意的是创新创业课程内容、创业实践项目与自己所学专业知识结合不够紧密,还缺乏多样化的创新创业教育课程以及具有丰富创新创业教育教学经验的教师。"双一流"建设高校的优势之一是师生的学术水平和专业水平高于普通本科院校,如何进一步紧密融合创新创业课程内容、创业实践项目和学生所学专业,进行基于专业的创业是提升"双一流"建设高校创新创业教育质量的重要途径。为此,可采取真正的师生共创(不仅仅是教师的科研项目简单的让学生挂名去参加竞赛)、提升学科组织的学术创业力等策略和举措。

二、普通本科院校创新创业教育满意度提升对策

(一)完善创新创业激励机制

普通本科院校创新创业教育的发展离不开机制的保障。学校应该建立合理的创新创业教育机制,如政府激励机制、企业激励机制等。学校应保障并激励教师和学生参与创新创业教育,完善创新创业激励机制。

(二)打造高素质的创新创业师资队伍

教师是高校教育的核心要素。创新创业教育的特点要求教师既需要具备广博的学识,更需要拥有丰富的实践经验。当前我国从事创新创业教育的教师严重不足,普通本科院校想要发展创新创业教育,就必须扩大创新创业教育的师资队伍,还需要培养教师将理论知识与社会实践相结合的能力。当前,高校应致力于打造理论联系实际的多元化、高素质的创新创业师资队伍。

(三)开发交叉融合的课程体系

发展和完善普通本科院校创新创业教育,重点要建立系统的、科学的课程体系。创新创业教育是建立在多学科交叉融合基础上的,在课程设计中最重

要的是把创新创业思想和精神融入专业课程传授给学生。学校可以将创新创业课程面向全校师生开放并编写多样化的创新创业教材。学校应鼓励教师探索有效的教学模式和教学方法。

（四）开展不同形式的创新创业实践

创新创业教育最突出的特点是实践，因此高校的创新创业教育需要实践。学校可以开展多种不同形式的创新创业实践。教师自身也需要具备较强创业实践指导技能，可以通过专业的培训提升自己的创新创业技能。

三、民办高校和独立学院创新创业教育满意度提升对策

（一）以分层分类为导向，建立创新创业教育与专业教育融合新体系

首先，建构创业人才培养的分层分类框架。根据创新创业教育的不同学习需求，实施分层分类的创业人才培养体系，以实现创新创业教育的个性化与精细化。在分层方面，一是通过通识教育、创业文化传播培育全体学生的创业意识与创业精神；二是通过创业苗圃、众创空间等挖掘感兴趣学生的创业潜能；三是通过创新创业课程、特色班级等发展意向学生的创业知能；四是通过孵化区、园区、实训营等提升创业学生的创业实务。在分类方面，以新兴产业创业为导向，针对不同专业行业类别、不同学生类别开展不同的创新创业课程并实施不同的创业实践，形成设计、影像技术、"互联网+"、新媒体、文创、电商、公益、综合等多个类别的创业项目布局。

其次，探索创新创业教育与专业教育深度融合新机制。以培养既懂专业又懂管理的复合型应用人才为基本目标，将创新创业教育深度融入专业人才培养全过程，实现人才培养目标的融合、培养模式的融合、课程内容体系的融合、实践实训体系的融合、学业发展评价体系的融合。建立跨院系、跨学科、跨

专业、跨行业交叉培养创业人才的新机制,进一步推进专业教育与创新创业教育融合的人才培养模式实验区建设。

第三,创新创业教育课程融入专业人才培养体系。面向全体大学生开发开设研究方法、学科前沿、创业基础、就业创业指导等方面的必修课和选修课,建成依次递进、有机衔接、科学合理的创新创业教育专门课程群。开设全校性《创业基础》公共课程、跨专业选修课程、创新创业项目,鼓励各专业开设专业类创新创业课程、专业管理实践环节(不少于1周时间),提升创新创业教育与专业教育的融合度。

第四,将创新创业教育要素融入学生学业发展体系。构建专业创业工作室—学院创业中心—学校创业园区—社会创业平台四级孵化机制,形成贯通专业课内外、创业园内外、校内外的创新创业教育生态链;建立健全有利于创新创业教育发展的教学管理制度,完善弹性学制,允许保留学籍休学创业;落实创新创业教育学分积累与转换制度,建立创业学分与专业学分、学生创业活动绩效与学分业绩之间的关联,促进学生科技项目、教师科研项目、学生创业训练、创业大赛与创业实践项目相对接。

(二)以创业型人才培养为目标,建设校内外双百创业导师

首先,建设专业导向的百名校内创业导师。根据专任为主、专兼结合的原则,配足配强创业基础课教师;专业课程导师由专业任课老师担任,承担专业类创新创业课程教学任务,注重从专业层面引导发现创业商机;专业创业导师由具有丰富企业实践经验、承担科技创业项目的专业教师担任;学生创业先锋由学生创业精英构成,注重同辈的创业经验分享。实施创新创业教育教师培养计划,将提高创新创业教育的意识和能力作为教师发展的重要内容,建立创新创业教育专职教师到行业企业挂职锻炼制度,提升创新创业教师的教学能力。

其次,建设实务导向的百名校外创业导师。充分利用科技园、创业园等校

外师资,吸引更多相关行业企业优秀经营管理人才、企业家到学校兼职或挂职任教。校外教练由具有丰富企业实践经验的创业者、企业家、企业管理者、企业技术骨干担任,能指导学生结合专业开展创业实践,注重学生创业项目孵化与创业实务能力的培养;建立校内外创新创业教师协同教学与互动交流机制,共助创新创业教师专业发展。

（三）以复合型应用人才培养为核心,完善创业文化平台、创业教学平台、创业实务平台

首先,构筑多样化的创业文化平台。一是构建多层次的创业通识教育体系。立足于培养具有创新精神、创业能力和社会责任感的高级应用型人才,把创新创业教育有效纳入专业教育和文化素质教育教学计划和学分体系,建立创新创业教育公共课、公选课、跨专业选修课等通识教育课程模块;结合始业教育与专业教育,构建创业宣讲、创业沙龙、创业论坛、创业大赛等通识教育活动模块,形成多层次的创业通识教育体系,精心培育创客精神与创业文化,让学生创业创新蔚然成风。二是搭建全媒体的学生创业信息服务体系。通过微信、微博、网站等媒体,及时发布创业项目信息;与学院共建创新创业教育信息反馈体系;构建创业人才培养跟踪调查机制,建立在校生和毕业生的创新创业教育档案;健全持续化信息服务制度,完善大学生创业信息化服务平台,实时提供国家政策、市场动向等信息,并做好创业项目对接、知识产权交易等服务;推动地方和行业协会针对区域需求、行业发展,发布创业项目指南,引导大学生识别创业机会、捕捉创业商机。三是构建全程化的学生创业帮扶体系。由创业人才培养、就业处、团委、学院、学区共同参与,搭建持续帮扶、全程指导、一站式服务的创业帮扶体系,开展形式丰富的创业工作坊、小班化团体辅导活动等形式,采用专家讲解、案例分享、小组讨论、现场模拟等多种活动,帮助他们在短时间内获得自我提升。四是推动自主化的创业社团发展。支持大学生成立创新创业协会、创业俱乐部等社团,自主举办创业学子论坛,开展创业诊

断、创业咨询、创业交流、创业创意大赛、创业工作坊、模拟实训等形式多样、类型丰富的社团活动,传播创业精神,引领创业先锋,助推大学生自主创业。

其次,打造多层次的创业教学平台。一是推进深度融合的创业人才培养模式改革。对接创业热点、做活创业先锋班,整合企业资源,办好各类满足学生需求、形式多样的创业先锋班;强化创业实务做强创业管理班,进一步优化课程体系,改革教学方法、推进班级导师制,采取小班化精英培养。在区域行业结合紧密、创业实践相关性较大、前期学生自主创业率较高的专业群中,开设创新创业教育实验班,探索创新创业教育与专业教育深度融合的创业人才培养新模式。二是加强特色化的创新创业教育课程体系建设。建设具有地域元素的创新创业教育课程与教材、案例集;建设公共类创新创业课程群和专业类创新创业课程群,满足不同类型学生的学习需求;加快创新创业教育优质课程信息化建设;改进创新创业课程教学与评价方法,系统推进"创业孵化式教育"教学改革,注重参与式、体验式、项目化、讨论式、混合式的教学方法,注重考查学生运用知识分析、解决问题的能力,引导学生更加"接地气",寻找并发现身边的创业项目,并运用创业思维加以实践。

最后,做强实践导向的创业实务平台。一是对大学生创业园精细化管理。积极争取地方政府、行业企业的支持,建好大学生创业园;优化运行机制,提高利用效率和孵化成功率;根据行业、专业类别分区块入驻创业园区;建立园区入驻与学生创业训练体系之间的关联,强调学生创业能力发展一体化;建立园区动态评估机制,精细化、滚动制管理创业园区,建立竞争性的入园退园优胜劣汰机制,通过整治和增扩,提升创业园区项目孵化容量。二是落实学生创业项目孵化机制。多方筹集资金扩充大学生创业基金,支持学生创业项目落地;鼓励有条件的学生创业团队申请《高校毕业生自主创业证》,并创办企业,予以经费资助;鼓励学生项目团队入驻校外联盟园区平台;丰富学生创业团队构成,允许以本校学生为主,联合校外资源申报园区项目入驻;鼓励学生创业项目采用组织团队、招聘本校毕业生等方式入驻园区;为创业学生实施二对一的创业辅导,即两位校内外导师对一个创业团队。三是鼓励师生共创。鼓励专业教师带领学生做助手共同研发各类课题,在科研成果转化中培养学生的专业创业能力;完善学校科技成果处置和收益分配机制;支持教师以对外转让、合作转化、作价入股、自主创业等形式将科技成果产业化,并带领学生创新创业;在确保以学生团队为主体的前提下,支持教师以技术、项目、资金、经验、资源等多种形式与学生共同创业。四是构建大学生创业训练体系。根据创业大学生的需求,有效组织和激活人才、技术、资本、市场等各种要素,打造创新与创业、线上与线下、孵化与投资相结合的开放式众创空间,为大学生创客提供创意孵化、创业培训、创业交流、工商注册、融资对接等一站式服务;举办以创意、创客、创业为主题的"创客学堂";支持各学院依托各级各类科技创新平台与重点实验室,建立一批具有创意发展、科技创新、创业孵化、技术转化等功能的特色化创客空间、创新创业小屋、创新基地等新型创新创业空间;建设大学生创业模拟实训平台,支持学生开展研究性学习、创新性实验、创业计划和创业模拟实训,培养学生对创业的兴趣、爱好和思辨力。五是整合社会化创业资源。建立校校、校企、校地、校所以及国际合作的创业人才培养协同育人新机制。对接校外创业园、产业园、科技园,进行资源、师资、场地等共享;每年定期举办创业项目校内外对接活动,实现学生创业与企业对接、园区对接、人员对接、项目对接、资金对接;引入风险投资机构,构建大学生创新创业投融资机制,推动社会组织、公益团体、企事业单位和个人设立大学生创业风险基金,积极吸引风险投资基金和私募基金支持优秀大学生创业项目。

（四）完善保障措施,营造良好的学校创新创业教育发展空间

其一,加强组织保障。进一步强化全校创新创业教育工作的顶层设计与协同推进。成立由校领导任组长、有关部门负责人参加的创新创业教育工作领导小组,建立创业人才培养由学院牵头,教务、就业、团委等相关职能部门齐抓共管的创新创业教育工作机制,尤其要强化各学院在推进创新创业教育改

革发展中的主导作用,明确工作任务与目标。

其二,完善制度措施。将创新创业教育绩效纳入学院教学业绩考核体系,挖掘学院开展创新创业教育的潜力;建立学院创新创业教育联系人制度;完善支持学生创业的弹性学制和学分冲抵机制;建立专业教师指导创新创业教育与教研业绩之间的等效机制;完善激励政策,建立相关专业教师、创新创业教育专职教师到行业、企业和园区挂职锻炼制度,指导学生创业见习、实训,指导学生参加创业计划类竞赛,提升创新创业教师的教学素养与教学能力。

其三,加大经费投入。学校将创新创业教育改革所需经费列为专项预算,确保其改革有稳定的财力支撑;在学院教学维持经费中单列创业实践经费,专款专用;通过学校投入、企业投资和社会捐助等多渠道做大创新创业教育基金;进一步建立完善的创新创业教育基金管理机制,为创新创业教育教学改革和大学生创业实践活动提供充足的经费保障。

其四,强化宣传引导。进一步强化校园创业文化建设,加强典型示范引导作用。总结推广各学院开展创新创业教育的好做法好经验;评选大学生创新创业成功典型,丰富宣传形式,努力营造敢为人先、敢冒风险、宽容失败的校园创业文化氛围;利用各种媒体、创新创业课程、创业活动、新生始业教育等平台,做好创新创业教育宣讲活动,积极营造良好的学校创新创业教育发展空间,形成人人参与创新创业教育、人人关心学生创业的良好氛围。

四、高职高专院校创新创业教育满意度提升对策

(一)机制保障,构建基于协同创新的创新创业教育内外运行机制

从创新创业教育的未来发展趋势来看,建议高职高专院校对外亟须构建起政府机构、行业企业、高校和其他中介服务机构等多方主体协同合作机制,对内亟须出台面向师生的各类相关激励机制。一方面,对外要构建多元主体

的协同合作机制,实现多方主体关系的良性互动。高职高专院校开展创新创业教育必然与经济产业发展相联系,必然要与政府和企业等相关主体相联系。由于政府、高校和企业在创新创业教育中的权力和利益诉求有所不同,可以通过建立基于产教融合的创新创业教育共同体来整合政府、高校和企业的权力与利益诉求,从而实现多元主体的发展共赢。如与政府、企业、地方创业孵化园(众创空间)和投融资机构联动,整合政府、社会资源,弥补高校创新创业资源短板,构建创新创业生态圈。另一方面,对内则要构建创新创业教师价值认同与内在激励的管理机制,激发广大教师投身创新创业教育的主动性与积极性。针对创新创业教育的独特性,建立起有效的外在激励机制,包括以科研、教学、实践指导为基础的物质奖励制度和职称晋升制度,同时不断采取提升创新创业教师的职业声望与荣誉、学术地位、个人发展目标等内在激励手段,使创新创业教师产生强烈的认同感、归属感、成就感,最终不断地以自身胜任力的提升促进创新创业教育质量的提升。

（二）组织领导,加强创新创业教育的组织领导与顶层设计整体工作

通过成立工作领导小组,成立创新创业学院等专职管理部门,配备创新创业教育师资和专职管理人员等形式,有利于创新创业教育的全面深入开展。通过对高职高专院校创新创业学院管理人员和教师的深度访谈,研究团队发现在创新创业教育的组织管理方面存在着管理定位模糊的问题,导致相关部门产生职责冲突、权责不对等消极后果。因此,建议高职高专院校加强创新创业教育的组织领导与顶层设计整体工作,全面推进创新创业教育,确保创新创业教育可持续发展。一是在学校层面,成立创新创业教育领导机构,进行创新创业教育改革的统一领导与发展规划。创新创业教育领导机构将发挥统筹规划和总体布局的功能,制定一定时期内的发展战略与发展目标。二是在学院层面上,成立实体运作的创新创业教育机构,实施有效的组织管理。明确创新

创业教育机构的定位和职责,通过统筹全校的创新创业资源,统一制定实施创新创业人才培养方案,构建创新创业课程体系,培养创新创业师资队伍,开展创新创业教育教学改革,以使其成为高职高专院校实施创新创业教育的重要载体和平台。

(三)师资建设,打造"存量优化"+"增量扩张"的专业化创新创业教师队伍

高职高专院校创新创业教育能否具备持久的生命力,关键的变量在于教师,特别是具备教育理论基础和教学能力、具有创新创业精神和丰富经验的优秀专业化教师,他们是提升我国高职高专院校创新创业教育质量的核心要素。然而,教育学基本理论素养的欠缺、教学实践能力的缺失、课程开发与满足学生多样化学习需求的学习资源获取能力的不足等现象,却成为当下高职高专院校创新创业师资队伍普遍存在的问题。虽然创新创业专业化师资队伍的紧缺现象普遍存在于课题调研的各层次各类型高校之中,而非某一类型高校独有,但在高职高专院校这一问题表现最为突出,已经成为制约高职高专院校创新创业教育向纵深发展的最大痛点。因此,建议高职高专院校逐步建立起专业化、高质量、跨学科的创新创业师资队伍,打造"存量优化"+"增量扩张"的专业化创新创业教师队伍。一是建立起良性发展的教师专业发展机制。依据创新创业教育的特点,设计科学系统的教师专业发展体系,通过鼓励教师学习共同体的营造、教育教学能力提升工作坊、创新创业教育师资专项培训、企业家等相关群体的专题报告与讲座等多样化形式,提升现有的创新创业教师的理论基础、学科素养、教学能力。二是加强专业化教师队伍的建设与培养。考虑到创新创业教育学科化发展的未来需求,在"存量优化"的基础上,可通过联合培养创业学博士、吸引相关学科教师转型为创新创业教师、设立校内创业教席等多种途径,实现创新创业教师的"增量扩张",提升高职高专院校创新创业教师队伍的层次与研究能力。

（四）教学管理，完善创新创业教育的教学管理与考核评价制度

教育教学管理方面的革新一直是高等教育改革的重要部分，高职高专院校创新创业教育的有效实施离不开高效的教学管理制度。然而，高职高专院校原先的教学管理与考核评价制度主要从方便管理者的角度出发，更多地考虑管理的成本和效率。对于进行创新创业的学生而言，在学习进度、课程安排、资源使用等方面容易出现因为创业而暂停学业或放慢学习进度的情况。创新创业教育要求高职高专院校的教学管理更多地从学生创新创业能力培养的需要出发，要求具有更多的弹性和灵活性。因此，建议高职高专院校进一步完善创新创业教育的教学管理与考核评价制度，规范创新创业教育的运行过程。一是建立创新创业学分与专业学分互认机制，创新创业教改项目与校级教改项目认同机制和创业帮扶制度等，为高职高专院校学生提供综合性、专业性的信息咨询服务，帮助高职高专院校学生了解相关政策，开展技能培训及提高防范与规避风险的能力，促使更多的大学生走上成功创业之路。二是建立弹性学习制度和弹性评价制度。允许学生在规定时间范围内自主选择课程学习时间，允许有条件的学生申请创业，分阶段地完成学业。学生可以用成果代替部分课程学习，无须参加最后的考试考核，并能获得相应的课程成绩与学分，特别是对一些能产生经济效益和社会效果的创业项目更应给予支持与鼓励。

（五）课程体系，推进创新创业课程体系改革和教材质量建设

随着我国创新创业教育的不断深入，我国高职高专院校还普遍存在着创新创业课程整体质量不高的瓶颈，具体表现在创新创业课程设计理念滞后，课程形态枯燥乏味，课程内容与学生个性化的教育需求相脱节，创新创业教育教材编写质量不高并缺乏吸引力，课程整体设计的系统性较差等诸多方面。因此，建议高职高专院校通过积极探索分层分类的创新创业课程教学改革和开

发多样化的本土创新创业教材等途径,进一步加强创新创业课程体系改革和教材质量建设。一是构建结构合理的分层分类课程体系。创新创业教育的本质是个性教育,其课程体系设计必须遵循个性化发展的教育原则,最大程度地满足学生差异化的心理与学习需求。在定位目标方面,可从共性目标和个性目标两方面着手。共性目标指的是创新创业教育课程体系要面向全体学生,以培养大学生的创业意识、创业精神和整体素质。个性目标指的是面向自身具有强烈创业欲望或实力的学生,提供个性课程,以培养这类学生群体的创业实践能力,包括经营能力、综合性能力和职业能力等。在课程内容方面,将三种课程形态有机整合。具体指的是将隐性课程与显性课程有机整合,将基础课与专业课有机整合,将理论课程与实践课程有机整合,从而最大程度地发挥各种课程类型的优势与活力,才能有效提高创新创业教育课程的实施效果。二是开发多样化的本土创新创业教材。英、美等国已开发出一些符合国情的、具有较高参考价值和实用性的教材。但在我国,已开设创新创业教育课程的高校在选择教材上存在较大的局限性。高职高专院校需要在引进和借鉴欧美国家创新创业教育教材开发理念和方法的基础上,根据中国创新创业教育的实施背景,研发并编写出融合中国特色、区域特色和高职高专院校特色的多样性创新创业教材,以适应我国创新创业教育发展趋势和高职高专院校学生发展特点。

(六)创业实践,搭建多层次的校内外创业实践实体平台

创新创业教育的特点决定了其必须重视实践教学。在创新创业教育中,如何让大学生的创新创业素质得到巩固和发展,创新创业实践是关键。创新创业教育实践平台是高职高专院校实施创新创业教育的重要支撑。成熟的创新创业教育平台,不应仅仅局限于校内的孵化基地,还需要若干个校外实践基地的支持。在这种情况下,为高职高专院校学生搭建多层次的创业实践实体平台显得非常重要。因此,建议高职高专院校把现有的校内硬件条件和社会

互补性资源相结合,搭建多层次的创业实践实体平台。一是积极建设校内虚拟与实体创业实践基地,把学校已有的和正在建设的场地充分利用起来,建造创业实验室、创业园和创业孵化基地等,为学生提供能亲自体验创业、亲自创建管理和运作企业的机会。并通过制度体系建设,使得校内创业实践基地真正成为创新创业教育的实践教学场所。二是积极整合校外资源,让学校和企业合作,共同搭建创业实践实习基地,让学生有机会到企业学习,了解企业的经营管理、运作模式、营销模式、产品研发,以及在企业的大环境下如何去学会生存,同时增加社会经验。

(七)专创融合,促进创新创业教育与专业教育的深度融合

专业教育和创新创业教育之间的融合,这种贯穿大学三四年的教育方式会使学生在未来的生活和职业发展中受益匪浅。高校的创新创业教育只有与专业教育相融合,才能有效实现以创新创业教育促进专业发展,以专业知识支持创新创业的目的。根据高职高专院校将创新创业教育与专业教育相融合的调查结果显示,高职高专院校已经充分意识到专创融合的重要性,但在实践上依旧表现为创新创业教育与专业教育相脱节。高职高专院校对于专创融合的探索与支持更多地体现在口号上,而非提供进一步的资源保障和实施相应的机制改革等。因此,建议高职高专院校借鉴欧美高校创新创业教育与专业教育融合的三种模式(磁石模式、辐射模式和混合模式)和实践经验,根据自身办学特色和实际情况选择合适的融合模式,有效促进本校创新创业教育与专业教育的深度融合。一是大力推进对专业类创新创业教育课程的开发。创业类课程与通识课程、专业课程相融合,是创新创业教育与专业教育之间相融合的基础。在不同院系中设立创新创业教育中心,鼓励各院系尝试将创新创业教育内容纳进专业课程体系,根据专业开设各具特色的专业类创新创业课程,吸引本专业领域的学生了解和参与创新创业教育。二是鼓励不同专业领域教师共同参与创新创业教育改革。各专业领域教师作为课程设计者与开发者决

定了创新创业教育与专业教育相融合的范围、深度与方式,创新创业教育与专业教育相融合离不开各专业领域教师的认同与支持。高职高专院校要引导专业教师对创新创业教育的积极认识和深度理解,采取有效的激励措施鼓励不同专业领域教师共同参与创新创业教育改革,为他们提供必要的物质与精神支持。通过教师开展创新创业教育与专业教育的教学改革,将学生培养成为既掌握专业知识和专业技能,又同时具备一定创新创业知识和创新创业能力的复合型创新创业人才。

（八）结果评价,探索因校制宜的创新创业教育质量评价与监测体系

高职高专院校创新创业教育质量评价总体上处于较好的水平。从创新创业教师认知的角度来看,数据统计结果表明,高职高专院校创新创业教育质量不仅在上述 7 个维度的过程要素评价方面处于较高的水平,在最终结果评价也是处于良好状态。值得一提的是,研究团队对普通高职高专院校与国家示范（骨干）高职高专院校进行结果评价的差异性分析发现,两种类型的高职高专院校在 7 个维度的过程评价和结果评价上均存在显著差异。另外,从结果评价的具体情况来看,高职高专院校在获得荣誉和奖项方面的评价最好,在衍生初创企业方面的评价相对较弱。评价是基于事实把握的价值判断,监测是基于数据对实态的客观描述。评价、监测具有"指挥棒"和"体检表"的作用,是保障高职高专院校创新创业教育质量必不可少的关键环节,也是高职高专院校提升创新创业教育迫在眉睫的重点问题。因此,建议高职高专院校积极探索因校制宜的创新创业教育质量评价与监测体系,不断促进创新创业教育的健康可持续发展。一是通过集聚校内外、专兼职研究队伍的力量及优势,扎实开展创新创业教育质量与评价监测的相关研究工作。由于目前国内关于创新创业教育质量评价与监测的研究还处于初步探索和实践阶段,国内研究成果相对匮乏。但有少数对国外监测评估的研究成果以及对国内基础教育的监

测研究成果具有一定参考价值和启示意义,高职高专院校研究团队可在已有相关研究成果的基础上结合自身办学特色和实际需要,探索制定自己学校层面的创新创业质量评估监测体系。二是建立本校的创新创业教育数据信息系统,持续收集和深入分析创新创业教育有关数据,为高职高专院校创新创业教育价值判断和科学决策提供客观依据。相对于传统评估,监测评估具有评估过程常态化,评估过程技术信息化,呈现结果直观化、价值判断多元化和评估目标重改进 5 个优势。高职高专院校要从信息化总体战略出发,重视建设和整合创新创业教育信息数据库,把状态数据常态监测作为创新创业教育监测评估与监测体系的重要组成部分,才能真正促进学校创新创业教育发展的常态化、持续化和成效化。

第四节　高校创新创业教育学生满意度评价的研究结论

高校创新创业教育的总体满意度是对所在高校创新创业教育的质量的总体上的直接感知和主观体验,如社会声誉、创新创业氛围等;分项满意度是学生对创业知识与技能、创业意愿与精神、创新创业教育质量等内容的感知和主观体验。接下来本节将呈现高校创新创业教育满意度评价现状,并按照不同高校类型,提出高校创新创业教育满意度评价对策建议。

一、高校创新创业教育满意度评价总体良好

在受调查对象中,60%左右的学生"比较同意"或者"非常同意""创新创业教育有助于丰富创业知识""创新创业教育有助于培养创新精神""创新创业教育有助于提升创业技能""创新创业教育有助于激发创业意愿"。高校创新创业教育在培育学生创新精神、激发学生创业意愿、传授学生创业知识和培养学生创业技能等方面发挥了重要作用。

二、不同类型高校创新创业教育满意度评价略有差异

与其他类型高校相比,"双一流"建设高校的创新创业教育社会声誉、创新创业教育氛围、创新创业意识、创新创业教育获得较多的省级以上荣誉和奖项、创新创业教育产生的教学科研成果、创新创业教育培养创业人才以及创新创业教育衍生初创企业相对较好;此外,"双一流"建设高校的学生对"创新创业教育有助于丰富创业知识""创新创业教育有助于培养创新精神""创新创业教育有助于提升创业技能""创新创业教育有助于激发创业意愿"等评价的均值显著高于普通本科院校、民办高校和独立学院、高职高专院校的学生。

三、依据不同类型高校分别建议创新创业教育发展对策

建议依据不同类型高校创新创业教育发展水平,分别采取不同的创新创业教育发展对策。例如,"双一流"建设高校要加强创新创业教育满意度研究,持续监测教师满意度并不断地改进和反馈;普通本科院校应当从机制保障、师资建设、课程体系、创业实践等方面,发展和完善普通本科院校创新创业教育;民办高校和独立学院要以复合型应用人才培养为核心,完善创业文化平台、创业教学平台、创业实务平台;高职高专院校则要构建基于协同创新的创新创业教育内外运行机制。

第八章　不同视野中高校创新创业教育质量评价的多维比较研究

　　本部分选用的质量评价的比较维度主要是创新创业教育质量的过程维度评价和最终结果评价。不同类型高校在上述分析的基础上进一步细分选取"双一流"建设高校、普通本科院校、民办高校和独立学院、高职高专院校四大类。

　　创新创业教育质量的过程维度评价就是采用上述分析的教师卷的课程体系（公因子1）、组织领导（公因子2）、师资建设（公因子3）、教学管理（公因子4）、机制保障（公因子5）共五个。学生视野中高校创新创业教育过程维度可以命名为创业实践（公因子1）、创新创业课程（公因子2）、创新创业教育与专业融合（公因子3）三个因子。

　　创新创业教育质量的最终结果评价也称为影响力评价或总结性评价，如比较典型的阿兰·法约列（Alain Fayolle）的创业意向评价、美国亚利桑那大学的伯杰创新创业教育项目评价。本调研组认为结果评价应既包括荣誉奖项、教学科研成果、创业人才、初创企业等客观性评价指标，亦包括师生满意度、学生创业精神、创业技能、创业意愿等主观性评价指标（见表8-1、表8-2）。所有指标得分均大于3.5，说明当前师生对高校创新创业教育总体质量较好，偏向于持"比较同意"。表8-1中各题项通过了 KMO 和 Bartlett 检验，KMO 为0.953，Bartlett 球体检验的显著性概率为 0.000，提取出一个教师结果维度公因子,总方差解释为 78.271%。表 8-2 中各题项也通过了 KMO 和 Bartlett 检验,KMO 为 0.912,Bartlett 球体检验的显著性概率为 0.000,提取出一个学生结果维度公因子,总方差解释为 86.895%。

表 8-1　创新创业教育质量(结果维度)描述统计(教师卷,N=12596)

题项(8 个)	最小值	最大值	均值	标准差
TY5 获得较多的省级以上荣誉和奖	1	5	3.75	0.914
TY1 贵校的创新创业教育质量总体满意	1	5	3.71	0.899
TY3 贵校创新创业教育氛围浓厚	1	5	3.70	0.929
TY2 贵校创新创业教育社会声誉较高	1	5	3.69	0.926
TY4 贵校师生的创新创业意识强烈	1	5	3.66	0.928
TY7 创新创业教育培养了较多创业人才	1	5	3.65	0.929
TY6 创新创业教育产生了较多教学科研成果	1	5	3.65	0.926
TY8 创新创业教育衍生了较多初创企业	1	5	3.59	0.962

表 8-2　创新创业教育质量(结果维度)描述统计(学生卷,N=170764)

题项(5 个)	最小值	最大值	均值	标准差
SY2 创新创业教育有助于培养创新精神	1	5	3.78	0.886
SY4 创新创业教育有助于激发创业意愿	1	5	3.77	0.881
SY3 创新创业教育有助于提升创业技能	1	5	3.77	0.882
SY1 创新创业教育有助于丰富创业知识	1	5	3.77	0.882
SY5 对学校创新创业教育质量总体满意	1	5	3.67	0.906

第一节　教师视野中高校创新创业教育质量多维比较研究

一、不同类型高校创新创业教育质量实施过程的比较

本书对创新创业教育质量实施过程这一维度的评价采用的是教师卷的课

程体系(公因子1)、组织领导(公因子2)、师资建设(公因子3)、教学管理(公因子4)、机制保障(公因子5)共五个维度,进行描述统计后发现:(1)在课程体系方面,"双一流"建设高校的均值最高,普通本科学院最低;(2)在组织领导方面,高职高专院校和"双一流"建设高校的均值排前二,普通本科院校最低;(3)在师资建设方面,高职高专院校的均值最高,民办高校和独立学院排第二,"双一流"建设高校则最低;(4)在教学管理方面,"双一流"建设高校均值最高,高职高专院校、普通本科院校、民办高校和独立学院依次较低;(5)在机制保障方面,"双一流"建设高校均值最高,民办高校和独立学院其次,而高职高专院校与普通本科院校相对较低。

表8-3　不同类型高校创新创业教育实施过程各维度基本情况比较(教师卷)

评价维度	统计项	个案数	因子平均值	标准差
课程体系	"双一流"建设高校	1241	0.0552361	1.01207034
	普通本科院校	6067	-0.0472965	1.03047638
	民办高校和独立学院	1939	0.0236368	0.987726021
	高职高专院校	3278	0.0501611	0.95907185
组织领导	"双一流"建设高校	1241	0.0887019	1.01254649
	普通本科院校	6067	-0.0562254	1.01304051
	民办高校和独立学院	1939	0.03147760	1.05608259
	高职高专院校	3278	0.0564340	0.99248622
师资建设	"双一流"建设高校	1241	-0.1049929	1.02249343
	普通本科院校	6067	-0.0153428	1.01388779
	民办高校和独立学院	1939	0.00820766	0.91086329
	高职高专院校	3278	0.0603711	0.97999742

评价维度	统计项	个案数	因子平均值	标准差
教学管理	"双一流"建设高校	1241	0.0613238	1.07691679
	普通本科院校	6067	0.0003550	1.02317104
	民办高校和独立学院	1939	−0.0655793	0.95130221
	高职高专院校	3278	0.0195546	0.94828712
机制保障	"双一流"建设高校	1241	0.1148415	0.97146972
	普通本科院校	6067	−0.0256116	1.03206377
	民办高校和独立学院	1939	0.00142712	0.95766294
	高职高专院校	3278	−0.0002635	0.96540544

（一）不同类型高校创新创业教育氛围比较

从结果评价上看,由表8-4可知,在接受调查的1241名来自"双一流"建设高校的教师中,对本校创新创业教育氛围浓厚表示"非常同意"的占25.38%,"比较同意"的占40.45%,"一般"的占27.56%,"比较不同意"的占5.16%,"非常不同意"的占1.45%。根据调查可知,只有不到三成的教师非常同意本校创新创业教育氛围浓厚,有近三成的教师态度不明确,还有部分教师回答"不同意"。

表8-4 "双一流"创新创业教育氛围浓厚

评价	人数	百分比（%）
非常同意	315	25.38
比较同意	502	40.45
一般	342	27.56
比较不同意	64	5.16
非常不同意	18	1.45

从结果评价上看(见表 8-5),在接受调查的 6067 名普通本科院校教师中,对本校创新创业教育氛围浓厚表示"非常同意"的占 19.63%,"比较同意"的占 35.40%,"一般"的占 36.56%,"比较不同意"的占 6.76%,"非常不同意"的占 1.65%,这也就是说,只有近二成的教师非常同意本校创新创业教育氛围浓厚,有近四成的教师态度不明确,还有部分教师的回答是"不同意"。

表 8-5 普通本科院校创新创业教育氛围浓厚

评价	人数	百分比(%)
非常同意	1191	19.63
比较同意	2148	35.40
一般	2218	36.56
比较不同意	410	6.76
非常不同意	100	1.65

由表 8-6 可知,从隐性成果上看接受调查的 1999 名民办高校和独立学院教师中,对本校创新创业教育氛围浓厚"非常同意"的占 19.91%,"比较同意"的占 35.22%,"一般"的占 34.37%,"比较不同意"的占 8.85%,"非常不同意"的占 1.65%。由此可以看出,半数以上教师对本校创新创业教育氛围浓厚表示支持,也有一成教师表示不赞同。

表 8-6 民办高校和独立学院创新创业教育氛围浓厚

评价	人数	百分比(%)
非常同意	398	19.91
比较同意	704	35.22
一般	687	34.37
比较不同意	177	8.85
非常不同意	33	1.65

统计数据分析显示,高职高专院校教师对于"本校创新创业教育氛围浓厚"这个问题,选择"比较同意"的教师最多,共有1195人,占比36.46%;其次是选择"一般"的教师,共有1101人,占比32.03%;选择"非常同意"的教师共有798人,占比24.34%;选择"比较不同意"和"非常不同意"的教师分别有182人和53人,分别占比5.55%和1.62%(见表8-7)。

表8-7 高职高专院校创新创业教育氛围浓厚

评价	人数	百分比(%)
非常同意	798	24.34
比较同意	1195	36.46
一般	1050	32.03
比较不同意	182	5.55
非常不同意	53	1.62

(二)不同类型高校创新创业教育意识比较

从结果评价上看,由表8-8可知,在接受调查的1241名普通本科院校教师中,对本校师生的创新创业意识强烈表示"非常同意"的占23.85%,"比较同意"的占39.08%,"一般"的占28.12%,"比较不同意"的占7.17%,"非常不同意"的占1.78%。根据调查可知,近六成的教师同意本校师生的创新创业意识强烈,有近三成的教师态度不明确。

表8-8 "双一流"师生的创新创业意识强烈

评价	人数	百分比(%)
非常同意	296	23.85
比较同意	485	39.08
一般	349	28.12
比较不同意	89	7.17
非常不同意	22	1.78

从结果评价上看,由表8-9可知,在接受调查的6067名普通本科院校教

师中,对本校师生的创新创业意识强烈表示"非常同意"的占 18.71%,"比较同意"的占 34.15%,"一般"的占 38.50%,"比较不同意"的占 6.94%,"非常不同意"的占 1.70%。根据调查可知,超过一半的教师同意本校师生的创新创业意识强烈,有近四成的教师态度不明确。

表 8-9　普通本科院校师生的创新创业意识强烈

评价	人数	百分比(%)
非常同意	1135	18.71
比较同意	2072	34.15
一般	2336	38.50
比较不同意	421	6.94
非常不同意	103	1.70

由表 8-10 可知,从隐性成果上看接受调查的 1939 名民办高校和独立学院教师中,对本校师生的创新创业意识强烈"非常同意"的占 19.91%,"比较同意"的占 37.18%,"一般"的占 35.95%,"比较不同意"的占 5.41%,"非常不同意"的占 1.55%。由此可以看出,半数以上教师对本校师生的创新创业意识强烈表示支持,也有少数教师表示不赞同。

表 8-10　民办高校和独立学院师生的创新创业意识强烈

评价	人数	百分比(%)
非常同意	386	19.91
比较同意	721	37.18
一般	697	35.95
比较不同意	105	5.41
非常不同意	30	1.55

统计数据分析显示,高职高专院校教师对于"本校师生的创新创业意识

强烈"这个问题,选择"一般"的教师最多,共有 1156 人,占比 35.26%;其次是选择"比较同意"的教师,共有 1131 人,占比 34.50%;选择"非常同意"的教师共有 747 人,占比 22.79%;选择"比较不同意"和"非常不同意"的教师分别有 191 人和 53 人,分别占比 5.83% 和 1.62%(见表 8-11)。

表 8-11 高职高专院校师生的创新创业意识强烈

评价	人数	百分比(%)
非常同意	747	22.79
比较同意	1131	34.50
一般	1156	35.26
比较不同意	191	5.83
非常不同意	53	1.62

二、不同类型高校创新创业教育质量最终结果的比较

对于创新创业教育质量的最终结果维度的评价,本书采用教师卷的数据进行均值描述比较(如表 8-12 所示)。从中可以发现,在创新创业教育质量的结果维度上,"双一流"建设高校表现最佳,因子标准化平均值为 0.202;其次是高职高专院校,因子标准化平均值为 0.059;表现较差的是普通本科院校,因子标准化平均值为 -0.069。

表 8-12 不同类型高校创新创业教育质量结果维度基本情况比较(教师卷)

评价维度	高校类型	个案数	因子平均值	标准差
最终结果维度	"双一流"建设高校	1241	0.2024146	0.91167066
	普通本科院校	6067	-0.0693155	0.99194827
	民办高校和独立学院	1939	-0.0147722	0.94500213
	高职高专院校	3278	0.0585491	1.03618537

（一）不同类型高校创新创业教育社会声誉比较

由表8-13可知,在接受调查的1241名"双一流"建设高校教师中,对本校创新创业教育社会声誉较高表示"非常同意"的占26.75%,"比较同意"的占40.86%,"一般"的占26.83%,"比较不同意"的占3.87%,"非常不同意"的占1.69%。根据调查可知,只有近三成的教师非常同意本校创新创业教育社会声誉较高,有近三成的教师态度不明确,还有部分教师不同意。

表8-13 "双一流"建设高校创新创业教育社会声誉较高

评价	人数	百分比（%）
非常同意	332	26.75
比较同意	507	40.86
一般	333	26.83
比较不同意	48	3.87
非常不同意	21	1.69

由表8-14可知,在接受调查的6067名普通本科院校教师中,对本校创新创业教育社会声誉较高表示"非常同意"的占18.73%,"比较同意"的占35.52%,"一般"的占37.53%,"比较不同意"的占6.49%,"非常不同意"的占1.73%。根据调查可知,只有近二成的教师非常同意本校创新创业教育社会声誉较高,有近四成的教师态度不明确,还有部分教师回答"不同意"。

表8-14 普通本科院校创新创业教育社会声誉较高

评价	人数	百分比（%）
非常同意	1136	18.73
比较同意	2155	35.52
一般	2277	37.53
比较不同意	394	6.49

评价	人数	百分比（%）
非常不同意	105	1.73

由表8-15可知,在接受调查的1939名民办高校和独立学院教师中,对本校创新创业教育社会声誉较高"非常同意"的占20.06%,"比较同意"的占34.97%,"一般"的占37.54%,"比较不同意"的占5.57%,"非常不同意"的占1.86%。由此可以看出,半数以上教师对本校创新创业教育社会声誉较高表示支持,态度不明确的不到四成,也有少数教师表示不赞同。

表8-15　民办高校和独立学院创新创业教育社会声誉较高

评价	人数	百分比（%）
非常同意	389	20.06
比较同意	678	34.97
一般	728	37.54
比较不同意	108	5.57
非常不同意	36	1.86

统计数据显示,高职高专院校教师对于"本校创新创业教育社会声誉较高"这个问题,选择"比较同意"的教师最多,共有1153人,占比35.17%;其次是选择"一般"的教师,共有1101人,占比33.59%;选择"非常同意"的教师共有782人,占比23.85%;选择"比较不同意"和"非常不同意"的教师分别有190人和52人,分别占比5.80%和1.59%(见表8-16)。

表8-16　高职高专院校创新创业教育社会声誉较高

评价	人数	百分比（%）
非常同意	782	23.85

续表

评价	人数	百分比(%)
比较同意	1153	35.17
一般	1101	33.59
比较不同意	190	5.80
非常不同意	52	1.59

(二)不同类型高校创新创业教育获得荣誉和奖项比较

由表8-17可知,在接受调查的1241名"双一流"建设高校教师中,对本校创新创业教育获得较多的省级以上荣誉和奖项表示"非常同意"的占30.86%,"比较同意"的占42.23%,"一般"的占21.51%,"比较不同意"的占4.03%,"非常不同意"的占1.37%。

表8-17　"双一流"建设高校创新创业教育获得较多的省级以上荣誉和奖项

评价	人数	百分比(%)
非常同意	383	30.86
比较同意	524	42.23
一般	267	21.51
比较不同意	50	4.03
非常不同意	17	1.37

从结果评价上看,由表8-18可知,在接受调查的6067名普通本科院校教师中,对本校创新创业教育获得较多的省级以上荣誉和奖项表示"非常同意"的占20.31%,"比较同意"的占36.62%,"一般"的占36.11%,"比较不同意"的占5.49%,"非常不同意"的占1.47%。根据调查可知,超过一半的教师同意本校创新创业教育获得较多的省级以上荣誉和奖项,有近四成的教师态度不明确。

表 8-18 普通本科院校创新创业教育获得较多的省级以上荣誉和奖项

评价	人数	百分比（%）
非常同意	1232	20.31
比较同意	2222	36.62
一般	2191	36.11
比较不同意	333	5.49
非常不同意	89	1.47

由表 8-19 可知,从显性成果上看接受调查的 1939 名民办高校和独立学院教师中,对本校创新创业教育获得较多的省级以上荣誉和奖项"非常同意"的占 21.56%,"比较同意"的占 37.65%,"一般"的占 34.50%,"比较不同意"的占 4.64%,"非常不同意"的占 1.65%。由此可以看出,半数以上的教师对本校创新创业教育获得较多的省级以上荣誉和奖项表示认同。

表 8-19 民办高校和独立学院创新创业教育获得较多的省级以上荣誉和奖项

评价	人数	百分比（%）
非常同意	418	21.56
比较同意	730	37.65
一般	669	34.50
比较不同意	90	4.64
非常不同意	32	1.65

统计数据显示,高职高专院校对于"本校创新创业教育获得较多的省级以上荣誉和奖项"这个问题,选择"比较同意"的教师最多,共有 1211 人,占比 36.94%;其次是选择"一般"的教师,共有 1045 人,占比 31.88%;选择"非常同意"的教师共有 809 人,占比 24.68%;选择"比较不同意"和"非常不同意"的教师分别有 168 人和 45 人,分别占比 5.13% 和 1.37%(见表 8-20)。

表 8-20　高职高专院校创新创业教育获得较多的省级以上荣誉和奖项

评价	人数	百分比（%）
非常同意	809	24.68
比较同意	1211	36.94
一般	1045	31.88
比较不同意	168	5.13
非常不同意	45	1.37

（三）不同类型高校创新创业教育教学科研成果比较

从结果评价上看，由表 8-21 可知，在接受调查的"双一流"建设高校教师中，对本校创新创业教育产生了较多教学科研成果表示"非常同意"的占26.35%，"比较同意"的占 39.73%，"一般"的占 28.20%，"比较不同意"的占4.43%，"非常不同意"的占 1.29%。

表 8-21　"双一流"建设高校创新创业教育产生了较多教学科研成果

评价	人数	百分比（%）
非常同意	327	26.35
比较同意	493	39.73
一般	350	28.20
比较不同意	55	4.43
非常不同意	16	1.29

从结果评价上看，由表 8-22 可知，在接受调查的 6067 名普通本科院校教师中，对本校创新创业教育产生了较多教学科研成果表示"非常同意"的占18.32%，"比较同意"的占 33.57%，"一般"的占 39.79%，"比较不同意"的占6.76%，"非常不同意"的占 1.65%。根据调查可知，近两成的教师非常同意本校创新创业教育产生了较多教学科研成果，有近四成的教师态度不明确，也有少数教师表示不赞成。

表 8-22　普通本科院校创新创业教育产生了较多教学科研成果

评价	人数	百分比（%）
非常同意	1106	18. 32
比较同意	2037	33. 57
一般	2414	39. 79
比较不同意	410	6. 76
非常不同意	100	1. 65

由表 8-23 可知,从显性成果上看接受调查的 1939 名民办高校和独立学院教师中,对本校创新创业教育产生了较多教学科研成果"非常同意"的占19.91%,"比较同意"的占 33.21%,"一般"的占 38.73%,"比较不同意"的占6.45%,"非常不同意"的占 1.70%。由此可以看出,超过半数教师对本校创新创业教育产生了较多教学科研成果表示认同,也有少数教师表示不赞同。

表 8-23　民办高校和独立学院创新创业教育产生了较多教学科研成果

评价	人数	百分比（%）
非常同意	386	19. 91
比较同意	644	33. 21
一般	751	38. 73
比较不同意	125	6. 45
非常不同意	33	1. 70

统计数据显示,高职高专院校对于"本校创新创业教育产生了较多教学科研成果"这个问题,选择"一般"的教师最多,共有 1209 人,占比 36.88%;其次是选择"比较同意"的教师,共有 1075 人,占比 32.80%;选择"非常同意"的教师共有 733 人,占比 22.36%;选择"比较不同意"和"非常不同意"的教师分别有 214 人和 47 人,分别占比 6.53%和 1.43%(见表 8-24)。

表8-24　高职高专院校创新创业教育产生了较多教学科研成果

评价	人数	百分比（%）
非常同意	733	22.36
比较同意	1075	32.80
一般	1209	36.88
比较不同意	214	6.53
非常不同意	47	1.43

（四）不同类型高校创新创业教育人才培养比较

由表8-25可知,在接受调查的"双一流"建设高校教师中,对本校创新创业教育培养了较多创业人才表示"非常同意"的占24.90%,"比较同意"的占39.40%,"一般"的占29.09%,"比较不同意"的占5.48%,"非常不同意"的占1.13%。

表8-25　"双一流"建设高校创新创业教育培养了较多创业人才

评价	人数	百分比（%）
非常同意	309	24.90
比较同意	489	39.40
一般	361	29.09
比较不同意	68	5.48
非常不同意	14	1.13

从结果评价上看,由表8-26可知,在接受调查的6067名普通本科院校教师中,对本校创新创业教育培养了较多创业人才表示"非常同意"的占18.39%,"比较同意"的占33.31%,"一般"的占39.31%,"比较不同意"的占7.17%,"非常不同意"的占1.82%。根据调查可知,近两成的教师非常同意本校创新创业教育培养了较多创业人才,有近四成的教师态度不明确,也有少数教师表示不赞成。

表 8-26　普通本科院校创新创业教育培养了较多创业人才

评价	人数	百分比（%）
非常同意	1116	18.39
比较同意	2021	33.31
一般	2385	39.31
比较不同意	435	7.17
非常不同意	110	1.82

由表 8-27 可知,从显性成果上看,接受调查的 1939 名民办高校和独立学院教师中,对本校创新创业教育培养了较多创业人才"非常同意"的占 19.34%,"比较同意"的占 35.89%,"一般"的占 37.13%,"比较不同意"的占 6.19%,"非常不同意"的占 1.45%。由此可以看出,不到两成的教师对本校创新创业教育培养了较多创业人才非常赞同,接近四成的教师对此态度不明确。

表 8-27　民办高校和独立学院创新创业教育培养了较多创业人才

评价	人数	百分比（%）
非常同意	375	19.34
比较同意	696	35.89
一般	720	37.13
比较不同意	120	6.19
非常不同意	28	1.45

统计数据显示,高职高专院校对于"本校创新创业教育培养了较多创业人才"这个问题,选择"比较同意"的教师最多,共有 1155 人,均占比 35.23%;其次是选择"一般"的教师,共有 1126 人,占比 34.35%;选择"非常同意"的教师共有 729 人,占比 22.24%;选择"比较不同意"和"非常不同意"的教师分别有 219 人和 49 人,分别占比 6.69% 和 1.49%(见表 8-28)。

表8-28　高职高专院校创新创业教育培养了较多创业人才

评价	人数	百分比(%)
非常同意	729	22.24
比较同意	1155	35.23
一般	1126	34.35
比较不同意	219	6.69
非常不同意	49	1.49

（五）不同类型高校创新创业教育衍生初创企业比较

由表8-29可知,在接受调查的"双一流"建设高校教师中,对本校创新创业教育衍生了较多初创企业表示"非常同意"的占23.85%,"比较同意"的占37.23%,"一般"的占31.35%,"比较不同意"的占5.96%,"非常不同意"的占1.61%。

表8-29　"双一流"建设高校创新创业教育衍生了较多初创企业

评价	人数	百分比(%)
非常同意	296	23.85
比较同意	462	37.23
一般	389	31.35
比较不同意	74	5.96
非常不同意	20	1.61

从结果评价上看,由表8-30可知,在接受调查的6067名普通本科院校教师中,对本校创新创业教育衍生了较多初创企业表示"非常同意"的占16.93%,"比较同意"的占31.92%,"一般"的占39.66%,"比较不同意"的占8.62%,"非常不同意"的占2.87%。根据调查可知,只有近两成的教师非常同意本校创新创业教育衍生了较多初创企业,有近四成的教师态度不明确,还有超一成的教师表示比较不同意和非常不同意。

表 8-30   普通本科院校创新创业教育衍生了较多初创企业

评价	人数	百分比（%）
非常同意	1027	16.93
比较同意	1937	31.92
一般	2406	39.66
比较不同意	523	8.62
非常不同意	174	2.87

由表 8-31 可知，从显性成果上看，接受调查的 1939 名民办高校和独立学院教师中，对本校创新创业教育衍生了较多初创企业"非常同意"的占 19.03%，"比较同意"的占 33.21%，"一般"的占 38.99%，"比较不同意"的占 6.55%，"非常不同意"的占 2.22%。由此可以看出，超过半数教师对本校创新创业教育衍生了较多初创企业表示认同，也有少数教师表示不赞同。

表 8-31   民办高校和独立学院创新创业教育衍生了较多初创企业

评价	人数	百分比（%）
非常同意	369	19.03
比较同意	644	33.21
一般	756	38.99
比较不同意	127	6.55
非常不同意	43	2.22

统计数据分析显示，高职高专院校对于"本校创新创业教育衍生了较多初创企业"这个问题，选择"一般"的教师最多，共有 1187 人，均占比 36.21%；其次是选择"比较同意"的教师，共有 1056 人，占比 32.21%；选择"非常同意"的教师共有 719 人，占比 21.94%；选择"比较不同意"和"非常不同意"的教师分别有 260 人和 56 人，分别占比 7.93% 和 1.71%（见表 8-32）。

表 8-32　高职高专院校创新创业教育衍生了较多初创企业

评价	人数	百分比（%）
非常同意	719	21.94
比较同意	1056	32.21
一般	1187	36.21
比较不同意	260	7.93
非常不同意	56	1.71

综上所述,本书基于教师卷可以得出一个基本判断:

(1)"双一流"建设高校在创新创业教育质量的最终结果维度、过程中课程体系、组织领导、教学管理、机制保障维度上均表现上佳,但在师资建设方面得分则最低,亟须改进。

(2)普通本科院校的创新创业教育质量问题较严重,如在最终结果维度、实施过程中课程体系、组织领导、教学管理维度上得分均很低,即没有一项得分最优。

(3)高职高专院校的创新创业教育质量情况居中,表现最优的维度是实施过程中的师资建设,表现最差的是实施过程中的机制保障亟须改进,其他维度均居中。

(4)民办高校和独立学院的创新创业教育质量情况也居中。独立学院在教学管理和机制保障方面最低,重点要加强科学系统的创新创业教育教学管理和机制保障。民办高校的课程体系、师资建设和组织领导表现尚可,但在教学管理方面则要重点加强。

第二节　学生视野中高校创新创业教育质量的多维比较研究

一、不同类型高校创新创业教育质量实施过程的比较

本书对创新创业教育质量的实施过程维度的评价,采用的是学生卷的创

业实践(公因子1)、创新创业课程(公因子2)、创新创业教育与专业融合(公因子3)共三个公因子进行描述统计比较(见表8-33)。研究发现:(1)在创业实践方面,"双一流"建设高校得分最高,普通本科院校次之,民办高校和独立学院得分倒数第二,高职高专院校得分最低;(2)在创新创业课程方面,高职高专院校得分最高,普通本科院校得分最低,"双一流"建设高校倒数第二;(3)在创新创业教育与专业融合上,"双一流"建设高校居中,高职高专院校得分最高,普通本科院校得分最低。

表8-33　不同类型高校创新创业教育实施过程各维度基本情况比较(学生卷)

评价维度 \ 统计项		个案数	因子平均值	标准差
创业实践	"双一流"建设高校	12269	0.1350591	1.02339448
	普通本科院校	82609	−0.0018419	1.00743844
	民办高校和独立学院	26133	−0.0112567	1.02807879
	高职高专院校	49753	−0.0243344	0.99232249
创新创业课程	"双一流"建设高校	12269	−0.0211465	1.03939268
	普通本科院校	82609	−0.0629414	1.01466030
	民办高校和独立学院	26133	−0.0206874	0.98225672
	高职高专院校	49753	0.1205876	0.96737162
创新创业教育与专业融合	"双一流"建设高校	12269	0.0157101	1.03197526
	普通本科院校	82609	−0.0367442	1.01418709
	民办高校和独立学院	26133	0.01474078	0.94223051
	高职高专院校	49753	0.0493926	0.97616455

二、不同类型高校创新创业教育质量最终结果的比较

本书在创新创业教育质量的最终结果维度的评价上,采用的是学生卷的数据进行均值描述比较(见表8-34)。研究发现,在创新创业教育质量的结果

维度上,"双一流"建设高校均值最高,高职高专院校排第二,而普通本科院校排第三,民办高校和独立学院得分最低。

表8-34　不同类型高校创新创业教育质量结果维度基本情况比较(学生卷)

评价维度	学校类型	个案数	因子平均值	标准差
最终结果维度	"双一流"建设高校	12269	0.0967244	0.98719342
	普通本科院校	82609	−0.0090845	0.99670914
	民办高校和独立学院	26133	−0.0205679	0.86992432
	高职高专院校	49753	0.0020352	1.00814972

综上所述,本书基于学生卷可以得出一个基本判断:

(1)"双一流"建设高校的创新创业教育质量在最终结果维度和创业实践得分最高,要继续保持,而在创新创业课程以及创新创业教育与专业融合上有待改进。

(2)普通本科院校在创新创业课程、创新创业教育与专业融合上得分最低,在创新创业教育质量的最终结果、创业实践上得分居中,说明各个维度的问题依然很严峻。结合教师卷的结果,我们可以发现作为占比数量最高的普通本科院校的创新创业教育质量在四大类型高校中问题最多,任重而道远。

(3)高职高专院校的创新创业教育质量在最终结果上居中,在创新创业课程以及创新创业教育与专业融合的两个维度上得分最高,要继续保持。在创业实践上得分倒数第二,应加强改进。

(4)民办高校和独立学院也居中,其中独立学院在创业实践上得分最低,应重点加强。民办高校的创业实践排在前列第二名,创新创业课程排在倒数第二,在创新创业教育与专业融合上排在第三,但在创新创业教育质量的结果维度排到了最后一位。这说明在学生的满意度、结果成效方面有待加强,但在实施过程中的创业实践、创新创业课程和创新创业教育与专业的融合方面也有待加强。

第三节 师生双重视野中的创新创业
教育满意度比较研究

办好人民满意的教育,是落实立德树人这个根本任务,深化我国高等教育改革创新的鲜明导向。师生满意度调查是高等教育质量评价改进的重要手段和工具。满意度研究最早来源于欧美的顾客满意度研究。20 世纪 60 年代,美国学者朱里拉特(Juillerat)等提出了学生满意度测量量表,并组建了专门的满意度测评公司进行测评工作。[①] 而师生创新创业教育满意度即是评价高校创新创业教育质量最直观有效的工具。

国内学者文静、田喜洲、韩玉志等从不同的角度对大学生满意度展开了研究。[②] 其中中国教育科学研究院的张男星教授 2016 年和 2018 年连续对全国师生高等教育满意度进行大规模的实证调查研究。[③] 周文辉则对研究生的教育满意度进行了调查研究。[④] 但是上述的这些研究均较少涉及专门的创新创业教育满意度内容。高校师生的创新创业教育满意度是高等教育满意度的重要组成部分。师生教育满意度是指师生将其所感知的教育机会、教育过程、教育结果同自己的期望、投入、他人及历史发展水平等相比较而产生的复杂的主观体验。[⑤] 调研组认为高校师生创新创业教育满意度应包括对高校创新创业教育的总体满意度和分项满意度,总体满意度即对所在高校创新创业教育的质

① Juillerat S., Schreiner L. A., " The Role of Student Satisfaction in the Assessment of Institutional Effectiveness" , *Assessment Update* ,2010,8(1) ,pp.8-9.

② 文静:《大学生学习满意度:高等教育质量评判的原点》,《教育研究》2015 年第 1 期。田喜洲、王晓漫:《在校大学生满意度调查与分析》,《高教探索》2007 年第 5 期。韩玉志:《美国大学生满意度调查方法评介》,《比较教育研究》2006 年第 6 期。

③ 张男星、黄海军等:《大学师生双重视角下的本科教育多维评价——基于全国高等教育满意度调查的实证分析》,《中国高教研究》2019 年第 7 期。

④ 周文辉、黄欢等:《2016 年我国研究生满意度调查》,《学位与研究生教育》2016 年第 11 期。

⑤ 吉文昌:《教育满意度测评方法与原则》,《教育研究》2015 年第 2 期。

量的总体上的直接感知和主观体验,学生分项满意度即对创新创业教育政策、创新创业教育学习、创新创业教育竞赛、创新创业教育实践等具体政策或教育活动的感知和主观体验。教师分项满意度即对课程体系、组织领导、师资建设、教学管理、机制保障等政策机制或教育活动的感知和主观体验。

伴随着高等学校创新创业教育改革的不断推进,国内学者开始从不同角度探索我国高等学校师生创新创业教育满意度的相关影响因素或作用机制。如向春、雷家骕分析发现清华大学学生的性别、专业、是否独生子女等特征以及创新创业竞赛经历及获奖情况、创业活动经历、父母职业等因素,都会影响学生的创业态度和创业倾向。[①] 葛宝山基于结构方程模型探索我国高校创新创业教育满意度对创业行为的影响,提出创新创业教育满意度变量包括课程体系满意度、实践情况满意度、师资体系满意度、教学方式满意度、教学部门满意度、教学目标满意度这 6 个维度。[②] 郑刚等从创新创业课程、创业讲座、创新创业竞赛、创业社团四个方面分析了目前高校创新创业教育的影响力。[③] 徐小洲教授通过两岸三地 641 份学生问卷发现创新创业教育政策、创新创业教育环境、家庭创业背景、创新创业教育内容等对大学生创新创业教育满意度和创业素质产生显著影响。[④] 王章豹等针对某所"双一流"建设高校的理工科学生的创新创业教育满意度用 5 级李克特量表进行了测评和分析。[⑤]

结合上述分析,同时鉴于"双一流"建设高校的创新创业教育相对发展的最为成熟,比较有代表性。所以本部分以"双一流"建设高校为参照系,从满

[①]　向春、雷家骕:《大学生创业态度和倾向的关系及影响因素——以清华大学学生为研究对象》,《清华大学教育研究》2011 年第 5 期。

[②]　葛宝山、宁德鹏:《我国高校创业教育满意度对创业行为的影响研究——一个以创业激情为中介的大样本实证考察》,《华东师范大学学报(教育科学版)》2017 年第 3 期。

[③]　郑刚等:《创业教育对大学生创业实践究竟有多大影响——基于浙江大学国家大学科技园创业企业的实证调查》,《中国高教研究》2017 年第 10 期。

[④]　徐小洲等:《两岸三地高校创业教育比较研究》,《中国高教研究》2018 年第 9 期。

[⑤]　王章豹等:《理工科大学生创新创业意识和创新创业教育满意度测评及分析》,《南京航空航天大学学报(社会科学版)》2019 年第 2 期。

意度这个质量维度进行深入对比研究。

一、不同类型高校师生对创新创业教育质量满意度存在差异

  调查显示,创新创业教育教师对自身所在的学校创新创业教育质量评价均值在 3.65 到 3.75 分之间(最低分 1 分,满分 5 分),对质量的总体满意度均值为 3.71 分。接受创新创业教育的学生认为创新创业教育最有助于培养其创新精神,对学校创新创业教育质量总体满意度评价均值为 3.67 分。教师对学校创新创业教育质量的总体满意度均值高于学生。

  通过方差分析,在 0.05 显著性水平之下,数据显示:(1)"双一流"建设高校的教师、学生对创新创业教育质量满意度均值均要显著高于普通本科院校、高职高专院校、独立学院所有其他类型学校的教师、学生;(2)普通本科院校的教师、学生对创新创业教育质量满意度分别显著低于"双一流"建设高校和高职高专院校的教师、学生,和独立学院等高校差距不明显;(3)高职高专院校的教师、学生对创新创业教育质量满意度分别显著高于独立学院的教师、学生(如图 8-1 所示)。

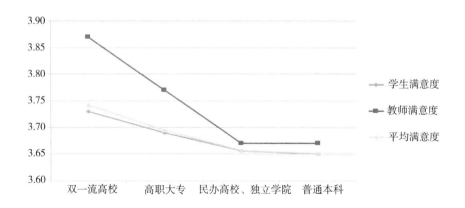

图 8-1　不同类型高校的师生对创新创业教育质量满意度

二、不同特征学生对学校创新创业教育质量满意度存在差异

以性别、民族、家庭、专业等为变量,在 0.05 显著性水平之下方差分析显示:男学生对创新创业教育质量满意度均值要显著高于女学生(F=14.183,p<0.01);汉族学生对创新创业教育质量满意度均值要显著高于少数民族学生(F=102.437,p<0.01);独生子女、父母有过创办企业经历的学生对创新创业业教育质量的满意度均值分别要显著高于非独生子女和父母没有创办企业经历的学生;不同专业学生对创新创业教育质量满意度存在显著差异(F=32.541,p<0.01)。农学学科学生满意度均值最高为 3.77 分,其次依次为工学(3.72 分)、艺术学(3.71 分)、经济学和法学(3.68 分)。教育学和历史学排在倒数两位,满意度均值分别为 3.58 分和 3.55 分(如图 8-2 所示)。

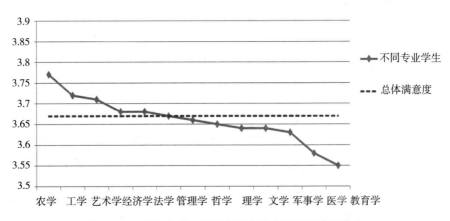

图 8-2　不同专业学生对创新创业教育质量总体满意度

三、主要结论和建议

(一)主要结论

在创新创业教育质量总体满意度方面,"双一流"建设高校师生总体满意度均最高,其中"双一流"建设高校教师总体满意度要高于全国平均水平约 10

个百分点,"双一流"建设高校学生总体满意度要高于全国平均水平约 5 个百分点。

在创新创业教育质量满意度差异方面,(1)"双一流"建设高校的教师、学生对创新创业教育质量总体满意度均值均要显著高于普通本科院校、高职高专院校、独立学院等所有其他类型学校的教师、学生。(2)男教师满意度要显著高于女教师,不同年龄段、不同学位、不同职称的教师对总体满意度均无显著差异。工作年限 10 年以上的教师总体满意度要显著低于其他年限段。(3)"双一流"建设高校中,不同性别、民族、家庭、专业、学习成绩的学生对总体满意度存在显著差异。

在师生最满意和最不满意指标方面,"双一流"建设高校教师最满意学校在创新创业教育方面的组织领导和教学管理措施,最不满意是缺乏针对创新创业教育教师专业化的人力资源管理策略,如培训、职称评聘、绩效考核等。"双一流"建设高校学生最满意创业政策,最不满意创业学习,尤其是创业理论和实践学习与学生所学专业紧密结合方面。在具体的师生总体满意度影响因素上:当前"双一流"建设高校学生对创新创业教育质量的总体满意主要来自"创业政策红利"影响,创业学习、创新创业竞赛、创业实践并驾齐驱。"双一流"建设高校的教师的总体满意度受组织领导满意度影响最大,其次依次是机制保障和教学管理满意度。

(二)对策建议

加强创新创业教育满意度研究,持续监测师生总体满意度并不断改进反馈。当前对高校师生创新创业教育满意度研究还很匮乏,更缺乏较成熟的测量量表。本书对其师生创新创业教育满意度测量研究为相关研究者提供了初步的参考框架。后续研究还可在本书基础上,继续开展调查研究并监测高等学校师生创新创业教育总体满意度情况。

强化组织领导,针对创业教师探索实施专业化的人力资源管理策略。

"双一流"建设高校教师对创新创业教育总体满意度主要受学校的组织领导满意度影响,教师最不满意的是创新创业教育教师的职称评聘晋升、绩效考核等内容。这在全国其他高校也具有代表意义。因此,高校应继续强化组织领导,并且尽快创新人事政策,探索实施专业化的人力资源管理策略,包括建立创新创业教育师资队伍人力资源规划(外部引进内部培养等)、教职岗位分析(专职兼职等)、招聘甄选(合格的和优秀的创新创业教育教师标准)、培训发展(尽量有效的挂职锻炼等)、绩效考核、薪酬管理、职业生涯发展、离岗创业保障等系统的人力资源管理流程。

　　鼓励基于专业的创业,是提升学生的创新创业教育满意度的重要途径。当前,创业政策和创新创业竞赛得到高校学生的一致好评。学生最不满意的是创新创业课程内容、创业实践项目与自己所学专业知识结合不够紧密,还缺乏多样化的创新创业教育课程与具有丰富的创新创业教育教学经验教师。其中"双一流"建设高校的优势之一是师生的学术水平和专业水平高于普通本科院校,如何进一步紧密融合创新创业课程内容、创业实践项目和学生所学专业,进行基于专业的创业是提升"双一流"建设高校创新创业教育质量的重要途径。可采取提倡真正的师生共创,即更加注重创业项目的落地,而不仅仅是教师的科研项目简单地让学生挂名去参加创新创业竞赛以及提升学科组织的学术创业力①等策略。正如美国创业管理专家肖恩(Shane)通过多国 GDP 数据、创业活动数据和就业数据相关分析研究发现显示大量典型的初创公司(Typical Start-ups)所产生的就业岗位及经济贡献总和比不上少量的高成长的初创公司(High-growth Start-ups),所以政策制定者应停止资助典型的初创公司,而应重点资助高成长性的初创公司,即应重点鼓励基于专业的创业或高端

---

① 黄扬杰、邹晓东:《学科组织学术创业力与组织绩效关系研究》,《教育研究》2015 年第11 期。

技术的创业。[①]

　　继续优化创业政策环境,并且高校在质量内涵建设上应更有作为。高校学生总体满意度的影响因素实证分析发现,当前影响总体满意度的因素重要性依次是创业政策满意度、创新创业竞赛满意度、创业实践满意度和创业学习满意度。这一方面说明了要继续优化大学生的创业政策环境,通过改善文化、制度等环境因素,有效促进大学生创业活动,减少初创企业面临的不确定性,针对大学生创业各个阶段不断强化其创业意识、提升创业能力;另一方面也说明了当前高校学生的创新创业教育质量更多的是依靠外部的"创业政策红利",学校在提升创新创业教育质量满意度方面、在内涵建设上应更有作为和担当。

第四节　区域视野中创新创业教育质量评价比较与实证探索

　　习近平总书记指出:"实施创新驱动发展战略,是加快转变经济发展方式、提高我国综合国力和国际竞争力的必然要求和战略举措。"粤港澳大湾区建设,长三角区域一体化等亦是由习近平总书记当前亲自谋划、部署和推动的国家战略。不同区域的高校的创新创业教育质量对各大区域的经济社会发展有着重要的驱动作用。因此,通过大样本数据从多重视角比较分析不同区域的创新创业教育质量存在的问题、差异化特征,并提出相应的对策有着重要的理论与应用价值。

　　本章采用方差分析比较等研究方法,从创新创业教育、创业政策、创业意愿、创业认知以及创新创业教育质量等多个角度进行深度实证分析研究,以期

---

　　① Shane,S.,"Why Encouraging More People to Become Entrepreneurs is Bad Public Policy", *Small Business Economics*,2009,33(2),pp.141-149.

为探究提升创新创业教育质量的内在机理提供一些有益启示。

一、粤港澳大湾区高校创新创业教育调查研究

通过对粤港澳大湾区"9+2"城市的高校进行创新创业教育的调查分析后发现,学生对粤港澳大湾区高校创新创业教育评价总体得分处于中上水平。通过对不同类型高校和不同专业学生进行差异性分析发现:创新创业教育普及落实情况良好,但其分层分类课程体系尚未建立;创新创业教育课程偏重理论化,且与专业教育融合不够深入;创新创业实践平台短缺,且与社会协同机制存在脱节的情况;创新创业教育专业师资严重紧缺,创新创业型导师聘任机制亟待完善。针对调查情况,为推动粤港澳大湾区高校创新创业教育高质量发展,以更好的服务湾区建设,应依托湾区核心城市,根据高校特色建立分层分类的创新创业教育体系,针对性开发专业教育与创新创业教育深度融合的课程体系,完善创业实践协同育人机制,积极推动湾区政府、高校与企业之间的合作并积极引进湾区创新创业型专家,完善创业导师聘任与绩效评价机制。

(一)问题提出

粤港澳大湾区建设是习近平总书记亲自规划、亲自部署和亲自推动的国家重大发展战略。2019 年 2 月 18 日,中共中央国务院印发的《粤港澳大湾区发展规划纲要》以单列一章的重要性对粤港澳大湾区未来构建国际科技创新中心进行了规划和部署。创新创业是粤港澳大湾区国际科技创新中心推进的关键性任务,特别是依托科技成果转化的高新科技创业应当成为大湾区产业发展的重点内容。粤港澳大湾区高校应在充分考虑湾区建设的需求下坚定不移地践行"双创"战略,营造浓厚的创新创业氛围,为参与粤港澳大湾区国际科技创新中心的建设提供强大的创业人才和创业成果支撑。而创新创业教育作为高校创业型人才培养的重要载体,其主要作用体现在:一方面,通过提高创业者的创业技能和能力,从而促成创业活动的开展。创新创业教育也可以

通过帮助受教育者选择适合自己的创业类型,让受教育者直接掌握创业知识,从而增强其创业意愿;①另一方面,创新创业教育更多地通过改变人们对创业的态度、主观规范和感知行为来对学生的创业意愿产生影响。② 只有了解粤港澳大湾区高校开展创新创业教育的现状,才能进一步理清并定位好高校在粤港澳大湾区建设或助力国际科技创新中心的路径模式。

(二)文献综述

与以往粤港澳经贸合作不同的是,粤港澳大湾区的建设特点在于以创新驱动为核心发展湾区经济和打造世界级城市群。对于旧金山大湾区、纽约大湾区以及东京大湾区而言,创新同样是这三大国际湾区经济发展的驱动力。旧金山湾区主要由斯坦福大学引领的高水平大学集群为硅谷输送创新型和技术型人才,纽约湾区则有常春藤盟校集群作为其经济发展的强大智力后盾,而东京湾区打造 A、B 两类超级国际化大学吸引国际化综合型人才。③ 从上述国际一流湾区的发展经验可以看出,科研技术及创新创业人才无疑是湾区经济创新发展的引擎,而人才资源输送的源头正是具备世界一流水平的高等院校。与此同时,珠三角地区正处于产业转型升级阶段,对具有创业能力的创新型人才的需求更是有增无减。④ 因此,打造与国际接轨的高水平大学集群,革新粤港澳高校教育体系尤其是创新创业教育体系,培育技术型和双创型人才,是发展粤港澳大湾区创新经济、打造国际科技创新中心的必然趋势。

---

① Jones B.,Iredale N.,"Developing an Entrepreneurial Life Skills Summer School",*Innovations in Education and Teaching International*,Vol 43,No.3,2006,pp.233-244.

② Fiet J.O.,"The Pedagogical Side of Entrepreneurship Theory",*Journal of Business Venturing*,Vol.16,No.2,2001,pp.101-117.

③ 欧小军:《世界一流大湾区高水平大学集群发展研究——以纽约、旧金山、东京三大湾区为例》,《四川理工学院学报(社会科学版)》2018 年第 3 期。

④ 辜胜阻等:《构建粤港澳大湾区创新生态系统的战略思考》,《中国软科学》2018 年第 4 期。

目前,粤港澳大湾区各城市高校的创新创业教育发展依然是"各自为营",高校之间多以自发交流合作为主,合作广度及深度受限于区域上的跨越、体制上的差异,缺乏共同的战略目标和发展方向。对于湾区内地高校而言,其高等教育发展水平参差不齐,创新创业教育体系存在排他化、片段化、孤岛化等现象,即仍存在创新创业教育没有真正面向全体学生、创业项目与知识体系疏离、校内外创业资源对接脱节以及创新创业教育体系不完备等问题。①港澳两地高校虽然有国际领先水平的教育体系,但创新人才的不足和创新创业环境的恶劣,使得创业者面临着转化创新创业成果带来高额成本的压力。②而粤港澳大湾区的提出正好为湾区高校协同发展创新创业教育、共享创新创业资源提供了契机,湾区内地高校创新创业教育体系的构建可以借鉴港澳高校的经验,港澳高校学生创造的具备较高市场价值的专利技术可以在内地孵化,有利于创新创业人才的培养和科技研究成果的转化,促进粤港澳湾区创新经济的发展,从而实现高水平大学与湾区经济共生共赢的共同体关系的生成与发展。

总而言之,在国际三大湾区发展经验的基础上,针对粤港澳湾区内地高校创新创业教育体系构建不完备的问题,以及港澳两地高校缺乏创新创业人才和项目转化资本的现状,粤港澳大湾区要想打造国际科技创新中心,成为国际一流湾区,应当借助创新驱动发展的势头,以服务于湾区经济为战略目标建立粤港澳高校联盟。与此同时,还要构建以创新创业教育为主的知识网络,贯通粤港澳创新创业实践平台,实现创新创业人才的自由流通,提升湾区高校整体教育水平及其国际竞争力,为粤港澳大湾区提供知识型、技术型创新创业人才支撑。③

---

① 张务农:《我国学校创业教育发展:形态、问题及路径》,《教育发展研究》2014 年第 3 期。
② 倪外:《香港建设全球科技创新中心:困境、机理与路径》,《上海经济研究》2018 年第 10 期。
③ 焦磊:《粤港澳大湾区高校战略联盟构建策略研究》,《高教探索》2018 年第 8 期。

（三）研究设计

1.研究的理论依据

在当前国家推进粤港澳大湾区建设的大背景下,创新创业人才需求的增长以及政策扶持的革新对于高校创新创业教育体系的构建既是机遇也是挑战。纵观创新创业教育研究这一领域,多数学者在分析评价高校创新创业教育体系时通常从课程设置、师资队伍、教育模式、配套机制等内容出发,其中创新创业课程设计的评价包括授课形式、数量以及分类等方面,师资队伍评价包括教师数量、授课技能、指导能力等方面,教育模式则是评价高校如何结合课程、实践、竞赛等内容来开展创新创业教育,而配套机制评价则包括实践平台、扶持政策等方面。[①] 从国家层面上看,我国自2015年起全面深化高校创新创业教育改革,并确定了到2020年建立健全课堂教学、自主学习、结合实践、指导帮扶、文化引领为一体的高校创新创业教育体系,以提升双创人才培养质量,增强学生的创新创业意识和能力,激励更多学生投身于创业实践。因此,为了更好地体现湾区高校创新创业教育发展现状,本书将结合现今关于创新创业教育的研究成果与我国建立健全高校创新创业教育体系的总目标,从高校学生对创新创业课程质量、竞赛体验、实践建设、政策扶持以及教师指导五个方面的评价出发,分析粤港澳大湾区高校创新创业教育的发展现状,进而寻找和明确现有发展中的问题。

所使用的评价指标是:(1)课程质量评价,是创新创业教育课程类型、教学方式、教学技巧与高校学生专业学习密切性以及课程内容与时代前沿趋势紧密性的综合体现,是一个衡量创新创业课程教学质量、内容的时代前沿性和课程内容与专业的紧密联系性的指标;(2)竞赛体验评价,是创新创业竞赛对高校学生的创业能力、创业自信心、人际关系网络拓展、团队合作

[①]　李伟铭等:《我国高校创业教育十年:演进、问题与体系建设》,《教育研究》2013年第6期。

能力等方面是否有提升作用的综合体现,是一个衡量创新创业竞赛对于学生真实创业能力提升的指标;(3)实践建设评价,是高校创新创业实践在基金支持、服务一体化、科技创业园与实践基地建设等方面配置是否足够完备的综合体现,是一个衡量高校创新创业实践平台建设完善的指标;(4)政策扶持评价,是高校创新创业政策在税收减免、无息贷款、免费培训、大学生注册企业流程简化等方面是否有足够的扶持力度和与时俱进的革新,是一个衡量高校创新创业教育政策的扶持力度和革新速度的指标;(5)教师指导评价,是创新创业教育中教师指导对于专业知识的应用和学习、学科知识前沿动态的了解、科学研究能力的提升、创新创业能力和创业项目落地等方面是否有帮助的综合体现,是一个衡量教师指导下学生提升情况的指标。

2.调查对象的选取

为了更好地了解粤港澳大湾区内高校创新创业教育开展情况,本书采取随机抽样的方式,针对粤港澳大湾区"9+2"城市高校的学生开展问卷调查,共回收问卷5525份。剔除答卷时长过短、填写无效校名等无效问卷504份,剩余问卷5021份,问卷有效率90.87%。本次问卷调查样本的选取在学校类别、年级、专业等方面均符合随机抽样的要求,回收问卷结构较合理,具体数据如表8-35所示。

表8-35　粤港澳大湾区高校学生基本情况

题项	选项	频率	百分比(%)
性别	男	1888	37.6
	女	3133	62.4
学校类别	本科	4064	80.9
	专科	957	19.1

续表

题项	选项	频率	百分比（%）
年级	二年级	2705	53.9
	三年级	1907	38.0
	四年级	370	7.4
	五年级	39	0.8
专业	文科类	414	8.4
	经管类	2003	40.6
	理工类	1596	32.4
	其他	920	18.6
创业实践	有	785	15.6
	无	4236	84.4
创业意愿	有	547	10.9
	无	4474	89.1
合计		5021	100

3. 调查问卷的编制

本书基于近20年的创新创业教育实践和理论，结合文献综述梳理借鉴现有的创新创业教育评价相关调查问卷，拟定初步的调查问卷。[1] 在正式施测之前，本书在全国范围内随机抽取98所高校对接受过本校创新创业教育的学生进行试测，然后根据反馈的意见进行多次讨论和修改，最终形成正式的调查问卷。正式问卷分为三大部分内容，第一部分内容包括学生的性别、年级、专业、所读高校类型、高校所在地及其名称等基本情况，共计10题；第二部分内容是关于学生对本校创新创业教育的评价，包括课程、教师、竞赛、实践、政策五个方面，采用李克特五点计分方式，从完全不同意到完全同意分别评定为

---

[1] 黄兆信等：《中国创业教育研究20年：热点、趋势与演化路径——基于37种教育学CSSCI来源期刊的文献计量分析》，《教育研究》2018年第1期。

1—5 分,共计 18 题;第三部分内容主要调查大湾区高校创新创业教育开展现状,共计 11 题。

4. 问卷的信效度分析

本书在正式问卷回收完成后,利用 SPSS25.0 以及 Amos 等软件对数据进行整理并分析。问卷将大湾区高校创新创业教育评价量表分为课程、竞赛、实践、政策、教师共五个维度,该量表内部一致性信度系数为 0.961。其中,课程、竞赛、实践、政策、教师五个维度的内部一致性信度系数分别为 0.864、0.907、0.929、0.929、0.961。由此可知,该量表信度非常好。

在此基础上,对量表进行效度分析,结果显示 KMO 值为 0.959,大于 0.8,可进一步做因子分析。卡方统计值显著性为 0.000,明显小于 0.01。自由度为 153,Bartlett 球体检验的近似卡方值为 90908.447,表示量表数据效度较好,已达到进行因子分析的效度标准。在 5021 份样本的原始数据中随机抽取 6% 的个案,约 306 份数据,运用 Amos22.0 对该量表进行验证性因素分析,拟合指数显示,$\chi^2 = 268.908$, $df = 125$, $\chi^2/df = 2.151$,结果低于 3,模型拟合度较好;GFI = 0.912,NFI = 0.951,TLI = 0.967,CFI = 0.973,结果均高于 0.8,模型适配度较好;RMSEA = 0.061,结果低于 0.08,符合模型拟合标准,量表结构效度良好,见表 8—36。

表 8—36　粤港澳大湾区高校创新创业教育评价量表验证性因子分析(n = 5021)

拟合指标	χ^2	df	χ^2/df	GFI	NFI	TLI	CFI	RMSEA
指数	268.908	125	2.151	0.912	0.951	0.967	0.973	0.061

(四)湾区高校创新创业教育现状分析

1. 高校创新创业教育现状总体分析

通过描述性分析发现,大湾区高校创新创业教育评价总体得分处于中上水平(总体平均得分为 3.43),其中竞赛评价和教师评价平均得分较高(分别为 3.52 和 3.67），政策评价平均得分较低（均值为 3.43），而课程评价和实践评价的平均得分最低（分别为 3.24 和 3.28）。

表 8-37　大湾区高校创新创业教育评价描述性分析

统计项 评价维度	N	极小值	极大值	均值	标准差
课程质量评价	5021	1.00	5.00	3.24	0.79
竞赛体验评价	5021	1.00	5.00	3.52	0.76
实践建设评价	5021	1.00	5.00	3.28	0.80
政策扶持评价	5021	1.00	5.00	3.43	0.79
教师指导评价	5021	1.00	5.00	3.67	0.74
总体	5021	1.00	5.00	3.43	0.66

其一，教师评价作为创新创业教育五个评价维度中平均得分最高的维度，说明湾区高校学生对创新创业师资的配备相对较满意。但是，在调查数据中发现，粤港澳大湾区高校中仅有 15% 的学生认为教师对创业能力提升和创新精神的培养帮助最大，69.9% 学生认为教师在创业团队中主要是担任协助者的角色而不是参与合作者。对创业团队中师生合作的方式进行调查后发现，教师指导、学生创业的形式占 62%，而师生共同研发、共同运营的团队则仅占 21%。由此可知，虽然学生对创新创业教育专业师资的评价相对较高，但无论是从数量上的配备，抑或是创业上的培养，仍存在不少问题亟待解决。

其二，实践评价作为创新创业教育五个评价维度中平均得分较低的维度，不难得知，湾区高校创新创业实践体系还有需要改善的地方。对学生创业实践经历与高校创业园区进行独立样本 T 检验，发现有无建立创业园区的高校对学生的创业实践经历有显著差异（$p < 0.01$），相对于未建立创业园的高校的学生而言（$M = 1.14, SD = 0.35$），已经建立创业园区的高校的学生在创业实践上更加积极（$M = 1.19, SD = 0.39$）。另外学生在校期间有无创业实践经历对其创业意愿也有显著差异（$p < 0.01$），相对于没有创业实践经历的学生而言

（M＝1.09,SD＝0.28），具有创业经历的学生毕业之后更有可能选择自主创业（M＝1.23,SD＝0.42）。综合以上分析,可以说明,高校的创业园区的建立在一定程度影响到学生的创业实践,而学生的创业实践又对学生的创业意愿有着促进作用。而目前尚有35%的高校没有创建创业园区,可见高校的创业实践平台建设尚有提升的空间。

其三,课程评价作为创新创业教育五个评价维度中平均得分最低的维度,显然,湾区内高校的创新创业课程体系迫切需要改变。对大湾区高校创新创业教育课程体系进行调查后发现,课堂讲授和案例教学被认为是目前湾区内高校开展创新创业教育最为常用的授课方式,占比为64.4%。但是,有31.6%的学生认为创业实践模拟应成为创新创业教育课程最重要的授课形式。与此形成明显对比的是,学生在"认为何种创新创业教育有助于他们创业成功"的选择中,超过67%的学生认为创新创业竞赛和创业园的实践更有助于创业项目的形成与落地。按目前湾区高校开展创新创业教育的情况而言,学生对创业实践的需求远远超过了高校所提供的创业实践课程与机会。

2.不同类型高校创新创业教育评价的差异分析

对不同类型高校创新创业教育各维度评价进行独立样本 T 检验,可以发现,专科院校学生对本校创新创业教育各维度评价的平均得分均高于本科高校学生的评价（$p < 0.05$）,说明本科高校学生对本校创新创业教育的满意度较低,见表8-38。

表8-38 不同类型高校创新创业教育评价差异性分析

统计项 评价维度	不同类型高校		t
	本科	专科	
课程质量评价	3.19±0.79	3.46±0.77	−9.944**
竞赛体验评价	3.49±0.75	3.66±0.79	−6.438**
实践建设评价	3.26±0.79	3.37±0.84	−3.734**
政策扶持评价	3.41±0.78	3.50±0.83	−2.929**

评价维度 \ 统计项	不同类型高校		t
	本科	专科	
教师指导评价	3.65±0.74	3.72±0.74	−2.583*
总体	3.40±0.65	3.54±0.69	−5.876**

注：* 均值差的显著性水平为 0.05，** 均值差的显著性水平为 0.01，下同。

调查分析发现，已设立大学生创业园的本科高校数量（36.2%）要多于专科院校（31.5%）；同时，已开设创新创业课程的本科高校数量（78.7%）也要多于专科院校（67.9%）。由此可以看出，本科高校创新创业教育的开展情况较专科院校的更好一些，但是本科高校学生对本校创新创业教育的满意度反而较低。相对于专科学生而言，本科学生更加重视创新创业的资源配置和理念意识，进而对高校创新创业教育的要求也会相应较高，因此本科学生对高校创新创业教育的评价会更严格；与之相反，高职高专院校的学生对学校创业环境的认可度更高。[1] 另一方面，在本科院校中，相当部分学生对待创新创业教育的态度颇为消极，更倾向于将创新创业课程作为选修课，或者以读研为由不愿面对就业、创业，[2]这在一定程度上导致本科学生对创新创业教育的评价较低。

由调查结果可知，在创业资源上，相对于专科院校而言，虽然本科高校在创新创业教育体系、活动经费、实践机会以及项目开展上占有优势，但是本科学生的创业意愿要低于专科学生，本科院校中真正参与创业的学生更是少之又少。[3] 在创业能力上，一般来说，学历层次越高的大学生，其创业能力也会越强。实际上，本科生与专科生的创业能力不存在显著差异，但专科生的创业

[1] 王心焕等：《基于大样本调查的本科学生与高职学生创业认知差异分析》，《技术经济》2016 年第 3 期。
[2] 鲁钊阳：《本科创业创新教育实施问题及对策研究》，《教育评论》2016 年第 3 期。
[3] 牛翔宇：《上海高校创业教育体系建设初探》，《教育发展研究》2010 年第 5 期。

实践能力要显著高于本科生,而本科生的学习能力则显著高于专科生。① 因此,创新创业教育应当重视"因材施教",实现多层次、多类型的人才培养格局。对于本科学生,可侧重于其创新创业意识的培养,正确引导其创业动机和意向;对于专科学生,除了在实践机会、资源配备上给予扶持,还需要激励他们多参与创新创业实践。

3. 不同专业学生评价创新创业教育的差异分析

在不同专业学生对本校创新创业教育各维度评价进行单因素方差分析之后,可以发现,不同专业学生对本校创新创业教育的评价差异显著(p<0.05)。经过多重比较(LSD)得出,与文科类和其他专业的学生相比,理工类和经管类专业的学生对本校创新创业教育的课程、竞赛、实践、教师等方面评价均较低。

二、广东创新创业教育对大学生创业意向的影响机制研究

本部分写广东省创新创业教育,选择中山大学新华学院为研究典型对象,对应用型大学的创新创业教育的影响机制进行分析,以形成对其内在机理的一些认识。

自我国高等教育改革以来,普通高校的毕业生数量逐年增长,2014 年我国普通高校大学毕业生数量为 727 万,2015 年为 749 万,2016 年达到 765 万,2017 年更是创历史新高的 795 万。② 中国大学生就业压力巨大。另外,据《2016 年国民经济和社会发展统计公报》显示,2016 届中国大学生自主创业的比例仅占 3%,这相对于 2016 年 765 万大学毕业生来说是极少的数字。③ 2017 年,麦可斯研究院发布的《2017 年中国大学生就业报告》数据显示,近 5

---

① 李亚员:《当代大学生创业现状调查及教育引导对策研究》,《教育研究》2017年第 2 期。

② 中国商情网:《2017 年全国高校毕业情况分析:795 万高校毕业生呐喊工作》,见 http://www.askci.com/news/chanye/20170517/10364798250. shtml,2017-5-17/2018-5-23。

③ 中国经济网:《2016 国民经济和社会发展统计公报》,见 http://www.ce.cn/xwzx/gnsz/gdxw/201702/28/t20170228_20584445. shtml.2017-2-28/2018-5-23。

年来,大学生毕业即创业率连续从 2011 届的 1.6%上升到 2017 届的 3.0%,接近翻了一番。但即使在浙江等创业环境较好的省份,大学生创业成功率也只有 5%左右,这与欧美国家大学生成功创业的 20%相比,仍有较大差距。[①] 那么,我国大学生需要什么样的创业教育,也即怎样的创业教育符合时代发展的要求,能够促进就业,成为当前研究的热点。

学者们针对创业教育的问题,在借鉴国外创业教育发展的基础上,相继在创业教育的教学机制、课程内容与实践相结合挂钩、创业教育发展的支撑体系,如何融合专业教育和创业教育等方面都做了深入研究探讨,并得到了阶段性的研究成果。然而,在创业教育影响机制方面还缺乏一致的结论,也即问题的根本在于回答创业教育内部的影响机制,即创业教育对哪些因素产生影响?并且如何起作用? 以及能起到多大的作用? 本部分就以此为切入点,结合众多学者对创业教育研究的基础,通过对应用型大学的实证研究来试图回答上述问题。首先,系统回顾创业教育的影响及其构成要素,提出研究假设;然后,通过访谈和问卷调查的方式筛选出的有效数据建立 logistic 回归模型进行实证检验;最后,结合现状与调查结果,为我国创业教育发展提供具有针对性的对策建议。

(一)文献综述

1. 创业教育及其影响

创业教育最早可追溯到 1947 年美国哈佛大学商学院迈尔斯·梅斯(Myles Mace)教授的一堂 MBA 课堂上,他认为创业教育是一种企业家精神的教育,强调将创意付诸实践。联合国教科文组织则强调创业教育是对个人事业心和创业技能的培养,它更关心个性品质的发展。美国考夫曼创业领导力发展中心认为,通过向个体传授创新理念、培养创新精神及创造力才是创业教

[①] 麦可斯研究院:《2017 中国大学生就业报告》,麦可斯数据有限公司,2017 年。

育的本质。[①] 而创业教育的概念在我国首次提出是在 1989 年的《学会关心世纪的教育》报告中。对创业教育的定义各有侧重,部分学者认为创业教育根本目标在于解决国家严峻的就业问题,使学生掌握创业方法技能,成为一个可以走向社会进行创业的人才,强调创业的实践性。也有学者认为,创业教育是创业知识的学习过程,使学生树立创业意识,以便在机会适当时能够进行创业,强调创业素质和创业精神的形成。综合学者当前的研究,本书认为创业教育是通过创业知识的传授和创业技能的实践,来培养和强化个人创业素质的活动;能够开发个人的创业思维与意识,端正创业态度,提高创业意愿,从而使其更容易捕捉创业机会进而推动创业的教育过程。

所以,为更好地实现创业教育的目标,创业教育需考虑多种因素,教师在实施创业教育过程中需要将学生创业意向的培养系统性地纳入到训练范畴之中。[②]歌曼(Goeman)等研究了 1985 年到 1994 年十年间创业教育的相关文献后得出结论,创业教育具有开办新企业的准备功能,是增强创业意向的有效方式。[③] 学者们一致认可创业教育能够提高学习者的承担风险能力,培养其批判性思维和创造性思维等,激发了创业教育意向。[④] 同时,创业环境对于培养大学生的创业意向方面起到了显著性的影响,主要的影响因素包括个人素质、个人教育、学校、家庭和社会等。[⑤] 然而,创业教育是一个整体概念,包含多种构成要素,经济发展程度不同、高校的学科特色和发展定位不同,必然会影响

---

①　田玉敏:《国外高校创新创业教育的理念、模式与路径》,《中国国情国力》2016 年第 4 期。

②　Hamidi D.Y., Wennberg K.& Berglund H.,"Creativity in Entrepreneurship Education",*Journal of Small Business & Enterprise Development*, Vol.15, No.2, 2008, pp.304-320.

③　Gorman G., Hanlon D.& King W.,"Some Research Perspectives on Entrepreneurship Education, Enterprise Education and Education for Small Business Management: A Ten-Year Literature Review",*International Small Business Journal*, Vol.15, No.3, 1997, pp.56-77.

④　Fayolle A.,"Assessing the Impact of Entrepreneurship Education Programmes: A New Methodology",*Journal of European Industrial Training*, Vol.30, No.9, 2006, pp.701-720.

⑤　王未卿、杨瑶:《基于因子分析的高校学生创业意愿影响因素实证研究——基于北京科技大学的样本研究》,《高教探索》2018 年第 3 期。

其构成要素与所发挥的作用。

2. 创业教育的构成要素

加拿大针对劳动力就业压力大的现状,不断尝试创业教育改革,进行学生职业生涯规划,将创业课程融入小学、中学、大学和研究生等各个阶段。[①] 美国中部堪萨斯大学基于地方特色和应用导向,从创业知识培训、创业计划资助和创业平台构建三个方面形成了具有特色的创业教育体系。[②] 浙江大学将地缘基因与其历史特色相融合,形成了富有特色的创业文化氛围,摸索出了一条从创业通识学习、创业辅修、创业国际合作、创业实践和创业孵化的"五位一体"创业教育模式。[③] 以理工学科为特色的电子科技大学形成了"普惠性"的大学生创业教育体系,即在创新驱动、技术创业指导思想下构建起课程教育、创新训练、创业训练和创业孵化四阶段金字塔式的培养模式。[④] 农业院校双创教育的模式主要体现在优化培养方案、完善课程体系、强化实践历练、建设文化体系四个方面。[⑤] 而作为专业学位教育的 MBA,其创业教育构成更具有针对性和实践性,特别重视创业课程、创业师资和创业实践。[⑥] 地方高校则应依托地方产业发展趋势,对接地方经济需求,聚焦课程设置、实践实训、创业比赛工作,形成因地制宜、校地匹配的创业教育模式。[⑦] 如燕山大学根据自身办学条件与学生个性化发展需求,逐渐形成了以应用型创业人才为培养目标,以专业知识与创业能力为依托,将创业教育与创业实践、创业服务与创业项目、

[①] 陈雅娟:《加拿大高校创业教育体系的建构及启示》,《教育与职业》2013 年第 4 期。

[②] 史金金、田华:《美国堪萨斯大学创新创业教育体系及启示》,《高等工程教育研究》2018 年第 3 期。

[③] 林伟连、吴伟:《以"IBE"为特色的全链条式创新创业教育体系构建——浙江大学创新创业教育与人才培养实践》,《高等工程教育研究》2017 年第 5 期。

[④] 余魅等:《构建"普惠性"大学生创新创业教育体系的探索与实践》,《中国大学教学》2018 年第 4 期。

[⑤] 陈光等:《农林院校创新创业教育体系的构建与展望》,《中国大学教学》2018 年第 2 期。

[⑥] 曾一军:《MBA 创业教育:体系、路径与方法》,《黑龙江高教研究》2014 年第 7 期。

[⑦] 孙巍:《对地方理工科高校创新创业教育体系建设的思考》,《学校党建与思想教育》2017 年第 16 期。

创业政策与创业平台相结合的创业教育体系。[①] 同时,高职院校应当重视创业教育理念、创业学习融合、创业资源保障和创业政策扶持等创业教育要素。[②]

综合国内外高校创业教育体系的现状可以发现,高校的培养层次不同、性质不同、特色不同,创业教育的定位也就不同,在完善创业教育体系时所包含的内容也就各有侧重。然而,创业教育都要围绕其实践性、系统性和创新性三个基本要求。特别是对于应用型大学,其定位与培养目标决定了创业教育的重心。首先,培养正确的创业态度是基础,创业不是为规避就业压力、没有适合就业岗位而进行的生存性选择,而是发挥创业知识和创业技能、把握创业时机的发展性追求。其次,不论是课程优化设计、师资的综合配置、实践平台的搭建、服务机构的配合等各种资源的投入,都是为了从根本上增进大学生的创业知识和锻炼创业能力,即使不进行创业,但创业知识的学习、创业技能的形成对个人综合素质的提升都大有裨益。最后,创业是一种社会性活动,离不开周围环境的支持,浓郁的创业文化将为创业提供理想的土壤,滋养创业顺利开花结果。所以,对于应用型大学创业教育的核心内容都离不开四个基本要素:创业态度、创业知识、创业技能和创业文化。那么不同的构成要素怎样影响创业意向,以及影响作用的大小等问题值得进一步深入探索。

(二)研究设计

1.研究假设的提出

弗雷德(Fred)等指出学生创业态度受多重因素的影响,包括其教育层次、

①　冯智恩:《浅议高校创新创业教育体系构建——以燕山大学"一体两翼三结合"创新创业教育体系为例》,《教育探索》2016 年第 7 期。
②　王成荣等:《高职创新创业教育体系的构建与实践——以北京财贸职业学院为例》,《中国职业技术教育》2018 年第 15 期。

家庭背景、年龄、性别、参与创业课程的数目等。① 楼尊通过随机抽样调查上海四所大学商学院各专业本科生,得出调查结果:参加过创业课程对大学生的创业态度和信心具有显著的正向影响。至少选修过一门创业课程的学生与没有选修过类似课程的学生相比,在创业吸引力、自我效能、成功预期和可行性的判断上都高于后者。可见创业教育对于形成大学生创业态度具有积极促进作用,正向影响了大学生的创业意向。② 杜跃平以西安若干学校为调研样本,也得出了类似的结论。③ 基于此,本书提出以下假设:

假设8.1:创业教育形成的创业态度对创业意向具有正向影响。

创业知识具体可理解为学习并撰写商业计划书,组建和带领创业团队,进行初创企业融资等知识。创业教育通过课程的形式让学员掌握创业基础知识、创业的思维方式和操作方法。杰克(Jack)和安德森(Anderson)提出,创业学习是基于"创业是推动经济发展的引擎"这一预设前提,认为创业活动横跨于艺术和科学两个维度,只有通过创业理论教学,才能很好跨越这两个维度并连接这两个维度。④ 斯特里特等(Streeter,2002)考察了大学创业教育趋势,建议将大学创业知识课程划分为两大类:一类名为磁铁计划,即学生参与商学院创办的创业教育课程;一类名为辐射计划,主要关注没有具备商务背景的学员,在商学院以外的地方开展创业教育活动。⑤ 亨利(Henry)等提出了评估创业教育与培训成效的方法,还探讨了创业计划和创业课程的目标、创业课程的

---

① Fred O.E., Bhagaban P.& Stephen E.C., "African American Students' Attitudes Toward Entrepreneurship Education", *Journal of Education for Business*, Vol.73, No.5, 1998, pp.291-296.

② 楼尊:《高校创业教育对大学生创业态度和信心的影响》,《上海金融学院学报》2008年第6期。

③ 杜跃平等:《创业环境认知对创业态度和创业倾向影响的实证研究——基于西安若干高等学校大学生的调查数据》,《软科学》2016年第8期。

④ Jack S.L., Anderson A.R., "Entrepreneurship Education within the Enterprise Culture: Producing Reflective Practitioners", *International Journal of Entrepreneurial Behavior and Research*, Vol.5, No.3, 1999, pp.110-125.

⑤ Streeter D.H., Jaquette J.P.J., "University-Wide Entrepreneurship Education: Alternative Models and Current Trends", *Working Paper*, No.2, 2002, pp.232-238.

方式方法、创业培训框架、创业影响评估等,以更好地实现创业知识的传递,有助于推动创业从计划、意向到行为的转化。① 赫恩斯比(Hornsby)等在相关的研究中发现,通过创业教育培养学生的创业知识,可以丰富大学生的综合知识结构,进一步深化其创业意向,并以此获得所需的创业技能。② 所罗门(Solomon)等指出创业知识缺乏是导致创业者失败的重要原因之一,但这个问题往往被社会各界所忽视,此外教学本身的资源是否符合教学的标准也被忽略了。③ 基于此,提出以下假设:

假设8.2:创业教育形成的创业知识对创业意向具有正向影响。

创业技能主要包括创业所需的专业知识能力、企业管理能力和综合能力。创业技能是创业者维持企业运营、推动企业发展的基本方式和手段。菲特(Fiet)提出教师在向学生传授创业教育理论时应该以"做中学"的方式进行。④ 伯德(Bird)将创业能力划分为起点能力和成功能力。起点能力是指创业者成功创办一个企业的能力;成功能力是指创业者创办的企业能不断获得发展,具有很好的经济回报能力。⑤ 肯特(Kent)和安德森(Anderson)提出创业教育技能培养应该纳入如团队合作精神、人际交往能力、社会意向等内容。⑥ 应用型大学实施创业教育,主要从两方面形成学生的创业技能:一是

---

① Henry C., "The Effectiveness of Entrepreneurship Training Programmes in Supporting and Developing Aspiring Entrepreneurs: An Investigative Study", Queen's University of Belfast, 2000.

② Hornsby J.S., Kuratko D.F.& Zahra S.A., "Middle Managers' Perception of the Internal Environment for Corporate Entrepreneurship: Assessing a Measurement Scale", *Journal of Business Venturing*, Vol.17, No.3, 2002, pp.253-273.

③ Solomon G.T., Duffy S.& Tarabishy A., "The State of Entrepreneurship Education in the United States: A Nationwide Survey and Analysis", *International Journal of Entrepreneurship Education*, No.1, 2002, pp.65-86.

④ Fiet J.O., "The Theoretical Side of Teaching Entrepreneurship", *Journal of Business Venturing Internationa*, Vol.16, No.1, 2001, pp.1-24.

⑤ Bird B. J., "Learning Entrepreneurship Competencies: The Self-Directed Learning Approach", *International International Journal of Entrepreneurship Education*, Vol. 1, No. 2, 2003, pp.203-222.

⑥ Kent C.A., Alderson L.P., "Social Capital, Social Entrepreneurship and Entrepreneurship Education", *International Journal of Entrepreneurship Education*, Vol.2, No.1, 2004, pp.41-59.

创业教育从理论角度和形式萌发大学生的创业意向,培养其创建企业的能力;二是创业教育通过实践课程和实训活动,教授学生创办和经营管理企业的实际技能,侧重在于如何发展和运作企业内容上。基于此,提出以下假设:

假设 8.3:创业教育形成的创业技能对创业意向具有正向影响。

创业文化是一种宏观的文化氛围,潜移默化地影响着生活在这种文化之下的社会个体。正确的创业精神文化和制度文化会明显推动创业教育的开展以及创业意愿的培养,尤其是创业的制度文化。李海垒等认为创业文化在大学生的冒险性心理与创业目标意向中具有调节作用,高创业文化水平能够促进冒险性与创业目标意向的正向关系。[①] 朱广华等指出大学生创业教育存在知识价值与创业价值文化冲突,需要通过创业文化来引领创业知识价值,以推动大学生创业行为。[②] 那么,应用型大学应当以培养大学生创业精神为目的进行精神文化建设,提升高校大学生的创业信心,鼓励大学生利用学校资料进行小范围的创业活动,多组织举办丰富多彩的创业活动竞赛,调动整体创业热情。创业文化的营造对于推动创业教育事业有着举足轻重的作用,基于此,提出以下假设:

假设 8.4:创业教育形成的创业文化对创业意向具有正向影响。

根据计划行为理论、创业教育实践和国内相关研究可以得出,创业教育对创业意向的影响机制,主要体现在三个方面:第一,作为行为态度因素的创业态度对创业意向的影响;第二,作为感知行为控制的创业知识和创业技能对大学生创业意向的影响;第三,作为主观规范的创业文化对创业意向的影响。它们之间的作用关系和研究框架见图 8-3。

[①] 李海垒等:《大学生的冒险性与创业意向的关系:感知的创业文化的调节作用》,《心理发展与教育》2013 年第 2 期。

[②] 朱广华等:《大学生创业教育、创业文化与创业政策的反思与调适》,《高教探索》2015 年第 6 期。

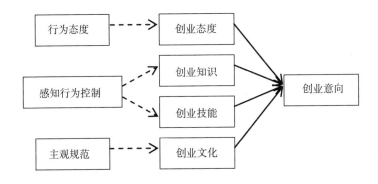

图 8-3　基于计划行为理论的创业教育影响机制关系图

（三）实证检验

1. 研究设计

为了实现研究目的，主要以问卷为主、访谈为辅，二者相互结合的方法对研究假设进行检验。访谈形成样本数据的基本认识，为问卷的优化提供依据。研究的过程主要经历了调查访谈、问卷修正、数据收集、数据分析与结果论证五个阶段。调查问卷主要分为三个部分，第一部分为被调查者的背景信息；第二部分为创业教育的现状，总结了上述学者如弗雷德（Fred）[1]、王未卿和杨瑶[2]等的相关研究，具体分为创业态度、创业知识、创业技能、创业文化四个维度；第三部分为大学生的创业意向。

为了更好地实现数据的有效性，通过对象控制和过程控制两个方面来着手实施调查。对象控制主要是指研究对象的选取，研究对象根据研究总体的边界范围的清晰程度，可分为代表性对象和典型性对象。代表性对象具有清晰的研究总体，通过代表性能够重现总体的属性和结构，而典型性对象的研究

---

① Fred O.E., Bhagaban P.& Stephen E.C., "African American Students' Attitudes toward Entrepreneurship Education", *Journal of Education for Business*, Vol.73, No.5, 1998, pp.291-296.

② 王未卿、杨瑶：《基于因子分析的高校学生创业意愿影响因素实证研究——基于北京科技大学的样本研究》，《高教探索》2018 年第 3 期。

总体结构较为复杂,边界模糊,只能是根据一些典型的特征来形成对某种现象的认识。[①] 研究总体上发展状态可以通过代表性对象来反映,但在形成发展期,需要各个具有典型性的对象来不断摸索。由于创业教育在中国尚处于发展探索期,教育性质存在差异、教育水平不均衡、教育对象不同,所以,较难反映创业教育总体的全貌,适合通过典型性对象来形成对创业教育影响作用的一些认识。特别是对于应用型大学而言,如何推动创业的应用实践是其首要目标。中山大学新华学院作为一所应用型大学,一直致力于推进创新创业教育、建立和完善创业服务指导体系、推进创业孵化基地建设等方面的工作。目前,中山大学新华学院培育起了较好的创新创业氛围,在创业竞赛、创业指导课程、创业沙龙讲座、院校和企校交流方面均取得建设性的发展。在国家级挑战杯和大学生创新创业项目方面,新华学院均取得了突破性的成绩。国内首个"中国大学生产学研创新创业实训基地"的设立和首届中国高校创新创业教育高峰论坛的开展,实现了新华学院在创业教育领域的阶段性里程碑。所以,本部分以中山大学新华学院为研究典型对象,对应用型大学的创业教育的影响机制进行分析,以形成对其内在机理的一些认识。

通过走访中山大学新华学院并参考借鉴国内外的相关研究,采用国内外成熟的量表,制定出需要的调查问卷。所选择的调查对象涵盖了学校四个年级,包括管理学院、经济与贸易学院、会计学院、外国语学院等多个院系专业。一般来说,创业教育主要在大二下学期开展,创业意向随着年纪的增长而逐步培养起来,管理、经济类开始的课程较多,很多都是专业选修课,因此,为了更真实地反映创业教育的影响,调查对象主要集中在大三、大四经济管理类的大学生。

本次问卷调研共发放问卷 1000 份,回收问卷 920 份,剔除存在缺失值等不合格问卷,共得到 899 份有效问卷。其中男生占 54.1%,女生占 45.9%;大

---

① 王宁:《代表性还是典型性?——个案的属性与个案研究方法的逻辑基础》,《社会学研究》2002 年第 5 期。

一至大四的比例分别为 1.0%、17.3%、22.4% 及 59.2%；院系比例为管理学院占 43.9%，经贸学院占 29.6%，会计学院占 14.3%，外国语学院占 7.1%；其他学院占 5.1%。在收集整理问卷数据之后，使用 SPSS25.0 和 AMOS22.0 进行数据分析。先对问卷的信度和效度检验，最后使用 logistic 回归模型对数据进行假设检验。

2. 信度与效度检验

首先，SPSS 分析显示问卷的 Cronbach α 值为 0.731，符合迪亚曼托普洛斯（Diamantopoulos）等的建议（Cronbach α 值需大于 0.7，说明问卷具有较好的整体信度）。[①] 同时，通过因子分析的未进行转轴的第一个因子的方差解释率为 24.12%，小于 50%，根据 Harman 单因素检验说明数据不存在共同方法偏差。因本研究所采用量表在国外相对成熟，而且翻译成中文后也得到了相关专家的修正，因此内容效度得以保证。其次，建立 AMOS 测量模型来检验变量的聚合效度和区别效度。创业教育四个变量维度测量模型结果显示具有较好的适配度，其中 $\chi^2/\mathrm{df} = 2.10 (<3)$，GFI $= 0.931 (>0.9)$，AGFI $= 0.900 (>0.9)$，RMSEA $= 0.041 (<0.08)$，CFI $= 0.924 (>0.9)$。进一步考虑其可能具有高阶结构，将创业教育作为二阶变量，构建测量模型，结果显示：$\chi^2/\mathrm{df} = 2.125$，GFI $= 0.933$，AGFI $= 0.925$，RMSEA $= 0.021$，CFI $= 0.918$ 适配度指数都略有提高，且 $\Delta\chi^2/\Delta\mathrm{df} = 11.495$，大于 $\alpha = 0.5$ 显著性水平自由度为 16 的卡方临界值 15.338，说明创业教育具有二阶四维结构。一阶验证性因子模型的因子载荷均大于 0.7，说明变量具有较好的聚合效度。同时，依据因子载荷计算得出的组合信度（CR 值）均大于 0.7，平均方差抽取量（AVE 值）均大于 0.5，且 AVE 值均大于创业教育任意两个维度的相关系数，说明了变量具有区别效

---

① Diamantopoulos A., Winklhofer H.M., "Index Construction with Formative Indicators: An Alternative to Scale Development", *Journal of Marketing Research*, Vol.38, No.2, 2001, pp.269–277.

度①,具体数据见表8-39。

表8-39　变量相关系数与 AVE 值

维度	均值	标准差	创业态度	创业知识	创业技能	创业文化
创业态度	3.245	0.881	0.723			
创业知识	3.642	0.923	0.563***	0.816		
创业技能	3.426	0.865	0.525***	0.614***	0.795	
创业文化	3.007	0.819	0.436*	0.503*	0.441*	0.716
AVE 值			0.523	0.666	0.632	0.513
CR 值			0.771**	0.884**	0.821*	0.736*
Cronbach α			0.705**	0.879**	0.814**	0.722**

注:* 表示显著性为 0.05, *** 表示显著性为 0.001;对角线上为 AVE 值的平方根。

3.假设检验结果

根据以上调研的描述性统计分析得知,学校的创业教育整体上表现良好,体现了较好的大学生创业态度,在创业培训课程上的发展取得一定的成效,举办创业大赛和社团活动方面也都得到学生的认可和支持,学校在不断完善创业教育机制,优化创业教育,形成了较好的创业文化。可以进一步通过回归模型来检验创业教育影响创业意向的具体作用机制。以是否计划参加创业活动(Y)来作为因变量,Y=1 表示有创业意向,Y=0 表示无创业意向,P(Y=1)表示有创业意向的概率,1-P(Y=1)表示无创业意向的概率;以创业态度(CT)、创业知识(CX)、创业技能(CJ)与创业文化(CW)等因素作为自变量,利用 logistic 回归模型进行分析,具体的模型方程 1 为:$\mathrm{Ln}(p/1-P) = \beta_0 + \beta_1 \times CT + \beta_2 \times CX + \beta_3 \times CJ + \beta_4 \times CW$。

---

① Fornell C., Larker D.F., "Evaluating Structural Equation Models with Unobservable Variables and Measurement Error", *Journal of Marketing Research*, Vol.18, No.1, 1981, pp.382-388.

创业态度包括两个维度分别为 CT_1 和 CT_2，创业知识包括两个维度分别为 CX_1 和 CX_2，创业技能包括两个维度分别为 CJ_1 和 CJ_2，创业文化包括两个维度分别为 CW_1 和 CW_2，与创业意向建立 logistic 回归模型方程 2 如下：$Ln(p/1-P) = \beta_{01} + \beta_{11} \times CT_1 + \beta_{12} \times CT_2 + \beta_{21} \times CX_1 + \beta_{22} \times CX_2 + \beta_{31} \times CJ_1 + \beta_{32} \times CJ_2 + \beta_{41} \times CW_1 + \beta_{42} \times CW_2$。

通过样本数据对模型进行估计，结果显示：首先，方程 1 的整体模型适配度检验的 χ^2 值为 78.490，$p = 0.000 < 0.05$，达到显著水平；同时，Hosmer-Lemeshow 检验值为 19.421，$p = 0.061 > 0.05$，未达到显著水平，说明创业态度、创业知识、创业技能、创业文化等四个变量中至少有一个可以有效解释与预测样本在有无创业意向的分类结果，建立的模型适配度符合分析要求。方程 2 的整体模型适配度检验的 χ^2 值为 70.126，$p = 0.000 < 0.05$，达到显著水平。Hosmer-Lemeshow 检验值为 16.421，$p = 0.054 > 0.05$，未达到显著水平，说明创业教育的四个变量的所涉及的维度建立的模型适配度也符合分析要求。

其次，关联强度系数显示，方程 1 的 Cox-Snell 的关联强度值为 0.535，Nagelkerke 值为 0.752，说明创业教育的四个方面与创业意向存在中度关系，四个变量可以解释创业意向变量总变异的 53.5%、75.2%。同理，方程 2 的 Cox-Snell 和 Nagelkerke 指标值分别为 0.582、0.764，同样存在中度关系，八个维度可以解释创业意向总变异的 58.2% 和 76.4%。

最后，个别参数的显著性显示，方程 1 的创业态度、创业知识、创业技能、创业文化的 Wald 指标值都达到 0.05 的显著水平，说明各自变量与创业意向因变量有显著正向关联，创业意向的四个自变量的 $Exp(\beta)$ 值分别为 1.092、1.130、1.094、1.061，说明创业态度、创业知识、创业技能、创业文化的值增加一个单位，大学生的有创业意向的与无创业意向的胜算概率就别增加 9.2%、13.0%、9.4%、6.1%。假设 H1、H2、H3 和 H4 都得到了验证。同时，方程 2 表示的创业教育八个维度对创业意向的 Wald 指标值也都达

到 0.05 的显著水平,说明了显著的正向关联关系,而且根据各自的 Exp
(β)值可以得出,CT_1、CT_2、CJ_1、CJ_2、CW_1、CW_2 每增加一个单位,大学生的
有创业意向比无创业意向的胜算概率就分别增加 9.9%、6.5%、14.3%、
9.0%、10.6%、7.4%、6.7%、3.5%。具体的模型参数拟合结果数据见表
8-40。

表 8-40   logistic 回归模型检验表

自变量		因变量(创业意向)				
		β值		显著性		Exp(β)
创业态度 (CT)	积极学习创业知识(CT1)	0.088	0.094	0.000***	0.007**	1.092	1.099
	为创业做准备(CT2)		0.063		0.034*		1.065
创业知识 (CX)	创业课程学习(CX1)	0.122	0.134	0.004**	0.025*	1.130	1.143
	掌握创业知识(CX2)		0.086		0.003**		1.090
创业技能 (CJ)	参加学生创业活动(CJ1)	0.090	0.101	0.012*	0.000***	1.094	1.106
	参加创业比赛(CJ2)		0.071		0.045*		1.074
创业文化 (CW)	创业相关配套设施(CW1)	0.059	0.065	0.035*	0.035*	1.061	1.067
	创业鼓励氛围(CW2)		0.034		0.011*		1.035
整体适配度检验	方程 1:χ^2=78.490***,Hosmer-Lemeshow 检验值为 19.421 n.s. 方程 2:χ^2=70.126***,Hosmer-Lemeshow 检验值为 16.421 n.s.					
关联强度	方程 1:Cox-Snell R^2=0.535,Nagelkerke R^2=0.752 方程 2:Cox-Snell R^2=0.582,Nagelkerke R^2=0.764					

注:* 为 $p<0.05$,** 为 $p<0.01$,*** 为 $p<0.001$,n.s.为 p 值不显著。

数据显示,137 位大学生有创业意向,根据观察值的逻辑斯蒂回归模型进
行预测,有 123 位大学生被归类于有创业意向组(分类正确),但 14 位被归类
于无创业意向组(分类错误);同时,原先 762 无创业意向的观察值根据模型
进行分类预测,其中有 695 位被归类于无创业意向(分类正确),67 位被归类
于有创业意向(分类错误),模型的整体分类正确率为 91.0%,如表 8-41
所示。

表 8-41　预测分类正确率交叉表

		预测值		正确百分比（%）
		有创业意向	无创业意向	
实际值	有创业意向	123	14	89.8
	无创业意向	67	695	91.2
总预测正确率				91.0

（四）结论与建议

综上，通过计划行为理论，分析了创业教育中创业态度、创业知识、创业技能和创业文化四个层面对创业意向的影响机制，并以应用型大学——中山大学新华学院为例进行了实证研究，基于数据分析得出结论：创业教育具有二阶四维度结构，其中创业知识对创业意向影响的作用最大，其余依次为创业技能、创业态度和创业文化，它们每增加一个单位，大学生的创业意向就分别增加 13.0%、9.4%、9.2% 和 6.1%。因此，推进高校创业教育活动离不开学生主观态度与外界环境等各方面因素的协同发展，创业教育要想实现真正意义上的成功，充分认识创业教育的作用机制，创建完整的创业教育体系。在创业态度、创业知识、创业技能和创业文化方面形成有针对性的发展策略。

1. 创业态度的引导与转变

高校创业教育的实施与推动，首先在于树立和强化学生的创业态度。而中国高校毕业生在创业初期普遍缺乏积极良好的心态，迷茫与焦虑是初创团队面临的心理难关。因此，高校创业教育必须着力改变学生的创业态度，转变其创业观念。需切实扭转学生受到社会舆论时的负面影响，引导学生正确认识和尝试创业活动，改变传统固化的就业观念，正确看待社会现象，拥有独立自主的判断力，敢于接触和尝试创业活动，把创业活动当作是成就人生的路径。

2. 创业课程体系的改革

目前,中国高校的创业教育课程体系还是相对滞后的,大多数高校只是单纯地将创业教育课程以公选课的形式推向广大学生,创业教育的效率较低,无法系统地培养学生的创业知识体系,难以通过课程来培养和提升学生的创业技能。因此,高校创业教育应完善课程体系,借鉴国外课程体系构建方法,在课程内容和课程形式上进行改革和创新,积极开展多元化的授课方式,推广"互联网+教育"的线上线下一体化教育模式,传授系统全面的创业知识,这对于培养高校学生创业潜能是至关重要的。近年来,中山大学新华学院在此方面不懈努力,学校积极推广慕课形式,实现线上线下的授课融合互动;开展跨学科创意设计挑战课程;邀请企业家、校友分享职场经验,与教师联合授课,将理论与实践相结合,积极推动学院创新创业教育的发展。

3. 创业实践环节的设计

高校创业教育的落脚点在于实现创业,而创业实践作为创业教育关键环节,在很大程度上决定创业教育的成败,因此创业实践环节必须得到高度重视。中山大学新华学院主要通过举办创业计划竞赛、模拟创业企业活动、模拟广交会等社团活动方式落实创业教育的实践项目,并在政策、资金、专家指导方面都给予了支持。具体而言,推动创业实践可以从以下几个方面入手:一是提供不同领域和不同层级的创业实践平台,为不同层次水平和不同专业背景的学生提供对应的历练平台,使创业实践平台成为学生在创业路上最好的自我修炼和提升载体;二是提供创业项目孵化基地和创业指导专家团队,全程对接和跟进优秀学生创业项目的孵化工作,为真正实现创业做好前期铺垫工作;三是学生创业项目应当高瞻远瞩,项目应具有创新性,以高校及周边市场作为试验田,通过微市场运作来完善商业模式和经营运作,从而推向更大的市场。

4. 创业文化氛围的打造

高校创业文化氛围是创业教育的重要组成部分,是推进大学生创业的重要影响因素之一。加强创业文化氛围的打造,对于扩大创业活动影响力,推动创业教育整体质量的提高有积极作用。首先,应加强以大学生创业精神为主题的文化建设,通过邀请成功创业者讲座形式开展创业课题学习,是其中最为直接有效的方式。其次,大力鼓舞大学生利用学校资源尝试小规模的创业行为,以正规公司经营模式为准,模拟公司的创立与经营运作,通过实验模拟应用创业知识和技能,以实践领悟创业,形成相互学习相互竞争的文化氛围。第三,鼓励和支持学生组织创办以创业为主题的社团活动、举办各式各样的创业竞赛活动,通过社团活动和创业比赛宣传创业文化,普及创业知识,搭建了解和交流创业活动的平台。

总之,通过短短十数年的探索和实践,中国的高校逐渐找寻到了符合自身情况的创业教育发展规律和模式,高校创业教育机制和模式不断得到完善,并取得了阶段性的成果。但创业教育还有很长的一段路要走,如何进一步完善并发挥创业教育的影响机制,打造科学系统的课程设置和创业实践活动,持续营造良好的创业文化氛围,提升高校创业教育的综合实力,为社会为国家输出更多更优异的创业人才,这将是今后创业教育的重要工作。

三、浙江省创新创业教育对大学生创业意愿影响研究

创业是社会经济发展的重要推动力,大学生创业是我国建设创新型国家的战略需求。在"双创"背景下,诸多高校开始开展创新创业教育,国家和各地区也陆续出台多种创业政策,以提高大学生创业意愿,增强其就业及创业能力。本书基于协同理论,试图构建关于创新创业教育、创业政策、创业实践、创业意愿四者关系的理论模型,并通过回归分析验证假设。研究表明,创新创业教育和创业政策对大学生创业意愿具有正向影响,大学生创业实践也对创业意愿有显著的积极作用,创新创业教育与创业政策相互促进,创新创业教育与创业实践相辅相成,协同影响大学生创业意愿。基于以上研究结论,本书对创新创业教育与创业政策多方面协同效应进行讨论,并提出相应的政策建议。

近年来,创业已经成为世界有史以来最有潜力的经济力量,[1]并成为全球讨论和研究的热点议题。创业能实现知识的转移和商业化[2],对于经济发展具有极大的促进作用。新创小企业也是经济发展的基石,[3]增强创业精神能够刺激经济发展和增加就业,这已经成为普遍共识。[4] 创业是可以教授的,[5]教育是培养创业意愿和能力的重要途径。[6] 这一观点使得创新创业教育随着这种趋势出现了类似的增长,开设创业相关课程的学院和大学的数量也与日俱增。[7]

目前,创新创业教育投资仍在增加,然而很少有研究能够确切评估创新创业教育的作用和影响。[8] 创业教育所产生结果的范围和性质都未能准确得出结论。[9]

学者们对于创新创业教育能否有效提升学生的创业意愿研究成果颇多,但他们对此所得出的结论并不一致。有研究认为,创新创业教育与创业意愿

[1] Donald F.Kuratko,"The Emergence of Entrepreneurship Education:Development,Trends,and Challenges",*Entrepreneurship Theory and Practice*,Vol.29,No.5,2005,pp.577-597.

[2] P.Mueller,"Exploring the Knowledge Filter:How Entrepreneurship and University-industry Relationships Drive Economic Growth",*Research Policy*,Vol.35,No.10,2006,pp.1499-1508.

[3] European Commission,*The European Charter for Small Enterprises*,Office for Official Publications of the European Communities,2002.

[4] F.Liñán,J.C.Rodríguez-Cohard,& J.M.Rueda-Cantuche,"Factors Affecting Entrepreneurial intention Levels:A Role for Education",*International Entrepreneurship and Management Journal*,Vol.7,No.2,2011,pp.195-218.

[5] Peter Drucker,*Innovation and Entrepreneurship*,New York:Harper & Row,1985,p.144.

[6] Krista Makker,*Estimating the Returns to Education for Entrepreneurs and Employees:Can State Taxes Serve as an Instrument for Selection into Entrepreneurship?* University of Amsterdam,2009,No.6,pp.1-52.

[7] R.Athayde,"Measuring Enterprise Potential in Young People",*Entrepreneurship Theory and Practice*,Vol.33,No.2,2009,pp.481-500.

[8] Georg von Graevenitz,Dietmar Harhoff,Richard Weber,"The Effects of Entrepreneurship Education",*Journal of Economic Behavior & Organization*,Vol.76,No.1,2010,pp.90-112.

[9] Duval-Couetil,N.,"Assessing the Impact of Entrepreneurship Education Programs:Challenges and Approaches",*Journal of Small Business Management*,Vol.51,No.3,2013,pp.394-409.

之间存在积极关系,[1]创新创业教育是提高人们创业意愿的关键手段之一;也有研究认为,创新创业教育对学生创业意愿的影响并不显著,[2]对他们的创业意愿的影响甚至是消极的。[3] 因此,通过切实可行的方法来评估创新创业教育的影响尤为必要,创新创业教育对创业意愿的作用亟待验证。

提升学生的创新创业能力已经成为世界教育改革的重点。创新创业不仅有助于解决大学生自身的就业问题,而且还能促进社会经济发展,推动社会和谐稳定进步。为鼓励和支持大学生创业,诸多与大学生创业相关的优惠政策纷纷出台。事实上,学界对于创业政策是否能提升大学生创业意愿的观点也不尽相同。本书利用浙江省 16210 份问卷调查数据进行分析,旨在更详细地探寻创新创业教育、创业政策对大学生创业意愿的协同影响并给出相应的对策建议。研究结果有助于拓展创新创业教育研究的范围,完善创新创业教育生态系统,推动创新创业型经济发展。

(一)文献综述与研究假设

1.创新创业教育与创业意愿

创业意愿由美国著名学者伯德(Barbara Bird)首次提出,他认为创业意愿能够帮助实际行动达成目标,其目的在于创造新企业或者在已存在的企业中创造新价值。[4] 诸多因素对大学生创业意愿有不同程度的影响,国家、地区、民族、种族、性别和家庭创业背景的差异都会使创业意愿有所不同。许多学者对创新创业教育与大学生创业意愿的关系进行了深入研究,多数研究人员都

---

① A.Tkachev,L.Kolvereid,"Self-employment Intentions among Russian Students",*Entrepreneurship & Regional Development*,Vol.11,No.3,1999,pp.269-280.

② A.Fayolle,"Exploratory Study to Assess the Effects of Entrepreneurship Programs on French student entrepreneurial behaviors",*Journal of Enterprising Culture*,Vol.8,No.2,2000,pp.169-184.

③ H.Oosterbeek,M.van Praag & A.Ijsselstein,"The Impact of Entrepreneurship Education on Entrepreneurship Skills and Motivation",*European Economic Review*,Vol.54,No.3,2010,pp.442-454.

④ B. Bird," Implementing Entrepreneurial Ideas:The Case for Intention ",*Academy of Management Review*,Vol.13,No.3,1988,pp.442-453.

认为创新创业教育对于创业意愿和创业精神具有显著的正向影响,能提高大学生创业自我效能感,帮助学生克服消极思维模式所造成的障碍,增强个人创业信心和创业精神。创业精神是一个国家经济增长的重要因素,[1]能将技术信息转化为产品和服务,[2]从而降低经济中时间和空间的低效。

创新创业教育有助于学生对自身创业能力作出正确评估,并确定自己是否适合创业,[3]创新创业教育对高素质创业人才供给的影响效果显著。[4] 同时,创新创业教育还能推动学校与社会接轨,帮助学校形成开放、合作的氛围,这对于创造社会价值和个人价值都有积极影响。因此有学者指出,创新创业教育不应该仅仅被视作那些已经成为企业家的人的工具技术,而是应该成为一种政策工具,使更多的人将创业作为一种职业选择,拓宽他们的职业选择范围。所以,应当发挥创新创业教育作为一种均衡器的作用,降低大学生自我效能低下带来的影响,从而增强大学生创业意愿,增加创业成功的机会。[5] 基于已有研究,本书提出以下假设:

假设8.5:创新创业教育对创业意愿具有正向影响。

2. 创业政策与创业意愿

快速成长的新公司和小公司创造了大量就业岗位,为降低就业率作出了巨大贡献。创业活动往往在政府的监督和领导下进行,创业政策对于营造良

---

① Ric.Donckels,"Education and Entrepreneurship Experiences from Secondary and University Education in Belgium",*Journal of Small Business & Entrepreneurship*,Vol.9,No.1,1991,pp.35-42.

② S.Shane.,S Venkataraman,*The Promise of Entrepreneurship as a Field of Research*,Acaclemy of Management Review,Vol.25,No.1,200,pp.217-226.

③ Georg von Graevenitz,Dietmar Harhoff & Richard Weber,"The Effects of Entrepreneurship Education",*Journal of Economic Behavior & Organization*,Vol.76,No.1,2010,pp.90-112.

④ A.O.Olofinyehun,C.M.Adelowo,A.A.Egbetokun,"The Supply of High-quality Entrepreneurs in Developing Countries:Evidence from Nigeria",*Science and Public Policy*,Vol.45,No.2,2017,pp.269-282.

⑤ F.Wilson,J.Kickul & D.Gender Marlino,"Entrepreneurial Self-Efficacy,and Entrepreneurial Career Intentions:Implications for Entrepreneurship Education",*Entrepreneurship Theory and Practice*,Vol.31,No.3,2007,pp.387-406.

好的创业氛围至关重要。因此,各国政府都对能刺激创业行为的政策规定相当重视,①这些创业政策通过创造有利于创业精神和环境的政策规定来推动创业。创业政策是一个新兴的政策发展领域,尚缺乏完备性,各国的创业政策也不尽相同。近十几年来,欧盟和经济合作与发展组织的实践为制定完善的创业政策以及促进创业奠定了良好的基础,推动了各成员国灵活地制定创业政策。

明确激励大学生创业的因素,有助于创业政策制定者制定有效的激励政策支持和推动创业。健全的创业政策体系应该包括创业的全部过程,包括机会识别、理念评估和创业行动。② 国家、地方政府、高校对大学生创业政策的支持能为创业开辟新的空间,社会对创业支持越高,大学生收到的激励越高。外界对开展实际创业活动帮助越多,大学生从事创业获得成功的可能性会大幅提升。当资本不完善使得独立创业者难以获得融资时,创业不太可能采取初创公司的形式。如果没有适当的机会和资金,创业意愿和创业行为难以发生。③ 创业政策的目标不仅仅是为已有创业意愿的人尝试创业,其意义还在于增加将创业作为职业选择人群的数量,增加其创业机会,为大学生建设创业环境和激励机制。完善的创业政策能为新知识的探索和商业化提供良好的商业基础和环境,减少创新型初创企业进入的障碍和约束,④帮助创业者解决创业初期的问题,为大学生建立完善的信息、资源和援助网络,降低由于创业环境复杂性对学生创业意愿的抑制作用。创业政策的完善对于健全创新创业体系也有促进作用。基于已有研究,本书提出以下假设:

---

① L.A.Stevenson,*Entrepreneurship Policy:Theory and Practice*,Springer US,2005.

② I. R. Mirzanti, T. M. Simatupang & D. Larso, "Mapping on Entrepreneurship Policy in Indonesia",*Procedia-Social and Behavioral Sciences*,Vol.169,2015,pp.346−353.

③ E.J.Douglas,D.A.Shepherd,"Self-employment as a Career Choice:Attitudes, Entrepreneurial Intentions, and Utility Maximization", *Entrepreneurial Theory and Practice*, Vol. 26, No. 3, 2002, pp.81−90.

④ Mueller,P.,"Exploring the Knowledge Filter:How Entrepreneurship and University-industry Relationships Drive Economic Growth",*Research Policy*,Vol.35,No.10,2006,pp.1499-1508.

假设 8.6:创业政策对创业意愿具有正向影响。

3. 创业实践与创业意愿

创新创业教育是理论知识与实践活动相结合的学科,其课程特点在于理论教学与创业实践同时并重。作为创新创业教育的一部分,创业实践是大学生在校期间在教师指导下进行的创业活动,具有课程的性质。学校为学生提供创业基金、项目和场所,让学生进行创业实际体验,提升学生的创业能力,其主要形式是撰写创业计划书、参加学校组织的产品或服务开发竞赛等。此外还有组织大学生到初创公司参观并实习等校企合作的实践形式,通过校企合作能够加快知识流动,增加知识过滤的渗透性,从而促进区域经济增长。通过实践获得的隐性知识能帮助学生实现个人的价值目标,[1]创业实践通过让学生亲自体验和参与到创业活动中去,在一定程度上可以提升学生的创业知识、创业技能和创业意愿,促进他们吸收和应用这些知识,增强学生对创业的认知,使他们保持对创业的动机和兴趣,从而增强其对创业的期望。[2] 除此之外,创业实践能帮助学生明确自身是否具有创业潜质,创业实践对创业行为具有一定的过滤效果。

国外高校的创业实践日趋成熟。瑞典部分县(市)开办地方学校项目、发展临时的创业项目等模式、成立志愿协会、增强学校和公司的合作与联系,对于增强大学生创造性和自主性以及提升其创业技能具有较强的推动作用。[3]创业实践在一定程度上能提升大学生创业意愿,二者具有很强的关系。以大学为基础的孵化器和科技园以及竞争性的启动资金对于增强学生的创业实践

---

[1] J.Sternberg Robert et al.,*Practical Intelligence in Everyday Life*,Cambridge University Press,2000.

[2] S.A. Stumpf, A.P. Brief, K. Hartman, "Self-efficacy Expectations and Coping with Career-related Events",*Journal of Vocational Behavior*,Vol.31,No.1,1987,pp.91-108.

[3] M.Dahlstedt, F.Hertzberg, "Schooling Entrepreneurs:Entrepreneurship, Governmentality and Education Policy in Sweden at the Turn of the Millennium",*Journal of Pedagogy / Pedagogicky Caso-pis*,Vol.3,No.2,2012.

能力以及提升学生的创业意识具有积极的促进作用。拥有在校创业实践经历的大学生,其创业技能会有明显提高,对创业意愿有正向影响。部分学生甚至将创业实践项目延伸至创业启动平台,增加经济中的创新速度。基于已有研究,本书提出以下假设:

假设 8.7:创业实践对创业意愿具有正向影响。

4. 创新创业教育、创业政策协同作用与创业意愿

"协同学"的概念最早由德国功勋科学家赫尔曼·哈肯(Hermann. Haken)于 20 世纪 70 年代提出,《协同学导论》一书的出版标志着协同学这一学科的初步建立,协同理论由协同学的概念延伸发展而来。协同系统能在特定条件下使各个子系统相互协调和作用,从无序状态转化为有序状态,从而产生协同效果。协同思想不断完善发展,被广泛用于教育学、管理学等诸多学科领域。在本书中,协同效应是指创新创业教育与创业政策相互作用,对大学生创业意愿产生的总效应大于两个要素单独发生时的效应总和。创新创业教育的落脚点在于培养具有创业精神的人才,通过发挥协同机制的作用为创业人才培养开辟切实可行的路径。创新创业教育必须突破旧有模式的局限,发挥高校、企业和社会的联合作用,实现各项资源的融合与共享,为大学生提供广阔的平台和开放包容的环境。深入理解和发挥协同理论的作用原理,对于培养具有创新精神和创业意愿的人才至关重要。

结合前面的分析,学校创新创业教育、创业政策和创业实践都会对大学生创业意愿产生正向影响。依据协同教育理论,各教育主体之间的协同作用对教育效果会产生更强的作用。因此,创新创业教育、创业政策和创业实践之间的交互作用会加强对大学生创业意愿的影响。创新创业教育是一种相对灵活的教学方式,能不断适应学生的差异性,教学内容应该包括行动、问题学习与发现教学,通过学校创新创业教育,大学生能较为清晰地了解创业过程,并对自身创业能力作出正确评价;创业政策能创造出良好的创业环境,解决创业动机、机会和技能方面的问题,是产生创业精神必要的条件,其作用和目标在于鼓励更多的人考虑创业。因此,创业政策所构建的创业制度环境对创业行动具有很大的影响,①完备的创业政策能促进创业活动增长。通过创业实践,大学生能将所学创业知识融会贯通,通过实践获取创业技能,从而增强其创业意愿。因此,学校创新创业教育和创业政策的交互作用会对大学生创业意愿产生正向的影响,创新创业教育和创业实践的交互作用会对大学生创业意愿的增强产生正向的影响,创业政策和创业实践会对大学生创业意愿的提升产生更强的正向影响。基于已有研究,本书提出以下假设:

假设8.8:创新创业教育和创业政策的交互作用影响创业意愿;

假设8.9:创新创业教育和创业实践的交互作用影响创业意愿;

假设8.10:创业政策和创业实践的交互作用影响创业意愿。

(二)研究方法

1. 样本数据

本次研究以大学生群体作为调研对象,采用了网络调研和实地调研两种相结合的方式对浙江省大学生进行问卷调查。在实际调研之前,针对浙江省的部分学生进行预调研,对题项进行反复修订并形成最终的正式问卷。为保护大学生隐私,同时避免他人意见对问卷回答的影响,本书采取匿名方式填写,保证问卷的机密性和内容的真实性。问卷发放和回收时间为2018年9月至2019年1月,有效问卷共16210份,样本的描述性统计结果见表8-42。

---

① T.S.Manolova, R.V.Eunni, B.S.Gyoshev, "Institutional Environments for Entrepreneurship: Evidence from Emerging Economies in Eastern Europe", *Social Science Electronic Publishing*, Vol.32, No.1, 2010, pp.203-218.

表8-42　样本描述性统计（N=16210）

题项	变量	频率	百分比（%）
性别	男	6942	42.83
	女	9268	57.17
年级	大二	7613	46.96
	大三	7405	45.68
	大四	1192	7.36
学科类别	哲学	68	0.42
	经济学	3172	19.57
	法学	240	1.48
	教育学	666	4.11
	文学	687	4.24
	历史学	46	0.28
	理学	1224	7.55
	工学	3602	22.22
	农学	264	1.63
	医学	1589	9.80
	军事学	19	0.12
	管理学	3057	18.86
	艺术学	1576	9.72

2. 变量测量

为确保测量工具的效度和信度，本书结合国内外已有文献的成熟量表，并根据研究目的和研究背景加以适当修改。除创业意愿外，其余各个变量的测量均采用的是李克特五点计分方式进行测量，从1表示"非常不同意"到5表示"非常同意"。

（1）创新创业教育。学校创新创业教育具体包括5个测量题项，例如："创新创业教育有助于丰富创业知识""创新创业教育有助于培养创新精神""创新创业教育有助于提升创业技能""创新创业教育有助于激发创业意愿"

355

"对学校创新创业教育质量总体满意"。

（2）创业意愿。本次研究中测量大学生创业意愿具体包括5个测量题项，例如："您毕业后最想要的打算是"，四个回答选项为"就业""升学""自主创业"和"其他"。其中"就业""升学"和"其他"均赋值为0，"自主创业"赋值为1。

（3）创业实践。创业实践包括6个测量题项，例如："创业实践有校内外指导教师""创业实践有专项创业基金支持""学校提供一体化的创业实践服务""创业实践有独立的大学生创业园""创业实践有专门的校外实践基地""创业实践项目与专业学习结合度高"。

（4）创业政策。创业政策包括6个测量题项，例如："国家减免大学生自主创业企业税""地方政府简化大学生企业注册申请流程""学校提供创业的启动基金（无息贷款）""社会提供指导创业的免费培训""创业政策有助于提升个人创业意愿""创业政策对开展创业有切实的帮助"。

（三）实证结果分析

1.信度分析

信度是由斯皮尔曼（Spearman）于1904年首次将其引入心理测量的，是指测验结果的一致性程度或者可靠性程度。为确保调查问卷的数据有分析价值，须是信度在可接受的范围之内。

信度的测量方法有很多，最常见的是用Alpha系数，计算内部信度中的克朗巴哈α系数，计算公式为：

$$\frac{k}{k-1}\left(1-\sum_{i=1}^{k}\frac{S_i^2}{S_p^2}\right) \qquad (8-1)$$

其中，k为项目个数，S_i^2为每个项目得分的方差，S_p^2为总分的方差。

通过SPSS 25.0对整个5分制李克特量表所获取的数据进行信度分析，得到的Alpha系数为0.973，并对创新创业教育课程、创新实践、创业政策分别做信度分析，创新创业课程量表的Alpha系数为0.947；创业实践量表的

Alpha 系数为 0.955;创业政策量表的 Alpha 系数为 0.964;结果表明,该问卷所监测的二级指标及各变量可信度极高。

2.因子分析适用性检验

本书首先对数据进行标准化处理,之后进行因子分析的适用性检验。KMO 检验是用来考察变量间的偏相关性,取值在 0—1 之间,KMO 统计量的值越接近 1,则证明变量的偏相关性越强,因子分析的效果越好,通过 SPSS 25.0 软件可以分析出 KMO 统计量值为 0.972。同时,Bartlett 球形度检验也常用作因子分析的判断,Bartlett 球形检验是判断相关矩阵是否是单位矩阵,当计算出 Bartlett 统计量的近似卡方值较大且对应的 Sig 值很小的时候,表示变量间的相关系数矩阵不太可能是单位阵,彼此之间存在相关关系,适合做因子分析。同样用 SPSS 25.0 软件可以计算出 Bartlett 统计量的近似卡方值为 354498.021,Sig 为 0.000,数据质量符合因子分析要求。

表 8-43　因子分析的适应性检验

方法	结果	方法	结果			
KMO 度量	0.972	Bartlett 球形度检验	近似卡方	354498.021	Sig	0.000

3.方差贡献度及提取公因子

采用主成分方法,抽取因子,一共抽取了三个公因子,方差贡献率近似于 81.972%,说明这三个因子较好地反映了原来指标的信息。

表 8-44　解释的总方差

因子	初始特征值			提取平方和			旋转平方和		
	特征值	方差贡献率(%)	累计方差贡献率(%)	特征值	方差贡献率(%)	累计方差贡献率(%)	特征值	方差贡献率(%)	累计方差贡献率(%)
	12.864	71.469	71.469	12.864	71.469	71.469	5.390	29.946	29.946

因子	初始特征值			提取平方和			旋转平方和		
	特征值	方差贡献率(%)	累计方差贡献率(%)	特征值	方差贡献率(%)	累计方差贡献率(%)	特征值	方差贡献率(%)	累计方差贡献率(%)
	1.263	7.015	78.484	1.263	7.015	78.484	5.236	29.089	59.035
	0.628	3.488	81.972	0.628	3.488	81.972	4.129	22.937	81.972

注:软件运行出的解释的总方差表一共有18行,由于篇幅所限,这里只列出提出因子的前三行。

4.公因子的确定与命名

因子分析要求提取的公因子要有实际含义,通常为了使结果较为明显,采用方差最大正交旋转对因子载荷矩阵进行旋转。

表 8-45　旋转后的因子载荷矩阵

指标变量	公因子		
	F_1	F_2	F_3
创新创业教育课程类型多样 M1	0.303	0.790	0.296
教师授课方式多样 M2	0.323	0.803	0.281
教师具有创业经历 M3	0.296	0.795	0.268
教师具有丰富的创新创业教育教学经验 M4	0.325	0.802	0.285
创新创业课程内容与自身专业知识结合紧密 M5	0.270	0.727	0.366
创新创业课程内容与时代前沿趋势结合紧密 M6	0.356	0.711	0.387
创业实践有校内外指导教师 M7	0.439	0.432	0.636
创业实践有专项创业基金支持 M8	0.451	0.396	0.660
学校提供一体化的创业实践服务 M9	0.450	0.442	0.672
创业实践有独立的大学生创业园 M10	0.434	0.325	0.705
创业实践有专门的校外实践基地 M11	0.413	0.389	0.725
创业实践项目与专业学习结合度高 M12	0.425	0.438	0.679
国家减免大学生自主创业企业税 M13	0.812	0.318	0.335
地方政府简化大学生企业注册申请流程 M14	0.815	0.329	0.332
学校提供创业的启动基金(无息贷款)M15	0.792	0.325	0.342
社会提供指导创业的免费培训 M16	0.772	0.339	0.358

指标变量	公因子		
	F_1	F_2	F_3
创业政策有助于提升个人创业意愿 M17	0.749	0.344	0.373
创业政策对开展创业有切实的帮助 M18	0.747	0.348	0.377

通过旋转后的因子载荷矩阵可以发现,公因子 F_1 在创业政策的量表中所有指标的载荷都很高,因此公因子 F_1 命名为创业政策;公因子 F_2 在创新创业课程的量表中所有指标的载荷都很高,因此 F_2 命名为创新创业课程;公因子 F_3 在创业实践的量表中所有指标的载荷都很高,因此公因子 F_3 命名为创业实践。

通过探索性因子分析发现,三个因子正好与设计的三个量表(创业政策量表、创新创业课程量表、创业实践量表)对应,说明量表设计的效度很好。

5. 因子得分

经过因子分析可以计算因子得分。因子得分函数是将公因子表达为各变量的线性组合,利用 SPSS 25.0 软件,采用回归法可得出因子得分矩阵,进而得到因子得分函数,分别计算出得到三个公因子得分,即创业政策得分、创新创业课程得分和创业实践得分。因子分析得出的因子得分为进一步进行后面的回归奠定了基础。

6. 回归分析

本书采用回归分析法对假设进行验证,将标准化后的创业政策、创新创业课程、创业实践置于相关模型中,然后在回归模型中以创业意愿为因变量,依次带入创业政策、创新创业课程、创业实践三个自变量,结果如表 8-46 所示。再对创新创业课程、创业政策和创业实践的交互项对创业意愿的影响做回归分析,用创新创业课程、创业政策和创业实践的两两乘积作为交互项,结果如表 8-47 所示。

表 8-46　创业政策、创新创业课程、创业实践与创业意愿的回归分析（N＝16210）

自变量	Beta	t	显著性
（常量）		0.000	1.000
创业政策	0.032***	4.031	0.000
创新创业课程	0.059***	7.484	0.000
创业实践	0.038***	4.872	0.000

表 8-47　创业政策、创新创业课程、创业实践的交互项
与创业意愿的回归分析（N＝16210）

交互项	Beta	t	显著性
（常量）		0.000	1.000
课程 * 政策	0.018**	2.199	0.028
课程 * 实践	0.022***	2.648	0.008
政策 * 实践	−0.009	−1.050	0.294

注：** 在 0.05 级别（双尾），相关性显著。*** 在 0.01 级别（双尾），相关性显著。

　　通过相关分析可以看出，创业政策对创业意愿具有正向的显著影响（β＝0.032，$p < 0.01$），创新创业课程对创业意愿具有正向的显著影响（β＝0.059，$p < 0.01$），创业实践对创业意愿具有正向的显著影响（β＝0.038，$p < 0.01$），假设 8.5、8.6 和 8.7 均成立。创新创业课程和创业政策的交互项对创业意愿起到了显著的正向影响（β＝0.018，$p < 0.05$），假设 8.8 成立；创新创业课程和创业实践的交互项对创业意愿起到了显著的正向影响（β＝0.022，$p < 0.01$），假设 8.9 成立；创业政策和创业实践的交互项对创业意愿起到了不显著的负向影响（β＝−0.009，$p > 0.1$），假设 8.10 不成立。

　　由此可知，创新创业课程、创业政策和创业实践对大学生创业意愿的提升作用都是显著的，并且创新创业课程与创业政策对大学生的创业意愿具有协同影响，创新创业课程与创业实践对大学生的创业意愿也具有协同影响；而创

业政策与创业实践对大学生的创业意愿不具有协同影响,创业政策和创业实践二者共同作用缺少了创新创业课程则难以发挥对创业意愿的影响力。实证研究的 8.10 不成立的原因可能是因为目前创新创业教育仍处于发展初期,未能与学生创业实践、学校和社会的创业政策协调推进,也可能是创业实践将具有创业能力较低的学生过滤掉,从而使他们的创业意愿降低。

（四）结论与讨论

本书建构了影响创业意愿的作用机制模型,利用浙江省 98 所高校 16210 份问卷的调查数据,检验了创新创业教育和创业政策对大学生创业意愿的影响。通过实证分析得出以下结论,研究结果对于提升学生创业意愿具有重要启示。

第一,创新创业教育对创业意愿有显著的正向影响。创新创业教育能为大学生储备创业知识,激发其创业意愿和创业潜能。同时还能培养大学生灵活的思维方式,使其具备合理利用各种资源和信息的能力和对风险的预知判断能力。加强创新创业教育有助于增强大学生创业意愿。

第二,创业政策对创业意愿有显著的正向影响。创业政策能帮助减少大学生初次创业过程中的部分障碍,制定合理完善的创业政策能够营造出良好的创业氛围,增强大学生创业意愿和创业信心。大学生应当合理利用创业政策,识别和抓住创业机遇。

第三,创业实践对创业意愿有显著的正向影响。大学生在创业实践过程中运用创业知识,增强创业素养,锻炼组织计划的能力,经过创业实践能使大学生掌握更多的创业技能和经验,落实和丰富创业实践形式能提升创业意愿,增强创业技能,减弱创业风险。

第四,创新创业教育和创业政策的协同作用对大学生创业意愿的提升起了显著的正向影响。创新创业教育是大学生创业知识的重要来源,结合完善的创业政策体系能为大学生提供全方位的知识、技能和资金支持,为其打造良好的创业环境。

第五,创新创业教育与创业实践对创业意愿具有协同影响。创业实践本质上是创新创业教育体系的一部分,良好的创新创业教育与合理的创业实践相结合,二者协同发挥的作用能更好地填补大学生的创业知识和技能,从而增强创业意愿。

(五)政策建议

目前我国创新创业教育体系仍未发展成熟,尚处于探索阶段。创新创业教育的理论和实践基础亟待完善,应将创新创业教育的完善和发展置于教育政策制定的优先领域。

第一,教育决策者和大学管理者要发展和完善创新创业教育体系,丰富创新创业教育的内容与形式。将创新创业教育课程纳入必修课范畴,帮助大学生树立创新创业精神,引导其明确自身是否适合创业,帮助他们提升创业技能,充分发掘和激活创新创业型人才。除此之外,创新创业教育要适合于目标受众,可以根据学生对创业的基本认知和兴趣来划分学生群体,并以此为依据,授予不同的创新创业教育课程;高校还应特别聘请具有丰富创业经历和创业知识的教师,并对他们加以培养,使其能教授灵活创新的课程并辅助学生开发创新创业项目。定期开办与创业相关的讲座和讨论会,高校还可以与其他高校、产业部门和其他社会组织进行跨机构合作,为有创业意愿的大学生提供平台和机会,增强他们与创业成功人士的交流与沟通;创新创业教育应当将锻炼学生的批判性思维作为重点内容,同时不能忽视对学生创业心理和社会技能的培育。

第二,不断丰富创新创业实践形式。创业实践能锻炼学生的动手能力,使创业知识不再由学生被动地接受,通过实践获得的创业知识和技能更能增强大学生的创业意愿,并使大学生增进对自我创业能力的认知。创业实践是创新创业教育实践性的重要体现,因此创业实践对于创新创业教育的发展不可或缺。高校应鼓励学生申报创新创业的课题项目,推动创业实践与科研团队融合。同时还要建设高校创业孵化基地,为他们提供创业实践基地。联合企业,丰富完善大学生创业实践体系,推动创业实践形式灵活多样。不同的专业和学校类型,学生的创业实践项目都应有所不同,应当加强创业实践与专业教学实践的融合,满足学生的差异化需求,因材施教,提升创业实践的可操作化,以此拓宽大学生社交网络,增强创业效能感,提升创新创业能力和创业意愿。

第三,制定和完善创业政策,充分支持具有创业潜力的大学生积极创业。创业政策应该包括资金、信息、人力、场地、项目和知识产权保护等内容。要优化大学生创业社会公共服务,大学生初始创业过程中会遇到诸多障碍,其中创业资金筹措是这一过程面临的最大问题,多数大学生都难以克服资金短缺的瓶颈。因此,为激发大学生的创业激情,厚植创业文化氛围,推动大学生将创业意愿转化为创业行动,高校、政府和社会应当从政策层面加大对大学生创业的扶持力度。其中,政府部门是创业政策的主要制定者,需要承担起推动完善创业政策体系的责任。

第四,本书证实了创新创业教育和创业政策对大学生创业意愿的提升具有协同影响,创新创业教育与创业实践对创业意愿亦具有协同影响。因此,要使创新创业教育、创业政策和创业实践体系相辅相成,共同落实到位,促进资源有效协同,从而发挥三者对大学生创业意愿提升的最大效果。

四、浙江省大学生创业资源和创新创业教育质量的关系

通过构建涵盖创新创业教育内容、创业环境感知、个体知识与技能、家庭创业资源与创新创业教育评价各变量之间关系的理论模型,然后运用结构方程模型对浙江省的有效问卷数据进行实证分析和检验。

2015 年 3 月 23 日《中共中央国务院关于深化体制机制改革加快实施创新驱动发展战略的若干意见》提出了体制机制创新的具体要求;2015 年 5 月 13 日《国务院办公厅关于深化高等学校创新创业教育改革的实施意见》出台,

提出我国到 2020 年高校创新创业教育发展的战略目标,也明确了为实现该战略目标需采取的九大任务。国家对创新创业教育的重视,不仅是高等教育改革与发展新阶段的体现,更反映出我国经济转型升级对创造性人才的迫切需求。

正是在这样的政策背景下,我国高校创新创业教育迎来了发展的高峰阶段:创业基础课程被逐渐纳入本科院校的必修课程中、越来越多的高校开始组建实体性质的创新创业教育教学与管理机构、创新创业教育逐渐与高校人才培养模式相融合、创新创业教育的理论研究呈现高速增长态势。但是,当我们审视创新创业教育的概念源头时,却发现在理论层面面临着概念定位模糊、界定不清晰、学理层面的阐述不深刻等内在缺陷,由此造成的直接后果就是高校创新创业教育的实践与其内在核心价值相偏离。

然而纵观已有的研究,在我国高校创新创业教育历经二十年发展、目前处于加速发展与系统构建的阶段,关于创新创业教育质量、创新创业教育影响因素、创新创业教育评价指标的大样本实证研究却严重匮乏。研究团队对以"创新创业教育影响因素""创新创业教育评价指标体系""创新创业教育内容对创新创业教育质量的影响"等相关主题进行检索,通过人工筛选并剔除无关文献 237 篇后发现,基于实证研究的文献只有 15 篇。通过文献梳理发现,国内关于创新创业教育影响因素的研究存在三大问题:第一,理论研究和经验总结类文献占比较高,实证研究成果数量稀缺。第二,已有的十余篇实证研究样本量过少,绝大多数研究者仅选取一所高校作为数据来源,代表性严重不足。研究样本相对较多的也不足 800 人且仅限于广东省内 15 所高校。① 第三,研究主题针对性不强,研究设计不够严谨科学。大部分研究并不是通过实证研究揭示出"创新创业教育的影响因素",在对假设模型进行验证的基础上提出"如何提升并改进创新创业教育",而是以"提升创新创业教育绩效的因

---

① 陈诗慧:《大学生创业教育绩效影响因素评价研究 ——基于对广东省 15 所高校的问卷调查》,《职业技术教育》2016 年第 10 期。

素"或"改进创新创业教育体系"为论述出发点,通过逻辑推理得出结论,这具有非常明显的"主观设定"色彩。以影响创新创业教育实施效果的创业环境感知、学习者先前经验、学习者认知情感、学习者家庭文化资本等作为中介变量,研究创新创业教育内容与创新创业教育质量之间关系的大样本实证研究,更是无人问津。大学生是创新创业教育的学习主体、核心参与者、最大的利益相关者,高校开展创新创业教育的内容是否合理、是否符合不同学习个体的学习动机及差异化需求,创新创业教育内容对创新创业教育学习效果的影响等方面,学生具有无可置疑的话语权。

因此,以更具广泛性、代表性的在校大学生为样本对此问题进行实证探讨,研究高校创新创业教育评价模型的影响因素的同时引入相关中介变量考察其对两者的中介效应,挖掘并总结其中的规律,对于提升高校创新创业教育质量、改进创新创业教育学习内容、增强个体创业精神具有重要的理论与实践指导意义。

(一)理论模型的构建与假设提出

本书在文献回顾与评述的基础上,梳理并界定变量的内涵以及相关变量之间的内在关系,并对相关变量的维度做了划分,然后借鉴前人研究的理论成果并结合现实观察而进行严谨缜密的逻辑推理,以便建立起变量之间的逻辑链条,进而明确相关变量之间的作用关系与影响机理,构建本书的理论模型,提出本书的研究假设。

1. 模型构建

本书涉及的变量有创新创业教育内容、创业环境感知、创新创业教育评价、个体知识及技能、家庭创业资源五个方面。其中,创新创业教育内容、创业环境感知、创新创业教育评价是三个核心的变量。

目前关于创新创业教育内容、创业环境感知、创新创业教育评价的文献研究已经表明,创新创业教育内容对创业环境、创新创业教育评价产生积极的影响(李静薇,2013；严桥桥,2014；向辉,2014),创业环境感知对创新创业教育评价产生积极的影响(胡玲玉,2014;徐小洲,2012;季丹,2010)。①

此外,还可以看出个体知识及技能也是不能忽视的个体因素,它影响着个体对创新创业教育的评价。有研究者的调查表明,大学生的个体创造力特性与创业意愿之间存在着正相关关系。② 那些具有更高创业机会识别感和关键知识储备的学生,接受创新创业教育的效果会更好。③ 而家庭创业资源同样也会影响个体对创新创业教育的评价。家庭环境对大学生创业意愿的影响包括软环境和硬环境两个方面的影响。

软环境如思想观念、经验、社会资源等,硬环境主要指家庭经济实力。郭贤达(Keh,2002)提出创业感知风险即创业者基于现有认知对可能面临风险的主观感知与创业意愿间存在联系,对感知风险理解越深入越有可能产生积极的创业意愿。④ 大学生拥有创业经历的父母或者亲戚,耳濡目染的家庭环境对感知风险了解更加深入,其创业意愿将更加积极。另一方面,创业者的家庭资本有助于促进创业,社会关系网络资本是影响创业成功的关键变量。

科学设计、分层分类的创新创业教育内容会对创新创业教育的结果产生积极的影响,这已经是国内外学术界的共识。但是创新创业教育是一个理论

① 李静薇:《创业教育对大学生创业意向的作用机制研究》,博士学位论文,南开大学,2013 年。严桥桥:《创业教育对大学生创业意向的影响研究》,硕士学位论文,华中师范大学,2015 年。向辉、雷家骕:《大学生创业教育对其创业意向的影响研究》,《清华大学教育研究》2014年第 2 期。胡玲玉等:《创业环境和创业自我效能对个体创业意向的影响》,《管理学报》2014第 10 期。徐小洲、张敏:《创业教育的观念变革与战略选择》,《教育研究》2012 年第 5 期。季丹:《创业环境对大学生创业意愿的影响研究》,博士学位论文,吉林大学,2010 年。

② L. A. Zampetakis, V. Moustakis, " Linking Creativity with Entrepreneurial Intentions: A Structural Approach", *International Entrepreneurship & Management Journal*, Vol. 2, No. 3, 2006, pp.413-428.

③ 赵向阳:《从个人价值观到创业意愿:创造力作为中介变量》,《北京师范大学学报(社会科学版)》2014 年第 3 期。蔡颖、李永杰:《大学生创业意愿影响因素研究——基于多元排序选择 logit 模型的发现》,《华南师范大学学报(社会科学版)》2015 年第 6 期。

④ H. T. Keh, M. D. Foo & B. C. Lim, " Opportunity Evaluation under Risky Conditions: The Cognitive Processes of Entrepreneurs", *Entrepreneurship Theory & Practice*, Vol. 27, No. 2, 2002, pp.125-148.

性与实践性结合度极高、对学习者要求极高的领域,合理丰富的创新创业教育内容是否一定会满足不同学生差异化的学习需求? 创业环境感知在创新创业教育实施过程中又扮演着什么样的角色? 不同学习者的差异化知识结构及家庭背景对于创新创业教育的学习会产生何种影响? 这些问题都值得通过大样本实证研究进行分析。但是目前该领域的研究仍然是一个空白地带。本书认为创业环境感知可以中介创新创业教育内容对创新创业教育评价的影响。同时,个体知识与技能及家庭创业资源也起到中介作用。本书选取性别、专业、学校层级、学校性质、学校所在地域、学习者家庭创业经历作为人口学背景变量,考察这些变量是否影响创新创业教育实施效果以及差异性是否显著。因此,本书构建了以创业环境感知、个体知识与技能、家庭创业资源为中介的高校创新创业教育内容对创新创业教育评价影响的理论模型,如图 8-4 所示。

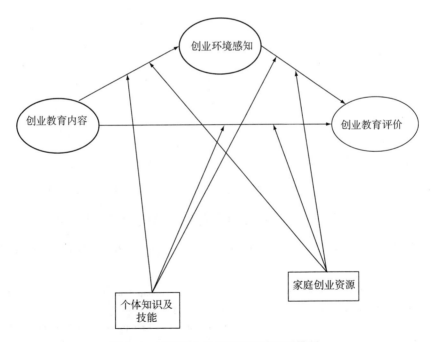

图 8-4　创新创业教育评价影响机理模型

2.假设提出

（1）创新创业教育内容对创新创业教育评价的影响。高校创新创业教育的研究起源于20世纪40年代的美国,1947年哈佛大学教授迈尔斯·梅斯（Myles Mace）在MBA教学中首开《新创业管理》课程,开辟了高校创新创业教育的先河。1948年巴布森商学院首次面向本科生开展创新创业教育,此后高校创新创业教育得到世界各国的鼓励和推崇。1989年,联合国教科文组织在"面向21世纪教育研讨会"上对创新创业教育给出明确定义:创新创业教育是为了培养具有开拓性的个体而进行的教育。

关于创新创业教育内容,国内外学者进行了不同程度的研究,本书基于创新创业教育维度把创新创业教育内容分为创业教学、创新创业竞赛、创业实践三个指标,共有课程类型是否多样、竞赛项目与专业结合程度高低、学校是否有独立的创业园等14个观察变量。关于创新创业教育评价的研究,国外学者侧重于对创新创业教育评价体系的定性研究,以学生是否进行创业、创业公司是否成立以及公司状况发展是否良好作为指标来衡量创新创业教育的绩效。布洛克（Block）和沃尔特（Walter）从教育是否引导学生自主创业、教育是否激励学生取得创新成果评价创新创业教育的价值。[1] 尼克拉斯（Niklas）以开展创业活动的时间及创业收入作为创新创业教育绩效的评价指标。[2] 国内学者对创新创业教育评价的研究更侧重于实证研究。黄志纯、刘必千（2007）为提升高校创新创业教育的有效性,提出师资队伍、学生素质、社会声誉、环境建设、组织领导"五位一体"的评价指标体系。[3] 陈浩凯（2008）从创新创业教育

---

[1] S.G.Walter,H.Block.Jörn,"Outcomes of Entrepreneurship Education:An Institutional Perspective",*Journal of Business Venturing*,Vol.31,No.2,2015,pp.216-233.

[2] N.Elert,F.Andersson & K.Wennberg,"The Impact of Entrepreneurship Education in High School on Long-term Entrepreneurial Performance",*Journal of Economic Behavior & Organization*,Vol.111,2015,pp.209-223.

[3] 黄志纯、刘必千:《关于构建高职生创新创业教育评价体系的思考》,《教育与职业》2007年第30期。

课程、创新创业教育师资、创业环境、学生四个维度构建了"四位一体"的创新创业教育质量评价指标体系。[①] 王华锋(2012)从创新创业课程、创新创业竞赛、创业实践和创业环境四个方面构建了创新创业教育评价指标体系。[②] 陈立建等(2019)针对大学生的创业需求及群体特征,构建了包括创新创业课程、教育对象、教育师资、教育目标、教育方法、教育管理、创业环境等维度在内的面向智能时代的高校创新创业教育评价体系。[③]

对创新创业教育进行评价的根本目的是为落实创新创业教育质量,进行创新创业教育评价的主体应是包括高校及学生在内的"双主体",两者理顺才能有效观测创新创业教育的绩效。本书侧重大学生对创新创业教育的评价,属于个体的主观认识,因此主要通过观测创新创业教育是否有助于提升创业技能、是否有助于激发创业意愿等5个观察变量来进行分析。

尽管创新创业教育内容和创新创业教育评价的直接关系在现有文献中很少被提及,但关于两者之间的影响机理仍能在现有文献中找到理论依据。首先,柯比·达维亚(Kirby Davia A)认为教育机构特别是学校应该转变学习过程,把关于创业的教育变成真正的创新创业教育,这样有助于学生发展他们的右脑创业能力以及左脑分析技能。[④] 阿兰·法约列指出参加过创业项目或创新创业竞赛的学生,其创业技能得到一定提升。[⑤] 其次,马萨韦尔巴(Mwasalwiba)也认为创新创业竞赛有助于学生创业技能的提升,并提出创业项目在丰

① 陈浩凯:《全球竞争视野下的印度创业教育》,《中国大学生就业》2008年第4期。

② 王华锋、黄亚超:《我国大学创业教育评价和创业教育模式研究》,《中国成人教育》2012年第7期。

③ 陈立建、黄美初:《成人高校创业教育绩效评价及影响因素研究——兼论智能时代创业教育体系的构建》,《远程教育杂志》2019年第2期。

④ D. A. Kirby, N. Ibrahim, "Entrepreneurship Education and the Creation of an Enterprise Culture: Provisional Results from an Experiment in Egypt", *International Entrepreneurship and Management Journal*, Vol.7, No.2, 2011, pp.181–193.

⑤ A.Fayolle, B.Gailly & N.Lassasclerc, "Assessing the Impact of Entrepreneurship Education Programmes: A New Methodology", *Journal of European Industrial Training*, Vol.30, No.9, 2006, pp.701–720.

富学生创业知识和提高创业技能的同时还有助于增强学生的创业意愿。[1] 甚至有学者得出结论,认为高校专业的创新创业教育对学生未来创新创业的可能性具有显著的积极影响。[2] 其三,格拉维尼茨(Graevenitz)等认为创新创业教育是一种新的教育模式,并通过实证研究指出学生在接受创新创业课程前后对自我创业技能的评估结果不同,学习过创新创业教育课程对自我创业技能的评估有着积极影响。[3]

综上,学生可以通过创业实践、创新创业竞赛、创新创业课程等方面来丰富自身的创业知识、提高自身的创业技能及激发个体的创业意愿。基于以上分析,本书认为创新创业教育内容对创新创业教育评价有显著的正向影响作用,特提出以下假设:

8.11:创新创业教育内容直接显著正向影响创新创业教育评价。

图 8-5　创新创业教育内容对创新创业教育评价直接影响模型

(2)创业环境感知在创新创业教育内容与创新创业教育评价之间的作用。列文萨奥(Levinthal)认为创业环境感知是个体对创业环境是否有利于创业活动的主观判断。[4] 创业环境包含要素很多,布鲁诺和泰布吉(Bruno& Tye-

---

① E.S.Mwasalwiba,"Entrepreneurship Education:A Review of its Objectives,Teaching Methods, and Impact Indicators",*IEEE Engineering Management Review*,Vol.40,No.1,2010,pp.72-94.

② C. Sánchez. José, " University Training for Entrepreneurial Competencies: Its Impact on Intention of Venturecreation ", *International Entrepreneurship and Management Journal*, Vol.7, No.2, 2011,pp.239-254.

③ G.von Graevenitz,Dietmar Harhoff,Richard Weber,"The Effects of Entrepreneurship Education",*Journal of Economic Behavior & Organization*,Vol.76,No.1,2010,pp.90-112.

④ D. Levinthal, & J. G. March , " A Model of Adaptive Organizational Search ", *Journal of Economic Behavior & Organization*,Vol.2,No.4,1981,pp.307-333.

bjee）指出风险资本的可用性、支持服务的可用性、土地设施的可用性、交通状况的便利性等都包含于创业环境的要素之中。①

创业环境感知可以通过三个方面加强学生对创新创业教育的评价。第一，对国家和金融机构支持服务的高感知度对大学生的创业意愿有明显的影响作用。戴维森（Davidson）指出，当人们认为他们所处的环境良好时，他们就会更有意向去行动。国家是否有针对性的创业减免政策及金融机构是否提供创业基金直接影响学生的创业意愿，当大学生能够感知到所处的社会环境对自身创业活动带来一定保证，他们对创业的意愿更高。② 第二，创业环境能够影响到创业的各个因素，创业环境中的社会经济条件对创业起到至关重要的作用。③其中对创业的资金支持与非资金支持将会直接影响到学生对创新创业教育质量的满意程度。国家、学校、社会金融机构提供的资金越多，对学生创业技能的丰富、创新精神的培养越有利。第三，有研究者指出，创业者对环境的感知对于其制定决策有着非常重要的作用，④环境中资源的可用性和可获得性是刺激个体创业行为发生的重要外部因素，⑤良好的创新创业教育氛围能促进大学生人力资本内在潜能的发挥，激发其创业欲望，促生其创业行为。

创新创业教育可以通过其本身内容的三大方面影响大学生的创业环境感知，进而促进其对创新创业教育的评价。第一，创新创业课程的多样性有助于

①　A.V.Bruno,T.T Tyebjee,"The Environment for Entrepreneurship",in Kent,C.A.,D.L.Sexton & K.Vesper,H.（Eds.）,*Encyclopedia of Entrepreneurship*,Englewood Cliffs,NJ:Prentice Halll,1982,pp.288-307.

②　P.Davidsson,"Continued Entrepreneurship:Ability,Need,and Opportunity as Determinants of Small Firm Growth",*Journal of Business Venturing*,Vol.6,No.6,1991,pp.405-429.

③　Gnyawali,D.R.,& Fogel,D.S.,"Environments for Entrepreneurship Development:Key Dimensions and Research Implications",*Entrepreneurship Theory & Practice*,Vol.18,No.4,1994,pp.43-62.

④　J.Child,"Organizational Structure,Environment and Performance:The Role of Strategic Choice",*Sociology*,Vol.6,No.1,1972,pp.1-22.

⑤　J.Tang,"Environmental Munificence for Entrepreneurs:Entrepreneurial Alertness and Commitment",*International Journal of Entrepreneurial Behavior & Research*,Vol.14,No.3,2013,pp.128-151.

提升学生对创新创业教育的感知程度。克鲁兹和尼尔(Cruz C&Neal T)发现将"孵化器"打包成一系列针对研究生和本科生的短期教育课程有助于丰富学生的创业知识和培养学生创新创业思维。① 第二,张志俭(Chi - Kim Cheung)通过实证研究发现担任创新创业教育的教师是否具有创业经历会对学生的创新创业教育感知产生不同程度的影响,参加过创业项目或拥有创业经验的教师担任创新创业教育的教育会对学生创业评价产生积极影响。② 第三,政府及学校对创新创业教育的支持力度越大,学生的创业环境感知力度越高。弗莱明(Fleming)通过研究爱尔兰利默里克大学的创业综合项目指出,创业项目目标、内容、成果的展示让学生能感受到学校浓郁的创新创业氛围及学校对创业活动的大力支持。③

综上,创新创业教育中的课程、项目等影响创业环境感知,进而通过高强度的创业环境感知促进学生对创新创业教育的评价。基于以上研究,本书认为创业环境感知在创新创业教育内容与创新创业教育评价之间起中介作用,于是提出以下假设:

假设8.12:创业环境感知在创新创业教育内容与创新创业教育评价之间起中介作用。

(3)个体知识及技能在创新创业教育评价影响机理中所起作用。巴伦和肯尼(Baron&Kenny)指出根据变量在自变量和因变量之间所起的作用,可以将其区分为中介变量和调节变量两种类型。④ 本书认为创业环境感知在创新

① C.D'Cruz,T.O'Neal,"Integration of Technology Incubator Programs with Academic Entrepreneurship Curriculum",*Portland International Conference on Management of Engineering and Technology*,Portland,2003.

② C.Cheung,"Entrepreneurship Education in Hong Kong's Secondary Curriculum",*Education & Training*,Vol.50,No.6,2008,pp.500-515.

③ P.Fleming,"Education for Entrepreneurship in the Curriculum at University Level",*Industry & Higher Education*,Vol.13,No.6,1999,pp.405-405.

④ R.Baron,D.A.Kenny,"The Moderator-mediator Variable Distinction in Social Psychological Research:Conceptual,Strategic,and Statistical Considerations",*Journal of Personality and Social Psychology*,Vol.51,1986,pp.1173-1182.

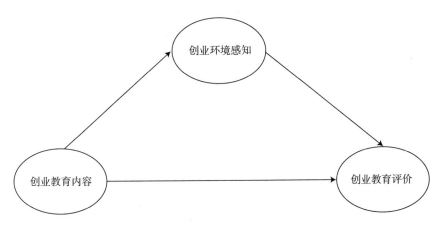

图 8-6　创业环境感知中介模型

创业教育内容对创新创业教育评价的影响机理中起中介作用,而个体知识及技能在创新创业教育评价影响机理中起调节作用。个体知识及技能是将心理学个体特征五个层次中的两个层次抽取出来形成的概念。杰洛姆·布鲁纳(Jerome Bruner)首次提出知识技能结构的科学概念,其核心是每门学科都可以归纳为一系列基本概念,并在具体原则条件下提炼出相应学科的基本概念和基本法则的结构形式。

　　个体知识与技能能够加强创新创业教育内容与创新创业教育评价之间的关系。专业基础知识、专业发展知识、综合性知识、工具性知识是个体知识及技能的四大要素。专业的创新创业教育课程与多样的创业实践活动如竞赛等可以丰富学生的创业知识结构、提高学生的创业技能,对创新创业教育的评价有一定的驱动作用。系统的创新创业教育活动可能会影响个体的特定的行为方式,在创新创业教育知识和技能方面拥有优势的个体对创业活动拥有更高的意向。高校的创新创业教育越系统,创新创业教育的氛围越浓厚,学生对创业环境的感知度就越高,从而更愿意去进行跟创业相关的其他活动。学生在学校接受过系统的完善的创新创业教育和培训,学校及社会机构提供的相关政策越多,学生的创业意愿会更高。奥兹伽·

德米塔斯(Ozgur Demirtas)等人直接提出,个体的知识及技能对其创业意向具有积极作用,高校的创新创业教育活动能够提高学生的创业环境感知。[1]

综上,个体知识及技能能够增强创新创业教育内容与创新创业教育评价之间的关系,同时其可得的创新创业教育内容和创业环境感知均对创新创业教育的评价有一定的驱动作用。基于以上研究,本书认为个体知识及技能在创新创业教育评价影响机理中起着调节作用。特提出以下假设:

假设8.13:个体知识及技能在创新创业教育内容与创新创业教育评价之间存在调节作用。

假设8.14:个体知识及技能在创业环境感知与创新创业教育评价之间存在调节作用。

假设8.15:个体知识及技能在创新创业教育内容与创业环境感知之间存在调节作用。

(4)家庭创业资源在创新创业教育评价影响机理中所起作用。王艳茹、王冰(2014)在《创业资源》一书中将创业资源界定为新创企业在创造价值的过程中需要的特定的资产,包括有形与无形的资产,它是新创企业创立和运营的必要条件,大致可以分为资金、市场、人力、时间四类。[2] 本书将家庭创业资源界定为个体在实现创业机会、进行创业活动及提高创业业绩时从其家庭中获得的资源支撑。

家庭是否能够提供足够的启动资金和流动资金最先影响个人的创业意愿。即使是在同一个创业环境下,不同人(创业者或企业管理者)对创业环

---

[1]　Demirtas Ozgur, Karaca, Mustafa & A. Hakan, Ozdemir, "The Influence of Personality Traits on Entrepreneurial Intention", *International Journal of Management and Sustainability*, Vol. 6, No. 2, 2017, pp. 33-46.

[2]　王艳茹、王兵:《创业资源》,清华大学出版社2014年版。

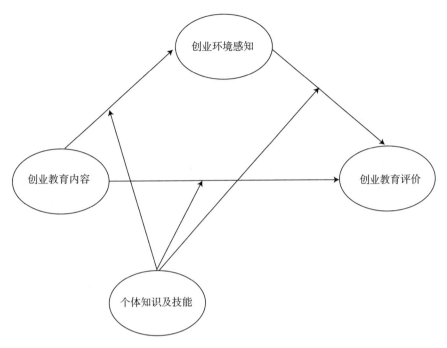

图 8-7　个体知识及技能调节作用模型

境的感知也是不同的。个体对家庭创业资源的支撑的感知越高,其创业意愿越大,创业环境感知对创新创业教育评价起到强化的作用。巴韦(Bhave)认为,创业者通过向不同的外部来源进行学习从而识别到机会,并且这种机会是在外部信息刺激下进行的。① 个体若能从家庭获取到有过的创业经验有助于其创业精神的培养及创业技能的提升。创业者拥有的信息存量以及获取新信息的能力之间的差异,是他们识别到创业机会数量和类型不同的主要原因。拥有家庭创业背景的个体在接受学校系统的创新创业教育时接受度跟兴趣度都较高,拥有的创业信息越多,对创新创业教育的评价越高。

---

① M.P.Bhave,"A Process Model of Entrepreneurial Venture Creation",*Journal of Business Venturing*,Vol.9,No.3,1994,pp.223-242.

　　综上,家庭创业资源对于强化创业环境感知对创新创业教育评价具有显著作用,并在创新创业教育内容与创业环境感知之间具有部分调节作用,在现有文献中未找到直接表明家庭创业资源在创新创业教育内容与创新创业教育评价之间存在调节作用。基于以上研究,本书认为家庭创业资源在创新创业教育评价影响机理中起着调节作用。特提出以下假设:

　　假设 8.16:家庭创业资源在创新创业教育内容与创新创业教育评价之间存在调节作用。

　　假设 8.17:家庭创业资源在创业环境感知与创新创业教育评价之间存在调节作用。

　　假设 8.18:家庭创业资源在创新创业教育内容与创业环境感知之间存在调节作用。

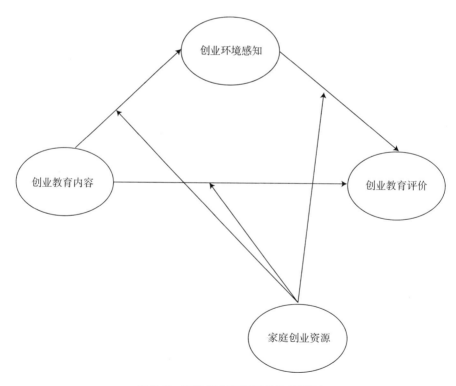

图 8-8　家庭创业资源调节作用模型

(5)创业型家庭与非创业型家庭的创新创业教育评价机理存在的差异。基于以上研究,本书认为创业型家庭与非创业型家庭的创新创业教育评价机理存在显著的差异,并提出以下假设:

假设8.19:创业型家庭与非创业型家庭的创新创业教育评价机理存在显著的差异。

(二)研究设计与数据分析

1.研究方法与变量测度

(1)研究方法。本书的主要目的在于考察大学生对创新创业教育的评价,属于个体的主观认识,存在比较难以直接测量并且无法避免主观测量误差的基本特征。结构方程模型(Structural Equation Modeling,简称SEM)就是为难以直接观测的潜变量提供一个可以观测和处理,并可将难以避免的误差纳入模型之中的分析工具。为此,本书应用SEM展开影响大学生创新创业教育评价因素分析。SEM模型包括:①测量模型,反映潜变量和可测变量之间的关系;②结构模型,反映潜变量之间的结构关系。

(2)变量测度。本书涉及五个变量类型和五个潜在变量。第一类变量主要从个人知识及技能来考察,本书用1个题项来进行测度;第二类变量主要从家庭创业资源来考察,本书用1个题项来进行测度;第三类变量主要考察创新创业教育内容,分为创业教学、创新创业竞赛、创业实践三个维度,本书用19个题项来进行测度;第四类变量主要考察创业环境的感知,本书用4个题项来进行测度;第五类变量主要考察创新创业教育评价,本书用5个题项来进行测度,总计共28个题项构成了预测问卷。问卷参考量表具体内容见表8-48。

表 8-48　变量测度

潜变量名称	二级指标数	观察变量数	参考量表
创新创业教育内容	3	19	徐小洲著:《中国高校创新创业教育》,浙江教育出版社 2010 年版
创业环境感知	无	4	赵波、杜万恒:《大学生人格特质,创业环境感知与创业意向的关系研究》,《经营与管理》2016 年第 1 期
创新创业教育评价	无	5	自编量表

2. 调研过程与数据收集

本书正式调研选择浙江省的 102 所高校为样本范围。基于研究需要,建立了调研小组,小组成员均来自调研高校或者调研高校所在城市,调研开始前对小组成员进行了培训,并制作了问卷填写说明书。调研采用随机抽样方法,从学校、地域、专业等方面来控制调查对象,力争尽量满足数据的正态分布。调研时间为 2018 年 7 月 31 日到 12 月 31 日。调研共发放问卷 18932 份,回收有效问卷 16210 份,有效问卷回收率为 85.6%。深度访谈大学生 250 位,教师 50 位,均有效,见表 8-49。

表 8-49　受访大学生基本情况(n=16210)

基本特征	分组	人数	百分比(%)
性别	男	6942	42.8
	女	9268	57.2
民族	汉族	15722	97.0
	少数民族	488	3.0
独生子女	是	7240	44.7
	否	8970	55.3

续表

基本特征	分组	人数	百分比(%)
专业	哲学	68	0.4
	医学	1584	9.8
	军事学	19	0.1
	管理学	3057	18.9
	艺术学	1576	9.7
	经济学	3172	19.6
	法学	240	1.5
	教育学	666	4.1
	文学	687	4.2
	历史学	41	0.3
	理学	1224	7.6
	工学	3602	22.2
	农学	264	1.6
毕业后打算	就业	8585	52.9
	升学	4691	29.0
	自主创业	2656	16.4
	其他	276	1.7
上学期间有无创业经历	有	3288	20.3
	无	12922	79.7
家属中有无创办企业的	有	5333	32.9
	无	10877	67.1

(三)实证结果与分析

1.问卷的信度、效度分析

为了确保模型的分析结果质量,有必要对正式调研问卷进行数据的信度和效度分析,本书采用统计软件SPSS25.0软件对三个潜在变量进行信度和效度分析,结果见表8-50。α系数值如果在0.60至0.65之间最好不要;α系数值界于0.65至0.70间是最小可接受值;α系数值界于0.70至0.80之间相当好;α系数值界于0.80至0.90之间非常好。本书运用SPSS25.0统计软件对问卷进行信度检验,创新创业教育内容、创新创业教育评价及创新创业教育环境三个量表的Cronbach's Alpha分别为0.972、0.938、0.969,数值均大于0.8,证明问卷有着较高的可靠性。

在从各量表的KMO值来看,三个量表分别为0.966、0.918、0.769,都非常接近于1,且Bartlett显著性都为0.0000,小于0.01的显著性水平,适合做因子分析。同时,各观察变量的标准因子载荷系数除了学校提供一体化的创业实践服务外,都在0.5以上,且该因子在其他主成分上的因子载荷都小于0.3,没有跨因子现象。因此,问卷数据的结构效度良好。

表8-50　问卷的信、效度分析结果

潜在变量	二级指标	观察变量	因子载荷	KMO	Cronbacha
创新创业教育内容	创业教学	创新创业教育课程类型多样	0.752	0.966	0.972
		教师授课方式多	0.797		
		教师具有创业经历	0.789		
		创新创业课程内容与自身专业知识结合紧密	0.713		
		创新创业课程内容与时代前沿趋势结合紧密	0.671		
	创新创业竞赛	创新创业竞赛项目与专业结合度较高	0.698		
		创新创业竞赛提升了创业自信心	0.715		
		创新创业竞赛拓展了人际关系网络	0.720		
		创新创业竞赛提升了团队合作能力	0.677		
		创新创业竞赛对于真实创业有较大帮助	0.642		

续表

潜在变量	二级指标	观察变量	因子载荷	KMO	Cronbachα
创新创业教育内容	创业实践	学校提供一体化的创业实践服务	0.581	0.966	0.972
		创业实践有独立的大学生创业园	0.670		
		创业实践有专门的校外实践基地	0.605		
		创业实践项目与专业学习结合度高	0.696		
创业环境感知	无	国家减免大学生自主创业企业税	0.665	0.769	0.938
		金融机构提供创业的启动基金(无息贷款)	0.716		
		社会创业氛围良好	0.680		
创新创业教育评	无	创新创业教育有助于丰富创业知识	0.738	0.918	0.969
		创新创业教育有助于培养创新精神	0.745		
		创新创业教育有助于提升创业技能	0.759		
		创新创业教育有助于激发创业意愿	0.758		
		对学校创新创业教育质量总体满意	0.652		
家庭拥有创业资源	无	自己是一个很有创造力的人	—	—	—
个人知识与技能	无	决定在未来创建一个企业	—	—	—

2.验证性因子分析

为了验证结构模型是否与实际数据适配,将 SPSS 数据与 AMOS22.0 软件进行连接,建构结构方程模型并给出相关的一些指标数值,结果如表 8-51 所示。

表 8-51　验证性因子分析的整体模型适配度检验摘要表

检验统计量		适配的标准或临界值	检验结构数据	模型适配判断
绝对适配度指数	RMR 值	<0.05	0.021	是
	RMSEA 值	<0.08(若<0.05优良；<0.08良好)	0.03	是
	GFI 值	>0.90 以上	0.914	是
	AGFI 值	>0.90 以上	0.893	是
增值适配度指数	NFI 值	>0.90 以上	0.968	是
	RFI 值	>0.90 以上	0.962	是
	IFI 值	>0.90 以上	0.935	是
	TLI 值	>0.90 以上	0.928	是
	CFI 值	>0.90 以上	0.914	是

可以看出,无论是绝对适配度指数还是增值适配度指数,均满足模型适配的标准,即模型与数据的拟合情况良好。

继续利用 AMOS22.0 软件分别检验直接效应和中介效应。表 8-52 给出了创新创业教育内容对创新创业教育评价的直接效应,通过 p 值可以看出参数估计值达到 0.01 显著水平,通过显著性检验,创新创业教育内容→创新创业教育评价的非标准化路径系数估计值为 0.613,可以看出创新创业教育内容直接正向显著影响创新创业教育评价,表明假设 8.11 成立。

表 8-52　直接效应检验结果

假设	路径	未标准化系数估计	标准误(S.E.)	临界比(C.R.)	p	标准化系数估计	结论
8.11	创新创业教育内容→创新创业教育评价	0.613	0.073	8.370	<0.01	0.512	成立

关于中介效应,本书采用 Bias-corrected Bootstrap 程序对中介效应进

行检验,运用重复随机抽样的方法在原始数据(n=16210)中抽取了5000个 Bootrap 样本,生成 1 个近似的抽样分布,用第 2.5 百分位数和第 97.5 百分位数估计 95% 的中介效应置信区间。中介效应检验结果如表 8-53 所示。

表 8-53　中介效应检验结果

假设	未标准化系数估计直接效应	标准化系数估计直接效应	p 值	未标准化系数估计间接效应	标准化系数估计间接效应	p 值	结论
8.12	0.589	0.523	0.001	0.422	0.375	0.001	部分中介效应成立
							完全中介效应不成立

从分析的结果来看,标准化的直接效应为 0.523,显著性 0.001,标准化的间接效应为 0.375,显著性 0.001,均通过显著性检验且表现为部分中介效应。因此,创业环境感知在创新创业教育内容与创新创业教育评价之间的中介效用是显著的,并表现为部分中介效应,即假设 8.12 成立。

由于 AMOS 无法直接分析变量的调节效应,故此应用 Spss25.0 软件中的 Process 插件来分析和验证个体知识技能、家庭创业资源的调节效应,相应的具体结果如表 8-54 所示。从 6 组模型的 R 方系数及 P 值来看模型拟合良好,除了假设 8.16 的调节效应不显著之外,其他 5 组调节效应均显著即个体知识及技能在创新创业教育内容与创新创业教育评价之间存在调节作用;个体知识及技能在创业环境感知与创新创业教育评价之间存在调节作用;个体知识及技能在创新创业教育内容与创业环境感知之间存在调节作用;家庭创业资源在创业环境感知与创新创业教育评价之间存在调节作用,家庭创业资源在创新创业教育内容与创业环境感知之间存在调节作用。

表 8-54　调节效应检验结果

假设	R 方/p	R2-chng	F	df1	df2	p	结论
假设 8.13	0.7210/0.000	0.0001	8.1738	1.0000	16206.0000	<0.01	成立
假设 8.14	0.7201/0.000	0.0004	23.4912	1.0000	16206.0000	<0.01	成立
假设 8.15	0.7303/0.000	0.0002	9.0209	1.0000	16206.0000	<0.01	成立
假设 8.16	0.7298/0.000	0.0001	3.7382	1.0000	16206.0000	0.0532	不成立
假设 8.17	0.6811/0.000	0.0005	26.0696	1.0000	16206.0000	<0.01	成立
假设 8.18	0.6810/0.000	0.0005	25.0662	1.0000	16206.0000	<0.01	成立

　　然后,利用 AMOS 22.0 软件构建整个结构方程模型,参数估计值模型图如图 8-9 所示,可以看出,创新创业教育内容创业环境感知的路径系数为0.89,创业环境感知创新创业教育评价的路径系数为 0.42,创新创业教育内容创新创业教育评价的路径系数为 0.52。

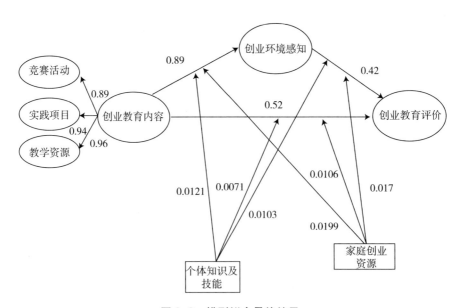

图 8-9　模型拟合最终结果

　　最后,要比较创业型家庭与非创业型家庭对于创新创业教育评价的差别,运用 Amos 群组功能进行分析,软件输出了群组间路径系数差异检验结果,如

表 8-55 所示,即检验创业型家庭和非创业型家庭的群组间路径系数差异。

表 8-55　群组间路径系数差异检验结果

群组路径系数差异	创新创业教育内容→创业环境(非标准化)	创新创业教育内容→创业环境(标准化)	p-value	创新创业教育内容→创新创业教育评价(非标准化)	创新创业教育内容→创新创业教育评价(标准化)	p-value	创业环境→创新创业教育评价(非标准化)	创业环境→创新创业教育评价(标准化)	p-value	结论
创业型家庭	0.982	0.891	**	0.563	0.509	**	0.444	0.44	***	成立
非创业型家庭	0.998	0.878	**	0.603	0.529	***	0.418	0.416	***	

分别对创业型家庭、非创业型家庭的三个路径系数(创新创业教育内容→创业环境、创新创业教育内容→创新创业教育评价、创业环境→创新创业教育评价)进行检验,可以看出显著性 p 值均小于 0.001,两组之间的路径系数存在显著差异,并将创业型家庭和非创业型家庭的参数估计值模型图绘制出来,即为图 8-10、图 8-11,图中的参数即为相应路径系数的估计值。

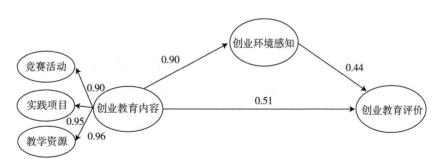

图 8-10　群组模型拟合结果(创业型家庭)

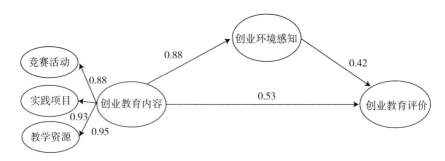

图 8-11 群组模型拟合结果(非创业型家庭)

再对群组间模型差异进行检验,结果见表 8-56。

表 8-56 群组间模型差异检验结果

群组模型间差异	DF	MIN	P	NFI Delta-1	IFI Delta-1	RFI Delta-1	TLI Delta-1	结论
创新创业教育内容 → 创业环境感知	1	0.488	0.485	0.000	0.000	0.000	0.000	不成立
创新创业教育内容 → 创新创业教育评价	1	1.350	0.245	0.000	0.000	0.000	0.000	不成立
创业环境感知 → 创新创业教育评价	1	3.633	0.057	0.000	0.000	0.000	0.000	成立

从结果可以看出,两组之间的路径系数虽然存在显著差异,但是经过对两组模型的比较后,发现只有创业环境感知对于创新创业教育评价群组间模型差异是显著的;而创新创业教育内容对于创业环境感知群组间模型差异、创新创业教育内容对于创新创业教育评价群组间模型差异是不显著的。

(四)结论及启示

1. 实证研究结论

通过实证分析检验,本书探索了创新创业教育内容对创新创业教育评

价的直接影响及其中介效应。通过问卷调查数据并进行实证分析,可发现:
(1)创新创业教育的内容显著正向影响创新创业教育评价效果;(2)创业环
境感知在创新创业教育内容与创新创业教育评价之间显著地起着中介作
用;(3)个体知识及技能分别在创新创业教育内容与创新创业教育评价之间
分别起到显著地中介作用;(4)家庭创业资源在创新创业教育内容与创新创
业教育评价之间的作用不显著;(5)创业型家庭与非创业型家庭的创新创业
教育评价机制存在显著差异。具体实证结论如表 8-57 所示。

表 8-57　创新创业教育评价前因变量的作用机制一览表

标号	研究假设	是否支持
假设 8.11	创新创业教育内容直接显著正向影响创新创业教育评价	显著
假设 8.12	创业环境感知在创新创业教育内容与创新创业教育评价之间起中介作用	显著
假设 8.13	个体知识及技能在创新创业教育内容与创新创业教育评价之间存在调节作用	显著
假设 8.14	个体知识及技能在创业环境感知与创新创业教育评价之间存在调节作用	显著
假设 8.15	个体知识及技能在创新创业教育内容与创业环境感知之间存在调节作用	显著
假设 8.16	家庭创业资源在创新创业教育内容与创新创业教育评价之间存在调节作用	不显著
假设 8.17	家庭创业资源在创业环境感知与创新创业教育评价之间存在调节作用	显著
假设 8.18	家庭创业资源在创新创业教育内容与创业环境感知之间存在调节作用	显著
假设 8.19	创业型家庭与非创业型家庭的创新创业教育评价机理存在显著的差异	显著

2.启示及建议

基于以上实证研究所验证的假设,如何设计合理的创新创业教育内容,满
足不同知识背景和差异化个体的学习需求,在甄别学生家庭创业背景的基础
上调动学生学习的潜力,提升创新创业教育质量,科学客观地评价创新创业教

育质量,本书提出如下政策建议:

第一,优化创新创业教育的内容选择,构建分层分类的创新创业教育学习框架。

作为旨在培养具有企业家精神与创业能力个体的教育实践活动,创新创业教育的目的并非鼓励高校学生如何发现机会、如何赚钱、如何创办公司,这显然是对创新创业教育价值与功能的功利化解读。创业活动只是长期有效的创新创业教育对个体影响之后的某种行为选择后果,并非创新创业教育存在的起点。真正的创新创业教育,必须是唤醒学生内心的创造意识、勇于接受挑战的革新精神、自我实现的能力素养及团队合作意识。正如"麻省理工创高新行动计划"明确提出:通过创新创业教育和实践活动,发展创新创业思维、技能和洞察力,教育培养具有全球思维和视野的下一代创新者。

首先,创新创业教育的内容设计应该紧密围绕其价值核心与培养目的,以开阔的国际视野,选取能够体现世界前沿发展趋势的产业新理念、新趋势、新技术,让大学生充分接触最新的创新创业资讯与知识;其次,创新创业教育必须嵌入专业教育和通识教育体系,建设立体化的学习内容框架。创新创业教育是涉及多个学科的知识、具有极强实践性特征的教育活动,单纯依靠某个单一学科是很难达成"宽基础"的人才培养目标。应该结合不同区域、不同类型和层次高校的特色,整合校内外各项资源,构建分层分类的课程体系、灵活多样的学习内容。

第二,创设鼓励创新创业的校内环境,营造自由、开放、容忍失败的创业文化氛围。

通过本书的假设及其验证来看,创新创业教育环境感知在创新创业教育内容与创新创业教育质量评价之间起到显著的中介作用,良好的创新创业校园文化本身就是优质教育内容的重要组成,同时又增强了创新创业教育的吸引力,提升了创新创业教育的评价效果。从国内高校的实际情况而言,目前的创新创业文化塑造存在着较为明显的偏差:将"创业文化"简单地理解为"开讲座、搞竞赛、各种励志征文大赛",而创业文化应该是"润物细无声"的长期过程,需要的是一群真正热爱创新、敢于创业的学生和教师,通过各种非功利性、非短期目标导向性的创造性活动,采用交互式学习理念而自发地生成。

具体而言,良好的创业环境涵盖了基于满足学习者多样化需求的环境设计、提升学习者能力的创业模拟教学系统、无边界的开放式创新创业园区、利用众创空间和创新工场营造的体验式校园创业环境。只有营造出鼓励学生自由探索、容忍失败、开放纳入一切有利于创新创业教育的环境,创新创业教育的内容才能发挥最大效果,质量也才能得到提升。

第三,构建面向不同学生能力结构维度的立体式创新创业教育系统。

钟云华认为学校的层次差异对大学生的创业意愿之间呈现负相关。一般而言,本科高校的大学生在专业背景、学习能力、知识结构方面相比较于重点高校的学生,存在着较大的差异,前者具有更强烈的创业意愿。根据陈劲的研究,专业背景的差异会对学生创业态度和倾向产生影响。不同个体的思维方式与行为习惯都会导致学习者对于创新创业教育内容的接受度差异显著。大学生群体是一个异质性非常鲜明的群体,专业知识、技能水平、前置经验、创业经历、个人价值导向等多个维度的差异是客观存在的。

因此,高校应该建立起有效的"创业诊断—创业选拔—创业孵化"的创新创业教育个性化培养机制,建立起"面向全体学生、培育潜力学生、选拔意向学生"的创新创业教育体系。与不同行业、不同领域的企业建立合作关系,为不同学科和专业的学生提供对口或交叉的创业实习机会,更全面地实现"产学研创"的结合,为学生多提供企业实习甚至参与企业管理的机会以丰富学生的创业实践经历。同时,学生个体也应根据自身的兴趣爱好与学科背景以及其他有利于创业的优势条件,主动投身于校内校外的社会实践或创业活动,以培养个人创业素养、丰富创业经历、总结创业经验、提升创业技能、促进创业行为。

第四,建立创业型学生信息支持系统,支持具有创业文化资本的学生。

　　法国社会学家布尔迪厄提出的文化资本认为,个体自婴儿时代起,伴随着成长的过程,在家庭内部不知不觉之间获得了关于外部社会及其运行规则的最初认知并建构起属于自己的特殊能力,或者说,个人资本。这种个人资本可以在未来还原为经济资本并为个体带来财富、声望等预期的物质资产。从本书的数据分析及验证的假设来看,家庭创业资源在创业环境感知、创新创业教育内容、创新创业教育评价三者之间起着显著的调节作用。来自于创业家庭的学生对创业活动的理解会更加成熟,也更能够达到创新创业教育预期的目标效果。

　　因此,对于高校,尤其是所在区域具有创业传统氛围的高校,需要重点关注和甄别具有家庭创业文化资本的学生,以这些学生作为学习共同体的核心成员,以多节点形式带动创新创业教育整体覆盖面的扩大,以具有一定优势和潜力的学生推动创新创业教育在学生群体中的影响力扩散。

第九章　创新创业教育质量评价体系与监测体系构建及对策建议

第一节　我国创新创业教育质量评价体系构建

我国创新创业教育经过 20 多年的发展,如今正处于从规模增长逐渐转向质量提升阶段。不同类型高校的学者们提出了各具特色的创新创业教育质量评价模型,比如双一流建设高校的浙江大学徐小洲教授的 VPR 模型、东北师范大学王占仁教授的广谱式创新创业教育模型、同济大学教学质量管理办公室李亚东提出的"三评一测"工作方案、曾任温州职业技术学院书记的谢志远教授提出的创业教育质量通用评价体系,以及一些中国学者基于不同指标提出的 CIPP 模型等等。而综合这些观点,在上面第二章中,我们课题组提出了中国高校创新创业教育质量评价的 SPR 概念框架,在这一章中,本课题组结合全国 31 个省份 1231 所高校 201034 份问卷、50 多万字的访谈记录,在归纳第三章到第八章的研究结论基础上,先总结我国高校创新创业教育质量发展典型问题,因为这有助于我们寻找创新创业教育质量评价体系的关键指标。然后,进一步提出如何构建和完善我国高校创新创业教育质量评价体系与监测体系的对策建议。[①]

[①]　黄兆信、黄扬杰:《创新创业教育质量评价探新——来自全国 1231 所高等学校的实证研究》,《教育研究》2019 年第 7 期。

一、当前我国高校创新创业教育质量发展典型问题

（一）创新创业教育师资短缺仍是主要短板

深化高校创新创业教育改革是推进高等教育综合改革的重要内容。张应强指出,高等教育质量建设要注重建设创新体制机制与培育质量文化,其中创新创业人才的培养质量主要取决于学生学习、教师素质、大学质量文化等因素。[①] 然而当前从事创业教育的教师数量不足及能力不胜任是高校开展创业教育的主要短板。样本显示我国创新创业教育教师在性别上比例分布为男教师 43.6%、女教师 56.4%;年龄上以"30 周岁及以下"(39.1%)、"31—35 周岁"(23.4%)的青年教师为主体;学位上以硕士学位(54%)为主体,博士学位的教师只有 14.6%;在从事创新创业教育工作年限上,39.5%的教师是"2 年及以内",26.2%的教师是"3—5 年",两者累计 65.7%,说明大部分创新创业教育教师还是新手;在"您属于创新创业课教师中的哪种类型"选项中,辅导员等学生工作的教师占比 35.3%,其他依次是非创业领域的专业教师(24.0%)、创业领域的专业教师(16.0%)。受访教师对所在学校的创新创业教育现状评价均值较低的选项为师资的数量、专兼结合、科学的绩效考核、职称评聘机制。

在本书的第四章中我们对高校创新创业教育教师的各个维度进行了深度比较分析。总的来说,我国创新创业教育教师中专任教师太少,偏年轻,理工科和经管学科教师为主,对兼任教师的培养和重视程度又不够,专业性太弱,亟待改善。

我国高等教育发展的主导思想主要有分类发展、重点发展、特色发展、协同发展和创新发展等。我们研究发现在实践中既要关注创新创业教育教师态

[①] 张应强:《高等教育质量建设:创新体制机制与培育质量文化》,《江苏高教》2017 年第 1 期。

度、知识和技能的全面提升,更应将创新创业教育教师分为创业技能型、传统学术型、创业态度型三种类型,分类施策。第一,创业技能型教师看重创业机会的探索、开发以及经营管理和实践指导能力,他们在这些方面的优势明显,其创业胜任力的提升应主要靠自身的学习培训。第二,传统学术型教师看重传统学术知识,长期致力于教学和科研工作,其全面提升创业教育胜任力主要依靠其自身学习培训。对于我国高校的政策制定者而言,应充分考虑组织内部教师创业动机的差异,按照教师自主发展目标、按需激励、科学考核的原则,推出组合性政策。第三,创业态度型教师对创业非常认同,具有较强的创业精神和创业意志,但学术知识和创业技能不够强,其全面提升创业胜任力要更多依靠双向交流合作。

(二)创业政策极大提升了学生创业意愿,但社会、家庭、学校对学生创业的协同指导作用有待加强

在第三章中,我们从教师、学生的双重视角对中国创新创业政策的评价进行了多维度的描述统计。正如第三章中总结所述,双创教育作为学生实现职业界定和职业规划的一种途径,它的目的是为实现学生更好的发展,使学生对自身未来有更好的认识、计划和执行。其本意并非为学校留下什么,而是为学生留下一种带来改变、经久不衰、良好适应的生存素养。

习近平总书记在全国教育大会上指出:"办好教育事业,家庭、学校、政府、社会都有责任。"高校创新创业教育质量也要综合考虑家庭、社会、学校等多个维度,陈宝生部长提出:"健全学校家庭社会协同的育人体系,提升汇聚全社会合力的广度"。高校在进行创新创业教育活动时,不要忽视家庭的宝贵资源,探索形成有效的家校互动机制,不断提升学生创业素养。同时,各高校的校友是创业教育的宝贵财富,芝加哥大学作为美国创业生态系统的典型大学,强大的优势是发展了校友关系,为即将成为创业公司创始人的学生们提供了丰富的选择、资产和各种各样的人脉,营造了良好的创业氛围。

（三）创新创业课程类型有待丰富，与专业融合不够紧密

"专创融合"课程建设是高校创新创业教育深化改革的方向，是高校培养创新人才、服务国家发展战略的重要途径。如何才能通过课程改革提高人才培养质量？如何才能通过课程教学培养学生的创新能力和综合素质？这些问题就成为高校教师面对课堂必须考虑的首要问题。调研发现学生对高校创新创业教育各题项均值介于 3.32—3.62 之间。最高题项为"创业实践有校内外指导教师"，最低题项为"创新创业课程内容与自身专业知识结合紧密"。说明我国高校创新创业课程在数量上、多样性上以及和专业融合性上都有待重视。

在本书的第五章中，我们对高校创新创业教育教学体系与专创融合的基本情况同样从师生双视角进行了大量的统计分析，以期为不同的读者寻找感兴趣的关注点。

（四）创新创业竞赛是促进学生全面发展的重大制度创新，但师生共创率与项目落地率都有待提高

正如教育部高教司吴岩司长介绍，"创业竞赛"不仅是一项活动，更是一种制度创新。各地各高校以大赛为抓手，推动创新创业教育改革不断深化，使改革触角延伸到课程、教法、师资、实践等各个环节，孵化平台、创业基金等支持体系不断完善，大学生的创业胜任力持续提升。创新创业竞赛开展既是检验创新创业教育成果的一种重要方式，又是创新创业教育自身的重要组成部分，良好的创新创业教育实践和创新创业竞赛，不仅可以使学生将掌握的创新创业知识融入到创新创业实践中，又可以通过创新创业的实践活动和竞赛提高理论学习中难以培养的人际沟通能力、创新能力和团队合作能力等。调查也显示学生对创新创业竞赛提升其团队合作能力（3.77）、人际关系网络（3.68）、真实创业帮助（3.66）、提升创业自信心（3.62）、提升创业能力

(3.59)评价均较高。但在"参加的创新创业竞赛项目较容易落地(3.35)"、师生共创的各类选项上评价还有待提高。在本书的第六章,我们对不同类型高校的创业竞赛情况进行了大量的横向实证比较。

二、中国高校创新创业教育质量评价指标体系构建

《中国教育现代化 2035》提出"构建教育质量评估监测机制要建立全过程、全方位人才培养质量反馈监控体系,要完善落实机制等"。高校创新创业教育质量评价的核心是使高校的创新创业教育战略能够转变落实为具体的行动。因此,全面深化高校创新创业教育改革,必须加强教育质量的全面监管。我们在第二章中提出的创新创业教育质量 SPR 概念模型,即通过发展现状评价,做好自身"体检",做好与标杆、示范性高校的外部比较,把握总体情况,明确自身优势劣势;通过实施过程评价,及时发现内部深层次问题与原因,尤其是对质量结果有关键影响的因素要全方位监测其落实情况,对存在的问题及时预防与精准"治疗";通过结果评价,以人才培养的质量和效果为根本标准,检验创新创业教育的短期发展目标与长期发展目标是否有效落实。特别要对当前我国创新创业教育质量发展中出现的师资问题、创业政策问题、创新创业课程类型、创新创业课程和专业融合性问题以及创新创业竞赛落地问题重点监控。

本书通过因子、方差、回归分析、专家德尔菲法等构建了具体的评价指标框架,并在教育部高教司和教育部高等学校创新创业教育指导委员会的指导下不断完善,结果如表 9-1 所示。

办好人民满意的教育,是落实立德树人这个根本任务,培养德智体美劳全面发展的社会主义建设者和接班人,和深化高等教育改革创新的鲜明导向。对师生创新创业教育质量满意度调查是其质量评价改进的重要手段和工具。在本书的第七章我们也专门就师生满意度进行了各维度的实证分析,作为中国高校创新创业教育质量评价指标体系的重要补充,我们围绕满意度的各个

方面制定了表9-2如下所示。

由于创新创业教育评价与监测主要的实施对象是高等院校,不同类型高校差异较大,在本书的第八章中我们从不同视野对高校创新创业教育质量评价进行了多维比较研究,也发现不同类型高校对教师和学生的创新创业教育质量结果均显著影响,"双一流"建设高校教师比高职院校教师对创新创业教育的质量结果评价要好($\beta = 0.036, p = 0.000$);"双一流"建设高校的学生比其他几类高校的学生对创新创业教育的质量结果评价均要好。因此不同类型高校的差异评价主要可通过表9-1中的特色指标来体现,即不同类型高校侧重点应有所不同。

表9-1　全国高等学校创新创业教育质量评价指标

评价维度	一级指标	二级指标	三级指标	分类评价说明
一、基础(10分)	1.投入保障(10分)	受益面	①接受创新创业教育学生比率(受益面)(4分)	
		经费投入	②创新创业教育经费总投入(3分)	分4类高校评价
		场地投入	③创新创业教育场地投入及使用情况(3分)	分4类高校评价
二、过程(50分)	2.组织规划(17分)	组织领导	①访谈校长或书记(5分)	
			②学校成立由校长担任组长的创新创业教育工作领导小组(2分)	
		发展规划	③创新创业教育规划纳入学校"十三五"总体规划(1分)	
			④学校有系统科学的创新创业教育发展专项规划(1分)	
		组织管理	⑤成立处级建制的实体的创新创业管理部门(如创业学院、创业中心等)或由学校教务部门负责牵头组织管理(2分)	
			⑥配有学校专兼职处级干部(如院长、副主任等)(2分)	
			⑦除处级干部外,配有专职的创新创业管理人员(2分)	
			⑧建立教务、人事、学工、团委、科研、研究生院等多部门协作管理机制及实施情况(1分)	
			⑨将创新创业教育纳入学校对二级学院的年度工作考核(1分)	

续表

评价维度	一级指标	二级指标	三级指标	分类评价说明
二、过程（50分）	3. 机制保障（8分）	学生层面	①建立创新创业学分互认机制、弹性学制和保留学籍休学创业等管理制度(2分)	分4类高校评价
			②配有支持创新创业学生创新创业奖学金等激励政策(1分)	
			③举办大学生创新创业宣传活动,成立学生的创业社团等组织机构(1分)	
			④建立创新创业教育专职师资聘任管理机制(1分)	
		教师层面	⑤建立校外创新创业兼职师资聘任管理机制(1分)	
			⑥将创新创业教育业绩纳入教师职称评定机制(1分)	
			⑦将创新创业教育业绩纳入教师职务聘任机制(1分)	
	4. 师资建设（7分）	师资聘任	①聘任创新创业教育专职师资(3分)	分4类高校评价
			②聘任校内外创新创业兼职师资(1分)	分4类高校评价
		师资培训	③组织创业教师参加省级及以上创新创业类培训(不含会议)或国外访学(2分)	分4类高校评价
			④组织教师到行业企业实践(挂职)锻炼(1分)	
	5. 创业课程（6分）	必修课程	①单独开设2个学分的《创业基础》等创新创业类必修课(2分)	
		课程群	②学校有创新创业教育课程群(2分)	分4类高校评价
		精品课	③有创新创业类国家级、省级精品课程(1分)	
		创业班级	④开设创新创业辅修班级(如创业精英班之类)(1分)	
	6. 创业实践（6分）	实践平台	①建立为在校生提供创新创业实践锻炼的大学生创业园或科技园等(2分)	分4类高校评价
			②有先进的支撑创新创业教育的开放实验室、实训中心、平台等载体(1分)	
		激励机制	③大学生创业园(科技园)有管理办法和服务场所(1分)	
			④设置创新创业启动基金及无息贷款等(1分)	
		国际交流	⑤学生创业交流(如境外创业比赛、创业夏令营、创业实习等)(1分)	

续表

评价维度	一级指标	二级指标	三级指标	分类评价说明
二、过程（50分）	7. 专创融合（6分）	专创融合	①制定创新创业教育与专业教育深度融合的人才培养改革试点方案及实施情况（2分）	
			②确立创新创业元素融入专业课程（必修、选修、实验等）教学改革办法及实施情况（1分）	
		师生共创	③鼓励专业教师带领学生参与科研项目的科学实验和创新创业实践的政策及实施情况（2分）	
			④创新创业类师生共创获得的专利、研发的产品、创业公司等（1分）	
三、结果（30分）	8. 工作成效（9分）	师生满意度	①在校生对学校创新创业教育的总体满意度（3分）	
			②近5年毕业生对学校创新创业教育的总体满意度（2分）	
			③教师对学校创新创业教育的总体满意度（2分）	
			④地方政府、社会及用人单位对人才培养的满意度（2分）	
	9. 社会影响（9分）	经验推广	①国家级、省级媒体报道（1分）	
			②在国际性/全国性、全省的会议上推广创新创业经验（2分）	
			③举办国际性/全国性、全省的创新创业教育会议、论坛及活动（2分）	
		资政表彰	④创新创业教育成果获国家级/部委、省级部门采纳或领导批示（2分）	
			⑤创新创业教育工作受到国家级/部委、省级部门奖励或表彰（2分）	
	10. 实践成效（5分）	创业竞赛	①教育部互联网+大学生创新创业比赛获奖情况（3分）	
			②挑战杯、创青春大学生创新创业比赛获奖情况（2分）	分4类高校评价
	11. 教研成效（7分）	教学改革	①创新创业教育教学改革成果奖（1分）	
			②创新创业教育教改项目（1分）	
		教师科研	③创新创业科研项目（1分）	分4类高校评价
			④创新创业科研成果奖（1分）	分4类高校评价
			⑤创新创业论文和著作（1分）	分4类高校评价
		学生科研	⑥大学生创新创业项目（1分）	分4类高校评价
			⑦大学生创新创业论文（1分）	分4类高校评价

评价维度	一级指标	二级指标	三级指标	分类评价说明
四、特色(10分)	12. 特色项目(10分)	特色项目	学校在创新创业教育实施中取得最为突出的业绩或重大改革创新,形成具有学校特色的典型经验和模式,具有可复制、可推广价值的提炼出特色项目材料(10分)	由学校提炼出最具特色的2点举措约800字左右材料,由评估专家根据材料给分

注:①评价目的:以评促进,以评促改,评建结合,加快引领高校创新创业教育快速发展,打造创新创业教育升级版,形成高等教育人才培养新的质量观;

②评价准则:坚持创新创业教育要落实立德树人的根本任务,否则一票否决;

③本评价指标中同项目就高计算一次,不重复计分;

④考虑量化的可操作性和公正性,个别难以量化的指标暂不设立;

⑤分4类高校评价:"双一流"建设高校、普通本科院校、民办高校和独立学院、高职高专院校。

⑥本评价指标中需要通过当场调查了解的问题,另提供调查问卷量表(见表9-2)。

表9-2 全国高等学校创新创业教育质量评价指标调查问卷量表

1. 您的身份(请在相应的选项上打"√"):

①教职工 ②在校本科生 ③在校专科生 ④毕业生

2. 您对贵校的创新创业教育总体以及各方面满意度如何,请在相应的分值上打"√"。

序号	题目	非常满意	比较满意	一般	比较不满意	非常不满意
1	学校的创新创业教育总体满意度	5	4	3	2	1
2	学校的创新创业投入保障满意度	5	4	3	2	1
3	学校的创新创业组织规划满意度	5	4	3	2	1
4	学校的创新创业机制保障满意度	5	4	3	2	1
5	学校的创新创业师资建设满意度	5	4	3	2	1
6	学校的创新创业课程满意度	5	4	3	2	1
7	学校的创新创业实践满意度	5	4	3	2	1
8	学校的创新创业与专业融合满意度	5	4	3	2	1
9	学校的师生共创满意度	5	4	3	2	1

序号	题目	非常满意	比较满意	一般	比较不满意	非常不满意
10	学校的创新创业国际化满意度	5	4	3	2	1

第二节　中国创新创业教育质量监测体系规划与建设

一、创新创业教育质量监测体系规划

我国高校更多地将创新创业教育理解成一项具体工作,创新创业教育在客观上存在着零敲碎打的情况,系统性、整体性和协调性还有待进一步加强。创新创业教育质量监测体系的构建,将在国家层面形成驱动高校创新创业教育系统化、持久性发展的重要力量,从而引领各大高校开始建立创新创业教育的系统性发展规划和质量保障机制,最终提升我国高校创新创业教育的整体质量。我国高校对创新创业教育质量的评估长期以来存在着认知上的偏差,往往将自主创业学生比例、大学生创业项目数量、大学生科技创新获奖数量及层次等作为评价创新创业工作的重要指标。但是创新创业教育的质量好坏不仅取决于数量上的多少,更多的是体现在对大学生创新创业意识、创新创业能力的培养和提升。因此,我国既急需建立起多样化、多维度、旨在提升人才培养质量为主的高校创新创业教育质量评估体系(见表9-3),也需要在其基础上制定一套简化的、能实时、科学有效的监测体系,以更加全面和开阔的视角促进创新创业教育的发展。

表9-3　全国高等学校创新创业教育质量监测指标

监测维度	监测指标
坚持立德树人(一票否决)	

监测维度	监测指标
一、现状指标	1. 基本投入(人、财、物)
二、过程指标	2. 组织规划
	3. 机制保障
	4. 师资建设
	5. 创新创业课程
	6. 创业实践
	7. 创新创业教育与专业教育融合
三、结果指标	8. 工作成效
	9. 社会影响
	10. 自主创业
	11. 创新创业教育教学研究

因此,本书一方面运用专家德尔菲法对监测指标进行排序打分,另一方面通过大规模问卷实证研究分析结果,最后经综合分析得出了四大创新创业教育质量的监测指标。

(一)是否落实立德树人根本任务

监测高校的创新创业教育"是否广泛地培养和激发大学生的创新创业意愿""是否融合性地传授大学生创新创业的知识与技能""是否有效地提升了大学生创新创业的实践能力"。为一票否决制。

(二)是否有强有力的组织规划

监测学校是否成立由校长担任组长的创新创业教育工作领导小组;学校是否有系统科学的创新创业教育发展专项规划;学校是否成立处级建制的实体的创新创业管理部门(如创业学院、创业中心等)。

（三）是否有充足的基本投入保障

监测受益面、生均经费、生均场地情况。

（四）是否有丰富多彩的创业实践

监测是否为在校生建立提供创新创业实践锻炼的大学生创业园或科技园等；是否建立满足大学生创新创业需求的校外实践教学基地；是否有先进的支撑创新创业教育的开放实验室、实训中心、平台等载体；教育部"互联网+"大学生创新创业比赛获奖情况；挑战杯、创青春大学生创新创业比赛获奖情况。

二、创新创业教育监测数据库建设

创新创业教育监测数据的收集和积累是本书当下以及未来的重要研究内容。在本书调研的开展过程中，本书调研组收集了183360份包含1321所高校的创新创业教育评价与监测的问卷数据和50万余字的访谈记录，并实现了电子化存储。未来我们将应用大数据思想、互联网思维和互联网信息系统技术，完成创新创业教育监督数据库的建设和开发，并对创新创业教育监测点进行以2年为一个周期的监测数据收集和监测报告撰写工作，从而实现对创新创业教育的持续评价与动态监测。

（一）数据库概念模型的设计

本书调研组目前已经初步完成了创新创业教育监测数据库的概念结构设计工作，并通过结构化的设计方式，以分类、聚集和概括理念，建立了抽象的概念数据模型，初步形成了包括信息形式、信息结构、各需求主体对信息储存、查询和加工的权限分析、子数据库架构分析（"双一流"建设高校数据库、民办高校、独立学院数据库、普通本科院校高校数据库以及高职院校数据库等）、应用开发软件选择等设计构思。未来1年内，我们将引入JAVA编程语言，着手进行数据库的物理设计,建立数据库,并编制与调试数据库的 WEB 端应用程序,组织部分数据入库,并进行试运行。

(二)创新创业教育监测数据库的更新与维护

在初始数据库建设完成后,对高校创新创业教育质量进行持续监测和数据库的动态更新,是本书调研后续的重要工作之一,未来我们将继续通过调查问卷的方式,以 2 年为一个周期,面向全国高校的教师和学生,实施高校创新创业教育的调研工作,从而实现对创新创业教育数据的定期更新与维护。此外,数据库拟免费对政府政策制定部门、参与调研的会员高校以及创新创业教育研究者开放,从而提高监测数据的利用效率,切实为推动国内创新创业教育质量的发展,作出相应的贡献。

(三)创新创业教育监测年度报告开发

在创新创业教育监测数据库更新的基础上,我们将使用统计分析方法对取得的监测数据进行分析,从横向数据对比角度,以高校分类为基础,分类评价各类高校的创新创业教育质量。从纵向角度,通过对同一类型高校不同年度的纵向数据分析,得到该类型高校创新创业教育发展的一般过程和路径,编撰并公开出版年度发展报告,为创新创业教育监测提供有价值的信息。此外,在年度报告开发的基础上,未来将针对不同类型的高校,以数据分析为底,辅之以专家咨询方式,形成针对不同对象的资政报告和咨询报告,从而实现对我国创新创业教育的持续监测。

第三节　完善高校创新创业教育质量
评价指标体系的对策建议

创新创业教育质量具有多层次性,每层次有不同的战略目标,从全球、国家、各省份城市乃至各高校学院均可进行横向或纵向不同维度的评价比较。创新创业教育质量评价还具有多主体性,政府、社会、高校、学生和教师等均是利益相关者,可根据需要选取不同的评价主体,满足多主体不同的价值诉求。在坚定落实立德树人根本任务前提下,各高校根据自身培养的目标导向,科学设置指标权重,并对评价目标、评价对象、评价主体、评价指标、评价标准、评价方法等要素上进行系统科学地设计。

一、不同类型高校创新创业教育质量评价目标导向

(一)"双一流"建设高校创新创业教育质量评价目标导向

本书统计发现教师视野中"双一流"建设高校在创新创业教育质量的最终结果维度、过程中课程体系、组织领导、教学管理、机制保障维度上评价得分均表现最佳,而在师资建设方面得分则最低,亟须改进。学生视野中"双一流"建设高校的创新创业教育质量在最终结果维度和创业实践得分最高,要继续保持,而在创新创业课程以及创新创业教育与专业融合上有待改进。

在"双一流"建设高校的创新创业教育质量评价上,我们建议应重点考察:能考虑以培养强基础研究和科技创新的拔尖人才为目标,能够与学科发展进行有机融合,既能注重高、精、尖的理论知识和科技创新能力培养,又能注重宽范围、多维度的通识教育,能构建先进的知识体系,能充分发动学生的创造能力,具备知识再造和引领能力的创新创业师资、学习方式,具备创新性和更大的自由空间等。

(二)普通本科院校创新创业教育质量评价目标导向

本书统计发现教师视野中普通本科院校的创新创业教育质量问题较严重:在最终结果维度,实施过程中的课程体系、组织领导、教学管理维度上得分均较低;没有得分最优。学生视野中普通本科院校的创新创业教育在创新创

业课程、创新创业教育与专业融合上得分最低,在创业实践上得分居中,在质量的结果维度排第三,说明各个维度的问题依然很严峻。结合教师卷的结果,我们可以发现:普通本科院校的创新创业教育质量问题最多,形势非常严峻,任重而道远。

在普通本科院校的创新创业教育质量评价上,我们建议应重点考察:创新创业教育是否能够和专业教育进行深度融合,创新创业课程内容是否立足于区域支柱产业、新兴产业的发展需要,创新创业教育成果是否能形成真正研发成果并应用于行业的技术革新需要,能否切实发挥教师和学生共同参与研发和成果转化作用和机制。

(三)民办高校和独立学院创新创业教育质量评价目标导向

本书统计发现教师视野中民办高校和独立学院的创新创业教育质量情况评价得分也居中。独立学院在教学管理和机制保障方面得分最低,重点要加强科学系统的创新创业教育教学管理和保障机制。民办高校的课程体系、师资建设和组织领导仅次于"双一流"建设高校,表现尚可,在教学管理方面要重点加强。学生视野中民办高校和独立学院的评价得分也居中,其中独立学院在创业实践上得分最低,应重点加强。民办高校的创业实践排在前列第二名,创新创业课程排在倒数第二,在创新创业教育与专业融合上排在第三,但在创新创业教育质量的结果维度排到了最后一位。说明在学生的满意度、结果成效方面有待加强,而实施过程中的创业实践、创新创业课程和创新创业教育与专业的融合方面也有待提升。

有关创新创业教育的评价,我们建议应重点考察:创新创业教育能否和学校优势专业教育进行深度融合,通过创业实践、创业班级、产学合作、师生工作等指标能否确保应用技术人才的培养质量。

（四）高职高专院校创新创业教育质量评价目标导向

本书统计发现教师视野中高职高专院校的创新创业教育质量评价得分情况居中:表现最优的维度是实施过程中的师资建设,表现最差的是实施过程中的机制保障,其他维度均居中。学生视野中高职高专院校的创新创业教育质量在最终结果上居中,在创新创业课程以及创新创业教育与专业融合的两个维度上得分最高,要继续保持。在创业实践上得分最低,因此应加强改进。

在高职高专院校的创新创业教育质量评价上,我们建议高职高专院校创新创业教育的评价更多的是考察其与专业的契合程度,能够使学生具备更好的就业能力和职业技能,重点应该放在创新创业教育启发学生创业意识方面、与专业课融合方面以及学生对于职业技能变革的适应能力方面,这些方面反映在评价体系里主要是看师资构成、企业参与创新创业教育深度、学生创新创业竞赛项目和地方产业关联程度等指标。

二、提升高校创新创业教育质量评价关键指标的建议

创新创业教育质量评价受到多种因素的影响,本书认为在支持高校创新创业教育追求结果的同时,应监测高校兼顾创新创业教育的过程,并通过相互间因果关系,使得高校把结果和结果的驱动因素串联起来,以期达到高校创新创业教育短期与长期的目标之间、落后(时滞)与领先评价指标之间以及高校外部与内部质量之间的平衡。即上述提到的 SPR 模型。

不同的高校关键指标侧重也有所不同,感兴趣的读者可以在本书的前面几章中找到您想要的答案。在此我们无法面面俱到,仅针对中国高校比较普遍存在的课程、师资和创业教育组织运作三大指标问题提如下几点建议。

（一）打造学生满意的创新创业教育金课

1.结合不同学生需求构建分层分类创新创业教育课程体系

要充分重视课堂教学这一主阵地。千篇一律的课堂难以满足学生的不同需求。调研结果显示,高校在创新创业课程实施过程中,应当根据学校文化底蕴,结合自身的优势,开展具有高校特色的创新创业教育课程。对于不同专业类别的学生,应实施专业课程与创新创业课程相融合,让"想创业"的学生"懂创业"也"能创业"。而对于不同年级的学生,应根据不同阶段的创业需求,施以不同方面的创新创业教育,课程上从培养创业意识到提高创业能力,从重视理论课程到积极鼓励进行创业实践。只有结合学生的需求,量身定做分层分类的创新创业教育课程,才能打造令学生满意的"金课"。

2.充分结合创业实践基地开展创新创业教育课程教学

调查数据显示,54%的学生认为创业实践对于创业能力的提升最大,但仅有18.7%的在校生有过创业实践。在对学生的创新创业教育方面不仅要重视理论课堂,更要建立创业实践协同育人机制,即充分利用好课堂这一"金课"的主阵地,亦要充分发挥社会实践"金课"在创新创业教育课程中的优势。重视学生对创新创业实践的需求,建立创业实践基地,让更多的学生体验创新创业模拟活动。重视社会需求与创新创业教育之间的协同,推进高校与政府,高校与社会之间的合作,为有意愿、有能力的学生搭建创业实践平台、创造创新创业机会。

3.设置引导学生创业意识的创新创业教育课程

目前我国高校创新创业教育正在如火如荼地进行,高校创新创业教育课程也汗牛充栋,但是调查数据显示,拥有创业意愿的大学生在高校学生中所占比例仅有11.7%,部分学生甚至对创新创业课程产生厌烦情绪。针对这一情况,高校在创新创业教育课程体系构建和实施过程中,应该有意识地将培养学生创新创业意识贯穿其中,打破学生认为"创业就等同于开公司的刻板印象",通过创业案例分享、创业榜样塑造、创业模拟体验等方式,营造良好的创新创业氛围,将创业意识植入学生心中,鼓励学生结合自己的专业优势,投身于创业实践中。

4.完善对创新创业教育课程主讲教师的聘任与奖励机制

教师是创新创业教育课堂教学的重要组成部分,打造创新创业教育"金课"必须发挥主讲老师的能动作用。一方面,高校应该完善创新创业教育课程主讲教师的聘任机制,引入企业家、企业高级管理人才、投资专家或相关政府工作人员等具有丰富实战经验的一线精英为兼职教授,为学生提供讲授行业背景、业内实务等创新创业课程的支持。另一方面,通过对教师在创业指导工作方面的认定,调动专业教师的积极性,鼓励有创业实践经验的教师辅助学生运营创业项目。培育和建设一支"双导师制"的创新创业教育师资团队,为学生提供充足的、高质量的创新创业师资力量,为构建高校创新创业教育"金课"保驾护航。

(二)鼓励师生共创助推创新创业教育升级版

1.明确师生共创导向和内涵,引导学生积极参与教师科研项目

一是明确教师在师生共创中处于主导者的地位,通过教师的科研项目使学生掌握专业知识和所需技能,深入了解学科前沿知识的发展趋势和当前新技术在具体产业和行业中的应用情况,因此需要加强专业教师的参与力度,提高和加深科研成果向课堂成果转化的效率和程度;二是增强在校生对师生共创的重视程度,通过邀请毕业生讲座或者担任兼职导师增强在校生对师生共创作用的强化认知;三是通过教师研究团队公开招募学生参与的形式建立学科交叉、知识融通的师生共创团队。

2.打造特色化师生共创项目,引导分层分类培养创新人才

一是根据不同类型高校的人才培养目标实施师生共创计划,引导教师根据高校类型申报相应的科研项目,加强各级各类项目类型的针对性,缓解教师科研与学生培养"两张皮"的情况;二是根据专业特色发挥优势,形成专业知识和应用能力的有效匹配,以"新工科"培养模式和体系为导向,形成"新农科""新医科""新文科"特色化的师生共创模式;三是构建科学的专业课与创新创业教育融合发展的课程体系,根据专业特点形成课堂教学与实践教学、公共课与专业通识课、专业基础课与专业核心课的科学、合理比例安排,避免由于课程太多导致学生精力不足的情况发生(34.4%的学生认为该原因妨碍其参与教师科研项目)。

3.强化激励机制和政策体系构建,引导师生共创健康发展

一是加强科研服务机构建设,出台相应支持科研成果产出的政策、增强校企合作及产教融合平台建设,加大校企、校产、校行科技园、孵化器建设,为科研产出提供相应的服务、政策和平台支持(30.9%的教师认为师生共创的最大障碍在于科研成果产出和转化成效低);二是明细师生共创过程中利益分配机制以及相应的成果归属,尤其是在与企业合作以及高新技术研发、基础研究等方面,依据国家相关法律和政策,根据学校类型和专业特色制定相关明确科研副产品、专利、成果归属的政策和条例;三是完善教师参与企业技术开发、基于创新的创业或者高新技术的创业以及企业锻炼制度,建立健全专业教师与行业教师互聘、互认制度,对于实施师生共创项目的教师则给予职称评聘方面的倾斜。

(三)促进高校创新创业教育组织的有效运作

近年来,在高校自身求变以及中央、地方政府的推动下,创新创业教育组织(如创业学院、创业中心等)如雨后春笋般涌现。然而,我国创新创业教育起步较晚,创新创业教育组织更是处于探索期,面临着诸多困难与挑战。

在上述分析基础上,调研组还在美国各州选取42所大学创业中心负责人进行深度访谈后,认为美国高校创新创业教育组织有独立于大学的创业办公室、创业学院、创业中心等,其中创业中心居多。21世纪前十年是该国创业中心增长最快的阶段,它的快速增长趋势响应了美国对创新创业教育的价值诉求。调研组在深入访谈和分析的基础上,总结其成功经验,提出了如下政策建议:

1.设立"创业型"人才培养组织定位

所考察的42个创新创业教育组织(中心)其人才培养目标不局限于注重创新创业教育教学和实践。"创业"本身具备更加包容的含义,除了打造商业创业人才之外,在社会问题日益复杂、学生多样化需求高涨的背景下,对于鼓励参与社会服务学习与公益活动的社会创新创业教育或者致力于关注弱势群体的创新创业教育等也应予以足够重视。为此,建议高校抛开"创业"局限,在明确并强化"创业型"人才培养目标的同时,设置更加包容性的创新创业教育目标。这样做,不仅有助于从学理上契合"大众创业,万众创新"的理念,即着重培养和关注学生的创新思维和创新精神,在实践中也能吸引更多学生参与到创新创业教育活动中来。

2.健全创新创业教育组织运作的理事会组织治理机制

组织治理机制是创新创业教育组织运作的直接保障机制,涉及组织资金管理、资源分配、师资聘用、课程评价等内外部治理问题,对其进行调适与再造有助于激发利益相关者开展创新创业教育的活力。例如,美国高校几乎所有创业中心都成立了咨询委员会,主要包括外部咨询委员会和内部咨询委员会。外部咨询委员会主要包括兼有校友身份的成功企业家、投资者,人数范围在12—16人;内部咨询委员会则由校内各个学科的关键人物或各学院院长组成。这同我国部分高校创新创业教育组织采用的理事会领导下的治理机制类似,但我国更多的还是由校内人员负责具体运作。建议各组织明确内外协作的理事会治理机制,真正采纳或吸引校外更多的相关利益群体参与,并明晰其相应的职责。

3.构建基于高校层面的创新创业教育组织运行结构

基于高校层面的创新创业教育组织主要是指其在运行上独立于任何学院,由高校领导层另拨专项资金,并选拔专门人才担任管理人员,其负责人将是组织发展愿景的制订者与推动实施者,是具有创业精神的开拓者,是创新创业教育方面的专家,是善于筹措资源的社会活动家,也是组织行政事务的决策者。从美国经验来看,基于高校层面的创新创业教育组织的先天性定位就决定了它在服务范围上的广泛性和辐射群体的普遍性,彰显了创新创业教育"有教无类"的原则。区别于组织依托或挂靠,基于高校层面的创新创业教育组织有助于避免各组织间趋同,还能形成分层多样的课程体系,满足不同专业背景学生群体的现实诉求。

4.加强创新创业教育组织保障建设

创新创业教育组织运行要依托真正的学科建设要求来发展,需要从多方面落实保障。建议有六:其一,创新创业教育组织需要专业化的管理人才,如美国创新创业教育组织里管理人员都是专业人员,有着丰富的管理经验或创业经验,但我国高校却是团委或各学院的科员或辅导员校内调动而来,不够专业;其二,政府出面出台创新创业教育课程国家标准和科学评价体系,制定具体的教育指导,比如统一的大纲、规划、教材、评价等;其三,创新创业教育师资队伍建设,打造一批具有创新创业能力、广博深厚的知识体系、创新创业教育素养并能将创新创业与自己所从事的专业紧密结合的师资队伍;其四,在教材体系方面,要开发专门创新创业教育教材,不同的学生群体应有不同的教材;其五,在实践体系方面,要鼓励创造更多机会让学生通过"基于行动""体验""实训""探究"等途径进行实践训练;其六,在评价体系方面,要建立科学合理、多样化多维度、基于专业能力的高校创新创业教育质量评估体系。

第十章　创新创业教育发展的未来趋势：社会创业教育

第一节　社会创业：高校创新创业教育新发展的指向与行动

随着经济社会的发展以及社会民众对企业家精神的认同和倡导，与基于营利为目的的创业活动相比，根植于社会转型、社会问题解决方案多样化探索、民生问题改善的社会创业，正逐步成为高校创新创业教育以及大学生创业新的发展方向和关注点。社会创业能够加强大学生在创业过程中的社会使命感和责任感，同时增加他们对社会公共产品、公共服务的贡献力度，以实现自身创业行为的社会化和健康化。因此，在新时代中国特色社会主义建设和发展的大背景下，在高校实施社会创业教育，既符合"以创业带动就业"的国家战略需求，又能够很好地对接高校深化人才培养模式改革，满足特定目标群体的发展需要，促进社会发展进步的"新风向"。

一、社会创业教育的内涵及组织实施

（一）社会创业教育的内涵：从"社会创业"到"社会创业行为"

社会创业是伴随着弥补和规范政府治理行为及制度失调的背景而产生

的,其构成主体企业或其他社会组织兼顾盈利以及社会责任,它们参与社会化治理,致力于社会公共服务,提供社会公共产品以及探索创新社会问题解决途径,从而对于促进就业创业、创新发展、维护社会稳定以及弥补政府治理失衡,都具有不可替代的调节和平衡作用。

1.社会创业与社会创业者

(1)社会创业的内涵

社会创业是近年来在世界范围内兴起和发展的新的创业模式,也是社会创新发展的驱动力,它兼顾公益性和营利性,以市场驱动、社会需求、政府引导为基础,主体包括政府部门、社会组织、社区、高校。社会创业以强调公共利益为核心,以创新公共服务和提供公共产品为动力,以实现社会目标和满足特定人群的社会需求为最终归属的新型创业形式。① 社会创业的重要性在于其对经济和社会发展的影响,为社会增加价值,为社会问题提供解决方案,并增加个人财富。② 同时,社会创业的发展、提升和扩展,也促进了各种基础设施和组织的建设,如瑞士的施瓦布基金会(Schwab Foundation)、印度的阿育王基金会(Ashoka Foundation)从事的社会创业活动就产生了类似的效果。③ 但是,社会创业不仅仅产生即时的经济及社会价值,还可以在创业者在追求物质目标的同时,通过自身具有社会责任感的创业活动对社会作出意义深远的贡献,如通过解决某一社会问题以满足某一特定人群的基本需要,为特殊的群体创造工作机会以提高其生活质量,引发民众对社会变革的愿望和要求,等等。④

---

① James Austin, Howard Stevenson and Jane Wei-Skillern, "Social and Commercial Entrepreneurship:Same,Different,or Both?", *Entrepreneurship Theory and Practice*,2006,30(06),pp.1−22. S. Shane,R.Khurana,"Bringing Individuals back in:The Effects of Career Experience on New Firm Founding",*Industrial and Corporate Change*,2003,12(03),pp.519−543.

② A.M.Peredo,M.Mclean,"Social Entrepreneurship:A Critical Review of the Concept",*Journal of World Business*,2006,41(01),pp.56−65.

③ I.Kostetska,I.Berezyak,"Social Entrepreneurship as an Innovative Solution Mechanism of Social Problems of Society",*Management Theory*,*Studies for Rural Business and Infrastructure*,2014,36(03),pp.567−577.

④ M.Yunus,*Creating a World without Poverty*,Affairs Book,2007,pp.143−157.

社会创业也引起了一些学者的关注和重视,如徐小洲等(2017)认为,尽管参与创收活动的非营利性组织和具有社会责任的营利企业都表现出社会价值和经济价值的混合态,但社会创业活动更为彻底地坚持了双重底线(Double Lines):一方面是强烈的社会价值,社会创业坚持传统公益慈善所秉持的社会使命,通过创新来解决社会问题;另一方面不仅不回避经济价值,更是以市场机会导向为途径实现自我造血和理性扩张。[1] 黄兆信等人则认为社会创业即指注重公益性、强调实现社会价值、推动社会进步的创新性活动。[2] 这也就是说,社会创业虽然有商业资本注入,但是其出发点和落脚点仍具有公益性质。

从以上分析来看,虽然社会创业同样蕴含趋利性,但更偏重于针对社会特殊群体以实现相应的社会目的。当然,将社会创业看作实现社会价值和经济价值合二为一的创业形式至今仍存在争议,大部分人仍将社会创业与慈善事业以及非营利性的公益行为相联系。[3] 基于此,本书认为,所谓社会创业,就是通过建立相应的组织机构、关系或者通过特定的方式以满足特定的社会需要、达到创新目的的创业行为。社会创业不仅能够具备营利性和非营利性,同时也能够为社会发展、经济平稳运行、政府治理、市场调节提供另样的方式和手段,从而弥补政策规制和市场调节手段的不足。

(2)社会创业者的特质

在早期对社会创业者的研究中,学者主要侧重分析和探讨社会创业者的特质或特征,如罗伯特·西奥伯德(Rober Theobald)在1987年首次对社会创业者进行了比较明确地界定,他将社会创业者定义为变革的推动者,即愿意为实现个人、团体、机构变革寻求新的解决方案和路径并愿意承担相应的风险。然后,他在对社会创业者的能力进行了比较全面评价的基础上,提出能够承担相应的风险并且具备推动社会进步的创新意识,是社会创业者应该具备的主

---

① 徐小洲、倪好:《社会创业教育:哈佛大学的经验与启示》,《教育研究》2016年第1期。
② 黄兆信、黄扬杰:《社会创业教育:内涵、历史与发展》,《高等教育研究》2016年第8期。
③ J.G.Dees,"Taking Social Entrepreneurship Seriously",Society,2007,44(03),pp.24-31.

要特质。①

　　还有学者认为,社会创业者需要具备相应的能力去统筹和协调不同主体之间的关系,并协同这些主体共同为解决相应的社会问题寻求持续性的解决方案。② 当然,除了具备相应的统筹、协调、协同能力外,社会创业者还需要拥有相应的创业知识、社会学知识、商业知识、对政策的敏感性,并能够利用这些知识更好地帮助社会边缘人群及弱势群体。若基于利益导向视角,社会创业者除了能充分利用创新型方法、相关政策以及手段,并通过整合相应的资源解决社会问题外,还能够通过提供财政方面的支持,不同的融资渠道以实现社会目标,即将商业行为与社会创业行为相融合,使各方资本融入社会创业行为,从而使相应的群体获得利益。③

　　上述对社会创业者的研究都是基于社会创业者的特质,认为社会创业者首先是创新者,即他们应具备承担风险的能力和意愿,努力寻求创意性解决社会问题的方案,能深入细致地观察和思考社会问题的根源并针对相应的社会问题和社会群体挖掘可持续性、创新性的方法。

2. 社会创业行为选择与属性

（1）社会创业者的创业行为选择

　　社会创业的过程,也是社会创业者行为的直接反映或体现。同时,社会创业者被描述为"改革的新引擎",而社会创业者作为探究机会和创造价值的主体不仅仅是从事商业行为的逐利者,而是通过满足社会需求来创造价值。④社会创业者除了通过社区开展社会创业活动外,还可以深入贫困地区以及志

---

①　Robert Theobald, *The Rapids of Change: Social Entrepreneurship in Turbulent times*, Knowledge Systems, 1987, pp.113-121.

②　M.London, "Social Workers as Social Change Agents: Social Innovation, Social Intrapreneurship, and Social Entrepreneurship", *Human Service Organizations Management Leadership and Governance*, 2015, 39, (01), pp.38-56.

③　S.Zadek, S.Thake, *Send in the Social Entrepreneurs*, New Statesman, 1997, pp.84-97.

④　J.G.Dees, "The Challenges of Combining Social and Commercial Enterprise", *Business Ethics Quarterly*, 1998, 8(01), pp.165-178.

愿者组织中开展与社会创业相关的、具有创造性的工作,并通过利用潜在的、未被开发的资源与创业者的技能、创意相结合来满足该区域的发展需要。[1] 即通过在志愿者组织以及物质、教育资源相对匮乏地区开展社会创业活动,社会创业者能够进一步使已有的知识、技能得到充分应用,并且通过与当地政府部门、非营利性组织、带有社会服务性质的企业进行协作以寻求更具有创新性的想法和解决问题的方法。[2]

此外,社会创业者除了参加志愿者组织以及通过支援不发达地区外,还可以选择成立社会企业,将获得的大部分利润投入社会创业活动;或者与私人、公共以及社会组织进行合作,针对特殊群体或者特定需求,以项目为载体,从而达到社会创业的目标。[3]

(2)社会创业者行为的创新性

社会创业者在创业行动过程中,能否将创新理念、方法与创业行为有机结合,是其能否取得成功的重要影响因素。[4] 因为社会创业者面对的是不断发展的社会形势以及在不同时期呈现出多面性的社会问题,这就需要社会创业者能探索和发掘新的方法去推动社会创业。这也就是说,社会创业者的创业行为是一种创新性行为。

若从社会创业者的创业行为对社会发展的创新驱动角度出发,社会创业者能够较快地推动社会发展并促进新的就业机会产生,即作为供给侧的社会创业者通过与第三方(外部组织机构、政府部门、企业、社会团体)的联合,并通过创办企业、组织活动、实施项目等途径,打破固有的惯性,寻求创新性的方

---

① Keith S. Glancey, Ronald W. McQuaid, *Entrepreneurial Economics*, Palgrave Macmillan Uk, 2000, pp.78~97.

② James Austin, Howard Stevenson and Jane Wei-Skillern, "Social and Commercial Entrepreneurship: Same, Different, or Both?", *Entrepreneurship Theory and Practice*, 2006, 30(06), pp.1~22.

③ J. Mair, I. Marti, "Social Entrepreneurship Research: A Source of Explanation, Prediction, and Delight", *Journal of World Business*, 2006, 41(01), pp.36~44.

④ R.F. Bornstein, "Might the Rorschach Be a Projective Test after all? Social Projection of an Undesired Trait Alters Rorschach Oral Dependency Scores", *J Pers Assess*, 2007, 88(03), pp.354~367.

法和渠道,如建立新型社会组织和寻求持续发展的解决途径,以满足特定对象的需求或者产出新的社会产品(需求侧)。① 换句话来讲,社会创业者通过社会资源分配、创业资源整合,可以重塑现有的社会价值,引导社会公平和正义,提升社会价值,实现社会资源的均衡分配,从而产生应用型的创新成果,弥补现有社会问题解决方式的缺陷,提升社会发展领域的创新水平。② 迈克尔·波特(Michael Porter)将社会创业者的行为与新的、未来使命相联系,将其称为"具有变革能量的资本主义发展驱动力",为社会发展创造可分享的价值。③作为社会创新的力量,社会创业者的创业行为不仅能够为社会的发展提供相应的对策和解决方案,还能够为不同的利益群体创造切实的利益:基于企业层面,其能够为企业创造额外的收入和利润,满足顾客的需求,加强顾客的忠诚度,提升企业的声望;基于特定群体,则能满足目标群体的需要,降低失业率以及增强社会包容性;基于国家层面,则能提升公众的凝聚力,提升国家形象,实现可持续发展。④

(二)高校社会创业行为的组织实施:国外的案例和经验

如上所述,社会创业作为重要的手段能够处理相应的社会问题,应对社会挑战并且回应市场和公共机构不能回应的问题。而作为社会创业实施主体的社会创业者,如高校学生、高校教师等,则可以协同社会企业、社会组织、政府部门等机构去解决一些难以解决的社会问题,并为不同的个人和群体创造相

---

① M.E.Cernikovaite, M.Lauzikas, "Issues of Social Innovations among Social Organizations in Lithuania", *Socialiniai Tyrimai*, 2011, (02), pp.15–26.

② J.Mair, I Marti, "Social Entrepreneurship Research: A Source of Explanation, Prediction, and Delight", *Journal of World Business*, 2006, 41(01), pp.36–44.

③ F.Manfredi, "Social Responsibility in the Concept of the Social Enterprise as a Cognitive System", *International Journal of Public Administration*, 2005, 28(9–10), pp.835–848.

④ M.E.Cernikovaite, M.Lauzikas, "Issues of Social Innovations among Social Organizations in Lithuania", *Socialiniai Tyrimai*, 2011, (02), pp.15–26.

应的利益。① 那么,对于如此重要的社会创业活动,在国外是如何实现的? 作为教育主体的高校又是如何组织实施的呢?

1. 高校依托不同类型组织实施社会创业的国外案例

(1)依托非营利组织的社会创业活动

非营利组织的社会创业以回应社会需求为职责,所有的活动均不以营利为目的,即该组织的活动所带来的货币性支出大于收入。活动的目的在于采用某种创新型的手段和方式弥补或尝试改变相关政策及市场运行过程中的缺陷。非营利社会创业组织的持续运营,一般需要依赖外部稳定的慈善基金支持。至于其中的社会创业者,则是通过建立或者加入私人性质或者公共性质的跨部门组织,以实现社会创新行为的多重影响和效应。

比如,美国农业部 2012 年提出,14.5% 的美国家庭受到饥饿的威胁,但是同时美国人每年又浪费三分之一的食物。2014 年 10 月 1 日马萨诸塞州颁布法令,只要每周产生超过一吨以上的厨余及剩余食品,都必须捐出来或是再利用。针对这一社会问题现象,2015 年麻省理工学院(MIT)斯隆管理学院的两位 MBA 学生,设计一款名为食物到期警钟(Spoiler Alert)的、供相关组织免费使用的 APP,用以帮助超市将快过期的食物(临期食物)公布在网络上,安装该款 APP 的用户能够根据自己的需要并免费领取这些临期食物。2017 年 1 月至 3 月,八家位于马萨诸塞州与食品产业相关的机构和组织,包括零售商、食品生产商、渠道商以及波士顿食品银行在内的非营利性机构,负责 MIT 五间学校餐厅食品供应的公司在线上注册并捐赠了近 3600 公斤的临期食物供有需要的人通过 APP 认领。食物到期警钟 APP 为现有的食物供应和消费链建立了新的社区网络,从临期食物的信息发布、通知附近有需求的居民以及组织、再到对方发出回应,都是实时在网上实现,这既实现了社会效益、提升了效率同时也减少了食

---

① Johanna Mair, Ignasi Marti, "Social Entrepreneurship Research: A Source of Explanation, Prediction, and Delight", *Journal of World Business*, 2006, (41), pp.36–44.

物的浪费。目前此款 APP 针对注册的捐助食物机构和组织提供免费服务。

（2）依托商业营利性组织的社会创业活动

社会创业者通过与营利性的法人机构或者企业合作，针对特定机构提供公益的或者生态性的产品或服务，其目标并不是获得较大的利润或者商业回报，而是以增加社会财富、满足特定社会群体的基本需求为首要目的，而获得的利润大部分再次投资社会项目或者支持社会创业活动。

比如，虽然泰国是世界第二大大米出口国，但是当地稻农面临着产值日益降低、成本高居不下和非机械化种植带来的低效率等问题，泰国稻农的平均日收入仅为 0.4 美元，农民贫困化问题对泰国的经济发展造成了巨大的影响。针对这一问题，就读于泰国朱拉隆功大学萨辛管理学院（Chulalongkorn University Sasin School of Management）的两名学生以帮助泰国农民脱贫作为创业目标，从制定可持续发展的市场方案入手，于 2011 年成立暹罗有机（Siam Organic）公司并与世界级的水稻研究机构——泰国中央研究院（National Research Council of Thailand）合作，将该机构研发的由泰国香米和黑米杂交而成的品种 Jasberry Rice 向全国稻农进行推广。从播种、磨稻到包装，整个生产流程由 Siam Organic 与稻农共同完成，同时 Siam Organic 还提供一系列的技术培训和辅导，帮助稻农降低生产成本，并以高于普通稻米两倍的价格收购。

（3）依托混合型非营利组织的社会创业活动

同样是非营利性的社会组织，混合型的社会组织的创业活动与上例中的非营利社会创业组织的社会创业活动的差异之处，就在于其通过高校和企业联合解决相应的问题，即通过向相应的政府机构、公共或者私人组织和企业出售一定的产品或服务实现收支平衡。但是，基于非营利性的目的以及行为准则，这种模式的社会创业活动同样需要依靠外部稳定的慈善基金或者企业支持。

比如，肯尼亚的医疗卫生条件相对落后，中低收入群体居住环境的脏乱和就医条件的落后以及巨大的贫富差距导致不同收入阶层对药品、服务和环境等医疗条件的诉求存在显著差异,同时也导致肯尼亚医疗资源分配不均,由于资源短缺加上病患数量过多,关键性的救命器材如呼吸机和保温箱都因过度使用而损坏。针对这一问题,肯尼亚性别组织(Gender Affairs)、联合国关爱世界组织、联合国儿童基金会、飞利浦基金会等营利性及非营利性机构实施孕妇、婴儿与儿童关爱的创业者行动计划,即通过促成肯亚塔国家医院与奈落比大学合作,医学和工科专业的教师及学生与医院的妇产科专家、护士、技术工程师组成研发团队,设计适合本土环境使用的、高品质的、医疗机构能够负担的医疗设备及零部件。该计划分为校外部分和校内部分,学生和老师通过进入各个医院进行实践操作、实地考察以及与医生、护士、维修工程师的深入交谈,了解设备使用的细节以及运行情况,形成初步的设计方案;相关支持机构出资在学校建立专门的研发和创新中心,利用 3D 打印技术设计并完成零部件的研发和制作,专利权由学校和医院共享。符合要求的设备和零部件设计完成后,由参与生产的企业以接近成本的价格出售给医疗机构,利润由生产企业和学校共同分配。

2.美国明德学院的社会创业教育及其启示

明德学院(Middlebury College)是美国一所顶尖的私立文理学院,在 2018 年《美国新闻与世界报道》的"全国性(美国)文理学院(National Liberal Arts Colleges)"中排名第五。它坚持博雅教育传统理念,使学生具有广泛学科领域的严密分析能力和独立思考能力,同时又将非营利理想主义与商业技能相结合的社会创业教育融入其中,引导学生追求不受国家或学科界限制的知识,最终学会参与世界。明德学院高度的国际化为其全球社区参与工作和社会创变者的培育提供了重要保障,使它逐渐演变为一所创业型文理学院,在 2015 年《福布斯》(Forbes)"最佳创业型学院(Most Entrepreneurial Colleges)"中排名第二。①

---

① Chen L.,Liberal Arts Colleges:Incubators for Poets(2019-02-15),http://www.forbesindia. com/article/cross-border/liberal-arts-colleges-incubators-for-poets/40961/.

(1)明德学院开展社会创业教育的原因分析

其一,外部因素:社会发展需要与全球化和现代技术的驱动。

社会创业教育的必要性:满足社会发展的需要。社会创业(Social Entre-preneurship)又译为公益创业,指在创业过程中注重创业目的的公益性,强调实现社会价值、推动社会进步的创新性活动,①其虽有商业资本注入,但更偏重于对社会特殊群体的关怀以实现相应的社会目的。② 与一般的营利性企业相比,社会企业活跃着大量的志愿者,存在着很多不确定性,管理难度要更大,如果管理不妥,则会使社会企业陷入运营困难的境况。因此,美国的社会企业需要大量具有商业技能并关注社会问题的人才,致力于通过创业活动来解决社会问题。现实对社会创业领域人才的渴求,推动了社会创业教育的发展。自1997年美国高校第一门社会创业课程开设截至2006年,美国已有238所高校开设了426个社会创业教学项目。③ 到2011年,美国高校中有接近500名教授在从事与社会创业相关的教学和研究工作。④ 这表明美国高校的社会创业教育已经进入成熟和大众化发展阶段。⑤ 在这种大环境下,明德学院为满足社会发展和社区经济对社会创业人才的迫切需求,自2007年开始推行社会创业教育,成为美国率先在本科阶段推行全校性社会创业教育的文理学院。

社会创业教育的可行性:现代技术的运用和全球化。除为了满足社会发展的需要外,明德学院在推进社会创业教育过程中也很关注其项目的可行性。《世界是平的》(*The World is Flat*)一书的作者弗里德曼(T.Friedman)认为,在

---

① 黄兆信、黄扬杰:《社会创业教育:内涵、历史与发展》,《高等教育研究》2016年第8期。

② 黄兆信、李炎炎:《社会创业教育的理念与行动》,《教育研究》2018年第7期。

③ Kworg Caleb C.Y.,Thompson Piers and Cheung Cherry W.M.,"The Effectiveness of Social Business Plan Competition in Developing Social and Civic Awareness and Participation",*Academy of Management Learning&Educaiton*,2012(3),pp.324-348.

④ Pache A.C.,Chowdhury Imran,Chowdhury,"Social Entrepreneurs as institutionally Embedded Entrepreneurs:Toward a New Model of Social Entrepreneurship Education",*Academy of Management Learning & Education*,2012(3),pp.494-510.

⑤ 戴维奇:《美国高校社会创业教育发展轨迹与经验》,《比较教育研究》2016年第7期。

这个扁平化时代,可能会产生一种新的世界——全球系统的生产、消费和合作将取代国家自给自足和隐居的旧模式。而促成这种合作的驱动力是全球化,实现合作的载体便是创新的革命性技术。明德学院正是基于弗里德曼"打破边界和壁垒进行探索"的观点,一方面,利用现代技术与学校自身的利益相关者构建起支持性的社会创业教育网络,如即时消息(Instant Message)、播客(Blog)、脸谱(Facebook)、明德在线网络(MiddNet Online)、维基百科(Wikipedia)等,允许学生进行个人自我探索的不同选择,激发其学生的社会创业兴趣,鼓励学生将他们课堂上学到的知识和技能应用到解决社会问题,培养他们的社会责任感,促使他们为成为社会创变者做好准备。例如,在 2012—2013 学年,该校一半的学生(超过 1400 名学生)参与某种形式的社区式学习。[1] 另一方面,利用其分布在亚洲、非洲和南美洲的 26 个分校点以及相关配套的语言学校扩大其教育在全球的影响力,与世界非营利性组织和社会企业建立起合作关系,为学生提供在其他国家接受社会创业课程、与全球创业者交流想法和创建国际性社会创业项目的多种机会和资源,进而使学生超越地区和国家的界限,根植于全球背景下理解社会创业的概念,拓展他们的创业思维和视野,成为富有社会责任感和全球意识的全球公民。

其二,内部因素:学生核心竞争力与学校声望的追求。

基于现实之需:增强学生的核心竞争力。就学生层面而言,由于过度强调学生经验层面的学习和培养,以往传统的文理学院教育已经难以满足学生需求。美国经济大衰退之后,大学生发现找工作和维持现有的工作越来越难,特别是在这些高等教育技能过时的时候。对于大规模的学校而言,大量补助的创业项目就是这个问题的答案。[2] 因此,对面对外界质疑的文理学院来说,开

---

① AACU,Toolkit Resources:Campus Model & Case Studies(2019-02-15),http://aacu.org/campus-model/advancing-and-assessing-social-entrepreneurship-middlebury-college.

② Willyerd S.,The Value of Liberal Arts in Entrepreneurship:Can Liberal Arts Colleges Give Entrepreneurs the Upper Hand?(2019-02-15),https://www.universitybusiness.com/article/value-liberal-arts-entrepreneurship.

设创新创业课程和鼓励创业实践已经成为回应市场和学生需求的一个策略性反应。① 明德学院作为全美顶级的文理学院，长期致力于鼓励学生将他们课堂所学知识与技能应用至课外和生活实践之中。而且学校所秉承的博雅教育的目标——"追求有意义的人生"与社会创业教育的目标不谋而合，很可能是培养社会创业者最适宜的"温床"。因此，明德学院的创造力、创新和社会创业中心（Center for Creativity, Innovation, and Social Entrepreneurship, CSE，以下简称"社会创业中心"）的领导和专家普遍认为，文理学院推行社会创业教育的做法实际上是为学生提供了创新性理解博雅教育使命的视角，通过一些社会创业教育课程和社会创业活动，使学生知行合一，以不同的方式更深入地探索博雅教育的核心、人文学科的广度。② 有鉴于此，社会创业中心定位于为学生提供更多的机会去追求社会创业，促使学生在教师、导师和社区合作伙伴的指导下，识别现实问题和创办自己的企业来解决当地、社会和全球性问题。

　　基于自身发展的需要：提升学校的声望。就学校层面而言，提升学校声望与社会影响力是所有院校发展的目标之一。明德学院长期以来一直将社区学习（Community-based Learning）融入到课程体系之中，行动之一便是"博雅教育创造力和创新项目"（Project on Creativity and Innovation in the Liberal Arts，PCI），其作为一个中心枢纽来支持学院层次的结构化和系统化，鼓励和培养学生的创造性和创新技能。博雅教育创造力和创新项目支持学院创建社会创业中心，该中心通过研讨会、系列讲座、指导机会和竞争性资助或奖学金来帮助学生发展自己的项目和计划，旨在促进社会变革。除此之外，明德学院还有重要的"明德核心课程"（MiddCORE），来自不同机构的学生通过独立工作和团队工作的方式完成一系列挑战，旨在测试他们识别社会问题和制定潜在解

　　① Chen L., Liberal Arts Colleges: Incubators for Poets(2019-02-15), http://www.forbesindia.com/article/cross-border/liberal-arts-colleges-incubators-for-poets/40961/.

　　② Isham J., Social Entrepreneurship in the Liberal Arts (2019-02-15), http://mcse.middlebury.edu/files/2013/04/Isham_SE-in-LA-2011.pdf.

决方案的能力。如今明德核心课程已经发展为明德学院久负盛名的课程项目,每年吸引许多美国高校的学生和社区创业者。① 如此一来,明德学院的社会创业教育体系成为一个辗转于博雅教育创造力和创新项目、社会创业中心和明德核心课程三个不同项目之间的有机学生流。有研究者指出:"这些项目使明德学院的学生从被束缚的课程模式中解放出来,开始尝试新的东西、承担风险和开发他们的创造性,学分仍然很重要,但是解放学生的思想,让他们尝试他们永远不会尝试的事物对他们来说意义也很重要。"②基于这样一种开放性的教育理念,如今,明德学院内部和周围活跃着许多社会创业者,他们构成了一个更大范围的明德社会创业社区,对社会乃至世界产生重要的影响。③ 在 2016 年 3 月美国高校排名机构"普林斯顿评论"(Princeton Review)发布的一份题为"最佳回报学院:2016 年版(Colleges That Pay You Back:2016 Edition)"的特殊的榜单上,明德学院在社会影响力最佳高校中排名第 15 位。

(2)明德学院社会创业教育的实施路径

其一,构建多样化的社会创业课程体系。

20 世纪 70 年代到 80 年代期间,美国许多文理学院面临学生注册人数下降危机,其主要原因之一便是市场需求迫使学生求知偏好的变化,即学生的兴趣点从文理课程逐渐转向专业课程,这意味着传统的文理教育已经不能满足当前学生的需求。为了应对不断变化的外部市场环境,文理学院主要以两种形式展开自救。其一,许多文理学院放弃了文理学院传统的运作方式,转而模仿综合性大学方式运营,即通过开设更多的职业或专业课程来吸引学生,与此

---

① AACU,Toolkit Resources:Campus Model & Case Studies(2019-02-15),http://aacu. org/campus-model/advancing-and-assessing-social-entrepreneurship-middlebury-college.

② ISHAM J.,Social Entrepreneurship in the Liberal Arts(2019-02-15),http://mcse.middlebury.edu/files/2013/04/Isham_SE-in-LA-2011. pdf.

③ ISHAM J.,Social Entrepreneurship in the Liberal Arts(2019-02-15),http://mcse.middlebury.edu/files/2013/04/Isham_SE-in-LA-2011. pdf.

同时,为了进一步获得转变运作方式的合法性,这一时期有些文理学院甚至更名为"大学"。其二,仍保留文理学院特性,但开设创新创业课程,既满足了那些崇尚传统文理学院模式的人,同时也受到硅谷精神感召、天资聪颖的学生的欢迎,由于社会创业是非营利理想主义与商业技能的结合,更符合文理学院的传统使命,这也成了有力的招生工具。

明德学院选择了后者,将社会创业教育融入博雅教育大背景之中,主要开设了七门社会创业课程,分别是《明德核心课程》(MiddCORE)、《社会和个人》(Society and the Individual)、《企业、社会创业和博雅教育》(Enterprise, Social Entrepreneurship, and the Liberal Arts)、《设计实验室:产生创新》(Design Lab:Creating Innovation)、《设计、合作、管理和创新》(DPMI)、《管理和企业》(Management and Enterprise)、《明德创业者》(Middlebury Entrepreneurs)。其中明德核心课程是明德学院一个最受好评的体验式课程项目,曾获得"爱创家大学"(Ashoka University)的科尔德创新奖。《设计、合作、管理和创新》是明德蒙特利国际研究所(Middlebury Institute of International Studies at Monterey)提供一个校外证书课程;另外一门《明德创业者》则是由博雅教育创造力和创新项目提供的一门创新创业课程。这些课程都强调创新创业教育课程中理论性和实践性相结合的原则,重视培养学生社会创业所需的技能和创业心态。除此之外,明德学院社会创业中心还开设了由校内 8 位文理学科教师负责的辅助性创新创业课程,如《独立研究》《独立项目》等,旨在构建社会创业教育与文理教育之间的联系和融合,促进学生从更广泛的视角理解社会创业的概念。

其二,主办社会创业竞赛和相关创业活动。

创业的根本特征就是强烈的冒险精神、探索意志、运用多种资源匹配途径解决现实之中的不确定性并创造新的社会价值过程。[①] 换言之,学生在创业

①　王志强、代以平:《论高校创业教育的本质与逻辑》,《兰州大学学报(哲学社会科学版)》2017 年第 5 期。

学习过程中应着重强调"实践"特性,高校创新创业教育教学过程中凸显"基于行动""体验""实训""探究"等创业过程中的"实践性"导向。[①] 这也在一定程度上说明,除了常规性创新创业教育教学之外,开设不同形式的创业活动也是创新创业教育不可或缺的重要组成部分,它可以弥合创新创业课程中实践经验的不足,为理论运用到实践提供更多的演练机会。

明德学院以社会创业中心和博雅教育创造力、创新项目为依托开展了灵活多样的创新创业教育项目和活动,如社会创业中心的益创者/本科生培训计划(CSE Fellows/Undergraduate Fellowship Program)、大使团(Ambassador Corps)项目和博雅教育体系中社会创业面包论坛(Bread Loaf Forum on Social Entrepreneurship)、和平项目(Projects for Peace)、明德挑战赛(Midd Challenge)活动,为明德学院的学生、校友、同行学院的学生以及社区成员提供了实现社会创业想法、付诸行动的机会。例如"明德挑战赛"是"明德商业冒险"(Midd Ventures)的重要活动之一,是一个全校性的年度商业计划竞赛,如今商业计划竞赛已经成为全美高校创新创业教育教学的重要组成部分。2015年明德学院举办了首届"明德挑战赛",针对明德学院所有有创业想法或创业计划的学生开设,并且比赛规定参赛学生需在春季学期的限定时间内向竞赛委员会提交他们的提议,以解释他们想法或商业计划的灵感来源和可行性。总的来说,学校通过组织各种竞赛与创业活动,为有创业意向的学生提供必要的资金、办公空间和专业指导,帮助学生实现自己的创业想法。

其三,组建跨学科的社会创业教育教师队伍。

创新创业教育教师的指导对社会创业而言至关重要,需承担授业解惑以及培养创业思维、技能相结合的职能。首先,与商业创业教育相比,社会创业教育的"社会性"本质使其对教师有着更高的标准。教师不仅需要具备创业知识,更需要熟悉社会公共事务发展现状;其次,社会创业教育更注重扩大创

---

① 卓泽林、赵中建:《高水平大学创新创业教育生态系统及启示》,《教育发展研究》2016年第3期。

业项目的社会影响力，还需要创业者具备申请获得政府和公益组织资助的技巧和能力；教师在教学过程中常用社会调研、服务学习的教学法，这些方法有助于学生更加多面和深入地学习社会创业。[①]

明德学院社会创业教育拥有跨学科的专业化师资队伍。以《明德核心课程》（MiddCORE）项目的教师团队为例，它采取了全职教师和兼职教师相结合的形式，由校内 8 名全职教师和 55 名兼职教师构建了一支高素质的明德核心课程教师队伍。一方面，全职教师一般具有文理专业副教授以上的资历，涉及的研究领域范围包括舞蹈、戏剧、市场营销、说服性沟通、语言和文学、创造力以及创新、教育研究，其中一些教师具有创业和项目管理经验，如《明德核心课程》的教师主任布朗（C.Brown）是明德学院舞蹈专业的副教授，同时她也是一名创业者。另一方面，《明德核心课程》有着庞大的导师队伍，兼职导师来自于政府、兄弟高校、营利性组织、企业以及非营利性企业，[②]他们无论在社会创业理论还是实践上都具备丰富经验，而且在教学理论和教学安排方面都结合了自己的理念和经验。学院竭力将最优秀的社会创业教育教师和专业人士扩充到教师队伍中，构建强有力的专业化教师队伍。

其四，搭建社会创业教育的组织保障。

明德学院开展社会创业教育离不开组织保障。明德学院社会创业中心是学校开展社会创业教育的中心枢纽机构，构成了促进明德学院不断增长的全球网络中心，旨在成为学校、非政府组织、政府机构、企业和基金会的全球性网络中心，共同致力于提出 21 世纪社会创业问题的解决方案。而明德蒙特利国际研究所则通过浸入式和合作学习的学位项目对来自世界各地的学生选择的领域产生积极而深远的影响。明德蒙特利国际研究所成立的社会影响力学习中心（Center for Social Impact Learning）致力于增加学生参加社会创业新领域

① 徐小洲、倪好：《社会创业教育的发展趋势与策略》，《高等教育研究》2017 年第 2 期。
② MiddCORE，Mentors（2019-02-15），http://middcore.middlebury.edu/mentors/kathryn-hall-trujillo-founding-director-of-birthing-project-usa.

的机会和通过学术、体验学习机会和行动研究影响投资。在中心主任希尔德布兰德(J.Hildebrand)的领导下,社会影响力学习中心与明德社会创业中心建立起密切的合作关系,共同致力于将理论与实践相结合、社会创业教育与文理教育相融合。明德学院的学生可以利用学校、海外分校、蒙特利国际研究所已有的网络资源和社会创业者与国外非营利组织的当地企业建立起合作关系。同时,这两个中心构成了明德跨教育部门和全球推进社会创业的明德项目网络。例如,在2016年,明德学院在双方的通力合作下,实现了"碳中和的计划",即学生自主运营的"校园储存有限责任公司(Campus Storage Inc.)"和明德学院的有机农场的商业合作。而"老石磨"(Old Stone Mill)作为明德学院的社会创业孵化器,为学生和社区创业者提供转化他们创业想法的工作空间,享有当地政府提供的免税优惠政策以及明德学院教师或社区合作者的指导,它支持不同领域和任何形式的创新和创业实践活动,创业者可以充分利用这些工作空间将他们的创业想法转化为初创企业、有形的产品或服务。

无论是社会创业中心还是社会影响力学习中心,抑或是"老石磨",它们三者的共同使命是"鼓励创业精神,促进博雅教育和创业思维形成相互依存的整体,共同致力于培育具有创业思维和创新能力的社会创业者"。基于这样一种共同理念和愿景,社会创业中心在社会影响力学习中心和其他组织的协作支持下,设立了研习班、系列讲座并提供了各种指导机会和竞争性的资助和奖学金来帮助学生以及社区成员发展他们的项目和计划,进而促进社会变革和维持明德创业生态系统的活力。"老石磨"作为孵化器则为社会创业中心和社会影响力学习中心创业想法的转化提供了载体,支持任何形式的创业实践活动。同时,社会影响力学习中心借助社会创业中心的师资和项目,合作创建了许多社会创业领域的体验式课程、参与式项目和行动研究,注重于弥补社会创业课程中实践的不足,增强学校与当地社区的合作关系,通过其国外分校与世界其他社会组织发展国际合作项目,使明德学院成长为一个领先的全球和国际性社会创业教育机构,这样一来可以动态地改变学生审视自己教育经验的方式，将自己视为推动社会变革的世界公民。三者构建了动态的合作关系，相辅相成，成为明德学院社会创业教育整体的重要组成部分。

其五，健全社会创业教育网络。

培育社会创业者是明德学院开展社会创业教育的目标。为了完成这个目标，随着社会创业中心的成立，明德学院致力于打造明德社会创业教育生态体系，社会创业中心与学校已有的相关项目和组织建立起内在联动、相互促进的社会创业教育关系，包括博雅教育创造力和创新项目、明德核心课程、社区参与（Comunity Engagement）项目、戴维斯和平项目（Davis Project for Peace）、明德国际项目（Middlebury International）、社会影响力学习中心和职业实习中心（Center for Career and Internship）。构成的社会创业教育网络扩大了社会创业主体之间的自由流动，通过课程、资助竞赛、专题讨论会、服务学习和实习机会，鼓励学生去探索新想法和承担风险；并且增强了主体间的交流与合作，在完成各自使命的同时实现协同创新。

例如，社会创业中心与博雅教育创造力和创新项目两个实体追求相同的目标，即鼓励学生运用他们的教育来帮助解决全球问题，成为社会变革的推动者。博雅教育创造力和创新项目中的社会创业课程、《明德启程》（Midd Departure）慈善资助网络平台、"明德商业冒险"学生俱乐部和"明德挑战赛"补充、支持社会创业中心的创新创业课程、创业活动和创业资助；强调体验式的明德核心课程项目由来自合作社区组织的代表担任学生的导师，通过设计一系列挑战，旨在测试学生识别社会问题和制定可能解决问题方案的能力，提高学生的核心竞争力，成为社会创业中心最受力捧的创新创业课程；社会创业中心和社会影响在学习中联手起来利用实地和体验式学习项目促使学生参与一些最具挑战性的社会问题，如"大使团"项目。由此可见，明德学院形成了以社会创业中心为核心，与校内其他组织和项目构建起协作互助的关系，最终形成了明德学院社会创业教育网络。此外，明德学院提倡跨界进行富有成效的合作，重视投资服务学习、参与式项目和学生权利，充分利用校友的资源和力量,与多方合作建立起相互依存关系。总体而言,明德学院的学生通过运用互联网带来的现代技术,激活明德学院的社会创业教育网络,最终他们成为具有创新思维和社会变革能力的社会创业者。

(3)明德学院社会创业教育的启示

其一,注重以体验性为主的社会创业课程体系。

无论是一般创业知识还是社会创业知识,很大部分都是难以编码化的缄默知识,传统的课程教学方法难以将知识实现转移。因而创新创业教育应当尤为重视体验的成分,实践性和体验性的教学在社会创业教育中表现非常突出。[①] 而明德学院在设计社会创业课程之初,就特别强调实践性和体验性相结合的原则。譬如《明德核心课程》就是作为明德学院的创业通识课程在全校范围乃至整个社区开设,它脱离了两种传统课程教学的束缚:一是侧重于培养实践能力的体验性课程,而非单一的理论性课程;二是采用全职教师和兼职教师相结合的方式。全职教师和兼职教师的学术背景均在副教授职称以上,很显然,这是一支高素质的教师队伍,特别是校外兼职教师充分利用自己的理念、经验和资源为学生的体验学习创设了一个支撑的环境,旨在提高学生解决实际问题的自信心。体验式是明德核心课程最显著的特征,在整个项目的学习体验的过程中,学生可以获得领导力和创新的经验以及了解承担风险和抓住机遇。一位学习过《明德核心课程》毕业生感言:"《明德核心课程》是有关于'在盒子以外思考(创新性思维)'的学习方式,进一步发展个人技能,实现从未想过自己会尝试的目标,把自己变成一个更好的人。"[②]

其二,相关部门协同作战构建社会创业文化。

明德学院从 2007 年的博雅教育创造力和创新项目开始,就开始尝试在全

---

① MiddCORE,Mentors(2019-02-15),http://middcore.middlebury.edu/mentors/kathryn-hall-trujillo-founding-director-of-birthing-project-usa.

② MiddCORE, Alumni Impact Report (2019 - 02 - 15), http://middcore. middlebury. edu/files/2017/01/MiddCORE_Alumni_ImpactReport_2016. pdf.

校范围内推行社会创业教育,直到 2011 年,随着社会创业中心的成立,明德学院正式开始大规模、有组织地实施社会创业教育。明德学院依托社会创业中心,与学院已有的其他相关部门建立起协作关系,发挥各自职能优势,加强分工协作,共同推进社会创业教育,全面构建与明德学院相适应的社会创业文化氛围。譬如,博雅教育创造力和创新项目的中的"老石磨"为有创业想法的学生和社区创业者提供了支持他们将想法付诸行动的工作空间,成为明德学院的"创业孵化器",成功孵化出一些成功的企业和组织,并为创业者提供必要的专业指导、咨询、课程、研讨会和资助;明德蒙特利国际研究所的社会影响力学习中心联手社会创业中心利用实地和体验式学习项目促使明德学院的学生参与一些具有挑战性的社会问题,在此过程中,学生与国际社区建立起有益的联系,学生实习作业的范围涉及教育、社会创业、妇女和儿童权益保障以及环境的可持续性发展。总的来说,明德学院通过各种创业中心与创业项目活动,沟通各相关部门,共同构建了社会创业文化。

其三,吸引外部力量参与社会创业教育并形成有效互动。

为了吸引大量社会创业者、企业家及其他机构积极参与社会创业教育,明德学院对外采取了开放互动的办学模式,让他们有机会参与社会创业课程和创业活动,具体方式分为以下五种:①担任兼职导师。在《明德核心课程》中,暑期课程主要由来自合作社区组织的代表担任学生的导师,鼓励学生从事创业体验,学生通过完成一系列挑战,培养他们识别社会问题和制定问题解决方案的能力;此外,他们受邀和学生一起共享早午餐,增进与学生交流创业想法的机会,这些创业资深导师的加盟,极大开拓了创新创业教育的视野和思维,取得了良好的教育成效。②担任客座嘉宾。在明德学院社会创业中心组织举办的每周五专题讲座和明德实验室,有来自社区、组织和企业的专业人士和创业者作为客座嘉宾与明德学院一起分享和探讨他们的社会变革观念、经验教训、社会创业职业路径以及与学生协商有关可利用的资源和创业项目的可行性。③担任创新创业竞赛专家小组评委。在明德挑战赛中,社区成员和明德学院的校友和教师一起组成了专家评审小组,对申请者递交的书面商业计划书和接下来进入创业想法演讲的表现作出客观的评价,通过现金奖励的方式支持学生将他们的创业想法转化为行动。④参与各种论坛和会议。明德学院每年一月份的社会创业座谈会和博雅教育中社会创业的面包论坛,都会吸引到大批的社会创业者、非营利组织的代表、企业家和创业投资家前来参加。⑤社会创业项目的捐助者。明德学院对学生社会创业项目的资助由以校内为主转变到以校外为主。例如,明德学院校园微型慈善网络平台"明德启程项目"从创办之初到现在受到越来越多社会各界人士和校友的大力支持,筹集到25万美元的资金用于资助学生社会创业项目。

总而言之,明德学院社会创业者培育的成功模式和完整体系的形成得益于其丰富的课程、项目及活动、师资队伍、组织机构和相关利益者的协作网络,这共同促进了明德学院在社会创业教育领域取得的傲人成绩和高度影响力,由此实现明德学院的教育使命,构成具有明德学院特点的社会创业教育生态系统(如图10-1所示)。也正是其独具特色的社会创业教育生态系统,使得"来到明德学院的学生将学会参与世界",推动他们成为世界的创变者和富有责任感的全球公民。

3.社会创业教育实施的国外经验

以上三种类型的社会创业活动虽然依托的组织模式不同,但是其活动的主体都有高校的在校学生、毕业生或高校教师,而这自然也离不了作为教育机构的高校在其中所起的作用。考察国外高校的社会创业教育实践,从中可以梳理出一些共有的经验。

(1)社会创业教育需要校内不同专业及院系的协作

与商业创业教育的实施主体以商学院为主不同,社会创业教育实施的主体基本覆盖了高校的大部分专业,包括医学、社会学、管理学、工业设计等相关学科和专业。究其原因,就在于社会创业是创业者通过与其他组织和机构合作共同解决社会问题这一本质属性,即满足特定社会群体的需求,针对特定社

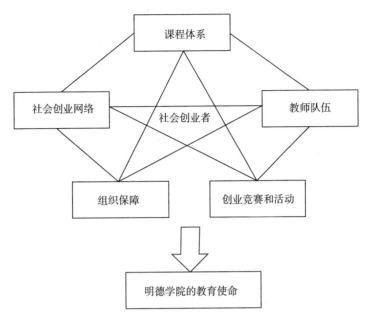

图10-1　明德学院的社会创业教育生态系统

会问题提出解决方案，设计创新型的产品和服务，从而需要具备不同专业知识的创业者来共同完成。因此，社会创业教育的外延性和覆盖面超过了商业创业教育，除了商学院开设相关课程和专业外，社会创业教育逐渐扩展至其他非商科学院，或者由多个学院进行联合设置。

比如，以传播媒体与文化创意、艺术课程等专业和课程著称的伦敦大学金匠学院（Goldsmiths, University of London）开设国际硕士项目，除了凭借自身优势开设了一些特殊课程之外，还联合其他学院开设了一些技能性、操作性的社会创业教育课程，以作为对商业类创业课程的补充，包括社会企业发展沿革、合作性创新网络构建、社区关系枢纽维护、数字平台应用、政策分析与建议等课程，旨在为有意愿从事或者已经从事社会创业的学生和社会人士提供相应的社会学知识。

（2）社会创业教育需要校内外多方协同开发

社会创业教育经历了由商学院发起，到高校各个学院开设相关课程，再到成立专门的社会发展或创新学院的发展阶段,形成了相对系统和完整的社会创业教育体系。基于目前社会创业所呈现出的包容性、开放性、多元化的特点以及其活动跨部门、跨区域的发展需求,国外一些高校开始探索使用合作模式,多方协同、共同开发社会创业教育课程或项目。

比如,杜克大学福卡商学院、耶鲁大学管理学院、百森学院(Babson College)、斯特灵学院以及加州大学伯克利分校哈斯学院联合成立了社会创业教育提升中心,为在校学生、社会组织及其他第三方机构提供培训项目。再如,由来自斯坦福大学在校大学生开发的、旨在为非洲妇女提供与当地文化不冲突的、基于本地资源的"全球妇女用水行动社会创业项目"(Women's Water Initiative,GWWI),正是得到了斯坦福大学哈斯中心(Standford Haas Center)等组织和机构的配合和支持,大学生才能有机会与来自东非当地的志愿者一起担任用水培训师和技术研发创业者的角色。此外,在大学生与社区志愿者、政府组织以及相关企业进行合作的同时,斯坦福大学的教师也全程参与项目的实施,并在各个阶段对学生进行指导、纠正学生的行动目标、缓和学生与社区志愿者以及原住民之间由于文化差异造成的矛盾,从而也使得社会创业教育的体系与实际项目更加贴合,并有助于学生社会创业技能的提升。

(3)社会创业教育需要相应的社区项目融入

与社区项目深入合作,使学生充分了解社区项目运行的情况并参与其中是社会创业教育实践的基础。学生参与地方非营利性组织开展的服务型学习项目,初步掌握如何成功地组织并传递社会改变的理念和观点。通过设计具有较大影响力的募捐活动或者其他慈善活动,学生能够进一步了解相关社会活动的辐射面以及特定群体的需求并且获得组织和实施社会活动的实践经验。同时,学生还能够通过任务驱动型的组织和活动树立较强的社会价值和文化,并与课本上的知识进行有机地融合,为今后进一步设计和创新社会产品和服务建立正确的价值导向并对今后的职业生涯规划产生重大的影响。

比如,美国的春假休闲团项目(Alternative Spring Break)利用春假招募学生志愿者,通过调查当地特殊群体,每个项目小组与当地社区合作选择相应的社会项目,并全程参与该项目的运行和实施。通过这一项目,学生能够获得相应的机会与区域性的非营利组织合作从事服务性学习的机会。这种经历能够促使学生深入地探索区域性的问题,发掘特殊群体的需求以及政策实施的偏差,寻求更为科学的项目运作方式。这种经历还能够培养学生开阔的视野以及多层次发掘和解剖相应社会问题、发现特定群体精准需求的能力,从而为今后开发相应的产品和服务奠定基础。

二、国外社会创业教育案例的启示与借鉴

(一)走向社会创业教育:本土化行动

上文对社会创业、社会创业者及其行为的论述以及对国外社会创业教育案例的介绍和经验总结,自然可为我国高校今后从事和开展社会创业教育带来一些有益的启示和借鉴。

1.明确社会创业教育的发展定位,将社会创业教育与专业教育相融合

通过对社会创业的理解和分析,高校社会创业教育的主要目的即是培养社会创业者,它在培养目标、师资要求、课程模块、教学模式等方面有别于一般的侧重于商业的高校创新创业教育,[1]其对象涉及校内及校外,教育领域也覆盖专业教育、职业教育、社会培训。为此,高校在实施社会创业教育的过程中,首先要明确社会创业教育的内涵、角色和定位,打破创业必须创造经济价值、实现盈利以及社会创业即是非营利性、公益性创业的狭隘思维,明确社会创业教育的多重含义和实现方式。但是,也不能将社会创业教育课程和人才培养方式游离于创新创业教育之外,要将社会创业教育作为原有创业教育体系的新形式、新补充。

基于此,高校除了要开设通识性的创新创业教育课程外,还要借鉴国外高

---

① 黄兆信、黄扬杰:《社会创业教育:内涵、历史与发展》,《高等教育研究》2016 年第 8 期。

校的课程和专业设置,注重专门学科的建设、社会创业师资的联合培养、理论体系的完善、实践体系的落地。

(1)社会创业教育的教育目标和培养理念

基于社会创业教育是创业行为、创新精神、社会责任深度融合的载体和实现途径,为此在实施社会创业的过程中,需要打破原有的专业、院(系)限制,突破创新创业教育起源于经济管理类专业或者商学院的课程设置框架理念,以实现各专业课程和培养重点的融合;需要培养以社会思维、公益知识、社会责任感为基础,以培养企业家精神和创新精神为核心的素养;需要培养学生具有应对市场风险、达成经济与社会双重目标的能力;需要树立以经济与社会双重目标为重心、以培养学生创新精神为核心的导向;需要将创业行动思维、公益运作理念与相关专业、岗位、项目融合,从而实现社会创业教育的广谱化、协同化和专业化。

(2)社会创业教育的课程目标和课程设计

由于社会创业教育的对象涉及校内及校外,领域覆盖专业教育、职业教育、社会培训,社会创业教育在课程设置上要主要围绕着社会创业的概念、社会创新、企业社会责任和创造社会价值的途径等展开。至于其实践环节,则是通过与私人、公共以及社会组织共同组建工作室,并针对不同对象运营不同的社会创业项目,且以学生为核心开展项目的设计、实施、总结和评估。例如,南丹麦大学分别面向语言和沟通学院、国际商务沟通教育专业的学生开设社会创业的课程。国际商务沟通教育专业在开设过程中整合人文科学和社会学的师资共同设计相关课程和人才培养方案,其核心是强调提升学生的分析能力,重点通过理论解构和分析社会创业"产品"增强学生对知识的理解能力,并通过实践项目帮助学生解决"社会创业教育是关于什么"的问题。

2.确立社会创业教育的发展方向,变创业数量求大为精益求质

社会创业项目不能追求单纯的数量增长,而需要将提升社会项目的存活率与影响力放在首位。因为，与常规的创新创业教育形式更侧重于结果相比，社会创业更侧重于采取更为直接的行动。布洛克和斯坦纳（Brock& Steiner）等将社会创业教育看作一种行动，目的在于建立社会型企业或者从事相应的社会工作，为特定的对象解决相应的问题以及寻求更合理的途径和手段完成社会创业行动。[①] 每个人生来就是创业者，能够通过终身学习的经历掌握和提升相应的创业特征以开发创业特性的技能。[②] 社会创业教育正是强化这一理念，加深社会意识在经济生活中的渗透力，使创业行为兼具获利性与社会性，引导社会向着更有利的方向发展。

为此，高校在建立社会创业教育体系过程中，需要将社会创业的公益性与创业的营利性共同融入社会创业人才培养全过程，注重提升高校社会创业人才的能力与创新素质。在实施社会创业教育的过程中，则需要高校将内部实践与外部实践相结合，将虚拟实训与现实项目相协同。教师和学生则共同参与社会创业项目，改革原有的教学和实践模式，从渐进式创新角度完成创业项目，以实现整个社会创业教育体系的精益性。

3. 扩充社会创业教育主体，建立多方协同的社会创业生态系统

基于社会创业的创新性以及实施领域的广泛性，学者们普遍认为高校社会创业教育的对象不应局限于某一专业的在校学生，其实施面、覆盖专业及学科应该更为广泛。特雷西和菲利普斯（Tracey & Phillips）在谈到社会创业教育的师资问题时就认为，教师应主要由学校教师与相关社会企业及项目的实施人员共同组成，这样才更有利于学生树立社会创业的兴趣、信心和动机。[③] 在进行高

---

① D.D. Brock, S. Steiner, "Social Entrepreneurship Education: Is it Achieving the Desired Aims", *Ssrn Electronic Journal*, 2009, (08), pp.77-84.

② J.Gregory Dees, Jed Emerson, "Reter Economy, Enterprising Nonprofits: A Toolkit for Social Entrepreneurs", *Academy of Management Learning & Education*, 2001, 11(03), pp.518-527.

③ P.Tracey, N.Phillips, "The Distinctive Challenge of Educating Social Entrepreneurs: A Post-script and Rejoinder to the Special Issue on Entrepreneurship Education", *Academy of Management Learning & Education*, 2007, 6(02), pp.264-271.

校社会创业教育时,应打破专业的界限,将商学院的学生与自然科学、艺术学院及人文学院的学生共同组成跨专业小组,通过与当地社区与社会组织等不同主体的合作,设计并完成相应的社会项目。① 通过研究非洲开普敦的社会项目发现,高校可以通过与当地的企业合作,共同完成致力于非洲可持续性发展项目,社会创业教育不应只是鼓励学生创建社会企业,更重要的是鼓励学生尽可能多地参与到社会项目中,以创造社会价值为核心。②

为此,借鉴国外高校实施社会创业教育时将政府、社区、各类投资机构、非营利组织纳入社会创业教育体系的做法,我国高校在实施社会创业教育时,尤其是在社会创业教育的实践环节,应变"输血"为"造血",将外部激励模式转变为"外部激励+内生增值"模式,引导学生通过完成项目各个阶段的任务,关注相关领域及特定人群的变革与特点,掌握社会创业理论知识及创新创业模式和范式。另一方面,还要通过跨专业、跨团队、跨组织融合,完善由高校、学生、政府部门、公益组织、社区、企业、各类投资及基金会构成的社会创业教育生态系统,进而建立起多主体共同支撑的社会创业教育生态系统,以实现社会创业项目内、外各主体协同发展、共同发展的目标。

4. 推动社会创业教育评价,建立融入社会责任的评价机制

对于社会创业教育评价,目前学术界主要有两种观点:一种是遵循价值创造路径,推断社会创业教育的影响力,即从社会和经济价值的角度对社会创业教育的效果进行评价;另一种则是基于社会效果对社会创业教育进行评估,即通过学生从事社会创业活动所培养出的能力(即该项目所产生相应社会价值)来推断社会创业教育的效果。③ 对于这两种观点,帕夏和乔德里(Pache &

---

① Matthew M.Mars, Sharon Garrison, "Socially-Oriented Ventures and Traditional Entrepreneurship Education Models: A Case Review", *Journal of Education for Business*, 2009, 84(05), pp.290–296.

② S.Trevis Certo, Toyah Miller, "Social Entrepreneurship: Key Issues and Concepts", *Business Horizons*, 2008, 51(04), pp.267–271.

③ C.Conway, "Cooperatives: Satisfying Common Economic, Social and Cultural Needs", *International Journal of Entrepreneurship & Innovation*, 2008, 9(03), pp.27–53.

Chowdhury)构建了社会创业教育的模型,通过提供给社会创业者相应的项目使其获得较大的社会收益和经济收益,并通过社会创业教育能够提升个人在各个领域发现创业机会并评估这些机会的能力。[1] 与此同时,社会创业教育能够发展个人有效整合资源的能力,并利用社会创业的网络将所有的社会活动聚合在一起,这反过来又可以促进社会创业教育的持续进行。这一模型为社会创业教育评价提供了基本的评价准则,在实践上也有助于学生更为积极地从事社会创业活动。

由此看来,要建立社会创业教育评价指标和评估体系,首先需要基于社会创业项目实施的特点,不能单纯地以学生创办企业数量、利润率等商业化指标进行评价,而忽视社会创业教育的公益性、可持续发展性、文化引领性以及受众的特殊性。与此同时,在对高校社会创业教育进行评价时,需要将教育效果纳入到整个社会运行和发展的大背景,以大环境的发展趋势和社会问题走向作为评价的宏观指标,通过宏观政策实施、中观教育体系设计、微观项目具体操作来构建评价体系,同时考量高校教育、学生实践、政府引导、企业投入、社区参与、目标群体需求满足等多重因素。

(二)余论:新时期高校社会创业教育的研究与实践

目前,随着社会创业的优势日益凸显,各国教育主管部门已逐渐意识到社会创业教育在形成社会认知一致性以及引导创业者具备更强的社会使命方面的重要性。[2] 至于社会创业教育的重要主体,高校在实施社会创业教育时,其目的在于帮助学生建立合适且可持续发展的(商业)模式,以满足相应的社会需求并为社会贡献相应的价值,同时使学生能够理解如何促使

---

[1] Pach A. C., Chowdhury Imran, "Social Entrepreneurs as institutionally Embedded Entrepreneurs:Toward a New Model of Social Entrepreneurship Education", *Academy of Management Learning & Education*, 2012(3), pp.494-510.

[2] D.D.Brock, *Social Entrepreneurship Teaching Resources Handbook*, Byrum School of Business, Wingate University, 2009, pp.47-52.

社会向着更为积极的方向变革,且能利用相应的知识和能力去引导这种变革完成。

但遗憾的是,对于高校创新创业教育发展这一新的指向,已有研究很少且不成体系。比如,如何将社会创业教育纳入高校整体的课程体系,就是一个亟待解决的理论问题和现实难题。就当前已有文献来看,有关高校对于社会创业教育的研究主要集中在社会创业教育生态体系构建、社会创业课程设置、社会创业教育案例分析等方面。为此,学界在后续研究和实施社会创业教育的过程中,需要将社会创新、创业的概念一并引入,形成以新时期社会创新、创业新理念和社会创业行为新载体,并形成专业教育与社会创业教育共融合、宏观层次与微观研究相结合、多学科领域同交叉的研究方向。

至于在实践层面,新的时期需要我们做的则更多。高校需要根植社会发展需要和国家创新体系要求:将专业教育与社会创业教育相融合,构筑层进式的社会创业教育体系,以实现不同社会发展阶段的教育目标。例如,着眼于宏观政策引导。在建立新时代高校社会创业教育体系时,在进行社会创业教育的过程中,需要以我国新时代社会发展特点为背景,依托新的社会主要矛盾及社会群体需求和企业发展方向,将社会企业作为实施社会创业的新载体,将社会创业所具备的公益性、创新性、市场导向性、政策调节性与专业知识相结合,从而构筑起以社会企业为核心、社会企业家精神为驱动、高校协同的社会创业教育体系。再如,高校要注重建立推进社会创业教育的本土新模式。在具体的教学过程中,将社会创业教育与国家创新体系发展需求相对应,将跨学科、交叉性的研究方法和理念与社会创业教育进行融合,将相应的管理、运营及市场风险应对等专业知识与现实社会问题相结合,并通过产教融合、科教融合的实践环节培养大批社会创业人才。

第二节　创业环境感知对社会创业教育的影响

社会创业作为一种新兴的组织形式，在解决社会问题和实现自我可持续发展上都具有天然的契合优势。社会创业教育也由于其能培养具有创新素养、创业能力、社会责任感的人才而具有丰富的研究内涵。首先，从时代内涵来看，社会创业教育具有带来社会改变、解决社会问题、响应党的十九大号召全心全意为人民服务的新途径和新内涵；[①]其次，从教育内涵来看，作为创新创业教育的重要组成部分，社会创业教育应作为人才强国战略、提高人才综合素质、推进教育现代化[②]的重要组成部分以及新的增长点；最后，从社会内涵来看，社会创业教育的发展本身就是借由价值融合实现自我完善的过程。社会创业教育在主体、监管、目标、理念上的多元性，需要对它自身的有机构成、意义使命进行不断探索。[③]

一、全国社会创业教育低参与率省区市高校的实证研究

从高校学生的视角来看，学生参与创新创业教育属于创业学习行为，目的在于提升自己的创业素养、提高创业自我效能感以及激发创业意愿。依据蒂蒙斯[④]的创业三因素理论，创业环境能给学生提供商机、资源。这两类创业要素对创业行为具有驱动作用。就正处于创业准备期的大学生来说，创业环境感知意味着对创业资源的感知，自身对其评价将有可能影响其学习过程中的

---

① 杨英杰：《从四个意义准确完整理解十九大精神》，2018 年 1 月 18 日，见 http://theory. gmw.cn/2018-01/18/content_27381113_2. htm。

② 教育部：《绘制新时代加快推进教育现代化建设教育强国的宏伟蓝图》，2019 年 2 月 23 日，见 http://www.xinhuanet.com/politics/2019-02/23/c_1124154488. htm。

③ 黄兆信、李炎炎：《社会创业教育的理念与行动》，《教育研究》2018 年第 7 期。

④ 杰弗里·蒂蒙斯、小斯蒂芬·斯皮内利：《创业学：21 世纪的创业精神》，人民邮电出版社 2005 年版，第 105 页。

积极性和对学习结果的评价。故此,本章希望就创业环境感知对社会创业教育学习参与度、学习评价的作用机制进行探究。

(一)创业环境对创新创业教育的影响:综合因素下的教育模块

1.创新创业人才培养下的相辅相成与兼容并蓄

创业环境的研究经历了早期环境[1]与组织发展的关系[2]探索,近期的研究则更多关注创业环境的维度[3]和特性[4]。无论是三因素[5]、四因素[6]、五因素[7]等模型都突出了以下两点特征:环境对创业主体的资源、商机输送功能;环境对创业者自身发展的教育作用。对于高校大学生而言,处于"众创时代"的创业学习受到了来自从宏观设计到具体推进的全方面支持,这些创业环境不仅包含科教资源(学校教育、创业指导),还涉及资金支持(孵化器支持)、政策绿灯(税收减免)。以上这些创业环境,将有可能对创新创业教育的学习过程产生影响。

2.创新创业人才培养下的课程设计与师资建设

纵观国内外诸多学者对创新创业教育体系的研究,可分为以下几大板块:创新创业教育课程、创新创业教育师资、创新创业教育模式、创新创业教育评

---

[1] J.Child,"Organizational Structure,Environment and Performance:The Role of Strategic Choice",*Sociology*,Vol.6,No.1,1972,pp.1-22.

[2] H.E.Aldrich,J.Pfeffer,"Environments of Organizations",*Annual Review of Sociology*,Vol.2,No.1,1976,pp.79-105.

[3] S.Wennekers,A.V.Wennekers,R.Thurik,etc.,"Nascent Entrepreneurship and the Level of Economic Development",*Small Business Economics*,Vol.30,No.3,2008,p.325.

[4] S.Bacq,F.Janssen,"The Multiple faces of Social Entrepreneurship:Are View of Definitional Issues Based on Geographical and the Matic Criteria",*Entrepreneurship & Regional Development*,Vol.23,No.5-6,2011,pp.373-403.

[5] 杰弗里·蒂蒙斯、小斯蒂芬·斯皮内利:《创业学:21世纪的创业精神》,人民邮电出版社2005年版,第105页。

[6] W.B.Gartner,"A Conceptual Framework for Describing the Phenomenon of New Venture Creation",*Academy of Management Review*,Vol.10,No.4,1985,pp.696-706.

[7] D.R.Gnyawali,D.S.Fogel,"Environments for Entrepreneurship Development:Key Dimensions and Research Implications",*Entrepreneurship Theory&Practice*,1994.

价。创新创业教育课程的研究主题有:课程设计内涵性、课程设计适切性、课程设计有机融入。①

关注课程设计内涵的学者认为课程设计应符合教育目标培养学生的核心素养,如学者尚恒志认为高校创新创业课程应设立创业意识类课程、创业能力类课程、创业相关知识类课程、创业体验类课程。② 研究者施永川则认为创新创业教育课程中应加入博雅教育的相关课程,兼顾学生综合素质的培养;关注课程内容的研究者则将课程的可接受性和教育目标纳入,秉持全生参与,着重培养的教育理念。③ 学者顾明远等人④将高校创新创业教育课程分为:学科课程、活动课程(如创业活动、创新创业竞赛)、环境课程、创业实践课程(如自主创业、创业工作室);关注创新创业课程的有机融入的研究者建议采用将创业内容融入专业课程(依托式),专业创业融合新设课程(开发式),创新创业课程加入专业板块(融入式);关注创新创业教育师资方面研究的学者,则认为创新创业教育师资包含两个方面:师资素养和培养途径。⑤ 师资素养上强调"双师型"实际教学经验和实际创业经历;⑥关注培养途径方面学者,则大都提到三种途径:外部引进、内部发展、混合式发展。

3. 创新创业人才培养下的体系建构与评价反馈

从创新创业教育模式来看,国外研究中已有很多成熟的探索,例如美国高校创新创业教育模式的三类划分:磁石式、辐射式、混合式;⑦欧盟则将创新创业教育发展与国家经济发展战略进行衔接,采用政府项目推行、战略依托推

---

① Šunje, Aziz, Kenjić, etc., "Entrepreneurship in Higher Education", *New Directions for Higher Education*, 2010.

② 尚恒志:《大学生创业教育的课程体系研究》,《教育研究与实验》2009 年第 1 期。

③ 施永川:《大学创业教育应为与何为》,《高等工程教育研究》2013 年第 3 期。

④ 顾明远:《国际教育新理念》,海南出版社 2001 年版。

⑤ 施永川、黄兆信、李远熙:《大学生创业教育面临的困境与对策》,《教育发展研究》2010 年第 21 期。

⑥ 黄兆信、陈赞安、曾尔雷等:《内创业者及其特质对我国高校创业教育的启示》,《高等教育研究》2011 年第 9 期。

⑦ The Kauffman Foundations, "Entrepreneurship Educationin in United State", 2010, pp.4−9.

动、专有战略推进。① 我国创新创业教育模式主要有以下几类：广谱式模式②、内创业模式③、创业型大学模式④。

创新创业教育评价的研究可从内容和主体上进行划分，如期刊杂志、政府部门、教育机构；评价内容上也可大致分为两类指标：主观性评价、客观性评价。客观性评价通常采用的指标有：创新创业教育的参与度、毕业生创业率、创新创业竞赛获奖成果、在校生创业规模、创业融资额度；主观性评价采用的指标包含：创新创业课程满意度、创新创业教育重要性、创业环境符合程度等。由此可知，创业环境对高校大学生的创业学习可能通过课程、竞赛、实践三个途径产生影响。而这一影响结果既有可能影响创业学习中的具体行为（学习内容、接触内容），也有可能影响其对创新创业学习结果的主观评价。

（二）社会创业研究脉络：概念、度量以及教育

1. 社会创业的内涵厘定：社会创业价值的百家争鸣

随着大众公益需求升级、政府公益供给不足以及企业社会责任（CSR）运动兴起，市场、民众和政府都在寻求解决公共问题的新途径。作为商业价值和公益价值能得到良好契合的组织形式——社会创业也就应运而生。自迪格斯提出社会创业概念以来，⑤什么是社会创业也就成了一个颇受争议的问题。一般来讲，社会创业存在广义和狭义之分。狭义的社会创业，指的是以企业的组织形式，运用商业手段获得提供社会产品和服务，最大限度地实现社会价值；至于广义的社会创业，则不仅包含商业化运作下通过公司形式进行的社会

---

① European Commission,"Entrepreneursip Educationin Europe:Fostering Entrepreneurial Mindsets through Education and Learning",Oslo,2006,October 26—27.

② 王占仁：《"广谱式"创新创业教育导论》，人民出版社 2012 年版。

③ 黄兆信、曾纪瑞、曾尔雷：《以岗位创业为导向的人才培养体系研究与实践——以温州大学为例》，《教育研究》2013 年第 6 期。

④ 伯顿·克拉克：《建立创业型大学：组织上转型的途径》，人民教育出版社 2003 年版。

⑤ Dees J. Gregory, "The Meaning of 'Social Entrepreneurship'", *Comments and Suggestions Contributed from the Social Entrepreneurship Funders Working Group*,1998.

产出和服务,还包含个体和非商业组织(NPO)提供的社会援助,以及社会创业和创新创业教育混合模式下的公益价值产出及服务。

若考察国内外社会创业研究脉络,研究重心大致经历几个阶段的变化:社会创业的内涵及界定、社会创业的市场规范及产能评定、社会创业教育。研究领域在社会创业内涵界定上大致分为三大学派:社会革新学派、社会企业学派、社会创业学派。[①] 社会革新学派的学者认为个体是社会革新的中心,在社会创业过程中创造社会价值是首要目的,是否产生经济价值不是必须的;[②]社会企业学派则强调在社会创业过程中,关注多元主体的协同治理,要求政府和非营利组织共同参与社会问题的解决。该学派对利润分配的问题所持观点为:社会创业企业不应将营利完全用于自身;至于社会创业学派,则主张社会创业企业不仅应以社会价值创造为首要目标,而且还应考虑社会创业的经济价值产出,并使其服务与社会服务功能最大化地实现企业的社会价值创造。

社会创业学派的理论主张也是现今学术界对社会创业界认可最为广泛的学派理论。对于社会创业企业的市场规范及产能评定的研究,则主要针对的研究有:社会创业企业主营业务的商业性阀限? 社会创业所得营利是否应有所限制? 经营过程中公益价值和商业价值的创造过程是否可以分离,孰先孰后? 对于以上这些关键问题,来自学术界的观点纷杂,难成统一。

2. 社会创业的持续发展:社会创业教育的遍地开花

若从教育的视角看待社会创业教育,社会创业教育虽然是创新创业教育重要组成部分,但两者迥然相异。在教育目标上,两者均以培养人才创造性(创新精神、创业能力、创造素养)为主要使命;在教育理念上,创新创业教育关注的是将市场机遇商业化,受教育者产出的经济价值是教育结果的直观反

---

① S.Bacq,F.Janssen,"The Multiple Faces of Social Entrepreneurship:Are View of Definitional Issues Based on Geographical and the Matic Criteria",*Entrepreneurship&Regional Development*,Vol.23,No.5-6,2011,pp.373-403.

② B.Huybrechts,A.Nicholls,*Social Entirepreneurship:Definitions,Drivers and Challenges*,Social Entrepreneurship and Social Business,2012,pp.31-48.

馈,社会创业教育关注的则是将社会变革市场化,受教育者带来的社会价值是教育结果的根本反馈。二者在价值导向、教学内容、教学途径、教学结果方面都存在显著差异。

关于社会创业教育,目前也已有诸多成果。因为发展早起步早的原因,英美发达国家的公益教育发展程度已相当成熟,从社会创业知识网络梳理的结果来看,二者的发展优势分别来自于法制规范和学术探索。英国在社会创业法制规范上起步较早,而美国则较早开展了社会创业教育探索,所以二者在社会创业教育支持上具备较多资源。反观国内,中国的社会创业教育尚处于起步阶段,很多问题也亟待解决。但随着众多学者、教育专家的努力探索,我国也出现了以湖南大学、浙江大学为代表的社会创业教育示范高校。不论是在社会创业教育模式(多方主体联动复合型模式)①以及社会创业教育支持("青年恒好"②"零点"③等优秀的公益组织跨界合作),还是社会创业教育竞赛(互联网+大赛"红旅组"的开设)以及社会创业实践(校内虚拟模拟—社会创业模拟工作室;社会合作模式—校外实训基地;实体模式—创业园社会创业),都取得了不小的成果及收获。总之,社会创业作为创业领域和教育领域出现的新兴概念,在创新性解决社会问题以及培养兼顾创业素养和社会责任感的社会主义接班人等方面具有巨大的潜力,也由此具有重要的学术研究价值和意义。

(三)依托国家社会科学基金(教育学)重点招标项目的全国性采样

1.调查工具的编制

本调研共分三个阶段:第一阶段是题项及访谈提纲编制(时段:2018 年 5

---

① 潘加军、刘焕明:《基于社会创业实践基础上的大学生就业推进模式探讨——对 15 省 80 个高校学生社团和部分社会组织的实证分析》,《湖南科技大学学报(社会科学版)》2012 年第 2 期。

② 凤凰商业:《清华园才子助力恒源祥"青年恒好"社会创业行动》,2017 年 11 月 27 日,见 http://biz.ifeng.com/a/20171127/44779476_0.shtml。

③ 新浪公益:《黑苹果青年社会创业扶持项目简介》,见 http://gongyi.sina.com.cn。

月 10 日—2018 年 7 月 9 日)在文献梳理的基础上,邀请专家评定修改形成试测卷;第二阶段是试测及修改(时段:2018 年 7 月 10 日—2018 年 9 月 9 日)选取全国 98 所高校进行试测修改形成正式投放版本;第三阶段是正式调研开展及数据回收(时段:2018 年 9 月 15 日—2019 年 1 月 18 日)。

2. 数据回收及筛选

本调研于 2018 年 9 月 15 日开始至 2019 年 1 月 18 日 12 时止,通过问卷形式面向全国 31 个省(自治区、直辖市)、1231 所高校的创新创业教育相关老师和接受过创新创业教育的在校学生、教师开展调研,共回收调查问卷201034 份,访谈记录 283 份(50 万余字)。其中《学生卷》调查问卷共调研高校 1231 所,涉及 31 个省(自治区、直辖市),共回收问卷 187914 份,有效问卷170764 份,占比 90.87%;《教师卷》调查问卷共调研高校 596 所,涉及除宁夏外的 30 个省(自治区、直辖市),共回收问卷 13120 份,有效问卷 12596 份,占比 96.01%。

(四)社会创业教育学习参与度、学习评价的选样与量化

1. 研究对象的确定

本调研主要是调查大学生群体的创业环境感知对其社会创业学习的影响。首先,研究群体上选择的是大学生群体,而老师群体、教辅人员、组织领导的数据不纳入分析范围;其次,由于我国社会创业教育处于起步阶段,教育模式和体系尚不成熟,所以此处选择接受了国内最前沿社会创业教育的学生群体——在校大学生,故此毕业生群体的数据不纳入分析范围;再次,有研究表明事后评价相对于事前评价,评价者会基于自身目标事件的切身经历对考察概念给出更符合真实的描述,这也更加切合本章节的针对性。因此,参与过社会创业教育的学生群体被选作我们研究的目标群体,而未参与的学生数据则不予以考虑(故在取样过程中排除了一年级新生的调查结果);最后,由于本章节调研涉及全国 31 个省份,出于数据的代表性和参考价值,将通过分层等

比抽样(PPS)的方式,确定最后的样本数:根据社会创业教育参与度的不同进
行区分,以全国各省社会创业参与度均值标准差为界,将各省划分三类为社会
创业教育高参与区、社会创业教育中参与区、社会创业教育低参与区。具体划
分情况和分类情况见表10-1。

表 10-1 各省社会创业教育参与率分布

参与类型	编号	区域	参与率	参与类型	编号	区域	参与率
高参与区	5	内蒙古	81.41%	中参与区	8	黑龙江	65.95%
高参与区	15	山东	72.91%	中参与区	16	河南	65.76%
高参与区	13	福建	72.69%	中参与区	17	湖北	65.73%
中参与区	6	辽宁	71.69%	中参与区	25	云南	65.73%
中参与区	1	北京	71.36%	中参与区	27	陕西	65.51%
中参与区	11	浙江	70.08%	中参与区	7	吉林	65.12%
中参与区	23	四川	69.42%	中参与区	3	河北	65.08%
中参与区	31	新疆	69.23%	中参与区	14	江西	64.26%
中参与区	4	山西	68.92%	中参与区	18	湖南	63.17%
中参与区	12	安徽	68.91%	中参与区	19	广东	63.14%
中参与区	24	贵州	68.41%	低参与区	26	西藏	58.92%
中参与区	10	江苏	68.22%	低参与区	20	广西	55.11%
中参与区	22	重庆	67.07%	低参与区	9	上海	54.85%
中参与区	2	天津	66.85%	低参与区	29	青海	54.45%
中参与区	28	甘肃	66.62%	低参与区	30	宁夏	0.00%
中参与区	21	海南	66.05%	/			

由于宁夏筛选后目标样本数极少(仅2例),为防止样本规模差异导致的
方差不齐性,故不纳入目标样本的抽样统计。因此剔除宁夏样本后,得到目标
样本社会创业教育参与率的均值为66.32%,标准差为0.06%。由此各省社
会创业教育参与状况被划分为三类:社会创业教育高参与区:内蒙古、山东、福
建;社会创业教育中参与区:辽宁、北京、浙江、四川、新疆、山西、安徽、贵州、
江苏、重庆、天津、甘肃、海南、黑龙江、河南、湖北、云南、陕西、吉林、河北、

江西、湖南、广东;社会创业教育低参与区:西藏、广西、上海、青海。通过表10-1数据可得,样本总量共 31 例,抽样对象分为三层。其中,高参与率样本共 3 例,占比 10.00%,抽样比率 16.13%;中参与率样本共 23 例,占比 76.67%,抽样比率 70.97%;低参与率样本共 4 例,占比 13.33%,抽样比率 12.90%。故对三类区域抽样次数采用 1∶5∶1 的抽样方案。高参与率区域抽样 1 次,中参与率区域抽样 5 次,低参与率区域抽样 1 次,合计得到 7 省份的数据。

经上述抽样方案,采用不放回式抽样、计算机随机出数的抽样方式得到结果如下:低参与区域 1 例,广西(编号 20);中参与区域 5 例,第一次抽样结果:云南(编号 25),第二次抽样结果:贵州(编号 24),第三次抽样结果:河北(编号 3),第四次抽样结果:浙江(编号 11),第五次抽样结果:安徽(编号 12);高参与区域 1 例,福建(编号 13)。由此可得,我们选定的代表省份为:广西、云南、贵州、河北、浙江、安徽、福建,合计数据 35937 例。筛查后其中未参加过社会创业教育的学生共 11687 例,剔除后剩余 24250 例。最终筛选后,其中低参与区样本 2901 例,因此最终获得目标样本 2901 例。

2. 研究指标的准备

(1)控制变量。笔者选取的人口学变量包括性别、学科门类、学校类型。首先,从前人研究来看女性相对于男性对社会创业会表现出更大的兴趣和投入,性别差异有可能影响学生群体社会创业教育的评价;其次,选择学校类型源于高校创新创业教育发展的政策导向特征,不同层次的学校获得创新创业项目、资源等会具有差异,资源上的差异反映在对学生创业支持上的差异,所以将学校类型列为影响社会创业教育评价的又一影响因素;最后,笔者选择学科门类作为控制变量源于社会创业教育在培养学生公益精神和社会责任感上的公益性特征,笔者认为学生群体对社会创业的评价和参与可能受到其学科专业、学科门类的影响。控制变量主要以分类变量的形式存在,数值仅作区分不具统计学意义。

（2）预测变量。由文献综述可得创业环境分为政策因素、社会因素、经济因素、文化因素、教育因素。本调研通过模糊评价法获得目标群体关于创业环境感知的评价。预计将采用探索性因子分析方法进一步确定大学生对创业环境感知的维度，具体见实证研究部分。所有条目均采用5点正向记分，没有逆向记分题项，且均匀赋权。因此，在自变量得分计算上维度得分为各条目的代数总和。

（3）因变量。根据文献综述部分对创新创业教育的梳理，本调研认为创新创业教育体系应包含课程、师资、竞赛、实践四个板块。从学生的角度来看，创新创业师资作为课程的载体可与课程以合并为创新创业教育教学维度，创新创业教育竞赛和创新创业教育实践可分别设立为创新创业教育竞赛维度、创新创业教育实践维度。从操作定义上看，本调研的因变量包含社会创业教育学习参与度和社会创业教育学习评价：学习评价通过排序的方式，考查学生对各创业教育维度的重要性评价；学习参与度通过选择题的方式，考查学生对该维度下涉及的教育内容。总的来说本调研包括两个因变量：①社会创业教育学习参与度（事实性指标）——由社会创业教育教学参与、社会创业教育竞赛参与、社会创业教育实践参与构成；②社会创业教育学习评价（评价性指标）——由社会创业教育教学评价、社会创业教育竞赛评价、社会创业教育实践评价构成。因变量考察方式采用排序判断题。在得分计算上，事实性指标，参与记1分，未参与记0分，事实性评价得分为各维度的代数之和；评价性指标采用均匀赋权，反向计分。排第1位记3分，排第2位记2分，排第3位记1分，未选择记0分，不足3项者选项得分由评分者实际选填项决定，评价性指标总得分为各指标得分转换后的代数之和。

（五）创业环境感知对社会创业教育影响的实证研究

1. 大学生创业环境感知包括两个维度：校园创业环境、社会创业环境

通过对问卷中符合创业环境维度界定的操作条目进行保留，经 KMO 和

Bartlett 检验,得 KMO 值为 0.966,p<0.001,由此可得选定的操作条目适合进行因子分析,故采用软件 SPSS25.0 对大学生创业环境感知评价进行主成分分析,通过最大方差法,旋转正交后保留系数大于 0.6 的因子载荷,并按系数从大到小排列,所得旋转成分矩阵见表 10-2。

表 10-2 创业环境感知的旋转成分矩阵

创业环境感知内容	成分	
	1	2
学校提供一体化的创业实践服务	0.870	
地方政府简化大学生企业注册申请流程	0.863	
学校提供创业的启动基金(无息贷款)	0.863	
国家减免大学生自主创业企业税	0.858	
社会提供指导创业的免费培训	0.857	
创业实践有专项创业基金支持	0.851	
创业实践有校内外指导教师	0.849	
创业实践有专门的校外实践基地	0.849	
创业实践有独立的大学生创业园	0.833	
创新创业竞赛种类多样	0.810	
创新创业课程内容与时代前沿趋势结合紧密	0.807	
参加的创新创业竞赛项目较容易落地	0.789	
创新创业课程内容与自身专业知识结合紧密	0.754	
创新创业教育课程类型多样	0.729	
您家庭具有广泛的创业的社会资源		0.834
您认识的同学或朋友在过去一年内开始创业的		0.820
您省的创业机会总体良好		0.722

由分析结果及表 10-2 的结果可得,创业环境感知包含两个维度,共同解释创业环境感知方差变异的 72.30%。从条目的具体内容来看,维度 1 包含政策因素、教育因素、税收、经济因素;维度 2 包含社会因素和经济因素,从这个角度来看维度划分上存在交叉,可能不够彻底。但从条目表述的主体来看,维

度1多涉及的是大学生的创业环境,与校园、大学生身份有所联系,着重体现的是学生视角下的创业环境感知,而维度2则更多体现出社会中的创业者所感知到的创业环境。故此,本调研将维度1界定为校园中的创业环境感知,将维度2界定为社会中的创业环境感知。

2.性别对社会创业教育学习参与度、学习评价影响显著

根据指标准备部分选取的控制变量,对社会创业大学生的人口学变量分布情况进行统计分析得知,社会创业教育低参与的地区男生社会创业教育的参与占比小于女生,约为3倍之差($N_女 = 2202$,$N_男 = 699$)。不同的学校类型中,高职高专院校参与社会创业教育的人数居于首位($N_{高职高专院校} = 1721$,59.32%)。而学科门类方面,居于参加数占比前三位的分别是教育学(31.75%)、管理学(23.13%)以及经济学(10.89%)。这可能说明了与社会创业教育联系较多的学科专业,其学生参与社会创业教育表现出更高的积极性。从描述统计的角度可以看出,学生的参与程度在性别、学科门类、学校类型上有较大差距。但这一差异是否具有统计意义,还需通过方差检验予以确认(见表10-3)。

表10-3 低参与区社会创业教育的方差检验

变量名称	变量水平	社会创业教育学习评价		社会创业教育学习参与度	
		M	F	M	F
性别	男	4.34	8.28**	2.36	9.43***
	女	4.60		2.47	
学校类型	"双一流"建设高校	4.67	1.50	2.52	1.34
	普通本科院校	4.44		2.41	
	民办高校和独立学院	5.68		3.22	
	高职高专院校	4.60		2.46	

变量名称	变量水平	社会创业教育学习评价		社会创业教育学习参与度	
		M	F	M	F
学科门类	哲学	5.07		2.67	
	经济学	4.65		2.49	
	法学	4.53		2.45	
	教育学	4.58		2.46	
	文学	4.70		2.51	
	历史学	3.50	0.84	2.00	0.82
	理学	4.30		2.35	
	工学	4.47		2.42	
	医学	4.47		2.42	
	管理学	4.44		2.41	
	艺术学	4.45		2.40	

注: $*$ 表示 $p<0.05$; $**$ 表示 $p<0.01$; $***$ 表示 $p<0.001$。

由表 10-3 可知,性别因素显著影响了在校大学生对社会创业教育的评价,并且女性大学生评价显著高于男性($M_{女} > M_{男}$, $p<0.01$)。而且相较社会创业教育学习评价方面,这一差异在社会创业教育学习参与度上被拉大了($F_{学习评价} < F_{学习参与度}$)。这也就是说,相对于男生群体,女性大学生对参与社会创业类的学习实践表现出更强烈的兴趣。然而学校类型和学科门类两个因素对社会创业教育评价的影响并不具备统计学的意义($p_{学校类型} > 0.05$, $p_{学科门类} > 0.05$)。这一结果可能是抽样不够全面导致的,也可能是该因素对因变量的影响并不存在显著差异。

3. 校园创业环境感知显著正向影响社会创业教育学习参与度、学习评价

为进一步考察研究变量和观测变量的内在联系,研究采用相关分析探索各研究变量的联系,由表 10-3 可知性别对因变量(社会创业教育学习评价、社会创业教育学习参与度)具有显著影响,由于此处将其作为控制变量,故而采用偏相关分析,结果见表10-4。

表10-4　低参与地区社会创业教育的偏相关分析

控制变量 (性别)	社会创业教育 学习评价	社会创业教育 学习参与度	社会创业 环境感知	校园创业 环境感知
社会创业教育 学习评价	1.00			
社会创业教育 学习参与度	0.99***	1.00		
社会创业 环境感知	0.12	0.12	1.00	
校园创业 环境感知	0.10***	0.10***	0.41***	1.00

注:*表示 p<0.05;**表示 p<0.01;***表示 p<0.001。

从表10-4可以看出,在控制了变量"性别"后,大学生的校园创业环境感知仍与其社会创业教育学习评价呈显著相关关系($\alpha_{校园-参与度}=0.10, p<0.001$),然而可能由于测量社会创业环境感知的题目较少,或是未涉及核心操作行为的考察,社会创业环境感知与社会创业教育评价的相关关系并不显著($\alpha_{社会-参与度}=0.12, p>0.05$)。但总体来看,学生群体对创业环境的感知与社会创业教育呈现出弱相关关系($\alpha<0.04$)。

4. 校园创业环境感知对社会创业教育学习参与度、学习评价的影响机制

根据上述研究结果,以下本调研就将采用多元回归模型(OLS)进一步考察校园创业环境感知对社会创业教育的影响作用,探究变量间的因果关系。在控制变量上我们选择对因变量具有显著影响的"性别",在自变量方我们选择与因变量具有显著相关性的"校园创业环境感知"作为预测变量。而对因变量的确定上,我们仍保留原有设定选择"社会创业教育学习参与度"和"社会创业教育学习评价"。

本调研通过逐步迭代的方式构建回归模型:(1)模型1.1:因变量"社会创

业教育学习评价",加入控制变量"性别",预测变量"校园创业环境感知";
(2)模型1.2:因变量"社会创业教育学习评价",加入控制变量"性别",预测变量"校园创业环境感知",交互项"性别×校园创业环境感知";(3)模型2.1:因变量"社会创业教育学习参与度",加入控制变量"性别",预测变量"校园创业环境感知";(4)模型2.2:因变量"社会创业教育学习参与度",加入控制变量"性别",预测变量"校园创业环境感知",交互项"性别×校园创业环境感知";(5)模型1.3:因变量"社会创业教育学习评价",加入控制变量"性别",预测变量"校园创业环境感知""社会创业教育学习参与度",交互项"性别×校园创业环境感知"。基于这5个模型,可对社会创业学习评价情况进行回归分析,结果如表10-5所示。

表10-5　低参与区社会创业教育的回归分析

模型 自变量	模型1.1 社会创业教育学习评价	模型1.2 社会创业教育学习评价	模型2.1 社会创业教育学习参与度	模型2.2 社会创业教育学习参与度	模型1.3 社会创业教育学习评价
性别	0.064***	0.065***	0.059**	0.060**	0.006*
校园创业环境感知	0.100***	0.096***	0.101***	0.096***	0.001
性别×校园创业环境感知		-0.041*		-0.044*	0.002
社会创业教育学习参与度					0.989***
调整后R^2	0.013	0.015	0.013	0.014	0.979
ΔR^2	0.014***	0.002*	0.013***	0.002*	0.964***

注:* 表示p<0.05;** 表示p<0.01;*** 表示p<0.001。

由表10-5可知,随着变量逐步加入,R^2不断增大,表明R^2均具有统计学意义,说明模型纳入的新变量对社会创业教育具有显著影响。此外,从模型1.2,模型2.1,模型1.3来看,随着社会创业教育学习参与度的加入,校园创业环境感知对社会创业教育学习评价的影响不再显著($p_{感知1.3}$>0.05),说明社会创业教育学习参与度完全中介校园创业环境感知对社会创业教育学习评价的影响;此外,从模型2.1以及模型2.2来看,性别对社会创业教育学习参与度有调节作用,并且呈现反向调节($\beta_{性别2.2} = -0.044$, p<0.05)。这也就是说,性别反向调节校园创业环境感知对社会创业教育学习参与度这一过程。总的来说,该模型证实了一个关于社会创业教育学习评价的有中介的调节模型。[①]社会创业学习参与度完全中介校园创业环境感知对社会创业教育学习评价的影响。性别则在校园创业环境感知对社会创业教育学习参与度作用的过程中起反向调节作用。

从上述分析可以发现,校园创业环境感知与性别存在交互作用,对社会创业教育学习参与度有显著影响。以下本调研就该调节作用进一步分析,即以预测变量—校园创业环境感知均值正负一个标准差为界,共分为三组:校园创业环境高感知、校园创业环境中感知、校园创业环境低感知,作图分析见图10-2。

性别在校园创业环境感知对社会创业教育学习参与度中起反向调节作用。处于低创业环境感知的学生群体,女性学生参与社会创业教育程度显著高于男性学生($M_{低女}>M_{低男}$)。然而处于高创业环境感知的学生群体中,男性学生参与社会创业教育程度显著高于女性学生($M_{高女}<M_{高男}$)。由此可知,大学生在感知到创业环境不成熟或不利的情况下,女性学生参与社会创业教育学习积极性更高。但在有利创业环境和创业条件下,男性学生对社会创业教育学习表现出更大热情。

二、提高社会创业教育学习参与度的建议

由上述研究结果可得,性别、校园创业环境感知对社会创业教育学习参与度有显著影响。从现有文献来看,影响具体包含对课程学习的影响、竞赛学习

---

① 叶宝娟、温忠麟:《有中介的调节模型检验方法:甄别和整合》,《心理学报》2013年第9期。

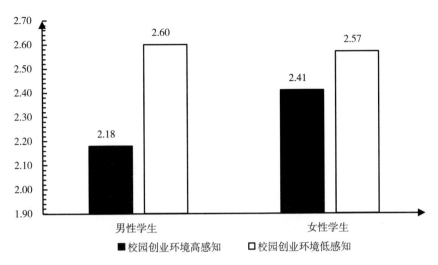

图 10-2 性别对社会创业教育学习参与度的调节作用

的影响、实践学习的影响。因此，以下就结合研究结果，从三个方面对社会创业教育不同模块的学习提出相应对策。

（一）课程学习提升：认知差异，互补创业学习

课程教学的目标主要是针对学科基础概念、原理、规律知识性和认知性的教学，以期实现学生对学科内容的识记、理解。作为教育目标的起始，学生对学习内容本质的掌握和深入的理解将直接影响该教学模块的成效。具体教学策略来看：其一，通过案例引入或抛出一个社会问题，在界定出社会痛点后就弱势群体的公益问题展开持续讨论。教师对学生反馈答案上的不断追问将有利于学生对概念的内涵及影响因素更深入的讨论和挖掘；通过教师循序渐进地抛出更高阶的专业问题，使得教学内容和教学深度不断推进；其二，从研究结果得知女性学生在社会创业学习上具备更大的积极性，针对此点进行学习小组构建时可考虑两方面因素：性别上的完备（男女均有，且人数比例男生稍多）；针对每个诘问节点课前选择小组一名成员对其预先告知问题内容或给予相关资料（起到讨论的领头激发作用，诘问第一环节的预知人多选择男性

学生)。如此设计可使得讨论每一环节都有"预知学生"发挥"领头羊"作用；其三,虽然在前几环节女性学生并未事先知悉学习内容和问题,亦可充分激发其学习积极性,推动男性学生学习热情,并且在讨论过程中会建构新的知识与理解,从而最终促成学习共识,进入下一诘问学习环节。

(二)竞赛学习提升:知识迁移,锤炼创业能力

竞赛部分学习的目的是学生将课程学习阶段的知识技能进行迁移,形成自身的创业效能感,实现创业素质结构的灵活运用。虽然每个创业团体在竞赛过程中对自身项目都会投入大量时间与精力。但这段时间亦是接触大量实际创业案例、仿真创业企业、深入同辈交流的宝贵时期。在将所学知识与用于自身创业项目之上的同时,对其他创业团体关于社会痛点、目标客户、商业模式、行业及市场信息、行业竞争进行分析和过滤,采用元分析的视角,看待其所遇到的具体问题。搜集、提炼、分类,并形成自身关于社会创业流程、社会创业要素、社会创业把握的深刻认知,最终提升社会创业自信和社会创业自我效能感。此外,还可以通过与同辈创业者之间的交流,就自身社会创业疑惑和困境精心探讨,从而更有利于自身对社会创业过程所遇问题的解决。这一阶段可以通过建立样案搜集簿和创业访谈录,随后再进行深度加工,结合社会创业的学习内容,与记录册的关键词和逻辑链条进行比对加工,最终形成自身成熟的知识架构和案例库。如此这样,就能提高自身社会创业学习的效果。

(三)实践学习提升:社会角色,锚定创业目标

从研究结果发现,校园创业环境感知对社会创业教育学习参与度有显著影响。创业环境的诸多因素对学生学习的影响,从本质上是通过社会关系传达的角色期望,而不同价值主体如政策制定者(政府)、教育者(高校)、投资者(投融资人)、社会支持网络(亲朋)、市场决定者(目标客户)对创业学习学生的行为期望,则将有助于学生从准创业者向创业者行为和认知层面上的蜕变,

进而完成自身的创业准备，如接受多形式的注资、构建微创企业、创业工作室等等。比如，可以通过利益相关群体的成员会议，大学生可以获得不同外部主体关于社会问题与企业使命、商业模式的关注点、认知内涵以及期望；再如，可以整合多元价值诉求，使大学生从关注社会弱势群体的切实需求出发，创造性地运用于自己的小微企业，实现企业自身社会变革的使命；又如，可以在社会创业语境下，使大学生扩宽对"分红""营利"的理解，在响应多元诉求的过程中，切实感知自身所处创业环境，发掘商机、利用资源，进一步投入自身在科教因素方面的社会创业学习，实现自身在学习与创业两项事业的并行。

总的来讲，要提升大学生社会创业教育学习参与度，一方面需要提高学生的创业环境感知，使其深刻理解社会创业中的核心价值和战略资源；另一方面也要构建与不同主体对话的渠道，通过体验式学习方式实现理论知识的迁移运用，最终内化为自身的社会创业素养，提升自身的社会创业效能感，从而实现大学生对社会创业教育的良好反馈及评价。

第三节　建构主义理论下的社会创业教育学习行为模型研究

响应新时期社会主义建设"五位一体"总体布局、"四个全面"战略布局①，就要坚决执行人才强国战略、创新驱动战略，确实推进教育现代化②进程，扎根实际服务人民。面对新时期社会主义建设对教育赋予的时代使命，社会创业教育在对接个人发展和社会服务、推动组织创新和教育变革以及实现社会贡献和和谐社会等方面都具有天然优势。落实到具体教育过程来看，如何看待

---

① Guo Meng：《五位一体四个全面内容》，2019 年 1 月 7 日，见 http://www.chinairn.com/news/20190107/15213790.shtml。

② 教育部：《绘制新时代加快推进教育现代化建设教育强国的宏伟蓝图》，2019 年 2 月 23 日，见 http://www.xinhuanet.com/politics/2019-02/23/c_1124154488.htm。

教育对象与教育环境的辩证转化关系,发挥教育对象的学习主动性,把握学习的显隐特征,达成学习环境和学习者协同,实现学习环境对学习者的促进以及学习者对学习环境的改良的共生局面,如此等等,都将是推进高校社会创业教育的重要内容。

一、全国高校社会创业教育高参与率省区市的实证研究

(一)创新创业教育的新视角:多元性和社会性的关注

建构主义理论作为班杜拉社会学习理论①的重要组成部分,为我们研究大学生的创新创业教育学习提供了一个崭新的视角。该理论包含三个因素②:环境因素、个人因素、行为因素。不同于行为主义③的奖惩式教学方式和刺激—强化式的学习方式,三元交互决定论的视角为我们揭示了创新创业学习的多元性和社会性内涵。

1. 多元性加工下的内隐学习

从学习主体来看,创新创业教育研究主体的能动性需要我们关注学习过程的内隐特征。传统的灌输式教育与记背方式下的知识吸收与如今大学生个性活跃、信息渠道多元的学习环境不相适应。此外,对学生显性知识的学习应落实于隐性知识的形成和转化。经由对符号表征④和知识表征的情感体验、认知加工,将有助于学生形成对知识的领会和顿悟。这也就是说,从大学生的个性特征出发,采用多样的教学媒介提供多项学习内容,将有助于学生在学习环境中注意力的集中,吸引其关注并衍生学习兴趣,为领悟和默会等深度学习提供条件。

---

① Pierce W.David,"Social Learning Theoryby Albert Bandura",*The Canadian Journal of Sociology*,Vol.2,No.3,1977,p.321.

② 高中春:《人性辉煌之路:班杜拉的社会学习理论》,湖北教育出版社 2000 年版,第 79 页。

③ B.F.Skinner,*Verbal Beahvior*,New York:Harvard University Press,1948,p.162.

④ 卡西尔:《人论》,上海译文出版社 1985 年版,第 34 页。

2.社会性互动下的示范学习

从学习环境来看,创新创业教育研究主题的复杂性需要我们关注学习过程的示范效应。① 创新创业教育涉及的学习内容和学科都很广泛,所要研究的问题也具有较高的情境性和灵活性。但传统的学习方式会使得学习者学习中出现理论与实际的脱节,难以把握核心要点和形成体系思维,因此实践性学习和学习示范就显得尤为重要。基于三元交互决定理论,学习者通过对示范者实操行为进行抽象,将一般行为和语言表征概念化,从而建构自身关于创业过程的印象、认知,最终形成头脑中的创业蓝图,而这又有利于学习者对创业整体把握和要点领悟。此外,基于对创业教育内容的不同学习理解和心得,学习者之间可以通过交流来共同建构认知共识,这也将实现学习者对创新创业学习的深化。

总体来看,环境因素和个人因素对创新创业教育学习的影响要求我们关注学生自身特质、创业学习的目标环境,进而促使学生参与创新创业教育学习。

(二)社会创业教育的新途径:多元性与社会性的构建

作为创新创业教育重要组成部分——社会创业教育,是创业内涵、公益内涵和教育内涵价值的辩证结合体。② 通过商业化技巧以某组织形态实现社会公益,对其中涉及的知识、技能、素养实现教化和传授便是社会创业教育的内涵。基于三元交互理论,需要涉及课程、师资、竞赛、实践等多个方面。

1.课程的双元设计与师资的多维发展

从国外社会创业教育发展现状看,其课程内容上与商创教育有所差异,除包含传统的创业识别、运营管理、机会开发等课程外,还涉及社会企业理念开发、社会价值评估等具有社会创业教育特色的课程。③ 社会创业教育目标旨在对学

---

① 高中春:《人性辉煌之路:班杜拉的社会学习理论》,湖北教育出版社2000年版,第127页。

② 黄兆信、李炎炎:《社会创业教育的理念与行动》,《教育研究》2018年第7期。

③ 倪好:《高校社会创业教育的基本内涵与实施模式》,《高等工程教育研究》2015年第1期。

生进行创业培养的同时,提升其社会责任感和社会企业运作能力,以社会价值为主兼顾创新价值。从培养方式来看,国外社会创业教育机构多采用跨界合作的方式进行人才培养:有校际的研究中心、校企间的合作项目、校民间的第三方机构、学校政府共建的咨询机构。[①] 从师资建设来看,多元的科教机构,一方面使得校内教师有广阔的师资发展渠道,另一方面学生得以接触到多元从业背景下的社会创业师资,从而获得不同立场上关于社会创业的认知和理解。这对于开放性地整合社会资源以解决公共问题的社会创业大学生来说十分重要。

2. 实践的跨域拓展与竞赛的跨界合作

从国外社会创业教育竞赛发展的来看,虽组织架构各有不同(如统筹式、聚焦式、融合式),但呈现出两种趋势:教学模式的更新和教育目标的变迁。教学模式的更新体现在跨专业融合,这种融合具体表现在不同专业背景的学生通过创业小组的方式参与竞赛。学生通过自身的专业视角对创业项目的问题进行讨论达成共识,这一过程实现了学生对创业问题更全面和多角度的理解和解决。教育目标的变迁体现在使命的变更,从体量铺展,自20世纪90年代哈佛大学开设的《社会中的创业教育》课程以来,其现已发展为全校性、全球性的教育。[②] 到关注使命,这体现在社会创业教育传达给学习者关注社会变革的价值引导(而非更大的商业成功)。这两种趋势引导着社会创业教育的发展,使其在教育领域的功能和定位更加清晰和独立。

(三)从定位到落实,社会创业教育亟待完善

反观国内的社会创业教育,存在一些亟待解决的问题。首先,对社会创业教育的定位存在重叠和误解。部分高校将社会创业教育视为商创教育,运营商创指标衡量其价值与结果;其次,从组织架构上看,大多高校将社会创业教育归为创新创业教育一部分,多采用虚设部门、人手分流的方式进行管理,少有专门专设实托

---

① 黄兆信、黄扬杰:《社会创业教育:内涵、历史与发展》,《高等教育研究》2016年第8期。

② 徐小洲、倪好:《社会创业教育:哈佛大学的经验与启示》,《教育研究》2016年第1期。

机构或独立院系建制,学生在社会创业教育学习体系和转化上缺乏健全保障;最后,课程与师资有待完善。国内现行社会创业教育教材缺乏,已有的部分教材章节内容设置与商创教育区分不大,没有突出社会创业教育学习的特性。至于在师资方面,专设的社会创业师资缺乏,大多由创新创业师资、指导教师、校内辅导员进行着主要的教学过程。而其中兼具公共知识和社会情怀的教师更为缺乏。

(四)全国性样本的调研与初筛

1.调查工具的形成

调查工具编制过程历时近 2 月,其间经过了四个阶段的修订完善。第一阶段:调研成员通过对近 20 年创新创业教育文献的梳理,拟制出了问卷题项初稿;第二阶段:在聘请创新创业教育领域内专家学者对问卷内容及表述进行评价与修改后,形成了问卷的试测版本;第三阶段:研究团队将试测问卷投放至全国各类高校合计 98 所进行初测;第四阶段:根据试测反馈结果修改讨论后,形成最终版问卷。

2.调查数据的初筛

本书依托于教育学国家重点课题,于 2018 年 9 月 15 日至 2019 年 1 月 18 日期间开展了面向全国 31 省(自治区、直辖市)高校的创新创业教育评价调研。共回收问卷 201034 份、访谈记录 283 份(50 万余字)。其中针对学生群体的调研共回收问卷 187914 份,依据答题时长、无效填写等筛查标准剔除无效问卷 17150 份,有效卷占比 90.87%,最终获得有效卷数为 170764 份;针对教师群体的调研共回收问卷 13120 份,依据答题时长、无效填写等筛查标准剔除 524 份,最终获得有效问卷 12596 份,占比 96.01%。

(五)社会创业教育学习参与、学习参与度的选样与界定

1.样本过滤的筛选依据

本章的目的是探索三元交互决定理论中个人因素、环境因素对高校社

会创业教育高参与率地区的学生学习行为的影响机制。出于研究对样本数据内容和标准的要求,本章具体从三个方面对数据进行了筛选。(1)针对性。为了解社会创业教育高参与率省区市高校学生的学习状况,所以教师、教辅人员、组织领导的数据不纳入目标样本,低参与率省区市、中等参与率省区市数据不纳入目标样本。(2)代表性。由于样本数据规模巨大,所以选择典型群体及典型区域会使得数据更具参考价值。因此剔除毕业生群体数据,将在校大学生作为研究对象。此外依据各省社会创业教育参与率统计结果,通过 PFS 计算机随机抽样,确定最终的目标样本区域(编号 13:福建)。(3)适切性。由前文所述,包含两个结果变量:社会创业教育学习参与和社会创业教育学习参与度,针对社会创业教育学习参与度的研究,选取的是参与了社会创业教育学习的学生,所以未参与的学生不包含在内。通过以上三个指标筛选后,最终获得目标数据库(2 个):"社会创业教育学习参与数据库"(6737 例)和"社会创业教育学习参与度数据库"(4903 例)。

2. 变量内涵的操作界定

(1)因变量的界定:将"社会创业教育学习参与"设定为二分变量。其操作定义为"是否参与社会创业教育",包含三种形式:社会创业教育课程、社会创业教育竞赛、社会创业教育实践。参与其中任意一种形式的教育内容均认定为"参与社会创业教育"记为"1",均未参与则认定为"未参与社会创业教育"记为"0";将"社会创业教育学习参与度"设定为连续变量,其"社会创业教育学习参与度"认定为社会创业教育内容的参与种类,具体包含三个方面:社会创业教育课程、社会创业教育竞赛、社会创业教育实践。参加 X("X"为参与类型数,取值 1—3)项记为"X"。

(2)自变量的界定:参考前人关于社会学习理论的研究,在个人因素上选择:性别、民族、创业打算,三者均为分类变量。环境因素上,从环境因素的示范性和多元性特征选择了两类因素:示范性因素包括亲属创业经历(二分变量)、同伴创业行为(连续变量)。多元性特征因素包括创新创业教育课程多样性、竞赛多样性、实践多样性,三者均为连续变量,采用模糊评价法 5 点正向记分,对符合程度进行打分。

(六)社会创业教育学习行为模型的构建

1. 个人因素、环境因素对社会创业教育学习行为的影响作用

(1)创业意向、亲朋创业经历示范对社会创业教育学习参与的促成作用

为进一步探索个人因素与环境因素(示范性环境因素、多元性环境因素)对大学生社会创业教育学习的影响。下面我们根据不同变量类型分别采用卡方检验(分类变量)、方差检验(连续变量)、相关分析(分类变量、连续变量)进行统计检验,以考察两类因素是否能对学习行为产生显著影响。

表 10-6　学习行为影响因素的差异性检验(分类变量)

自变量 / 因变量				因变量	
	维度	名称	水平	社会创业教育学习参与	社会创业教育学习参与度
				卡方值	F
自变量	个人因素	性别	男	27.21***	35.04***
			女		
		民族	汉族	0.07	0.00
			少数民族		
		毕业去向	创业	8.55**	0.00
			不创业		
	示范性环境因素	亲属创业	有	10.58***	0.10
			没有		

注: * 表示 p<0.05; ** 表示 p<0.01; *** 表示 p<0.001。

从表 10-6 可以看出,性别对于学生是否参加社会创业教育的学习决定有显著影响(χ^2 = 27.21, p<0.001),而对已经参加社会创业教育学习的学

生来说,教育学习内容的类型和程度上同样受到性别因素的影响($F=35.04,p<0.001$),且女性学生参与程度高于男性学生($M_女=2.49,M_男=2.34,M_女>M_男$)。此外,学生是否属于少数民族该因素并不影响其在社会创业教育学习行为。然而对于毕业后打算创业的学生来说,其与不打算毕业后自主创业的学生相比,在是否参加社会创业教育学习的决定上有显著差异($\chi^2=8.55,p<0.01$)。而且从环境因素来看,来自家庭父母或亲友的创业经历(创业示范性行为)将会显著影响到学生决定是否参与到社会创业教育学习中去($\chi^2=10.58,p<0.01$)。然而这一差异并没有在已参与社会创业教育学习的学生其学习参与度上体现差异($F=0.10,p>0.05$)。

(2)创新创业教育内容的多样性对社会创业教育学习的促进作用

表 10-7 学习行为影响因素的差异性检验(连续变量)

评价维度	同伴创业行为	多样性创新创业课程	多样性创新创业竞赛	多类型实践导师	社会创业教育学习参与	社会创业教育学习参与度
同伴创业行为	1.00					
多样性创新创业课程	0.33***	1.00				
多样性创新创业竞赛	0.30***	0.74***	1.00			
多类型实践导师	0.27***	0.68***	0.76***	1.00		
社会创业教育学习参与	0.15***	0.14***	0.12***	0.11***	1.00	
社会创业教育学习参与度	-0.01	0.06***	0.06***	0.08***	/	1.00

注:* 表示 $p<0.05$;** 表示 $p<0.01$;*** 表示 $p<0.001$。

由连续性前因变量和结果变量的相关分析可以看出示范性环境因素（同伴创业行为）会显著影响到学生关于是否参加社会创业教育学习的决定（$\alpha = 0.15$，$p<0.001$）；然而对于已经参加该学习的学生，在学习参与度上却未呈现影响。从环境因素中的多元性因素来看，来自创新创业教育课程内容、竞赛类型、实践师资的多样性均显著影响了学生参与社会创业教育的决定，并且同时对已参加社会创业教育学习的学生其学习投入产生显著促进作用（$p<0.001$）。

从表10-6、表10-7的结果证实了三元交互决定论关于创新创业教育的观点，大学生社会创业教育学习行为确实会受到来自个人的因素和来自环境的因素影响。具体来说，性别对其学习行为具有显著影响。而对尚未参加社会创业教育学习的学生来说，家庭和朋友的创业经历会明显促使其对社会创业教育的学习，进而参与到社会创业教育学习中去。而已接受社会创业教育的学生，他们对学习的投入程度显著受到学习内容的多样性、学习条件的多元性所促进，此时示范性因素对其学习参与度的影响将不再显要。

2. 个人因素、环境因素对社会创业教育学习行为的影响模型

本章节考察了单因素的前因变量作用下对社会创业教育学习行为的影响，但考虑到混杂因素所带来的假性相关和共线性问题，以下研究将通过数学建模的方式将上述各影响因子综合纳入，以考察其对社会创业教育参与、社会创业教育学习参与度的影响机制。

（1）创新创业教育的课程多样性对社会创业教育学习参与的"挤出效应"

采用state13.0软件，构建广义线性模型（GLM）将前文所得具显著影响的前因变量纳入社会创业教育学习参与模型。目标事件为"参与社会创业教育"为二分变量，目标样本的事件发生概率为72.8%（$p_{参与}>15.0\%$）。① 此时OR值相对RR值存在较大系统偏差，故采用Log-binomial回归分析。下面就

---

① L.A.Mcnutt，C.Wu，X.Xue，etc.，"Estimating the Relative Risk in Cohort Studies and Clinical Trials of Common Outcomes"，*American Journal of Epidemiology*，Vol.157，No.10，2003，pp.940-943.

原始模型及替代模型结果进行报告：

表 10-8　社会创业教育学习参与的促成模型

模型 / 题型	零模型		改进模型	
	系数	p	系数	p
常数项	−7.070		−0.677	
性别	−0.052	0.000	−0.051	0.000
毕业去向	0.012	0.496		
亲属创业	0.006	0.644		
同伴创业	0.054	0.000	0.059	0.000
课程类型多样	0.047	0.000	0.066	0.000
竞赛种类多样	0.011	0.433		
实践指导师资多元	0.017	0.157		
AIC	1.136		1.135	
BIC	−51683.980		−51713.840	

从表 10-8 可以看出，随着共线性因素的剔除模型的 AIC、BIC 值减小，模型实现了优化，以此说明模型改进具有意义。毕业去向、亲属创业、竞赛多样性以及实践师资多样性对学习参与行为不具备显著影响（p>0.05）。反之，性别、同伴创业行为与商创课程教学的多样性对社会创业教育的学习参与行为有显著影响。具体来看，同伴创业现象和商创课程类型多样性的提升将会降低学生参与社会创业教育学习的可能性。这说明多样性教学设计和成功创业范例对学生具有吸引作用，同时还表明商创教育内容与社会创业教育学习在学生参与选择上存在着竞争关系。对那些尚未参与社会创业教育学习的学生来说，提供更为丰富和多彩的商创教育内容，则可能不利于其参与到社会创业教育学习中去。总的来说，由表 10-8 得到社会创业教育学习参与行为的促成模型为：

$$\ln(Y = 1) = -0.68 - 0.05 X_{gender} + 0.06 X_{made-Ent} + 0.07 X_{course-Var} \quad （10-1）$$

其中,"1"代表的目标事件"参与社会创业教育学习"。

(2)创新创业教育的师资多元性对社会创业教育学习参与度的"协同效应"

对社会创业教育学习参与度模型的构建,采用高斯分布下的广义线性模型,符合其结果变量为连续变量,且主要前因变量(性别)涉及二分类的情况。由此,根据表 10-6、表 10-7 的结果确定最终纳入的因子:性别、课程类型多样性、竞赛种类多样性、实践指导师资多元性四个自变量,根据运行结果对不显著的因素进行剔除修正,最终的模型见表 10-9。

表 10-9　社会创业教育学习参与度的促进模型

模型 题项	零模型		改进模型	
	系数	p	系数	p
常数项	2.066		2.078	
性别	0.150	0.000	0.148	0.000
课程类型多样	0.023	0.225		
竞赛种类多样	−0.011	0.620		
实践指导师资多元	0.063	0.003	0.072	0.000
AIC	2.425	2.424		
BIC	−38381.960	−38397.980		

从表 10-9 可以看出,通过对不显著因素的剔除,模型 AIC、BIC 减小,说明模型优化具有意义。此外,竞赛的多样性、课程的多样性对社会创业教育的学习参与度并不具备显著影响($p > 0.05$)。

而社会创业实践活动中的师资来源的多样性以及性别差异,在社会创业教育的学习投入上体现出了显著差异。具体来说,社会创业教育实践环节的指导教师,其工作经历、从业背景、供职机构的多样性,将会更有利于学生在社会创业教育上的学习($p < 0.05$);而女性学生相对于男性学生在社会创业教育的学习参与程度上,表现出了更高热情和投入程度($p < 0.05$)。由表 10-9 可

以得到,社会创业教育学习参与度的促进模型为:

$$Y = 2.08 + 0.15 X_{gender} + 0.07 X_{practice\text{-}mentor} \qquad (10\text{-}2)$$

从上述两部分研究结果来看,对于尚未接触社会创业教育学习的学生,商业创业教育的学习资源丰富性和社会网络中同龄人的创业范例将会阻碍其参与到社会创业教育学习中去。环境中多样性的学习内容和身边创业成功的典型示范,将会使其对已接触的商创学习内容更为关注。而这种注意力和精力的大量投入,将会使学生减少了解社会创业的客观资源,"挤占"接触社会创业教育学习的主观意愿,从而不利于其参与社会创业教育的学习。然而与此相反的是,对于已参与到社会创业教育学习的学生来说,经过了商创教育的学习和社会创业教育的学习,其关注点更集中在实践环节,需求来自不同背景的指导教师给予其提供更有效的建议和知识。此外,该类学生从商创教育、社会创业教育任何一方学习到的知识都能促进两者的学习投入和评价,实现了"协同"作用。

二、关于大学生社会创业教育学习的建议

高校大学生社会创业教育工作应关注教育过程的落实,构建从知识吸收到学习转化、再到诉求反馈的培养体系更新链条。高校需要达成在社会创业者培养过程中的显性学习与隐性加工相匹配、内在需求与外部设计相适应、教学方法与教学目标相适切、学生诉求与组织权威相对接,从而构建起一个显隐兼顾、共同驱动、科学合理、多元话语的高校社会创业教育人才培养体系。

(一)个人走向环境,将改变"引进来"

其一,从显性环境来看,在广谱式组织架构下,可以将社会创业教育内容采用融合、依托、专设等方式进行传授或教学。在此基础上,以兴趣和创业经历为结合点并依托主管部门或创新创业学院开设强化提高课程。在这一阶

段,一方面可以完善学生外显知识的结构,形成学科知识体系,另一方面也可通过案例教学、问题引发式教学(PBL)、体验式教学,促使学生对外显知识的理解顿悟,进而实现知识内化。

其二,从隐性环境来看,要构建校园社会创业教育的学习环境,可依据学生不同的职业发展路径进行分别架设。对想提高自身创新能力、创造素养的学生群体,可通过校内"公益创意征集"这种类似形式,采用活动竞赛和现场比拼烘托全校"公创"氛围,实现寓教于乐。对希望具备核心竞争实现良好的就业的学生群体,可以通过课程依托,将社会创业内容融入专业课程,以扩展其专业技能的视野和领悟,实现"一超多强"。针对毕业后打算开启社会创业的学生,则可以采用暑期实践项目+社会创业工作室的方式,加深其对社会问题和企业运作的认知感悟,并借此培养其社会使命感、创业素养、创业的自我效能感。

（二）环境面向个体,让改变"走出去"

接受了社会创业教育的学生和团队不仅是社会创业教育的培养成果,也是社会创业教育重要的师资来源。具体来说,我们一方面应打破师生身份的物理隔阂,将校园社会创业者加入到社会创业师资队伍中去。如可以通过同伴分享的方式,使初学者和熟成者以平等的身份加入到讨论式的学习中去。这样做,既能实现教学覆盖以老带新,又能达成知识学习的辩证完善。另一方面我们还应打破教学开展的空间隔阂,利用校园社会创业者所拥有的社会网络扩展社会创业教育的影响。如可借由同伴的创业示范,将其寝室网络、班级网络、专业网络提供给具有社会创业意向的学生进行二次学习。这种不局限于课程实践、学习地点、教学身份的学习,具有更高的灵活性和针对性,学习双方也能彼此天然具备信任的环境,同时也有利于实现学习过程中的有效沟通。

此外,要将学生的诉求纳入管理者的视角。作为高校重要的利益相关者——在校学生,其直接影响着教学成果的质量和教育职能的实现,因此校方对其诉求与发展应采用融合而非脱离的管理方式。对有意开启社会创业的学生来说,校方应将其培养过程融入高校人才培养体系,构建有利于这部分学生社会创业的"绿色通道",并从教学管理和组织管理上给予可操作、能比较的、具有效能的管理方式,且通过组织架构落实下来。对社会创业教育内容提出改变的学生,学校应采用"内生外引"的方式,循序渐进完善各社会创业教育环节。可以在高校社会创业教育决策链专设学生席位,并赋予其投票权力权重,实现学生在高校社会创业教育发展中的真正影响。

　　总体来看,高校大学生应积极参与社会创业教育学习,实现自我社会创业素养的提升,在学习过程中创造社会价值。至于高校,则可以通过社会创业教育的有效开展,实现大学生个人发展、组织完善、教育升级的三重红利。

参 考 文 献

1. 包水梅、杨冬：《美国高校创新创业教育发展的基本特征及其启示——以麻省理工学院、斯坦福大学、百森商学院为例》，《高教探索》2016 年第 11 期。

2. 伯顿·克拉克：《建立创业型大学：组织上转型的途径》，人民教育出版社 2003 年版。

3. 蔡颖、李永杰：《大学生创业意愿影响因素研究——基于多元排序选择 logit 模型的发现》，《华南师范大学学报（社会科学版）》2015 年第 6 期。

4. 陈立建、黄美初：《成人高校创业教育绩效评价及影响因素研究——兼论智能时代创业教育体系的构建》，《远程教育杂志》2019 年第 2 期。

5. 陈向明：《扎根理论的思路和方法》，《教育研究与实验》1999 年第 4 期。

6. 陈昀、贺远琼：《创业认知研究现状探析与未来展望》，《外国经济与管理》2012 年第 12 期。

7. 高桂娟、李丽红：《高校创业教育实效性的评价与提升策略研究》，《华东师范大学学报（教育科学版）》2016 年第 2 期。

8. 高静等：《基于 sem 模型的大学生创业倾向影响因素研究——来自重庆的实证数据》，《教育发展研究》2014 年第 1 期。

9. 高中春：《人性辉煌之路：班杜拉的社会学习理论》，湖北教育出版社 2000 年版。

10. 葛宝山、宁德鹏：《我国高校创业教育满意度对创业行为的影响研究——一个以创业激情为中介的大样本实证考察》，《华东师范大学学报（教育科学版）》2017 年第 3 期。

11. 葛莉、刘则渊：《基于 CIPP 的高校创业教育能力评价指标体系研究》，《东北大学学报》2014 年第 4 期。

12. 辜胜阻等：《构建粤港澳大湾区创新生态系统的战略思考》，《中国软科学》2018 年第 4 期。

13. 顾明远：《国际教育新理念》，海南出版社 2001 年版。

14. 韩玉志：《美国大学生满意度调查方法评介》，《比较教育研究》2006 年第 6 期。

15. 和震、祝成林：《高职院校创业教育的价值取向、目标及其实施策略》，《国家教育行政学院学报》2018 年第 3 期。

16. 侯贵宝：《创业教育存在的问题与发展策略》，《教育与职业》2004 年第 27 期。

17. 胡玲玉等：《创业环境和创业自我效能对个体创业意向的影响》，《管理学报》2014 年第 10 期。

18. 胡瑞等：《创业教育组织方式对大学生创业意向的作用机理——一个有中介的调节效应》，《教育发展研究》2018 年第 11 期。

19. 黄艳：《中国"80 后"大学教师胜任力评价研究》，中国社会科学出版社 2013 年版。

20. 黄扬杰、吕一军：《高校创业教育的问题与对策》，《教育研究》2018 年第 8 期。

21. 黄扬杰、邹晓东：《学科组织学术创业力与组织绩效关系研究》，《教育研究》2015 年第 11 期。

22. 黄兆信、王志强：《论高校创业教育与专业教育的融合》，《教育研究》2013 年第 12 期。

23. 黄兆信、曾纪瑞、曾尔雷：《以岗位创业为导向的人才培养体系研究与实践》，《教育研究》2013 年第 6 期。

24. 黄兆信、陈赞安、曾尔雷等：《内创业者及其特质对我国高校创业教育的启示》，《高等教育研究》2011 年第 9 期。

25. 黄兆信、黄扬杰：《创新创业教育质量评价探新——来自全国 1231 所高等学校的实证研究》，《教育研究》2019 年第 7 期。

26. 黄兆信、黄扬杰：《社会创业教育：内涵、历史与发展》，《高等教育研究》2016 年第 8 期。

27. 黄兆信、李炎炎：《社会创业教育的理念与行动》，《教育研究》2018 年第 7 期。

28. 黄兆信、李炎炎：《中国创业教育研究 20 年：热点、趋势与演化路径——基于 37 种教育学 CSSCI 来源期刊的文献计量分析》，《教育研究》2018 年第 1 期。

29. 黄兆信、王志强：《论高校创业教育与专业教育的融合》，《教育研究》2013 年第 12 期。

30. 黄兆信、卓泽林：《美国明德学院的社会创业教育及其启示》，《高等教育研究》

2019 年第 1 期。

31. 黄兆信:《论高校创业教育转型发展过程中的几个核心问题》,《兰州大学学报(社会科学版)》2014 年第 6 期。

32. 黄志纯、刘必千:《关于构建高职生创新创业教育评价体系的思考》,《教育与职业》2007 年第 30 期。

33. 吉文昌:《教育满意度测评方法与原则》,《教育研究》2015 年第 2 期。

34. 季丹:《创业环境对大学生创业意愿的影响研究》,博士学位论文,吉林大学,2010 年。

35. 蒋承、刘彦林:《大学生是被动创业吗? 基于起薪视角的讨论》,《教育与经济》2015 年第 5 期。

36. 焦磊:《粤港澳大湾区高校战略联盟构建策略研究》,《高教探索》2018 年第 8 期。

37. 教育部高等教育司:《教育部关于大力推进高等学校创新创业教育和大学生自主创业工作的意见》,2010 年 5 月 13 号,见 http://www.moe.gov.cn/srcsite/A08/s5672/201005/t20100513_120174.html。

38. 杰弗里·蒂蒙斯、小斯蒂芬·斯皮内利:《创业学:21 世纪的创业精神》,人民邮电出版社 2005 年版。

39. 卡西尔:《人论》,上海译文出版社 1985 年版。

40. 李集城:《基于效率视角的创业教育质量评价体系研究》,《科技管理研究》2012 年第 15 期。

41. 李静薇:《创业教育对大学生创业意向的作用机制研究》,博士学位论文,南开大学,2013 年。

42. 李琴等:《创业教育对大学生在校创业行为及毕业后创业意愿的影响》,《复旦教育论坛》2018 年第 4 期。

43. 李伟铭等:《我国高校创业教育十年:演进、问题与体系建设》,《教育研究》2013 年第 6 期。

44. 李旭辉等:《高校创新创业教育效果评价体系研究——基于群组 G1 法的分析》,《教育发展研究》2016 年第 21 期。

45. 李亚东、朱伟文:《高校创新创业教育评价监测研究》,《中国高教研究》2019 年第 1 期。

46. 李亚奇等:《加强专业教师创新创业教育教学能力建设探析》,《创新与创业教育》2017 年第 5 期。

47. 李亚员：《当代大学生创业现状调查及教育引导对策研究》，《教育研究》2017年第2期。

48. 李玥、王宏起：《基于BSC的高校创业教育质量评估指标体系设计》，《科技与管理》2014年第2期。

49. 李长华、曾晓东：《美国高校教师绩效评价存在的争议》，《外国教育研究》2004年第11期。

50. 理查德·韦伯：《创业教育评价》，常飒飒、武晓哲译，商务印书馆2017年版。

51. 林飞宇等：《中美高校学生满意度测量方法的比较研究》，《华中师范大学学报（人文社会科学版）》2006年第5期。

52. 刘贵芹：《深化高校创新创业教育改革，进一步提高人才培养质量》，《中国高等教育》2016年第21期。

53. 刘继安、高众：《我国高校创新创业训练项目的实施情况、问题与对策——基于2012—2017年"国创计划"项目信息的计量分析》，《中国高教研究》2018年第11期。

54. 刘琼芳、万梦莹：《创业教育对大学生创业意向的影响研究》，《湖北理工学院学报（人文社会科学版）》2016年第1期。

55. 刘晓静、刘京丽：《高校教师创新能力提升策略探索》，《教育探索》2015年第12期。

56. 刘月秀：《大学生创业意愿影响因素研究——以农业院校为例》，《教育发展研究》2013年第9期。

57. 罗三桂：《大学生创业能力的培养现状及提升策略》，《中国高等教育》2013年第12期。

58. 骆方金、宁昭棠：《中美高校创业教育比较研究》，《黑龙江高教研究》2018年第6期。

59. 麦可思研究院：《2017中国大学生就业报告》，社科文献出版社2017年版。

60. 梅伟惠：《高校创业教育评价的类型与影响因素》，《教育发展研究》2011年第3期。

61. 倪好：《高校社会创业教育的基本内涵与实施模式》，《高等工程教育研究》2015年第1期。

62. 倪外：《香港建设全球科技创新中心：困境、机理与路径》，《上海经济研究》2018年第10期。

63. 牛瑞：《高校教师胜任特征模型研究》，中山大学出版社2009年版。

64. 牛翔宇：《上海高校创业教育体系建设初探》，《教育发展研究》2010年第5期。

65. 潘加军、刘焕明：《基于社会创业实践基础上的大学生就业推进模式探讨——对15省80个高校学生社团和部分社会组织的实证分析》，《湖南科技大学学报（社会科学版）》2012年第2期。

66. 庞昊等：《提升高校教师创新创业实践教学能力研究——基于辽宁省若干所高校的实证调查》，《创新与创业教育》2018年第2期。

67. 齐丹丹：《高校创业教育师资胜任力研究》，《山东理工大学学报》2017年第11期。

68. 乔刚、周文辉：《高等教育质量监测数据平台建设——理念、框架与路径》，《清华大学教育研究》2017年第1期。

69. 戎晓霞等：《基于模糊综合评价的大学生创业教育满意度研究》，《黑龙江高教研究》2019年第4期。

70. 茹宁、沈亚平：《论创业教育课程体系的三项设计原则》，《中国大学教学》2013年第7期。

71. 尚恒志：《大学生创业教育的课程体系研究》，《教育研究与实验》2009年第1期。

72. 沈超红、欧阳苏腾：《国内创业环境研究综述》，《企业技术开发》2004年第9期。

73. 沈超红等：《创业教育"时滞效应"与创业教育效果评价分析》，《创新与创业教育》2010年第4期。

74. 施永川、黄兆信、李远熙：《大学生创业教育面临的困境与对策》，《教育发展研究》2010年第21期。

75. 施永川：《大学创业教育应为与何为》，《高等工程教育研究》2013年第3期。

76. 时勘：《基于胜任特征模型的人力资源开发》，《心理科学进展》2006年第4期。

77. 宋之帅等：《高校创业教育质量评价体系及实证研究》，《合肥工业大学学报（社会科学版）》2012年第5期。

78. 谭见君、严勇：《美国创新创业教育发展及其对我国高职院校师资队伍建设的启示》，《教育与职业》2018年第20期。

79. 陶丹、陈德慧：《中国高校创业教育质量评价指标体系研究》，《科技管理研究》2010年第5期。

80. 田京京、谭新喜：《移动互联网下创新创业教育学习满意度的调查与对策》，《陕西理工大学学报（社会科学版）》2019年第2期。

81. 田喜洲、王晓漫:《在校大学生满意度调查与分析》,《高教探索》2007 年第 5 期。

82. 王红雨、闫广芬:《师生认知视野下的高校创业课程体系:问题描述与改进策略》,《教育发展研究》2014 年第 5 期。

83. 王艳茹、王兵:《创业资源》,清华大学出版社 2014 年版。

84. 王永鸿:《创业教育成就创新型美国——美国创业教育启示录》,《科学决策》2006 年第 11 期。

85. 王昱等:《高校教师胜任特征的结构维度》,《高教探索》2006 年第 4 期。

86. 王占仁:《"广谱式"创新创业教育导论》,人民出版社 2012 年版。

87. 王战军等:《数据密集型评估:高等教育监测评估的内涵、方法与展望》,《教育研究》2015 年第 6 期。

88. 王章豹等:《理工科大学生创新创业意识和创新创业教育满意度测评及分析》,《南京航空航天大学学报(社会科学版)》2019 年第 2 期。

89. 文静:《大学生学习满意度:高等教育质量评判的原点》,《教育研究》2015 年第 1 期。

90. 乌尔里希·泰希勒:《迈向教育高度发到的社会:国际比较视野下的高等教育体系》,科学出版社 2014 年版。

91. 吴岩:《跟跑、并跑、领跑,跑出创新创业教育的"中国加速度"》,见 http://www.sohu.com/a/275769790_736655。

92. 武世兴、杨亚鸿:《美国高校的创业教育——考夫曼创业基金会关于美国高校创业教育研究报告》,《中国大学教学》2011 年第 4 期。

93. 向春、雷家骕:《大学生创业态度和倾向的关系及影响因素——以清华大学学生为研究对象》,《清华大学教育研究》2011 年第 5 期。

94. 向辉、雷家骕:《大学生创业教育对其创业意向的影响研究》,《清华大学教育研究》2014 年第 2 期。

95. 谢西金:《家庭背景对大学生创业影响的实证研究》,《重庆高教研究》2018 年第 2 期。

96. 徐小洲、倪好:《社会创业教育:哈佛大学的经验与启示》,《教育研究》2016 年第 1 期。

97. 徐小洲、叶映华:《创业教育课程设计及其有效性评价——以浙江大学〈创业教育基础〉MOOC 课程为样本》,《华东师范大学学报(教育科学版)》2018 年第 1 期。

98. 徐小洲、张敏:《创业教育的观念变革与战略选择》,《教育研究》2012 年第

5 期。

99. 徐小洲等:《两岸三地高校创业教育比较研究》,《中国高教研究》2018 年第 9 期。

100. 许长青、黄玉梅:《制度变迁视域中粤港澳大湾区高等教育融合发展研究》,《中国高教研究》2019 年第 7 期。

101. 宣翠仙等:《专创融合视角下高职院校"学研创用"人才培养模式探索》,《黑龙江高教研究》2019 年第 6 期。

102. 杨惠:《基于胜任力模型的高校创业教育教师队伍建设困境与对策》,《创新与创业教育》2018 年第 5 期。

103. 叶宝娟、温忠麟:《有中介的调节模型检验方法:甄别和整合》,《心理学报》2013 年第 9 期。

104. 叶正飞:《基于产教融合的地方高校创新创业教育共同体构建研究》,《高等工程教育研究》2019 年第 3 期。

105. 游振声、徐辉等:《多样化推进:美国高等学校创业教育途径探析》,《比较教育研究》2010 年第 10 期。

106. 岳昌君、张恺:《城乡背景高校毕业生就业差异的实证研究》,《高等教育研究》2015 年第 5 期。

107. 张红梅:《基于创新创业应用型人才培养的教师队伍建设》,《继续教育研究》2016 年第 4 期。

108. 张锦等:《基于 QFD 的高职创业教育学生满意度评价体系构建与实证研究》,《职业技术教育》2014 年第 26 期。

109. 张俊、颜吾芟:《论大学生创业教育》,《北京交通大学学报(社会科学版)》2008 年第 1 期。

110. 张男星、黄海军等:《大学师生双重视角下的本科教育多维评价——基于全国高等教育满意度调查的实证分析》,《中国高教研究》2019 年第 7 期。

111. 张务农:《我国学校创业教育发展:形态、问题及路径》,《教育发展研究》2014 年第 3 期。

112. 赵向阳:《从个人价值观到创业意愿:创造力作为中介变量》,《北京师范大学学报(社会科学版)》2014 年第 3 期。

113. 赵志军:《师范院校创业教育的重点:培养创业型教师》,《教育研究》2009 年第 9 期。

114. 郑刚等:《创业教育对大学生创业实践究竟有多大影响——基于浙江大学国

家大学科技园创业企业的实证调查》,《中国高教研究》2017 年第 10 期。

115. 钟秉林:《扎实推进世界一流大学和一流学科建设》,《教育研究》2018 年第 10 期。

116. 周光礼:《从就业能力到创业能力:大学课程的挑战与应对》,《清华大学教育研究》2018 年第 6 期。

117. 周文辉、黄欢等:《2016 年我国研究生满意度调查》,《学位与研究生教育》2016 年第 11 期。

118. 朱晓芸等:《高校创业教育师资队伍建设的困境与策略》,《中国高教研究》2012 年第 9 期。

119. 祝成林等:《高职院校创业教育教学有效性:来自温州地区的实证研究》,《职教论坛》2015 年第 2 期。

120. 祝军、岳昌君:《家庭背景、人力资本对高校毕业生自主创业行为的影响关系研究》,《中国青年研究》2019 年第 1 期。

121. 卓泽林:《美国高校全校性创业教育实证研究》,博士学位论文,华东师范大学,2017 年。

122. A. Fayolle, "Exploratory Study to Assess the Effects of Entrepreneurship Programs on French Student Entrepreneurial Behaviors", *Journal of Enterprising Culture*, Vol. 8, No. 2, 2000.

123. A. Fayolle, B. Gailly & N. Lassasclerc, "Assessing the Impact of Entrepreneurship Education Programmes: A New Methodology", *Journal of European Industrial Training*, Vol. 30, No. 9, 2006.

124. A. O. Olofinyehun, C. M. Adelowo, A. A. Egbetokun, "TheSupply of High-quality Entrepreneurs in Developing Countries: Evidence from Nigeria", *Science and Public Policy*, Vol. 45, No. 2, 2017.

125. A. V. Bruno, T. T. Tyebjee, "The Environment for Entrepreneurship", in Kent, C. A., D. L. Sexton & K. Vesper H. (Eds.), *Encyclopedia of Entrepreneurship*, Englewood Cliffs, NJ: Prentice Hall, 1982.

126. Azila-Gbettor E. M. & Harrison A. P., "Entrepreneurship Training and Capacity Building of Ghanaian Polytechnic Graduates", *International Review of Management and Marketing*, Vol. 3, No. 3, 2013.

127. B. F. Skinner, *Verbal Beahvior*, New York: Harvard University Press, 1948.

128. B. Huybrechts, *A. Nicholls, Social Entrepreneurship: Definitions, Drivers and Challen-*

ges, Social Entrepreneurship and Social Business, 2012.

129. Baet J. , Qians, Miaoc, et al. , "The Relationship between Entrepreneurship Education and Entrepreneurial Intentions: A Meta-analytic Review", *Entrepreneurship Theory and Practice*, Vol. 38, No. 2, 2014.

130. Botsman R. & Rogers, *What's Mine is Yours: The Rise of the Collaborative Consumption*, New York: Harper Business, 2010.

131. C. Sánchez José, "University Training for Entrepreneurial Competencies: its Impact on Intention of Venture Creation", *International Entrepreneurship and Management Journal*, Vol. 7, No. 2, 2011.

132. C. Cheung, "Entrepreneurship Education in Hong Kong´s Secondary Curriculum", *Education & Training*, Vol. 50, No. 6, 2008.

133. D. Cruz, T. O. Neal, "Integration of Technology Incubator Programs with Academic Entrepreneurship Curriculum", *Portland International Conference on Management of Engineering and Technology*, Portland, 2003.

134. Charney A. H. & Libecap G. D. , "The Impact of Entrepreneurship Education: An Evaluation of the Berger Entrepreneurship Program at the Universityof Arizona 1985−1999", Kauffman Center for Entrepreneurial, Kansas, 2000, http://www. ebr. eller. arizona. edu/ research/entrepreneurship. pdf.

135. Coleman J. S. , "Social Capital in the Creation of Human Capital", *American Journal of Sociology*, Vol. 94, 2009.

136. D. A. Kirby, N. Ibrahim, "Entrepreneurship Education and the Creation of an Enterprise Culture: Provisional Results from an Experiment in Egypt ", *International Entrepreneurship and Management Journal*, Vol. 7, No. 2, 2011.

137. D. R. Gnyawali, D. S. Fogel, "Environments for Entrepreneurship Development: Key Dimensions and Research Implications", *Entrepreneurship Theory & Practice*, 1994.

138. D. Levinthal, & J. G. March, "A Model of Adaptive Organizational Search", *Journal of Economic Behavior & Organization*, Vol. 2, No. 4, 1981.

139. Davidsson P. & Honig B. , "The Role of Social and Human Capital among Nascent Entrepreneurs", *Journal of Business Venturing*, Vol. 18, No. 3, 2003.

140. Dees J. Gregory, "The Meaning of 'Social Entrepreneurship'", Comments and Suggestions Contributed from the Social Entrepreneurship Funders Working Group, 1998.

141. Demirtas Ozgur, Karaca Mustafa & A. Hakan Ozdemir, "The Influence of

Personality Traits on Entrepreneurial Intention", *International Journal of Management and Sustainability*, *Vol.* 6, No. 2, 2017.

142. Dineke E. H. , "An Integration of Multi Dimensions", *Human Relations*, Vol. 50, No. 7, 1997.

143. Dinkeke E. H. , Tigelaar, "The Development and Validation of a Frame Work for Teaching Competencies in Higher Education", *Higher Education*, Vol. 48, No. 2, 2014.

144. Donald F. Kuratko, "The Emergence of Entrepreneurship Education: Development, Trends, and Challenges", *Entrepreneurship Theory and Practice*, Vol. 29, No. 5, 2005.

145. Shailendra Vyakarnam, "Embedding Entrepreneurship Education at the University Level", http://www. ost. gov. uk/enterprise/index. htm.

146. Duval Couetil, Reed Rhoads, Haghighi, "Development of an Assessment Instrument to Examine Outcomes of Entrepreneurship Education on Engineering Students", IEEE Frontiers in Education Conference. IEEE, 2010.

147. Duval Couetil Nathalie, "Assessing the Impact of Entrepreneurship Education Programs: Challenges and Approaches", *Journal of Small Business Management*, Vol. 51, No. 3, 2013.

148. E. S. Mwasalwiba, "Entrepreneurship Education: A Review of its Objectives, Teaching Methods, and Impact Indicators", *IEEE Engineering Management Review*, Vol. 40, No. 1, 2010.

149. E. J. Douglas, D. A. Shepherd, "Self-employment as a Career Choice: Attitudes, Entrepreneurial Intentions, and Utility Maximization", *Entrepreneurial Theory and Practice*, Vol. 26, No. 3, 2002.

150. Entrepreneurship Education at Universities-a Benchmark Study, National Agency for Enterprise and Construction, 2004, http://www. ebst. dk/file/3053/Entrepreneurship 2004. pdf.

151. Esmi K. , Marzoughi R. , Torkzadeh J. , "Teaching Learning Methods of an Entrepreneurship Curriculum", *Journal of Advances in Medical Education & Professionalism*, Vol. 3, No. 4, 2015.

152. EU, "Survey of Entrepreneurship in Higher Education in Europe", 2008, http://www. ec. europa. eu/enterprise/policies/sme/files/support _ measures/trainingeducation/highedsurvey_en. pdf.

153. European Commission, "How to Assess and Evaluate the Influence of Entrepreneurship Education", http://asteeproject. eu, 2017−12−13.

154. F. Liñán, J. C. Rodríguez-Cohard, & J. M. Rueda-Cantuche, "Factors Affecting Entrepreneurial Intention Levels: A Role for Education", *International Entrepreneurship and Management Journal*, Vol. 7, No. 2, 2011.

155. F. Wilson, J. Kickul & D. Gender Marlino, "Entrepreneurial Self-Efficacy, and Entrepreneurial Career Intentions: Implications for Entrepreneurship Education", *Entrepreneurship Theory and Practice*, Vol. 31, No. 3, 2007.

156. Felson M., Spaeth J., Community Structure and Collaborative Consumption: A Routine Activity Approach, *American Behavioral Scientist*, Vol. 21, 1978.

157. Fiet J. O., "The Pedagogical Side of Entrepreneurship Theory", *Journal of Business Venturing*, Vol. 16, No. 2, 2001.

158. Georg von Graevenitz, Dietmar Harhoff, Richard Weber, "The Effects of Entrepreneurship Education", *Journal of Economic Behavior & Organization*, Vol. 76, No. 1, 2010.

159. Gnyawali, D. R. & Fogel D. S., "Environments for Entrepreneurship Development: Key Dimensions and Research Implications", *Entrepreneurship Theory & Practice*, Vol. 18, No. 4, 1994.

160. H. E. Aldrich, J. Pfeffer, "Environments of Organizations", *Annual Review of Sociology*, Vol. 2, No. 1, 1976.

161. H. Oosterbeek, M. van Praag & A. Ijsselstein, "The Impact of Entrepreneurship Education on Entrepreneurship Skills and Motivation", *European Economic Review*, Vol. 54, No. 3, 2010.

162. H. T. Keh, M. D. Foo & B. C. Lim, "Opportunity Evaluation under Risky Conditions: The Cognitive Processes of Entrepreneurs", *Entrepreneurship Theory & Practice*, Vol. 27, No. 2, 2010.

163. Henry, C., "The Effectiveness of Training for New Business Creation: A Longitudinal Study", *International Small Journal*, No. 3, 2004.

164. Hoffmann A., Junge M., Malchow-Møller N., "Running in the Family: Parental Role Models in Entrepreneurship", *Small Business Economics*, Vol. 44, No. 1, 2015.

165. I. R. Mirzanti, T. M. Simatupang & D. Larso, "Mapping on Entrepreneurship Policy in Indonesia", *Procedia-Social and Behavioral Sciences*, Vol. 169, 2015.

166. J. Child, "Organizational Structure, Environment and Performance: The Role of Strategic Choice", *Sociology*, Vol. 6, No. 1, 1972.

167. J. Sternberg Robert et al., *Practical Intelligence in Everyday Life*, Cambridge Uni-

versity Press, 2000.

168. J. Tang, "Environmental Munificence for Entrepreneurs: Entrepreneurial Alertness and Commitment", *International Journal of Entrepreneurial Behavior & Research*, Vol. 14, No. 3, 2013.

169. Jones B., Iredale N., "Developing an Entrepreneurial Life Skills Summer School", *Innovations in Education and Teaching International*, Vol. 43, No. 3, 2006.

170. Jones C. G. Liu D., "Approaches to Incorporating IT Entrepreneurship into the Information Systems Curriculum", *Journal of Information Systems Education*, Vol. 28, No. 1, 2017.

171. Juillerat S. Schreiner L. A., "The Role of Student Satisfaction in the Assessment of Institutional Effectiveness", *Assessment Update*, Vol. 8, No. 1, 2010.

172. Kaplan R. S., Norton D. P., "Transforming the Balanced Scorecard from Performance Measurement to Strategic Management: Part II", *Accounting Horizons*, No. 15, 2001.

173. Krista Makker, "Estimating theReturns to Education for Entrepreneurs and employees: Can State Taxes Serve as an Instrument for Selection into Entrepreneurship?", *University of Amsterdam*, No. 6, 2009.

174. L. A. Mcnutt, C. Wu, X. Xue, etc., "Estimating the Relative Risk in Cohort Studies and Clinical Trials of Common Outcomes", *American Journal of Epidemiology*, Vol. 157, No. 10, 2003.

175. L. A. Zampetakis, V. Moustakis, "Linking Creativity with Entrepreneurial Intentions: A Structural Approach", *International Entrepreneurship & Management Journal*, Vol. 2, No. 3, 2006.

176. Lundstrm, A. & Stevenson, L., *Entrepreneurship Policy: Theory and Practice*, Springer: New York, 2005.

177. M. Dahlstedt, F. Hertzberg, "Schooling Entrepreneurs: Entrepreneurship, Governmentality and Education Policy in Sweden at the Turn of the Millennium", *Journal of Pedagogy / Pedagogicky Casopis*, Vol. 3, No. 2, 2012.

178. M. P. Bhave, "A Process Model of Entrepreneurial Venture Creation", *Journal of Business Venturing*, Vol. 9, No. 3, 1994.

179. Mair J., Martí, Ignasi, Social Entrepreneurship Research: A Source of Explanation, Prediction, and Delight, *Journal of World Business*, Vol. 41, No. 1, 2006.

180. McClelland D. C., "Testing for Competence Rather than for Intelligence", *American*

Psychologist, Vol. 28, 1973.

181. Mitchell R. K. , et al. , "The Central Question in Entrepreneurial Cognition Research", *Entrepreneurship Theory and Practice*, Vol. 31, No. 1, 2007.

182. Mueller, P. , " Exploring the Knowledge Filter: How Entrepreneurship and University - industry Relationships Drive Economic Growth ", *Research Policy*, Vol. 35, No. 10, 2006.

183. N. Elert, F. Andersson & K. Wennberg, "The Impact of Entrepreneurship Education in High School on Long-term Entrepreneurial Performance", *Journal of Economic Behavior & Organization*, Vol. 111, 2015.

184. N. Krueger, "What Lies Beneath? The Experiential Essence of Entrepreneurial Thinking", *Entrepreneurship Theory and Practice*, Vol. 31, No. 1, 2007.

185. P Mueller, "Exploring the Knowledge Filter: How Entrepreneurship and University-Industry Relationships Drive Economic Growth", *Research Policy*, Vol. 35, No. 10, 2006.

186. P. Davidsson, "Continued Entrepreneurship: Ability, Need, and Opportunity as Determinants of Small Firm Growth", *Journal of Business Venturing*, Vol. 6, No. 6, 1991.

187. P. Fleming, "Education for Entrepreneurship in the Curriculum at University Level", *Industry & Higher Education*, Vol. 13, No. 6, 1999.

188. Pedrini M. , et al., " Do Entrepreneurial Education Programs Impact the Antecedents of Entrepreneurial Intention? An Analysis of an Entrepreneurship MBA in Ghana", *Journal of Enterprising Communities People & Places in the Global Economy*, No. 3, 2017.

189. Peter Drucker, *Innovation and Entrepreneurship*, New York: Harper & Row, 1985.

190. Pierce W. David, " Social Learning Theoryby Albert Bandura ", *The Canadian Journal of Sociology*, Vol. 2, No. 3, 1977.

191. R. Athayde, "Measuring Enterprise Potential in Young People", *Entrepreneurship Theory and Practice*, Vol. 33, No. 2, 2009.

192. R. Baron, D. A. Kenny, "The Moderator - mediator Variable Distinction in Social Psychological Research: Conceptual, Strategic, and Statistical Considerations", *Journal of Personality and Social Psychology*, Vol. 51, 1986.

193. Ric. Donckels, "Education and Entrepreneurship Experiences from Secondary and University Education in Belgium", *Journal of Small Business & Entrepreneurship*, Vol. 9, No. 1, 1991.

194. S. Shane, S. Venkataraman, "The Promise of Entrepreneurship as a Field of Research", *Academy of Management Review*, Vol. 25, No. 1, 2000.

195. S. A. Stumpf, A. P. Brief, K. Hartman, "Self-efficacy Expectations and Coping with Career-related Events", *Journal of Vocational Behavior*, Vol. 31, No. 1, 1987.

196. S. Bacq, F. Janssen, "The Multiple Faces of Social Entrepreneurship: Are View of Definitional Issues Based on Geographical and the Matic Criteria", *Entrepreneurship & Regional Development*, Vol. 23, No. 5-6, 2011.

197. S. G. Walter, H. Block. Jörn, "Outcomes of Entrepreneurship Education: An Institutional Perspective", *Journal of Business Venturing*, Vol. 31, No. 2, 2015.

198. S. Wennekers, A. V. Wennekers, R. Thurik, etc., "Nascent Entrepreneurship and the Level of Economic Development", *Small Business Economics*, Vol. 30, No. 3, 2008.

199. Souitaris V., Zerbinati S., A. Allaham, "Do Entrepreneurship Programmes Raise Entrepreneurial Intention of Science and Engineering Students? The Effect of Learning, Inspiration and Resources", *Journal of Business Venturing*, Vol. 22, No. 4, 2007.

200. Šunje, Aziz, Kenjić, etc., "Entrepreneurship in Higher Education", *New Directions for Higher Education*, 2010.

201. T. S. Manolova, R. V. Eunni, B. S. Gyoshev, "Institutional Environments for Entrepreneurship: Evidence from Emerging Economies in Eastern Europe", *Social Science Electronic Publishing*, Vol. 32, No. 1, 2010.

202. Tkachev A., Kolvereid L., "Self-employment Intentions among Russian Students", *Entrepreneurship & Regional Development*, Vol. 11, No. 3, 1999.

203. Twaalfhoven B., "EFER and Entrepreneurship in Higher Education", 2007, http://www. efer. eu/2013/pdf/EFER Presentation for March 16 FINAL version. pdf.

204. Vesper, K. & Gartner, W., "Measuring the Progress in Entrepreneurship Education", *Journal of Business Venturing*, No. 5, 1997.

205. W. B. Gartner, "A Conceptual Framework for Describing the Phenomenon of New Venture Creation", *Academy of Management Review*, Vol. 10, No. 4, 1985.

206. Wilson F., Kickul J. R., Martion D., "Gender, Entrepreneurial Self-efficacy, and Entrepreneurial Career Intentions: Implications for Entrepreneurship Education", *Entrepreneurship: Theory & Practice*, Vol. 31, No. 3, 2007.

附　　录

附录 1：《创新创业教育的评价体系与监测研究》
（学生问卷）

亲爱的同学：

您好！非常感谢您参与此次问卷调查。调查采取匿名方式，所有数据仅作为学术研究之用，并将严格保密。请您按照自己的真实情况作答。衷心感谢您的支持！

国家社会科学基金招标项目课题组

2018 年 9 月

1. 您的性别：①男_____　②女_____

2. 您的民族：①汉族_____　　②少数民族_____

3. 您是否是独生子女：①是_____　②否_____

4. 您的年级：

在校本科生：①二年级_____　②三年级_____　③四年级_____

④五年级_____

在校专科生：①二年级_____　②三年级_____

已毕业：①1 年及以内_____　② 2—3 年_____　③4—5 年_____

④6 年及以上_____

5. 您所学专业属于什么学科门类：_____

A. 哲学　　B. 经济学　　C. 法学　　D. 教育学　　E. 文学　　F. 历史学

G. 理学　　H. 工学　　I. 农学　　J. 医学　　K. 军事学　　L. 管理学　　M. 艺术学

6. 您在校期间有无过创业实践：①有_____　②没有_____

7. 您毕业后最想要的打算是：

①就业　　②升学　　③自主创业　　④其他_____

8. 您的父母（或其他直系亲属）是否有创办企业的经历？

①有_____　　　②没有_____

9. 您高考前的户口为：①城镇户口_____　　②农村户口_____

10. 您高考时的家庭所在地为：

①省会城市或直辖市_____　②地级市_____　③县级市或县城_____　④乡镇_____　⑤农村_____

11. 您所就读的学校所在省份：_____

您所就读的学校全称（如是独立学院，请写明学校及学院名称）：_____

您所就读的学校类型：

①"双一流"建设高校_____②普通本科院校_____③民办高校或独立学院_____④高职高专院校_____

12. 您在校期间的学习成绩在班级属于：_____

①前 25%　　②中上 25%　　③中下 25%　　④后 25%

13. 以下描述是否符合您的个人情况，请按照符合程度选择您认为合适的表述

	非常同意	比较同意	一般	比较不同意	非常不同意
您家庭具有广泛的创业的社会资源	5	4	3	2	1

	非常同意	比较同意	一般	比较不同意	非常不同意
您认识的同学或朋友在过去一年内开始创业的	5	4	3	2	1
您省的创业机会总体良好	5	4	3	2	1
您认为自身拥有足够的知识、技能和经历去创业	5	4	3	2	1

14. 请对贵校的创新创业教育进行评价,并选择您认为合适的表述

	非常同意	比较同意	一般	比较不同意	非常不同意
创新创业教育课程类型多样	5	4	3	2	1
教师授课方式多样	5	4	3	2	1
教师具有创业经历	5	4	3	2	1
教师具有丰富的创新创业教育教学经验	5	4	3	2	1
创新创业课程内容与自身专业知识结合紧密	5	4	3	2	1
创新创业课程内容与时代前沿趋势结合紧密	5	4	3	2	1
创新创业竞赛种类多样	5	4	3	2	1
参加的创新创业竞赛项目较容易落地	5	4	3	2	1
创新创业竞赛项目与专业结合度较高	5	4	3	2	1
创新创业竞赛提升了创业能力	5	4	3	2	1
创新创业竞赛提升了创业自信心	5	4	3	2	1
创新创业竞赛拓展了人际关系网络	5	4	3	2	1
创新创业竞赛提升了团队合作能力	5	4	3	2	1
创新创业竞赛对于真实创业有较大帮助	5	4	3	2	1
创业实践有校内外指导教师	5	4	3	2	1
创业实践有专项创业基金支持	5	4	3	2	1
学校提供一体化的创业实践服务	5	4	3	2	1
创业实践有独立的大学生创业园	5	4	3	2	1
创业实践有专门的校外实践基地	5	4	3	2	1
创业实践项目与专业学习结合度高	5	4	3	2	1
国家减免大学生自主创业企业税	5	4	3	2	1

续表

	非常同意	比较同意	一般	比较不同意	非常不同意
地方政府简化大学生企业注册申请流程	5	4	3	2	1
学校提供创业的启动基金（无息贷款）	5	4	3	2	1
社会提供指导创业的免费培训	5	4	3	2	1
创业政策有助于提升个人创业意愿	5	4	3	2	1
创业政策对开展创业有切实的帮助	5	4	3	2	1
创新创业教育有助于丰富创业知识	5	4	3	2	1
创新创业教育有助于培养创新精神	5	4	3	2	1
创新创业教育有助于提升创业技能	5	4	3	2	1
创新创业教育有助于激发创业意愿	5	4	3	2	1
对学校创新创业教育质量总体满意	5	4	3	2	1

15. 您如何评价与教师共同开展创新创业项目对学生的帮助：

	非常同意	比较同意	一般	比较不同意	非常不同意
有助于提升专业知识和应用能力	5	4	3	2	1
有助于了解学科知识的前沿动态	5	4	3	2	1
有助于提升科学研究能力	5	4	3	2	1
有助于提升创新创业能力	5	4	3	2	1
有助于创业项目落地	5	4	3	2	1

16. 您所读学校是否开设创新创业课程：＿＿＿＿＿＿

A. 是 　　　　　 B. 否 　　　　　 C 不知道

17. 您上过几门创新创业课程：＿＿＿＿＿＿

A. 0 门 　　　　　 B. 1—2 门 　　　　　 C. 3 门及以上

18. 您是否上过《创业基础》课程：＿＿＿＿＿＿

A. 否＿＿＿＿＿ B. 是,必修课＿＿＿＿＿ C. 是,选修课

19. 您所读学校是否设立大学生创业园(科技园)：_____

A. 是　　　　　　B. 否　　　　　　C. 不知道

20. 您认为对您创新创业能力提升帮助最大的是：_____

A. 创新创业课程　　B. 创新创业教师(指导教师)　　C. 创业实践

D. 创新创业竞赛　　E. 其他_____(请填写)

21. 您认为对您创新创业能力提升帮助最大的指导师是：_____

A. 辅导员等学生工作教师　　　　　B. 本专业教师

C. 创新创业课程教师　　　　　　　D. 企业家等校外创业教师

E. 创业成功的学长　　　　　　　　F. 其他_____(请填写)

22. 您从大学几年级开始加入到老师的科研团队(课题组)：_____

A. 没有　　　　　　B. 一年级　　　　　　C. 二年级

D. 三年级　　　　　E. 四年级及以上

23. 您认为与教师共同完成创新创业项目的过程中,老师扮演的角色是：_____

A. 主导者　　　　　B. 参与者　　　　　　C. 协助者

D.其他_____(请填写)

24. 您认为有效的创新创业课程授课方式是：_____【选择1—3项,并按重要性排序】

A. 课堂讲授　　　B. 案例教学　　　C. 小组讨论

D. 模拟实践　　　E. 网络课程　　　F. 专题讲座

G. 其他_____(请填写)

25. 您认为有效的创新创业课程考核办法是：_____【选择1—3项,并按重要性排序】

A. 理论考试　　　　　　　　B. 创新创业计划书撰写

C. 创业项目展示　　　　　　D. 创业模拟实战

E. 创新创业竞赛获奖　　　　F. 创办公司

G. 其他_____（请填写）

26. 您认为哪些途径对学生创业项目落地最有帮助：_____【选择1—3项,并按重要性排序】

    A. 创新创业课堂教学   B. 各类创新创业竞赛

    C. 大学生创业园实践   D. 教师/学生科研项目

    E. 资本对接会   F. 其他_____（请填写）

27. 您在校期间参与过的创业实践活动中,哪些对您的帮助较大：_____【选择1—3项,并按重要性排序】

    A. 创新创业竞赛   B. 校内创业园实践

    C. 校外创办公司   D. 企业管理岗位实习

    E. 创业模拟训练营   F. 没有

28. 您在校期间参加过的公益(社会)创业有：_____【选择1—3项,并按重要性排序】

    A. 公益创业讲座   B. 公益创业活动

    C. 公益创业竞赛   D. 公益创业课程

    E. 创办公益创业工作室   F. 未参加过

29. 您认为学校扶持大学生创新创业的政策措施主要有：_____选择【1—3项,并按重要性排序】

    A. 无息贷款   B. 创新创业奖学金

    C. 推免研究生   D. 入驻创业园

    E. 学分互认   F. 其他_____（请填写）

30. 您所在的创业团队中师生合作方式是：_____【选择1—3项】

    A. 老师指导,学生创业   B. 老师注资,学生创业

    C. 老师研发,学生运营   D. 老师运营,学生参与

    E. 师生共同研发,学生运营   F. 师生共同研发,共同运营

    G. 创业团队中没有师生合作   H. 其他_____（请填写）

31. 您与老师共同开展创新创业项目的主要障碍是:_____【选择 1—3 项】

A. 没参与　　　　　　　　　　B. 科研产出困难

C. 无法获得教师创新创业项目的信息 D. 学校没有相应的政策导向

E. 课程太多,精力不足　　　　　F. 利益分配不均

G. 其他 _____(请填写)

真诚感谢您为本次调研作出的贡献!

附录 2:《创新创业教育的评价体系与监测研究》（教师问卷）

尊敬的老师:

您好! 非常感谢您在百忙之中参与问卷调查。本次调研采取匿名的方式,所有数据仅作为学术研究之用,并将严格保密。请您按照自己的真实情况回答。衷心感谢您的支持!

国家社会科学基金招标项目课题组

2018 年 9 月

一、基本情况

1. 您的性别(　　)

A. 男　　　　B. 女

2. 您的年龄是(　　)

A.30 周岁及以下　　　　　B.31—35 周岁　　　　　C.36—40 周岁

D.41 周岁及以上

3. 您的最高学位(　　)

A. 学士　　　　　　　　　B. 硕士　　　　　　　　　C. 博士(博士后)

D. 其他

4. 您所学的专业属于什么学科门类：_____

A. 哲学 B. 经济学 C. 法学

D. 教育学 E. 文学 F. 历史学

G. 理学 H. 工学 I. 农学

J. 医学 K. 军事学 L. 管理学

M. 艺术学

5. 您的职称（ ）

A. 正高级 B. 副高级 C. 中级

D. 初级 E. 未定级

6. 您从事创业教育相关工作的年限是（ ）

A. 2 年及以内 B. 3—5 年 C. 6—9 年

D. 10 年及以上

7. 您校所在省份是_____

您校全称是（如是独立学院，请写明学校及学院名称）_____

您校的类型是（ ）

A. "双一流"建设高校_____ B. 普通本科院校_____ C. 民办高校或独立学院_____ D. 高职高专院校_____

8. 您现在属于创新创业课教师中的哪种类型（ ）单选

A. 辅导员等学生工作的教师 B. 创新创业领域的专业教师

C. 非创新创业领域的专业教师 D. 校外创业教师

E. 未上过创新创业课

F. 其他_____（请填写）

9. 您从事过哪些创新创业教育活动（ ）可多选

A. 创新创业课专业教师 B. 创新创业教育指导师

C. 创新创业教育研究者 D. 创新创业教育的组织管理者

E. 自身创办过企业　　　　F. 其他_____（请填写）

10. 您从事创新创业教育的动机有哪些(　　)可多选

A. 自身兴趣爱好　　　　　B. 物质奖励　　　　　　C. 个人价值实现

D. 学校政策导向的激励　　E. 学校行政行为的安排

F. 自身所从事专业的要求

11. 您认为本专科学生几年级加入到您的科研创新创业团队最合适：

_____（可同时加到教师访谈卷里）

A. 一年级　　　　　　　　B. 二年级　　　　　　　C. 三年级

D. 四年级

12. 您与学生共同开展科研创新创业项目的主要障碍是：_____（可多选）

A. 学生科研水平有限　　　　　　　B. 学生参与兴趣不高

C. 学生课程太多,难以保证参与时间　D. 学校没有相应的政策导向

E. 师生利益难以分配

F. 其他:_____（请填写）

13. 以下描述是否符合您的个人情况,请按照符合程度选择您认为合适的表述

	非常同意	比较同意	一般	比较不同意	非常不同意
您的家庭具有广泛的创业社会资源	5	4	3	2	1
您认识的同事或朋友在过去一年内开始创业的	5	4	3	2	1
您省创业政策和环境良好	5	4	3	2	1
您认为自身拥有足够的知识、技能和经历去创业	5	4	3	2	1

14. 结合您实际经历,对创新创业教育教师的能力构成量表作出评价

	非常 同意	比较 同意	一 般	比较 不同 意	非常 不同 意
教师对创新创业教育总体上较为认同	5	4	3	2	1
教师个人坚韧的创新创业意志	5	4	3	2	1
教师具备较强的创新创业精神	5	4	3	2	1
教师具备丰富的教育学相关知识	5	4	3	2	1
教师具备丰富的创新创业相关知识	5	4	3	2	1
教师具备丰富的所学学科专业知识	5	4	3	2	1
教师具备丰富的风险投资知识	5	4	3	2	1
教师具备较强的教学组织技能	5	4	3	2	1
教师具备较强的创业实践指导技能	5	4	3	2	1
教师具备较强的创业机会识别技能	5	4	3	2	1
教师具备较强的创业机会开发技能	5	4	3	2	1
教师具备较强的管理、运营和协调创业项目技能	5	4	3	2	1

15. 结合您实际经历,对创新创业教育教师能力提升因素量表作出评价

	非常 同意	比较 同意	一 般	比较 不同 意	非常 不同 意
鼓励教师参与到各类创客空间,师生合作	5	4	3	2	1
鼓励教师参加创新创业师资培训	5	4	3	2	1
鼓励教师参加创业学专业的硕士和博士学习	5	4	3	2	1
鼓励教师把专业课程和创新创业教育深度融合	5	4	3	2	1
在职前教师教育中重视创新创业教育	5	4	3	2	1
鼓励教师到中小企业进行实践锻炼	5	4	3	2	1
注重采用主动学习和体验式学习的教学方法	5	4	3	2	1
学校完善创新创业教育教师评聘和绩效考核标准	5	4	3	2	1
学校完善科技成果创业收益分配机制	5	4	3	2	1
明确教师在创新创业教育中的角色	5	4	3	2	1
挖掘并树立教师成功创新创业典型	5	4	3	2	1

	非常同意	比较同意	一般	比较不同意	非常不同意
营造氛围浓厚的创新创业文化	5	4	3	2	1
教师原有的创业经验	5	4	3	2	1
创建全省或全国的创新创业教师关系网络交流群	5	4	3	2	1
为离岗创业教师重返岗位提供政策保障	5	4	3	2	1
为离岗创业教师的职称晋升提供政策支持	5	4	3	2	1
为创业教师专业发展做科学的职业生涯规划	5	4	3	2	1
重视教师的创新创业教育理论与实践研究	5	4	3	2	1
设计政策为教师指导学生创新创业或实践提供时间保障	5	4	3	2	1

16. 您觉得贵校的创新创业教育质量目前在多大程度上具备以下情况

	非常同意	比较同意	一般	比较不同意	非常不同意
贵校的创新创业教育质量总体满意	5	4	3	2	1
贵校创新创业教育社会声誉较高	5	4	3	2	1
贵校创新创业教育氛围浓厚	5	4	3	2	1
贵校师生的创新创业意识强烈	5	4	3	2	1
贵校创新创业教育获得较多的省级以上荣誉和奖项	5	4	3	2	1
贵校创新创业教育产生了较多教学科研成果	5	4	3	2	1
贵校创新创业教育培养了较多创业人才	5	4	3	2	1
贵校创新创业教育衍生了较多初创企业	5	4	3	2	1

17. 您觉得贵校的创新创业教育在具体运转过程中,在多大程度上具备以下情况

	非常同意	比较同意	一般	比较不同意	非常不同意
贵校很重视创新创业教育,成立相关工作领导小组	5	4	3	2	1
有系统的创新创业教育发展专项规划	5	4	3	2	1
成立专门的创新创业管理部门(如创业学院)	5	4	3	2	1
配备创新创业教育师资和专职管理人员	5	4	3	2	1
创业学院有专门办公、实践场地及软环境配备	5	4	3	2	1
二级学院的考核包含创新创业教育业绩指标	5	4	3	2	1
有政府部门推动高校创新创业教育的激励机制	5	4	3	2	1
有行业企业推动高校创新创业教育的激励机制	5	4	3	2	1
强调跨学院或跨学科的创新创业教育合作机制	5	4	3	2	1
鼓励基于创新的创业或高端技术的创业	5	4	3	2	1
学校积极落实各级政府出台的创业支持政策	5	4	3	2	1
设有充足的创新创业教育工作经费	5	4	3	2	1
大学生创业园或众创空间有良好运行机制	5	4	3	2	1
有专业教师参与创新创业教育教学的激励机制	5	4	3	2	1
有相对独立的针对创新创业教师的职称晋升机制	5	4	3	2	1
创新创业教育面向全体学生	5	4	3	2	1
建立校企协同的创新创业教育机制	5	4	3	2	1
结合学校的专业学科特色开展创新创业教育	5	4	3	2	1
鼓励师生合作开展创新实验、发表论文、获得专利和自主创业等活动	5	4	3	2	1
学校有鼓励师生共同开展科研创新创业项目的政策	5	4	3	2	1
学校有合理的师生共创的考核评价机制	5	4	3	2	1
有先进的支撑创新创业教育的实验室、实训中心等载体	5	4	3	2	1
有灵活的创新创业学分互认机制	5	4	3	2	1
建立了分层分类的创新创业教育课程体系	5	4	3	2	1
将创新创业教育与专业教育相融合	5	4	3	2	1
面向全体学生开设创新创业教育课程	5	4	3	2	1
建有结合专业的创新创业教育专门课程群	5	4	3	2	1

	非常同意	比较同意	一般	比较不同意	非常不同意
建有创新创业类慕课、案例库等在线开放课程	5	4	3	2	1
编有满足学生多样化学习需求的创新创业教材	5	4	3	2	1
创新创业教育师资的数量充足、专兼结合	5	4	3	2	1
有合理的校内外师资聘任管理办法	5	4	3	2	1
有相关教师到企业挂职锻炼制度	5	4	3	2	1
鼓励教师带领学生进行创新创业	5	4	3	2	1
组织教师参加校外各类创新创业导师培育工程	5	4	3	2	1
加强教师创新创业教育教学能力建设	5	4	3	2	1
将个人创新创业教育业绩纳入教师绩效考核标准	5	4	3	2	1
将个人创新创业教育业绩纳入教师职称评聘条件	5	4	3	2	1
设有创新创业教育教学研究项目	5	4	3	2	1

18. 您如何评价与学生共同开展科研创新创业项目

	非常同意	比较同意	一般	比较不同意	非常不同意
有助于更快地完成创新创业项目	5	4	3	2	1
有助于专业课和创新创业教育相结合	5	4	3	2	1
有助于更好的产出科研成果	5	4	3	2	1
有助于提升学生的创新创业能力	5	4	3	2	1
有助于提升教师自身的创新创业教育能力	5	4	3	2	1

请问您对贵校或全国的创新创业教育有什么建议或想法？（可选答）？

真诚感谢您为本次调研作出的贡献！

附录3:访谈提纲(学生群体)
《创新创业教育的评价体系与监测研究》
访谈提纲(学生卷)

国家社会科学基金招标项目

《创新创业教育的评价体系和监测研究》

AIA170007

一、访谈目的

了解学生群体对高校创新创业教育的评价及评价角度。

二、访谈对象

从省级及以上的各类创业竞赛获奖学生、成功的自主创业团队合伙人和创业班级中最优秀的在校学生,以及从事自主创业的毕业生中选出具有典型代表的访谈对象进行面对面的深入访谈和交流(可以组织几个访谈对象一起访谈),每校访谈学生总数不超过3名(找不到合适的访谈对象,可以选择不做)。

三、提问提纲

(一)总体评价

1. 您从创新创业教育学习中获得了哪些方面(例如:知识、技能、素质)的收获?

2. 您觉得创新创业教育的学习是否增强了您的创新创业意愿或增加了您创业的可能性?

3. 您觉得创新创业教育的学习对您创业有帮助吗,有怎样的帮助?

(二)创新创业教育教学评价

4. 您觉得学校的创新创业教育教学哪些方面做得比较好(例如:教材设计、教师教学、课程考核)?

5. 您觉得学校的创新创业教育教学哪些方面做得不太好(例如:教材设计、教师教学、课程考核)?

6. 您觉得好的创新创业教育教学应该是怎样的?

(三)服务支持评价

7. 您觉得学校对学生创新创业是否提供支持? 提供了哪些有力的支持(例如:创新创业政策、学分互认、弹性学时、弹性学制、创业基金、创业园平台、创新创业指导师配备等)?

8. 您最希望获得哪方面的支持? 学校在这方面做得怎样?

9. 您觉得哪些支持还有待加强?

(四)创新创业教育实践评价

10. 您觉得在校学生创业的不同时期,学校分别采取了什么样的激励政策(例如:准备期/鼓励参与、初创期/初创企业、成熟期/创业成功)? 有利的激励政策有哪些?

11. 您觉得学校对于创业失败的学生采取了哪些支持政策? 有用的帮助或支持政策有哪些?(例如:心理咨询、创业历程的梳理及诊断、专人的就业指导)

12. 您现在所处的创业期是哪个阶段(例如:准备期、初创期、成熟期、创业失败),您最需要的哪种创业政策的支持?

（五）评价体系及建议

13. 请讲述一下您参与过的创新创业教育实践活动或个人创业经历，谈谈创新创业教育对您的影响？

14. 您觉得什么样的创新创业教育是有效的？学生应该怎样评价大学的创新创业教育？

15. 您觉得学校创新创业教育哪些方面还要继续加强？您有好的建议吗？

四、访谈记录

请参照调研组提供的访谈模板做记录（见下页）。

《创新创业教育的评价体系与监测研究》《学生访谈》记录模板

访谈人姓名		高校名称		职称职务		访谈方式	面谈
受访学生姓名		高校名称		年级		所学专业	

访谈记录内容

1. 访谈问题的题目要填写在这里。

2. 回答的内容要尽量写全面。

附录 4:访谈提纲(教师群体)
《创新创业教育的评价体系与监测研究》
访谈提纲(教师卷)

国家社会科学基金招标项目

《创新创业教育的评价体系和监测研究》

AIA170007

一、访谈目的

了解教师群体对高校创新创业教育的评价及评价角度。

二、访谈对象

从专门负责创新创业管理的老师、优秀的创新创业课教师和指导创新创业竞赛获省级二等奖及以上的第一指导师中选出具有典型代表的对象进行面对面的深入访谈和交流(可以组织几个访谈对象一起访谈),每校访谈教师总数不超过 3 名(找不到合适的访谈对象,可以选择不做)。

三、提问提纲

1. 请给我们介绍一下贵校的创新创业教育特色(理念、课程、师资、管理等)。

2. 您认为高校创新创业教育质量应该如何评价?或者说你认为一所创新创业教育质量很高的高校其标志有哪几个?

3. 一名大学生有没接受过创新创业教育,您认为应该怎么去评价,有哪些标准?

4. 政府、企业、学校、家庭在提升高校创新创业教育质量中应各自扮演什么角色?

5. 您认为不同类别不同类型高校的创新创业教育质量评价标准是否相同? 如不同,请介绍下不同之处?

6. 我国高校创新创业教育教师多数来自:一是有着经营管理或战略管理理论背景的教师;二是从事辅导员、思想政治、就业指导或团委等工作的教师转型而来;三是部分自身有兴趣的教师和热衷公益、教育的企业家为代表。您认为一名合格的创新创业教育教师,应该具备哪些基本素质?(或者贵校在招聘创新创业教育教师的时候你们的标准是什么?)

7. 教师是创新创业教育质量保证的关键,也是当前创新创业教育质量提升的主要瓶颈,您认为创新创业教育教师的能力主要应该从哪几个方面去提升或培养?

8. 现在学校(政府)主要有哪些机制、文化建设或政策支持来保障高校创新创业教育的质量?

9. 在鼓励专业教师融合参与到创新创业教育工作中,贵校有什么经验?

10. 在鼓励教师进行创新创业教育科学研究方面有哪些举措?

11. 谈谈您对社会创业的看法或实际经历?

《创新创业教育的评价体系与监测研究》教师访谈记录模板

访谈人姓名		高校名称		职称职务		访谈方式	面谈
受访学生姓名		高校名称		年级		所学专业	

访谈记录内容

1. 访谈问题的题目要填写在这里。

2. 回答的内容要尽量写全面。

本书通过对全国 1231 所高校进行大样本调研,围绕如何提升我国高校创新创业教育质量问题,创造性提出了"发展现状—实施过程—最终结果"的评价理论架构,并构建了满足创新创业教育相关利益群体需求、科学合理的评价指标体系。对当前高校创新创业教育质量改革的理论与实践探索具有重要启发和参考价值。

国家教育咨询委员会委员　钟秉林教授

本书基于全国 20 余万份问卷的大数据调研,对我国各种类型和各个层次的高校实施创新创业教育过程中相关内容的质量进行全方位摸底,进而系统呈现了我国二十多年来创新创业教育的积累和现状,并构建了我国创新创业教育质量评价体系,提升了我国创新创业教育的理论研究水平,对国际创新创业教育研究也具有重要的参考价值。

中国高等教育学会副会长　张大良教授

本书对于我国高校创新创业教育发展从"深水区"到"无人区"的转变,具有极其重要的理论价值与实践意义。理论上为我国高校创业教育的学科化发展奠定了基础,也在实践上对如何进一步提升高校创新创业教育质量、有效促进创新创业教育实施的成效、构建本土化的创新创业教育范式提供了切实而可行的政策改革建议。

教育部教育发展研究中心副主任　马陆亭教授

该书基于多维评价理念,对创新创业教育评价体系基本原则、理论框架、指标体系等关键问题开展深入研究,在理论与实践层面能有效指导高校开展创新创业教育绩效评估等工作,对高校创新创业教育质量提升以及我国人才培养模式改革亦具有重要参考和借鉴价值。

中国教育科学研究院副院长　刘贵华教授

黄兆信教授长期从事高校创新创业教育,卓有建树。此书基于高校创新创业教育高质量发展若干关键问题,通过大规模实证研究,以"现状—过程—结果"为核心构建创新创业教育评价模型,为建立具有中国特色的创新创业教育评价体系作出了有益探索,并为新时代不同类型高校创新创业教育评估实施与改进提供了重要参考。

中国教育学会副会长　周洪宇教授

责任编辑:吴焰东
封面设计:石笑梦
封面制作:姚　菲
版式设计:胡欣欣

图书在版编目(CIP)数据

中国高校创新创业教育质量评价研究/黄兆信 等 著. —北京:人民出版社,
　2020.12
ISBN 978－7－01－022595－1

Ⅰ.①中…　Ⅱ.①黄…　Ⅲ.①高等学校-创造教育-教育质量-质量评价-
　研究-中国　Ⅳ.①G640

中国版本图书馆 CIP 数据核字(2020)第 214823 号

中国高校创新创业教育质量评价研究

ZHONGGUO GAOXIAO CHUANGXIN CHUANGYE JIAOYU ZHILIANG PINGJIA YANJIU

黄兆信 等 著

人民出版社 出版发行
(100706　北京市东城区隆福寺街 99 号)

环球东方(北京)印务有限公司印刷　新华书店经销

2020 年 12 月第 1 版　2020 年 12 月北京第 1 次印刷
开本:710 毫米×1000 毫米 1/16　印张:32.5
字数:440 千字

ISBN 978－7－01－022595－1　定价:120.00 元

邮购地址 100706　北京市东城区隆福寺街 99 号
人民东方图书销售中心　电话 (010)65250042　65289539